Imitatio im Wandel

Brigitte Mager

Imitatio im Wandel

Experiment und Innovation im Werk
von Garcilaso de la Vega

gnv Gunter Narr Verlag Tübingen

Bibliografische Information der Deutschen Bibliothek

Die Deutsche Bibliothek verzeichnet diese Publikation in der Deutschen Nationalbibliografie; detaillierte bibliografische Daten sind im Internet über <http://dnb.ddb.de> abrufbar.

© 2003 · Gunter Narr Verlag Tübingen
Dischingerweg 5 · D-72070 Tübingen

Internet: www.narr.de
E-Mail: info@narr.de

Druck u. Verarbeitung: Ilmprint, Langewiesen
Printed in Germany

ISBN 3-8233-5890-1

Inhalt

Vorwort

Die vorliegende Arbeit wurde im Sommersemester 2001 von der Philosophischen Fakultät der Rheinischen Friedrich-Wilhelms-Universität Bonn als Dissertation angenommen. Sie entstand auf Anregung von Herrn Professor Dr. Wolfgang Matzat, dem ich an dieser Stelle herzlich danken möchte. Sein persönliches Engagement, seine Gesprächsbereitschaft und fachliche Unterstützung und nicht zuletzt die anregenden Diskussionen im Kreis des Oberseminars haben das Entstehen dieser Arbeit entscheidend beeinflusst.

Herrn Professor Dr. Wolf-Dieter Lange danke ich für die Übernahme des Korreferats. Frau Dr. Sabine Friedrich hat meine Arbeit über Jahre hinweg mit Interesse verfolgt und mir oft durch kritisches Nachfragen geholfen, meine Gedanken auf den Punkt zu bringen. Hierfür und für die aufmerksame Lektüre des Manuskripts möchte ich ihr besonders danken.

Schließlich möchte ich mich noch bei all denen bedanken, die in den vergangenen Jahren mir zugehört, Mut gemacht, Korrektur gelesen oder den Computer in Ordnung gebracht haben, besonders aber meinem Mann Diethard, der mich mit viel Geduld und Interesse in dieser Phase meines Lebens unterstützt hat.

Bonn im Frühjahr 2002   Brigitte Mager

1 Imitatio bei Garcilaso de la Vega

Die spanischsprachige Lyrik von Garcilaso de la Vega weist zwei Konstanten auf, die den Leser seit jeher fasziniert und Kommentatoren vom 16. Jahrhundert bis heute beschäftigt haben: zum einen das Thema der Liebe, zentrales Thema der weltlichen Lyrik in Europa seit dem Mittelalter, zum anderen das Verfahren der *imitatio*, die Übernahme von Elementen aus den Werken großer Dichter, um dem Thema der Liebe möglichst kunstvoll Ausdruck zu verleihen.

Bei Garcilaso finden sich beide Komponenten in höchster Vollendung. Liebe, Sehnsucht, Schmerz und innere Zerrissenheit sind in solcher Intensität dargestellt, daß der Leser an die Authentizität der dargestellten Gefühle glauben möchte. Lange Zeit waren die Kritiker deshalb auf der Suche nach einer biographischen Deutung von Garcilasos Werk. Seine Gedichte wurden datiert und interpretiert im Hinblick auf seine Liebe zu der portugiesischen Hofdame Isabel Freyre und, nach deren Tod, zu einer unbekannten Dame in Neapel. Erst in den 70er Jahren wurden Stimmen laut, die diese affektive Biographie als Grundlage des dichterischen Schaffens in Zweifel zogen.[1]

Lange Zeit blieb die Garcilasokritik dabei, in seinem Werk den schmerzlichen Ausdruck authentischer Gefühle, erlebte Innerlichkeit zu postulieren, sogar wenn sie sich mehr auf die zweite Komponente, die *imitatio*, konzentriert hat. So wird beispielsweise Lapesa, früher Vertreter einer stärker textimmanenten Vorgehensweise, in seiner grundlegenden stilistischen Analyse zu den spanischen, italienischen und klassisch-antiken Elementen in Garcilasos Werk nicht müde, den affektiven Erfahrungshorizont des Dichters aufzurufen[2] und ihm eine „fundamental sinceridad"[3] der dargestellten Gefühle zu bescheinigen.

Auch Cruz' Ausführungen zu Garcilasos Imitatiopraxis[4] – sie betont vor allem das Element der *transformación* in der Aneignung von Petrarkismus und antikem Mythos, das sie als Manifestation dichterischer Identität und Eigenständigkeit bewertet[5] – kommen nicht ganz ohne den Hinweis auf eine lebensweltliche Grundlage des im Text dargestellten Liebesleids

---

[1] Einen ausführlichen Überblick gibt Heiple in seinem Kapitel „Garcilaso´s Critics and the Question of Sincerity", in: Daniel L. Heiple: *Garcilaso de la Vega and the Italian Renaissance*, University Park, Pennsylvania 1994, S. 3-27.

[2] Vgl. Rafael Lapesa: *La trayectoria poética de Garcilaso*, Madrid ²1948, S. 126, 130, 166 u.a.

[3] Lapesa: *La trayectoria*, S. 175.

[4] Anne J. Cruz: *Imitación y transformación. El petrarquismo en la poesía de Boscán y Garcilaso de la Vega*, Amsterdam 1988.

[5] Vgl. Cruz: *Imitación*, S. 122.

aus.[6] Auf konkrete biographische Zuordnungen verzichtet sie jedoch weitgehend.[7]

Erst in den 90er Jahren erklärt Heiple ausdrücklich die Legende von
Garcilaso als unglücklich Liebendem zum Relikt einer romantischen Lyrik-
auffassung und damit die Frage nach der Authentizität der dargestellten
Gefühle für irrelevant.[8] Somit wird der Blick frei für die Konventionalität
der Liebesthematik zur Zeit Garcilasos. Heiple beleuchtet zum einen die
traditionell paradoxe Kommunikationssituation der höfischen Liebeslyrik
zwischen Authentizitätspostulat und intellektuellem Überlegenheitsan-
spruch.[9] Zum anderen betrachtet er Garcilasos lyrisches Werk speziell im
Hinblick auf die Einflüsse der italienischen Renaissance. Heiple zeigt, wie
unterschiedliche Bereiche der Renaissancekultur, insbesondere Theorie
und Praxis der Renaissanceimitatio, Petrarcas *Canzoniere* und der Petrarkismus, der Neoplatonismus, höfische Verhaltensideale und deren Gefährdung durch Eifersucht und Gewalt, antike Literatur und Mythos sowie die
italienische Malerei in Garcilasos Dichtung ihre Spuren hinterlassen haben.
So läßt Heiple anstelle des unglücklich Liebenden ein Bild entstehen von
Garcilaso als „a serious thinker struggling with new material and norms of
poetic expression; a stylist and wit who often takes a critical stance to ex-
amine with ironical reflection and sharp insight the paradoxical poetic
problems of his day."[10]

Der Gedanke, daß es sich beim imitierenden Schreiben der Renaissance
in erster Linie um eine Auseinandersetzung mit dem Werk vorangegange-
ner Autoren handelt, ist Gegenstand einiger grundlegender Untersuchungen zur Renaissanceimitatio, die hier nicht in aller Ausführlichkeit vorgestellt werden sollen.[11] Bei Greene ist es das mehr oder weniger stark aus-
geprägte Wissen des Imitierenden um historische Distanz, das für
unterschiedliche Imitatiopraktiken von einer andächtig-bewundernden
reinen Reproduktion bis hin zu einer kritisch-ironischen ‚dialektischen'
Nachahmung verantwortlich ist.[12] Bei Bloom steht das Ringen des Autors

---

6   Vgl. Cruz: *Imitación*, S. 78 und 89.
7   Gelegentlich wird auf biographische Deutungen in der Garcilasokritik verwiesen,
     eine eindeutige Stellungnahme wird jedoch vermieden. Vgl. z.B. Cruz: *Imitación*, S.
     96.
8   Vgl. Heiple: *Garcilaso*, S. 3-27, hier v. a. S. 11.
9   Vgl. Heiple: *Garcilaso*, S. 29-53.
10   Heiple: *Garcilaso*, Preface, S. XI.
11   Auf eine ausführliche Darstellung der bedeutenderen Theorien wird hier verzichtet,
     da sowohl Cruz als auch Heiple ihren Untersuchungen eine solche Darstellung vor-
     ausschicken. Vgl. beispielsweise das Kapitel „El petrarquismo como *imitatio*: diversas
     teorías de la imitación", in: Cruz: *Imitación*, S. 5-9, sowie das Kapitel „Garcilaso and
     Renaissance Modes of Imitation", in: Heiple: *Garcilaso*, S. 55-72.
12   Vgl. T. M. Greene: *The Light in Troy: Imitation and Discovery in Renaissance Poetry*, New
     Haven and London 1982, hier v. a. das Kapitel 3: „Imitation and Anachronism", S. 28-
     53.

um die eigene Identität angesichts übermächtiger literarischer Vorbilder im Mittelpunkt seiner Überlegungen.[13] Jedenfalls kann man davon ausgehen, daß die scharfsinnig-kritische, oftmals ironische Distanz im Umgang mit dem tradierten Material eine Option ist, die den Autoren der Renaissance prinzipiell zur Verfügung stand. Und es ist vor allem dieser Aspekt des dichterischen Schaffens, der in der Garcilasokritik seit einiger Zeit größere Beachtung findet.[14]

Mit einer solchen kritisch-distanzierten Einstellung zum tradierten Material befindet sich Garcilaso, wenn man der jüngeren Renaissanceforschung folgt, durchaus im Einklang mit seiner Zeit. So stellt Küpper in seiner „Skizze zur Evolution der Diskurse"[15] die These auf, daß der Übergang vom Spätmittelalter zur Renaissance von einer generellen geistigen Verunsicherung geprägt sei. Der spätmittelalterliche Mensch, so Küpper, hat in einer aus der Spätscholastik und dem Nominalismus resultierenden Krise des Wissens das Vertrauen in die eine, durch die Vorsehung garantierte Wahrheit verloren. Zugleich sieht er sich, bedingt durch seine intensive Beschäftigung mit der Antike, konfrontiert mit einer Fülle von neuem Wissen, das sich nicht mehr einbinden läßt in die eine „ordnungsgebende Superstruktur".[16] Schließlich „eröffnet der Zerfall der ordnungsgebenden Struktur Spielräume für das Entstehen ‚neuer' [...] Spezialdiskurse", die allesamt „unter dem Diktat des nominalistischen ‚nescio' verbleiben"[17] und keine neue Ordnung begründen. Küpper beschreibt die Renaissance als „eine Epoche unbewältigter Vielheit, eine Epoche geistiger Potentialitäten."[18]

---

13 Vgl. H. Bloom: *The anxiety of influence: a theory of poetry*, London 1975.
14 Meist handelt es sich hierbei um Untersuchungen zu einzelnen Gedichten Garcilasos, etwa von Mary E. Barnard: „Garcilaso's Poetics of Subversion and the Orpheus Tapestry", in: *PMLA* 102 (1987), S. 316-325; E. C. Graf: „Forcing the Poetic Voice: Garcilaso de la Vega's Sonnet XXIX as a Deconstruction of the Idea of Harmony", in: *MLN* 109 (1994), S. 163-185; Ulrich Prill: „‚Wolle die Wandlung!' Variationen über den Daphne-Mythos bei Garcilaso und Quevedo", in: *Theatrum mundi, Figuren der Barockästhetik in Spanien und Hispano-Amerika*, hg. von M. Bosse und A. Stoll, Bielefeld 1997, S. 75-90; Paul J. Smith: „Homographesis in Salicio's Song", in: *Cultural Authority in Golden Age Spain*, hg. von M. S. Brownlee und H. U. Gumbrecht, Baltimore and London 1995, S. 131-142.
15 Vgl. das Kap. 4: „Exkurs. Diskursskizze Mittelalter - Renaissance - Manierismus", in: Küpper, J.: *Diskurs-Renovatio bei Lope de Vega und Calderón. Untersuchungen zum spanischen Barockdrama. Mit einer Skizze zur Evolution der Diskurse in Mittelalter, Renaissance und Manierismus*, Tübingen 1990, S. 230-304. Küpper differenziert Foucaults Darstellung einer einheitlichen analogischen Episteme bis ins 17. Jahrhundert, indem er in der Renaissance und im Manierismus zwei Auflösungsstufen des analogischen Diskurses erkennt.
16 Küpper: *Diskurs-Renovatio*, S. 20.
17 Küpper: *Diskurs-Renovatio*, S. 20-21.
18 Ebda.

In eben jener Verunsicherung angesichts einer überwältigenden diskursiven Vielfalt sieht Kablitz[19] den Grund, weshalb die *imitatio* in der Renaissanceliteratur zum zentralen textkonstituierenden Verfahren werden kann. Kablitz führt aus, daß der Gelehrtendisput zwischen Bembo und Pico della Mirandola auf beiden Seiten eine gewisse Hilflosigkeit erkennen läßt. Beide, Bembo als Ciceronianer und Pico als Verfechter der *imitatio omnium bonorum*, haben Schwierigkeiten, für ihre Auswahl literarischer Modelle eine begründende Norm zu postulieren. Kablitz schließt daraus auf ein generelles Fehlen einer verbindlichen Norm und er folgert, daß dort, wo eigene Normen fehlen, der Modelltext selbst zur Norm, die *imitatio* zur textbegründenden Instanz wird. Kurz, die Autorität des gewählten Modelltextes ermöglicht dem Renaissanceschriftsteller das Schreiben. Für Garcilasos hochimitative Lyrik, in der sich alle nur denkbaren Autoritäten von der griechischen Antike bis in die italienische Renaissance hinein wiederfinden, bedeutet dies zunächst, daß sie höchsten Qualitätsansprüchen ihrer zeitgenössischen Leser genügt und gar nicht erst unter Rechtfertigungsdruck geraten kann.

Wenn Garcilasos Texte jedoch andererseits Hintergründigkeit und ironische Distanz in der Verwendung von tradiertem Material erkennen lassen, so wird die Funktion der *imitatio* als textbegründender Instanz sogleich wieder überschritten. Auch hierin erweist Garcilaso sich als ein Kind seiner Zeit. Denn nur in einer Zeit, in der das Vertrauen in die weltmodellierende Funktion von Sprache und Text verloren gegangen ist, in der Sprache und Welt als kontingent erfahren werden,[20] werden Ironie und Hintergründigkeit von Sprache und dichterischem (auch imitiertem) Wort in besonderem Maße begünstigt.

Im europäischen Kontext ist Garcilaso keineswegs der einzige Dichter, bei dem die meisterhafte Nachahmung literarischer Modelle mit dem gleichzeitigen Aufscheinen einer kritisch-ironischen Distanz einhergeht. So zeigen etwa die Arbeiten von Hempfer[21] zur italienischen und französischen Renaissancelyrik, daß Renaissanceimitatio als historisch spezifische Ausprägung von Intertextualität keineswegs immer die Bedeutung des zugrundeliegenden Textes bzw. Bedeutungssystems aktualisiert, sondern daß gerade das Wissen um Bedeutungsdifferenz, Pluralität und Verfüg-

---

[19] Vgl. Andreas Kablitz: „Intertextualität und die Nachahmungslehre der italienischen Renaissance. Überlegungen zu einem aktuellen Begriff aus historischer Sicht (II)", in: *Italienische Studien* 9 (1986), S. 19-36, hier und im folgenden Absatz bes. S. 30-33.

[20] Küpper: *Diskurs-Renovatio*, S. 20.

[21] Vgl. K.W. Hempfer: „Die Pluralität des erotischen Diskurses in der europäischen Lyrik des 16. und 17. Jahrhunderts (Ariost, Ronsard, Shakespeare, Opitz)", in: *GRM* 69 (1988), S. 251-264; sowie ders.: „Intertextualität, Systemreferenz und Strukturwandel: die Pluralisierung des erotischen Diskurses in der italienischen und französischen Renaissancelyrik (Ariost, Bembo, Du Bellay, Ronsard)", in: *Modelle des literarischen Strukturwandels*, hg. von M. Titzmann, Tübingen 1991, S. 7-43.

barkeit unterschiedlicher erotischer Diskurse in der Renaissancelyrik thematisch und Renaissancelyrik damit metapoetisch werden kann.

Für die konkrete Vorgehensweise in dieser Arbeit richtungsweisend ist schließlich die Untersuchung Warnings zur Lyrik von Ronsard.[22] Warning macht sich Bachtins Konzept der Dialogizität zunutze, um zu zeigen, daß der Petrarkismus Ronsards nicht einfach als Nachahmung Petrarcas zu verstehen ist, sondern daß in ihm heterogene Sprachen miteinander kombiniert werden, gleichsam in einen dialogischen Kampf miteinander treten.[23] Ronsards Petrarkismus steht damit am Ende einer Entwicklung, die für die Renaissance als Epoche der „Aneignung des Fernsten, des Fremdesten und Heterogensten"[24] insgesamt charakteristisch ist:

> Petrarkismus ist ein Prozeß der Aneignung lyrischer Sprachen heterogenster Provenienz und ihrer versuchten Vermittlung mit dem zunächst noch gewahrten Zentrum Petrarca. In dem Maße aber, wie dieser Aneignungsprozeß fortschreitet, eine ganz Europa erfassende Dynamik entfaltet und den je schon entwickelten Stand in anderen Nationalliteraturen voraussetzt und miterfaßt, verliert dieses Zentrum seine prägende Kraft und wird es zum Pol eines spannungsvollen zwischensprachlichen Dialogs, der zu wechselseitigen Perspektivierungen und Relativierungen führt.[25]

Im 16. Jahrhundert, in der Lyrik Ronsards, ist der Petrarkismus somit zum zitierbaren Diskurs geworden,[26] der Verwendung finden kann in einem freien kombinatorischen Spiel, dessen Reiz möglicherweise gerade im Zusammenbringen des Unvereinbaren, im Heterogenen, Ambivalenten, Unauflösbaren liegt. Warning schließt daraus, daß zur Zeit Ronsards die Grundannahme von der Motiviertheit des sprachlichen Zeichens, von der Übereinstimmung zwischen *verba* und *res* trotz gegenläufiger poetologi-

---

22 Rainer Warning: „Petrarkistische Dialogizität am Beispiel Ronsards", in: *Die Pluralität der Welten. Aspekte der Renaissance in der Romania*, hg. von W.-D. Stempel und K. Stierle, München 1987, S. 327-358. Warning knüpft darin an einen früheren Aufsatz an, in dem er zeigt, daß Renaissanceimitatio immer schon ihre metaphysische Fundierung als Teilhabe am Sein negiert. Schon bei Petrarca wird die Amortheologie als zitierte fremde Rede erkennbar, die behauptete Substantialität fällt dem intertextuellen Spiel zum Opfer. Vgl. hierzu R. Warning: „Imitatio und Intertextualität. Zur Geschichte lyrischer Dekonstruktion der Amortheologie: Dante, Petrarca, Baudelaire", in: *Interpretation - Festschrift A. Noyer-Weidner*, hg. von K. Hempfer und G. Regn, Wiesbaden 1983, S. 288-317.

23 Warning: *Petrarkistische Dialogozität*, S. 339-340. Jener „Polylog, der die Sprache Petrarcas mit apetrarkischen Sprachen in je neue Beziehungen bringt" (S. 339), findet auf allen Ebenen, der Semantik, der Metrik, der Serienzugehörigkeit im Zyklus, der Sprache und des Registers statt. Warning demonstriert die unterschiedlichen Spielarten petrarkistischer Dialogizität am Beispiel mehrerer Ronsardsonette in den Kapiteln II und III, S. 329 - 340.

24 Warning: *Petrarkistische Dialogizität*, S. 337.

25 Ebda.

26 Vgl. Warning: *Petrarkistische Dialogizität*, S. 340-341.

scher Bemühungen bereits einer spielerisch-ironischen Haltung zum Opfer gefallen sei. Die spezifisch neuzeitliche Leistung der Renaissancedichtung bestünde demnach gerade in der Konstitution eines ästhetischen Scheins, der auf der Ebene des Seins keine Entsprechung mehr hat.[27]

Das Konzept der Dialogizität, das die Renaissancelyrik als Schauplatz eines Kampfes rivalisierender Sprachen betrachtet, bildet hier den Ausgangspunkt für die Betrachtung der hochimitativen Lyrik von Garcilaso. Etwas vereinfachend lassen sich drei größere Bereiche unterscheiden, auf die Garcilaso bevorzugt imitierend zurückgreift. Hauptsächlich aus diesen drei Bereichen kommen die Sprachen, die in Garcilasos Lyrik in einen wechselseitigen Dialog eintreten und sich dabei gegenseitig perspektivieren und relativieren.

Die wichtigste Säule, formal wie inhaltlich, bilden der *Canzoniere* von Petrarca und der Petrarkismus. Zu diesem ersten Bereich gehören außerdem die *Cancionero*-Dichtung der iberischen Halbinsel sowie die Lyrik des Katalanen Ausias March, die alle in Garcilasos Werk ihre Spuren hinterlassen haben. In einigen Fällen wird sogar ein Einfluß der provenzalischen Lyrik angenommen. So ist in Garcilasos Lyrik oftmals eine eindeutig petrarkische, eine petrarkistische oder eine spanisch-höfische Liebessprache erkennbar. Häufig aber wird auf eine nicht genauer bestimmbare höfische Liebeskonzeption zurückgegriffen, die die Grundelemente von unerfüllbarer Liebe und damit verbundenem Liebesleid aufweist. Wo eine Ausdifferenzierung nicht möglich oder nicht notwendig erscheint, soll deshalb im Folgenden der etwas unpräzise Begriff einer ,höfisch-petrarkistischen' Tradition verwendet werden. Die Liebessprache höfisch-petrarkistischer Provenienz zieht sich wie ein roter Faden durch die gesamte spanischsprachige Lyrik Garcilasos. Sie bildet grundsätzlich den Horizont, vor dem die übrigen am Dialog beteiligten Sprachen gesehen werden müssen.[28]

Zweitens findet generell die diskursive Vielfalt des frühen 16. Jahrhunderts in Garcilasos Lyrik Eingang. Es handelt sich hierbei um eine äußerst heterogene Gruppe von Diskursen, die vor allem eines verbindet: die Tatsache, daß sie zu Beginn des 16. Jahrhunderts für das geistige Klima der höfischen Gesellschaft von Bedeutung waren. Besonders häufig wird in Garcilasos Werk etwa auf diejenigen zeitgenössischen Diskurse Bezug genommen, die moralisch-ethische und höfische Verhaltensmaßstäbe zum Ausdruck bringen. Hierzu gehören in erster Linie der Neoplatonismus und Castigliones neoplatonisch beeinflußter Entwurf des idealen *cortegiano*. Daneben finden sich bei Garcilaso aber auch Elemente aus zahlreichen anderen Spezialdiskursen wie der Emblematik, der Medizin, der Astrologie, der Religion oder der Kunsttheorie, die zumeist mit der Weltsicht des

---

27 Vgl. Warning: *Petrarkistische Dialogizität*, S. 343-354.
28 Zum Begriff des Horizonts vgl. Warning: *Petrarkistische Dialogizität*, S. 340.

16

Neoplatonismus eng verknüpft sind. Aber auch auf bedeutende zeitgenössische Werke der Narrativik, etwa auf Ariosts ironisch-witziges Versepos *Orlando furioso* oder Sannazaros Schäferroman *Arcadia*, wird bei Garcilaso häufig Bezug genommen. Nicht zuletzt bietet die zeitgenössische italienische Lyrik auch dort, wo sie die höfisch-petrarkistische Tradition überschreitet, indem sie beispielsweise antike Formen und Inhalte aufgreift, dem Dichter reichlich Material zur Nachahmung.[29]

Schließlich stellt die Antike selbst mit ihrer reichen Literatur und ihren Mythenstoffen den dritten großen Bereich dar, einen in formaler wie inhaltlicher Hinsicht unerschöpflichen Fundus, auf den Garcilaso wie alle Intellektuellen und Künstler seiner Zeit zurückgreift. Vor allem in der späteren Lyrik Garcilasos kommt diesem Bereich besondere Bedeutung zu.

Ziel dieser Arbeit ist es, zu zeigen, daß Garcilaso zu allen drei Bereichen, auf die er imitierend zurückgreift, ein kritisch distanziertes Verhältnis hat. Er ist sich grundsätzlich der historischen Distanz und der prinzipiellen Verfügbarkeit der von ihm benutzten Sprachen bewußt. *Imitatio* ist bei Garcilaso also nicht nur aneignende Nachahmung, sie ist auch nicht einfach als *aemulatio* oder *variatio* zu verstehen. Vielmehr werden dort, wo ausschließlich auf den höfisch-petrarkistischen Diskurs zurückgegriffen wird, dessen Formen und semantische Strukturen zu einer umwertenden, kritischen Auseinandersetzung mit eben dieser Tradition genutzt. So tritt in Garcilasos Lyrik der höfisch-petrarkistische Diskurs in einen Dialog mit sich selbst ein, das Ergebnis ist eine grundlegende Perspektivierung und Relativierung seiner selbst. Darüber hinaus ermöglicht die *imitatio* die Kombination und dialogisierende Gegenüberstellung des höfisch-petrarkistischen Diskurses mit anderen verfügbaren Diskursen, beispielsweise dem Neoplatonismus oder der antiken Literatur. *Imitatio* und der dialogische Kampf der Diskurse eröffnen schließlich in Garcilasos Texten ein semantisches Spielfeld, in dem Ironie und Doppelsinn möglich werden. Scheinbar der höfisch-petrarkistischen Tradition verpflichtete Gedichte erweisen sich oftmals als doppelbödig.[30]

Ausgehend von diesen Thesen werden in den folgenden Kapiteln zunächst einige der frühen, kürzeren Gedichte Garcilasos auf ihre Dialogizität hin betrachtet. Kapitel 3 konzentriert sich zunächst auf die Auseinanderset-

---

[29] Vgl. Heiple: *Garcilaso*, S. 103-133.

[30] Vgl. auch den Beitrag von Horst Weich: „La polifonía del discurso amoroso en Juan Boscán (La Canción LII: „Gentil señora mía")" zum V. Congreso de la Asociación Internacional Siglo de Oro, Münster, 20.-24. 7. 1999. Weich zeigt an einer Kanzone von Garcilasos Dichterfreund Boscán, wie dort unterschiedliche Liebesdiskurse, der neoplatonische, der petrarkistische und der hedonistische spielerisch miteinander in Dialog treten und dabei der scheinbar neoplatonische bzw. petrarkistische Sinn des Textes dekonstruiert und auf die Ebene einer reinen Körperlichkeit der Liebe herabgeführt wird.

zung mit der höfisch-petrarkistischen Tradition und die Verfahren, mit deren Hilfe ihre Konventionalität sichtbar gemacht und ironisch hinterfragt wird. In einigen Texten steht der höfisch-petrarkistische Diskurs des Begehrens im Dialog mit zeitgenössischen ordnungsstiftenden Diskursen. Dabei erweist sich das männliche Begehren als überaus stark, ja unkontrollierbar, der moralisierende Diskurs hingegen als zu schwach und damit unwirksam. Die latente Körperlichkeit der höfisch-petrarkistischen Liebe macht es schließlich möglich, einzelne Texte gerade dort, wo besonders stark auf Petrarca verwiesen wird, für doppeldeutig zu halten und neben der petrarkistischen eine erotische Lesart vorzuschlagen.

Kapitel 4 befaßt sich mit dem Dialog zwischen höfisch-petrarkistischer, also unerfüllbarer Liebe und Liebeskonzeptionen der Antike, die von einer grundsätzlichen Erfüllbarkeit der Liebe ausgehen. Das Zusammenbringen zweier unvereinbarer Liebeskonzeptionen macht diese Gedichte besonders reizvoll, die daraus entstehende Spannung zieht sich beinahe durch das gesamte Spätwerk Garcilasos. Doch auch das antike Ideal der Mäßigung, das epikureische Freiheitsideal sowie der christliche Kontext von Schuld, Bekenntnis und Sühne lassen im Zusammentreffen mit der höfisch-petrarkistischen Liebe deren Eigenarten und Schwächen deutlich werden.

Kapitel 5 konzentriert sich schließlich auf die in der höfisch-petrarkistischen Tradition und in der Antike unterschiedlich dargestellten Geschlechterrollen und die Ambivalenzen, die aus dem Dialog der Diskurse entstehen. So wird die überhöhte Position, die der Frau in der höfisch-petrarkistischen Tradition zukommt, durch antike Frauendarstellungen massiv in Frage gestellt. In der *Ode ad florem Gnidi* und der *Egloga I* gewinnt die Darstellung des Geschlechterverhältnisses dann an Komplexität. So scheint der Frau in der hierarchischen Ordnung der Welt allmählich ein Platz an der Seite des Mannes zuzukommen. Die selbstbestimmt handelnde Frau trägt für das Gelingen der Geschlechterbeziehungen ebenso Verantwortung wie der Mann. Angesichts der Vielzahl widersprüchlicher diskursiver Handlungsmodelle wird die Liebe für den Mann wie für die Frau jedoch zum Dilemma.

Kapitel 6 befaßt sich mit Imitatio, Doppelsinn und perspektivischem Spiel in der *Egloga II*. In einem komplexen Beziehungsgeflecht zwischen fiktionalen Schäfern, Dichtern und lebensweltlichen Figuren wird die Identitätssuche des Renaissancemenschen sowie die Rolle von Dichtung und Fiktion bei der Identitätskonstitution in den Blick genommen.

Die Betrachtung der *Egloga III* in Kapitel 7 ist schließlich dem Dialog zwischen Dichtung und bildender Kunst vor dem Hintergrund der dichtungs- und kunsttheoretischen Überlegungen der Renaissance gewidmet. Die häufig behauptete Verwandtschaft der beiden Künste wird in der komplexen Rahmenstruktur der 3. Ekloge sichtbar gemacht, der Text reflektiert die Entstehungs- und Rezeptionsbedingungen sowie die Darstellungsmodalitäten von Dichtung und Malerei.

Unter dem Blickwinkel der Dialogizität bewegt sich diese Untersuchung somit von den frühen und kürzeren Werken zu den längeren und komplexeren späten Werken,[31] von einer zunächst noch relativ einfachen Auseinandersetzung mit der höfisch-petrarkistischen Tradition zu einem Polylog der Stimmen, der die verschiedensten strukturellen, thematischen, ethischen und ästhetischen Aspekte der Renaissancekultur einbezieht. Zwar bleibt die höfisch-petrarkistische Tradition an jenem Polylog der Stimmen durchgehend beteiligt, sie verliert jedoch in zunehmendem Maße an Bedeutung. Nimmt man die drei Eklogen als Höhepunkt in Garcilasos Werk ernst, so kommt der höfisch-petrarkistischen Tradition im frühen 16. Jahrhundert zur Regelung des Geschlechterverhältnisses, zur Identitätskonstitution oder bei der Entstehung großer Kunstwerke nur mehr eine äußerst marginale, ja zweifelhafte Rolle zu.

Daß Spekulationen über die erotische Biographie Garcilasos in dieser Arbeit völlig unterbleiben, versteht sich von selbst. Garcilaso wird hier gesehen als ein Angehöriger des Adels, der das Ideal der *armas y letras* in seiner Person in hohem Maße zu verwirklichen wußte. Sein Leben als ein Auf und Ab zwischen gesellschaftlicher Anerkennung und kaiserlicher Ungnade, glanzvollem Hofleben und Exil, diplomatischen und militärischen Aufgaben muß an dieser Stelle nicht neu beschrieben werden.[32] Sein dichterisches Werk weist ihn als geistreichen, überaus belesenen Intellektuellen aus, der bekanntermaßen mit den geistigen Größen seiner Zeit Umgang pflegte. Ein großer Teil seines Werkes, vor allem die umfangreicheren Dichtungen, sind nach genereller Einschätzung in seiner neapolitanischen Zeit entstanden, also einem höfischen Umfeld, wo er, zeitgenössischen Äußerungen zufolge, im Mittelpunkt des gesellschaftlichen Lebens stand: „Garcilaso fue el español más distinguido, festejado y querido entre cuantos hasta entonces habían vivido en el Reino."[33] Anders als bei Petrarca, dessen Werk die zielgerichtete Sorgfalt des gelehrten Humanisten verrät,

---

[31] Lapesas Versuch einer chronologischen Ordnung, der auf der Basis einer stilistischen und semantischen Bestandsaufnahme der literarischen Einflüsse entstanden ist, läßt deutlich die zunehmende Komplexität im Spätwerk Garcilasos erkennen. Meine Vorgehensweise von den einfacheren zu den komplexeren Werken deckt sich weitgehend mit der von Lapesa vorgeschlagenen Chronologie. Vgl. Lapesa: *La trayectoria*, S. 27.

[32] Einen guten Überblick jüngeren Datums bietet das Kapitel „Vida" im Vorwort zur Gesamtausgabe: Garcilaso de la Vega: *Obra poética y textos en prosa*, hg. von B. Morros, Barcelona 1995 (Crítica), S. XXV-LVIII. Alle im Folgenden verwendeten Textbeispiele und Versangaben zu Garcilasos Dichtung entnehme ich dieser Ausgabe. Hinweise auf imitierte Modelltexte sind, soweit nicht anders angegeben, dem kritischen Apparat dieser Ausgabe entnommen.

[33] Der Kommentar Bembos ist zitiert aus J.-Graciliano Gonzalez Miguel: *Presencia napolitana en el siglo de oro español, Luigi Tansillo (1510-1568)*, Salamanca 1979, S. 51.

reflektiert Garcilasos Dichtung die Bedürfnisse einer höfischen Gesellschaft nach kultiviert geistreicher Zerstreuung und narzißtischer Selbstbespiegelung. Seine Werke zeigen weder Zykluscharakter, noch läßt sich in ihnen eine eindeutige teleologische Orientierung ausmachen. Vielmehr soll ein Großteil seiner Werke hier als Gelegenheitsdichtung betrachtet werden, die ihrem Autor schon beim Schreiben Vergnügen bereitete und die ihm innerhalb der höfischen Gesellschaft Anerkennung und Bewunderung eintrug. Zugleich verrät sie aber den hochgebildeten Intellektuellen, der die überwältigende Diskursvielfalt seiner Zeit in genialer Weise nutzt, um einen neuen, witzigen, teilweise respektlosen Umgang mit der höfisch-petrarkistischen Tradition, aber auch ein neues Rollenverständnis als Mann, als Höfling und als Dichter zu artikulieren.

2 Höfische, petrarkische und petrarkistische Liebeskonzeptionen als Horizont für die Lyrik Garcilasos

Um die Auseinandersetzung Garcilasos mit der höfisch-petrarkistischen Tradition darzustellen, soll der Analysearbeit zunächst eine kurze Skizze der Liebeskonzeptionen, die für Garcilasos Lyrik die diskursive Grundlage bilden, vorausgehen.

2.1 Sinnliches Begehren und Sublimation in der provenzalischen Liebeslyrik

In der provenzalischen Troubadourdichtung, die das Basismodell für die europäische Liebeslyrik über mehrere Jahrhunderte hinweg bereitstellt,[1] besingt ein lyrisches Ich seine Liebe zu einer Dame, die, sozial hochstehend und normalerweise verheiratet, für den Sprecher unerreichbar ist. Zumeist bleibt die verehrte Dame anonym oder ihre Identität bleibt unter einem Decknamen, dem *senhal*, verborgen, wie überhaupt die gesamte Troubadourlyrik weniger das Individuelle, als vielmehr das idealtypisch Weibliche zum Gegenstand der Verehrung macht.[2] Auslösendes Moment für die Liebe ist häufig der Blick, die Schönheit der Dame bewirkt beim Sprecher heftige Zuneigung und sinnliches Begehren. Aber auch andere Ursachen, etwa das Wirken von Magie oder höheren Mächten wie Amor und Venus, sowie der Einfluß der Gestirne werden genannt.[3] Der Liebende befindet sich fortan in einem Zwiespalt zwischen sinnlichem Begehren und Triebhaftigkeit einerseits und andererseits der Notwendigkeit, als Mitglied einer verfeinerten adligen Oberschicht seine als verwerflich geltenden Affekte unter Kontrolle zu halten. So ist Liebeserfüllung zwar das Ziel des männlichen Begehrens, und Gunstbezeigungen der Dame, ein Blick, ein Lächeln, ein Kuß, sind in gewissem Maße denkbar. Im Mittelpunkt der Dichtung steht jedoch das Liebeswerben, welches in erster Linie als ein Prozeß der Verinnerlichung und Idealisierung beschrieben wird. Neben der äußeren Schönheit der Dame wird vor allem ihre innere Schönheit, ihre Tugend

---

[1] Die folgende Darstellung bezieht sich hauptsächlich auf Hugo Friedrich: *Epochen der italienischen Lyrik*, Frankfurt/M. 1965, S. 1-15.

[2] Vgl. Friedrich: *Epochen*, S. 6 und 9.

[3] Eine sehr anschauliche und differenzierte Darstellung der Ursachen mit umfangreichen Textbeispielen gibt Rüdiger Schnell in *Causa amoris, Liebeskonzeption und Liebesdarstellung in der mittelalterlichen Literatur*, Bern 1985, hier vor allem Teil II und III, S. 185-506.

gepriesen, und so bedeutet auch der Liebesdienst des Mannes eine Verinnerlichung gesellschaftlicher Normen. Er beteuert seine Beständigkeit, Treue, Selbstlosigkeit und höchste Leidensbereitschaft. Die freiwillig gewählte Abhängigkeit von der Herrin bereitet ihm seelisches Leid, das zudem von äußerlichen Krankheitssymptomen wie Blässe, Fieber oder Schwäche begleitet sein kann. Zugleich ist ihm das innere Leiden an der Liebe jedoch eine Quelle höchster Freude (*joi*). Die Überwindung der niederen Triebe, die Verinnerlichung der Liebe, die tugendhafte Verehrung weiblicher Vollkommenheit bewirken in der Folge die Läuterung, Veredelung und Erhöhung des Mannes. Ihre höchste Reinheit und Vergeistigung erfährt die höfische Liebe schließlich in der Fernliebe (*amor de lonh*), wo die Dame für den Mann völlig unerreichbar ist.

Die Stilisierung der höfischen Liebe findet Ausdruck in einer überaus kunstvollen Dichtung, deren elitärer Anspruch sie bisweilen in ihrer dunkelsten Ausprägung, dem *trobar clus*, beinahe unverständlich werden läßt. Die reich entwickelte Bildlichkeit[4] der höfischen Lyrik ist über Jahrhunderte hinweg für die europäische Liebeslyrik prägend geworden. So findet sich die aus der Antike übernommene Kampf- und Feuermetaphorik ebenso wie der christliche Gedanke des Martyriums später in den Liebesdichtungen der verschiedenen Nationalliteraturen wieder. Lediglich die metaphorische Darstellung der Liebe als Vasallendienst verliert im Laufe der Zeit, mit dem Schwinden der feudalen Gesellschaftsordnung, an Aktualität. Sie findet ihre Fortsetzung später in einer eher psychologisch dargestellten Macht der Dame über den Liebenden.

Duby wertet den ungeheuren, europaweiten Erfolg des höfischen Modells als Indiz für seinen engen Bezug zur Lebenswelt der ritterlichen Gesellschaft.[5] So wies das Raffinement der Minne einen Mann als Mitglied der gehobenen Gesellschaft aus und unterstrich seinen Abstand zum gemeinen Volk.[6] Zugleich war das höfische Modell von sozialem Nutzen, denn es idealisierte ritterliche Tugenden der Mäßigung und freiwilligen Unterwerfung, was zur Disziplinierung einer ansonsten schwer zu bändigenden Jungmännergesellschaft und damit zur Konsolidierung der feudalen Ordnung beitrug.[7] Zum anderen muß wohl gerade der sexuelle Reiz des Minnespiels für die Adelsgesellschaft der mittelalterlichen Burgen, wo Männer- und Frauenbereiche noch weitgehend voneinander getrennt waren, eine besondere Faszination besessen haben. Den jungen Männern des Adelsstandes, die seit dem frühen Knabenalter fern von den Frauengemächern in einer reinen Männergesellschaft aufwuchsen, muß die Frau als ein uner-

---

4   Vgl. die Beschreibung der vier Metaphernkreise bei Friedrich: *Epochen*, S. 11-13.
5   Vgl. Georges Duby: „Das höfische Modell", in: *Geschichte der Frauen*, hg. von G. Duby und M. Perrot, Frankfurt/M. 1993, Bd. II, S. 265-282, hier S. 270.
6   Vgl. Duby: *Das höfische Modell*, S. 271.
7   Vgl. Duby: *Das höfische Modell*, S. 274-277.

reichbares, mysteriöses Wesen erschienen sein, nach dem man sich einerseits sehnte, dem aber andererseits im Wertesystem der damaligen Zeit der Mythos der Verderbtheit, der Animalität, der sexuellen Unersättlichkeit anhaftete.[8] Aus der psychoanalytischen Literaturkritik übernimmt Duby schließlich die These, daß die höfische Liebeslyrik dem Mann Gelegenheit gab, seinem Unbehagen am Geschlechterverhältnis durch Idealisierung der Frau und Sublimation des Begehrens zu begegnen. Die höfische Lyrik wäre demnach zu deuten als eine Strategie zur Überwindung der männlichen Versagensangst. Als solche wäre sie ähnlich motiviert wie die misogyne Literatur oder die obszöne Prahlerei und Zote.[9]

Deutlicher noch wird die strukturelle Nähe der mittelalterlichen höfischen Lyrik zum obszönen Witz bei Vance herausgearbeitet.[10] Der Reiz des obszönen Witzes liegt, nach Freud, in der sexuellen Aggression, die zu artikulieren dem Sprecher, aber auch dem Zuhörer als seinem Verbündeten Lust bereitet. In gebildeter Gesellschaft verbirgt sich die Aggression als Anspielung hinter dem Wortspiel, das Lusterlebnis ist damit vordergründig an die technischen Mittel des Witzes gebunden.[11] Vance erkennt in der höfischen Lyrik des Mittelalters eine ähnliche Kommunikationsstruktur wie im Witz: „The speaker is both the desiring subject and the victim of denial on the part of a woman who is both the object of desire and bestower of disfavor; the audience as third party is both rival and potential ally".[12] Das Vergnügen des Zuhörers, das die Äußerung provoziert und überhaupt erst möglich macht, ist nun ein scheinbar unschuldiges Vergnügen am sprachlichen Zeichen und weist, so Vance, im Witz wie in der höfischen Lyrik autoerotische Züge auf.[13]

Nach den oben erwähnten sozialen Gründen sind es also auch psychische Faktoren wie unbewußte männliche Versagensangst, Frustration, versteckte sexuelle Aggression beim Sprecher, autoerotische Bedürfnisse und Lustgewinn beim Hörer, die den außergewöhnlichen Erfolg des höfischen Modells in ganz Europa plausibel erscheinen lassen. Das der Lyrik vorausgehende Unbehagen am Verhältnis der Geschlechter und die Nähe zum

---

[8]   Vgl. Duby: *Das höfische Modell*, S. 272.

[9]   Vgl. Duby: *Das höfische Modell*, S. 272-273. Duby bezieht sich hier vor allem auf Huchets Untersuchungen zur Dichtung Wilhelms IX von Aquitanien. Huchet stellt fest, daß in dessen Werk deutlich die Spuren einer männlichen Versagens- und Kastrationsangst eingeschrieben sind. Vgl. Jean-Charles Huchet: *L'Amour discourtois. La „Fin' Amors" chez les premiers troubadours*, Toulouse 1987, hier v. a. Kap. 2: „Un troubadour misogyne (Guillaume IX d'Aquitaine)", S. 59-123.

[10] Eugene Vance: „The Châtelain de Coucy: Enunciation and Story in *Trouvère* Lyric", in: ders.: *Mervelous Signals, Poetics and Sign Theory in the Middle Ages*, London 1986, S. 86-110.

[11] Vgl. Sigmund Freud: *Der Witz*, Franfurt/M. und Hamburg 1958, S. 80-82.

[12] Vance: *Enunciation and Story*, S. 109.

[13] Ebda.

tendenziösen Witz soll bei der Betrachtung von Garcilasos Lyrik im Auge behalten werden.

2.2 Das ,süße Leid' bei Petrarca

Den nächsten zentralen Bezugspunkt für Garcilasos Lyrik bildet der *Canzoniere* von Francesco Petrarca. Er löst den stärker vergeistigten *dolce stil novo* ab, in dem die Frau als gottgesandtes, engelsgleiches Lichtwesen, die Liebe als transzendente Macht ohne konkreten Bezug zum Irdischen verstanden wird.[14] Bei Petrarcas Liebe zu Laura erhält das Konkrete, sinnlich Erfahrbare wieder seinen Platz. Zwar erscheint auch Laura als eine Lichtgestalt, ein vom Himmel gesandtes Wesen. Zugleich wird jedoch an die idealtypische weibliche Schönheit in der Troubadourlyrik angeknüpft, Gang, Stimme, Kleidung lassen ihre Erscheinung lebendig werden, ohne durch zu große Detailfülle ihre Idealität einzuengen.[15] Ihr Name ermöglicht darüber hinaus ein komplexes symbolisches Spiel, das zwei Sinnebenen, die der Liebe und, über Anspielungen auf den Apollmythos, die des Dichtens, miteinander verschmelzen läßt. So sind Inspiration, dichterisches Schaffen und unvergänglicher Ruhm durch lautähnliche Begriffe wie *lauro*, *l'oro*, *l'aurora* etc. mit Lauras Namen verknüpft und als zweite Sinnebene grundsätzlich mitzudenken.[16] Im Wesentlichen geht es im *Canzoniere* jedoch um die Darstellung seelischer Vorgänge. Die Liebe zu Laura durchläuft im Leben des Liebenden verschiedene Phasen:

> Begegnung mit Laura, Werben des Liebenden, Sich-Versagen der Herrin, daher Abreise, Heimweh, Hoffnung, Verzweiflung des Liebenden; Tod der Laura, so daß aus der einstigen Erinnerung an die Lebende nunmehr die Erinnerung an die Tote wird, wobei noch einmal alle Phasen des ersten Teils auf höherer Stufe durchwandert werden, bis der Liebende müde in sein eigenes Altern einstimmt, Laura aus seinen Gedanken zurücktritt und der Himmelsliebe weicht, die sie selber, durch ihren Tod, in ihm geweckt hat.[17]

Zwar hat der Humanist Petrarca die Lyrik der römischen Erotiker, deren durchaus reale, sinnliche Leidenschaft, deren Verzweiflung über die Launenhaftigkeit der Frau, deren Auf und Ab zwischen Verzweiflung, Haß und Versöhnung gekannt.[18] Sie hat jedoch nur geringen Einfluß auf seine Dichtung. Petrarcas Liebe ist vielmehr süßes Leid, lustvolles Eintauchen in den Schmerz. Bei ihm gibt es kein Aufbegehren, keinen Wunsch nach Erlö-

---

[14] Vgl. Friedrich: *Epochen*, S. 69-70.
[15] Vgl. Friedrich: *Epochen*, S. 202-203.
[16] Vgl. Friedrich: *Epochen*, S. 196-199.
[17] Friedrich: *Epochen*, S. 184-185.
[18] Vgl. Friedrich: *Epochen*, S. 178-179.

sung, eher findet sich die Hoffnung, daß das Leid nie enden möge.[19] Was die Darstellung des Liebesleids anbelangt, so urteilt Friedrich:

> An den römischen Erotikern gemessen, scheint die spirituale Liebesdichtung, auch in der schon entspannteren Weise Petrarcas, ärmer zu sein, ja sie ist es sogar, wenn man sie nach der geringen Vitalität ihrer Motive beurteilt. Kein Zweifel, daß sie zuweilen *effeminierte Züge* aufweist. Das sieht man z.B. an mythisierenden Versen, wo der Liebende einige auf Frauen bezogene Motive für sich, den Mann verwendet: er gleicht der Dido, die von Liebe verwundet ist [...], oder er gleicht der Nymphe Echo, die wegen ihrer verschmähten Liebe zu Narziß starb [...]. Doch was nach allzu weicher Weise und nach Armut aussehen könnte, ist es nicht, wenn man erkennt, daß die Verklärungen, Zartheiten, Begrenztheiten, Melancholien dieser Poesie ein Reich der Sublimierungen geöffnet haben, das [...] in seiner Dauer, in seiner Einwirkung auf die abendländische Seelengestalt so erstaunlich lebensfähig war.[20]

Während in der provenzalischen Dichtung das Geschlechterverhältnis in der Begrifflichkeit der Feudalaristokratie dargestellt wird, indem der Liebende als getreuer Vasall seiner Herrin dient, hat die Beziehung zwischen Mann und angebeteter Frau bei Petrarca eine neue Qualität angenommen. Vergeistigte Süße, Weichheit, Zartheit des Stils wie der seelischen Vorgänge kennzeichnen den Mann im Gegensatz zur spröden Härte der sich versagenden Dame. Aus der provenzalisch-höfischen Umkehrung der feudalen hierarchischen Gesellschaftsordnung ist bei Petrarca, übertrieben ausgedrückt, eine Umkehrung männlicher und weiblicher Wesenszüge geworden. Das petrarkische Liebesleid macht ein Ausloten weiblicher Zartheit und Schwäche in der Seele des gequälten Mannes möglich.[21]

---

[19] Vgl. Friedrich: *Epochen*, S. 180-184. Der innere Zwiespalt liegt bei Petrarca vielmehr im unbewältigten Konflikt mit dem religiösen Gewissen: „Er legt über sich den Schatten der Erbsünde, und in dem Schatten leuchtet eine wollüstige Farbe." (*Epochen*, S. 181).

[20] Friedrich: *Epochen*, S. 179-180 (Hervorhebung von mir). Gerade jenes Bestreben nach Sublimierung, jener Schwebezustand zwischen männlichem Begehren und weiblich anmutender Zartheit und Melancholie wird 200 Jahre später zum Kern einer ironisierenden Petrarcanachahmung bei Garcilaso. Vgl. hierzu v. a. das Kapitel 5 dieser Arbeit.

[21] Das beste Beispiel für das Verschwimmen männlicher und weiblicher Rollen bietet die Verwandlungskanzone XXIII, wo der Liebende nacheinander Apoll, Lorbeer (= Laura/Daphne), Cygnus, Battus, todgeweihter Dichter, Byblis, Echo, Aktäon, Flamme und Vogel ist, die Dame Mitstreiterin in Amors Gefolge, Merkur, Diana, Lorbeer. Gerade auf diese Verwandlungskanzone wird in Garcilasos Werk mehrfach verwiesen.

2.3 Petrarkismus, Neoplatonismus und antike Erotik im *cinquecento*

Der Petrarkismus des italienischen *cinquecento* ist keineswegs so einheitlich, wie sein Name zunächst vermuten läßt. In seiner reinsten Ausprägung bei Bembo will der Petrarkismus inhaltlich wie stilistisch getreue und ausschließliche Nachahmung Petrarcas sein. Bei manch einem Dichter gerät die Nachahmung gar zu einer schematischen Aneinanderreihung petrarkistischer Versatzstücke von epigonaler Plattheit. Interessant wird der *cinquecento*-Petrarkismus vor allem dort, wo er sich verschiedenen geistigen Einflüssen aussetzt und sich transformiert. Dabei spielen Neoplatonismus und Antike für die spezifische Ausprägung des *cinquecento*-Petrarkismus eine besondere Rolle. Trotz der daraus resultierenden Diversifizierung läßt sich eine Reihe von Merkmalen beschreiben, die zum unverzichtbaren Kern petrarkistischer Lyrik gehören.[22] Als Grundmuster übernimmt der *cinquecento*-Petrarkismus von Petrarca die Darstellung seelischer Vorgänge des Liebenden angesichts einer unerfüllbaren Liebe, wobei weiterhin den *affetti dogliosi,* bis hin zur Schmerzsüchtigkeit, eine herausragende Rolle zukommt. Der Liebesmelancholie stehen jedoch oft stärker als bei Petrarca die *affetti lieti* in Form einer sich ständig erneuernden *speranza* komplementär gegenüber, weshalb Regn die „antinomisch-paradoxale Affektstruktur" als dominantes Prinzip der petrarkistischen Liebeskonzeption beschreibt.

Des weiteren übernimmt der *cinquecento*-Petrarkismus als Ereignissubstrat die rudimentäre Geschichte der petrarkischen Liebe. Die Identität des Sprechers als Liebender und Vermittler hat dabei kohärenzstiftende Funktion.[23] Selbst in Einzelgedichten, wenn petrarkistische Lyrik nicht im Zusammenhang eines geschlossenen Zyklus steht, was bei Garcilasos Werken und zahlreichen anderen Gelegenheitsdichtungen innerhalb der höfischen Gesellschaft der Fall ist, kann das petrarkistische Ereignissubstrat als Referenzhorizont beim Leser vorausgesetzt werden.[24]

Die dritte Konstante der Liebeslyrik bildet der Konflikt im Liebenden zwischen Affekt und Norm.[25] In der provenzalischen Lyrik, wo ungezügeltes sexuelles Begehren im Gegensatz zu ritterlicher Tugend, also zu sozialen Verhaltensnormen steht, und in der Lyrik Petrarcas, wo weltliches

---

[22] Vgl. Gerhard Regn: „Typische Merkmale des petrarkistischen Systems im Cinquecento", in: ders.: *Torquato Tassos zyklische Liebeslyrik und die petrarkistische Tradition,* Tübingen 1987, S. 21-70, hier v. a. S. 23 und 26-32. Auch wenn der Systemgedanke in dieser Arbeit nicht übernommen wird, bietet Regns Beschreibung systemkonstitutiver, systemmöglicher und systeminkompatibler Elemente eine umfassende Darstellung wesentlicher Merkmale des *cinquecento*-Petrarkismus.

[23] Vgl. Regn: *Typische Merkmale,* S. 32-36.

[24] Vgl. Regn: *Typische Merkmale,* S. 24.

[25] Vgl. Regn: *Typische Merkmale,* S. 36-48.

Begehren nach Liebe und Dichterruhm in Widerspruch zum religiösen Gewissen steht, ist das Grundmuster der Gefühlsdarstellung eine „zirkuläre Bewegung konträrer Seelenbewegungen" und damit „potentiell unendlich".[26] Die Liebeskonzeption des Neoplatonismus bietet nun im 16. Jahrhundert eine Möglichkeit zur Überwindung dieses Normenkonflikts. Bei der Einteilung der Liebe in *amore lascivo, amore onesto* und die höchste Stufe des *amore contemplativo* beginnt wahre Liebe zwar auf der mittleren Stufe mit dem Erblicken der vollendeten Schönheit der Dame, die in sich bereits einen Funken der idealen göttlichen Schönheit erahnen läßt. Wahre Liebe hat jedoch den Aufstieg der Seele von der Betrachtung weltlicher Schönheit hin zur Betrachtung der göttlichen Schönheit zum Ziel, weshalb der *amore onesto* nur eine Vorstufe des *amore contemplativo* darstellen kann.[27] Es handelt sich somit um einen linearen Prozeß, den der Liebende und die geliebte Frau gemeinsam in keuscher Liebe und völliger geistiger Harmonie durchlaufen. Er bedeutet zugleich die Distanzierung vom *amore onesto* und damit die Aufgabe von zentralen Elementen der höfischen und petrarkistischen Liebeskonzeption: dem Sich-Versagen der Dame und dem quälenden Konflikt zwischen Affekt und Norm.[28]

Das Ineinanderwirken von höfisch-petrarkistischer und neoplatonischer Liebeskonzeption in der Liebeslyrik dieser Zeit beschreibt Heiple beispielhaft an Boscáns 14 neoplatonischen Sonetten.[29] Der Kontrast zwischen beiden Liebeskonzeptionen bietet dem Dichter willkommenen Anlaß, zunächst die traditionellen Liebesqualen, das ewige Leiden und Weinen zu schildern, nur um dann deren Überwindung, den Triumph der neuen, reinen Liebe zu preisen, die den Liebenden nicht mehr in Gewissenskonflikte stürzt und ihm die Anerkennung seiner Zeitgenossen sichert. Hier treten also zwei Liebeskonzeptionen in Dialog miteinander, die sich in der Gleichzeitigkeit gegenseitig negieren. Im Nacheinander lassen sich jedoch die Lust am Leiden und die überlegene moralische Position problemlos vermitteln.

Auf der anderen Seite darf die Nähe des *amore onesto* zum *amore lascivo* bei Petrarca und den Petrarkisten nicht gänzlich unerwähnt bleiben. Das sinnliche Begehren des Liebenden wird jedoch im allgemeinen nur verdeckt geäußert, so daß der Leser es mühelos auch dem *amore onesto* zurechnen kann. Die prinzipiell mögliche doppelte Interpretierbarkeit läßt die Autoren im *cinquecento* trotzdem zu zwei Desambiguierungsstrategien

---

26 Regn: *Typische Merkmale*, S. 36.
27 Vgl. Regn: *Typische Merkmale*, S. 40-41. In der Einschätzung des *cinquecento* handelt es sich bei der Liebe Petrarcas nur um die mittlere Stufe des *amore onesto*, da sie auf der Basis der *sensi spirituali*, dem Sehen und Hören weltlicher Schönheit, entsteht und den Aufstieg zum *amore contemplativo*, zur Betrachtung göttlicher Schönheit, nicht konsequent genug vollzieht.
28 Vgl. Regn: *Typische Merkmale*, S. 42 und 44.
29 Vgl. Heiple: *Garcilaso*, S. 235-238.

greifen: zur expliziten Negierung sexueller Begierde oder, in variierender Überbietung Petrarcas, zu deren deutlicher Akzentuierung. Grundsätzlich ist jedoch im Petrarkismus dem sexuellen Begehren des Liebenden durch die tugendhafte Verweigerung der Dame eine klare Grenze gesetzt.[30]

Anders bei den antiken Erotikern, deren Dichtung im *cinquecento* intensiv rezipiert und imitiert wurde. Sexuelles Begehren wird hier explizit beim Namen genannt und grundsätzlich als erfüllbar angesehen. Liebesqualen resultieren aus den Launen, der Untreue, den charakterlichen Defiziten der momentan unerreichbaren Frau, aus der Überlegenheit jüngerer Rivalen, manchmal auch aus eigener körperlicher oder charakterlicher Unzulänglichkeit. Es handelt sich also um eine Tradition, die mit der petrarkistischen Liebeskonzeption allenfalls das Merkmal der Liebesqualen teilt, im großen und ganzen aber unverrechenbar bleibt.

Wo dennoch Petrarca und die antiken Erotiker zugleich als Modell dienen, wie dies etwa in der Lyrik von Bernardo Tasso der Fall ist, wird die Lyrik „zum Manifestationsort eines nicht mehr nur latenten, sondern offenen Konkurrenzverhältnisses zweier Traditionen der Liebeslyrik, die sich gegenseitig den Rang einer Dominante streitig zu machen beginnen."[31]

In Spanien sind die Dichtung von Ausias March und die *cancionero*-Lyrik des 15./16. Jahrhunderts, trotz gewisser nationaler Eigenheiten, weitgehend mit dem höfisch-petrarkistischen Modell verrechenbar. Lapesa betont als spanische Eigenart vor allem die starke Intellektualisierung bei der Darstellung seelischer Vorgänge. Sie äußert sich in der häufigeren Verwendung von Allegorie, Personifikation und konzeptistischen Wortspielen. Zudem verbietet die strengere höfische Etikette in Spanien konkrete Anspielungen auf das Erscheinungsbild der Dame, und sie zwingt den Liebenden bei seinen Gefühlsäußerungen zu größerer Zurückhaltung, bis hin zum völligen Verstummen.[32] Stärker noch als in der spanischen Liebeslyrik dominiert ein Jahrhundert zuvor in der Lyrik des Katalanen Ausias March Düsterkeit und eine schon fast maßlos zu nennende Heftigkeit der Seelenqualen.[33]

---

[30] Vgl. Regn: *Typische Merkmale*, S. 44-48.

[31] Regn: *Typische Merkmale*, S. 48. Heiple beschreibt dieses Phänomen ausführlich in seinem Kapitel „Bernardo Tasso and the Beginnings of Anti-Petrarchism" (*Garcilaso*, S. 103-133). Heiple betont, daß der Petrarkismus schon zu Bernardo Tassos Zeit von einigen Dichtern als Zwangsjacke empfunden wurde. Die Literatur der Antike bot größere Freiheiten, nicht nur bezüglich der Liebeskonzeption, sondern auch in formaler und allgemein thematischer Hinsicht. Heiple würdigt die innovative Rolle Tassos vor allem dort, wo die Übernahme von Mythos und Erzählung mit einem Wandel der Sprecherrolle einhergeht: „The use of fable and a detached narrator instead of an involved lover signaled an important revolution in Renaissance poetry." (*Garcilaso*, S. 116).

[32] Vgl. Lapesa: *La trayectoria*, S. 24-41.

[33] Vgl. Lapesa: *La trayectoria*, S. 41-45, hier v. a. S. 44.

Allerdings gibt es auch Anzeichen dafür, daß im frühen 16. Jahrhundert den Spaniern die oben schon beschriebene Nähe der höfischen Lyrik zum obszönen Witz[34] bewußt ist, ja daß sie diese Nähe gelegentlich in zweideutigen Gedichten zum Ausdruck bringen. So zeigt Macpherson, daß es neben der rein höfischen *cancionero*-Dichtung und einigen offen erotischen Texten auch eine Reihe von doppeldeutigen Gedichten gibt, die vordergründig vollkommen dem höfischen Modell entsprechen, die sich aber eines geheimen Codes bedienen, der gleichzeitig auf ein sexuelles Geschehen verweist.[35] Das Verständnis der zweiten Bedeutungsebene erschließt sich natürlich, so Macpherson, nur dem Leser, der diesen geheimen Code kennt. Wenn Garcilaso in den frühen 30er Jahren einige seiner Petrarcanachahmungen mit einem erotischen Doppelsinn versieht, so darf man annehmen, daß in der spanischen *cancionero*-Lyrik hierzu schon der Weg bereitet war.

Generell gilt jedoch, daß im frühen 16. Jahrhundert in Spanien, ähnlich wie in Italien, die Mehrheit der Texte noch dem höfisch-petrarkistischen Schema folgt. Erst die Generation von Boscán und Garcilaso macht sich konsequent daran, neue Liebeskonzeptionen, neue Autoritäten und Diskurse in ihr Werk einzubeziehen. Garcilaso ist ohne Zweifel in der spanischsprachigen Dichtung der Autor, der sich vor allen anderen durch Offenheit und Experimentierfreude auszeichnet, wenn es darum geht, das traditionelle höfisch-petrarkistische Modell mit der diskursiven Vielfalt seiner Zeit in Dialog zu bringen und zu durchbrechen.

---

[34] Vgl. oben, Kap. 2.1 dieser Arbeit.
[35] Vgl. Ian Macpherson: „Secret Language in the *Cancioneros*: Some Courtly Codes", in: *Bulletin of Hispanic studies* 62 (1985), S. 51-63. Macpherson demonstriert das Vorhandensein eines solchen Doppelsinnes vor allem an dem damals weithin bekannten „Justa fue mi perdición", das in zahlreichen Sammlungen enthalten war und das zeitweise sogar Garcilasos Dichterfreund Boscán zugeschrieben wurde.

3 Auseinandersetzung mit Texten von Ausias March, Petrarca und dem Petrarkismus

Anspielungen auf Texte von Ausias March und Petrarca, sowie allgemein petrarkistische Motive finden sich in Garcilasos Werk in großer Zahl. Das Aufspüren solcher Anspielungen geht in der Garcilasokritik meist einher mit der Einschätzung, daß es sich bei den betreffenden Gedichten auch um höfisch-petrarkistische Lyrik handelt. Das folgende Kapitel betrachtet zunächst vorwiegend solche Gedichte Garcilasos, 22 Sonette und die *Canciones I y II,* die deutlich an die höfische und petrarkistische Tradition anknüpfen. Es soll dabei gezeigt werden, daß nur wenige dieser Texte sich eindeutig innerhalb der höfisch-petrarkistischen Tradition bewegen, in denen dann die Schwäche des Liebenden und die Aussichtslosigkeit der Liebessituation besonders betont werden. Dagegen läßt sich in der Mehrzahl der Gedichte eine Tendenz zur Mehrdeutigkeit ausmachen. Diese Texte lassen sich nicht nur als traditionelle höfisch-petrarkistische Liebesgedichte verstehen, sondern zugleich als eine kritische Auseinandersetzung mit dem höfischen Rollenverständnis, der höfisch-petrarkistischen Liebeskonzeption, den traditionellen Verfahren allegorischer Sinnstiftung und den moralischen Beurteilungskriterien, an denen das Verhalten des Liebenden gemessen wird. Erreicht wird dies durch die Nachahmung bekannter Modelltexte, die fest in der höfisch-petrarkistischen Tradition verankert sind. Diese werden jedoch im neuen Kontext mehr oder weniger stark modifiziert, wodurch ihre Konventionalität aufgezeigt und ihr ursprünglicher Sinn kritisch-ironisch hinterfragt wird. Dies geht so weit, daß in einigen Texten hinter der Idealisierung der Liebe die reine Körperlichkeit des sexuellen Begehrens erkennbar wird. Vereinzelt ist es sogar möglich, die doppelte Lesbarkeit eines Sonetts als Petrarcanachahmung und erotischer Herrenwitz vorzuschlagen.

3.1 Männliche Schwäche und die Aussichtslosigkeit der Liebessituation: Sonette in der höfisch-petrarkistischen Tradition (Sonett 20, 3 und 38)

Sonett 20 ruft deutlich erkennbar schon in den ersten beiden Versen mit dem Motiv der *contrari venti* petrarkistische Motive auf:

> Con tal fuerza y vigor son concertados
> para mi perdición los duros vientos, (Son. 20, v. 1-2)

In den Quartetten wird zunächst die hoffnungslose Situation des Liebenden mit Hilfe einer Pflanzenmetaphorik entfaltet: der harte Wind tötet alle „tiernos pensamientos" (v. 3) und läßt nur das fest verwurzelte Leid („cuidados", v. 5) bestehen. In den Terzetten scheint sich dann eine positivere Stimmung anzudeuten: „Aunque por otra parte no me duelo [...] del grave mal" (v. 9-11). Der Leser muß jedoch im letzten Vers feststellen, daß der Liebende sich nur deshalb mit dem Leid abfindet, weil es seinen Tod beschleunigt. Obwohl hier weder die Dame direkt angesprochen noch auf sie Bezug genommen wird, ist das höfisch-petrarkistische narrative Substrat eindeutig erkennbar. Allerdings ist vom ‚süßen Leid' und den im Petrarkismus üblichen *affetti lieti* in diesem Gedicht nichts zu spüren. Der Liebende ist seinem Schicksal hilflos ausgeliefert, er wirkt in seiner Einsamkeit und Verzweiflung mitleiderregend,[1] seine einzige Perspektive ist der Tod. Die Liebessituation ist somit auf den Aspekt der Hilflosigkeit und Resignation des Liebenden reduziert.

Sonett 3 „La mar en medio y tierras he dejado" übernimmt aus zwei Kanzonen Petrarcas das Motiv der Abwesenheit als Grund für das Liebesleid. Schon El Brocense[2] nennt Petrarcas Kanzone 37 „Sí è debile il filo" als Referenztext für Garcilasos Sonettanfang, wobei er sich vor allem auf folgende Stelle bezieht:

> Quante montagne et acque,
> quanto mar, quanti fiumi
> m'ascondon que'duo lumi, (*Canz.* 37, v. 41-43)[3]

In Petrarcas Kanzone bedeutet die räumliche Trennung von der Geliebten ein beständiges Schwanken zwischen Todesnähe und Hoffnung auf ein Wiedersehen, zwischen freudiger und schmerzlich begehrender Erinnerung an ihre Schönheit. Der Text, der aus diesen Gefühlsschwankungen entsteht, bietet schließlich dem Liebenden einen Ausweg, da die Kanzone die Trennung überwinden und die Rückkehr des Liebenden – tot oder lebendig – ankündigen kann:

---

[1] Vgl. Heiple: *Garcilaso*, S. 168-169.

[2] Anmerkung B-3, S. 239, in: A. G. Morell (Hg.): *Garcilaso de la Vega y sus comentaristas, Obras completas del poeta, acompañadas de los textos íntegros de los comentarios de El Brocense, Fernando de Herrera, Tamayo de Vargas y Azara*, Granada 1966. Alle Hinweise in dieser Arbeit auf Anmerkungen der vier Kommentatoren beziehen sich auf diese Ausgabe, abgekürzt mit B-, H-, T- und A- plus Nummer der Anmerkung und Seitenangabe.

[3] Zitate aus dem *Canzoniere* sind folgender Ausgabe entnommen: Francesco Petrarca: *Canzoniere*, Zweisprachige Gesamtausgabe, hg. von G. Gabor und E.-J. Dreyer, München ²1993 (dtv). Stellenangaben erfolgen im laufenden Text unter *Canz.* plus Nummer des Gedichtes.

Canzon, s'al dolce loco
la Donna nostra vedi, [...]
le di' ch'io sarò là tosto ch'io possa,
o spirto ignudo od uom di carne et d'ossa. (*Canz.* 37, v. 113-120)

Auch nach dem Tod Lauras wird bei Petrarca die räumliche Trennung in der Erinnerung noch einmal in der Kanzone 331 lebendig:

Solea da la fontana di mia vita
allontanarme et cercar terre et mari, (*Canz.* 331, v. 1-2)

Garcilasos Text spielt darauf schon beinahe zitathaft mit „la mar", „tierras" (Son. 3, v. 1) und „yéndome alejando" (v. 3) an. Die Ausweglosigkeit der Liebessituation läßt Petrarca dort zu der Erkenntnis gelangen, daß es besser gewesen wäre, noch vor der Geliebten zu sterben und im Jenseits auf sie zu warten (*Canz.* 331, v. 55-59). Das Gedicht Petrarcas endet deshalb mit einer klaren Empfehlung:

Canzon, s'uom trovi in suo amor viver queto,
di': Muor mentre se' lieto;
ché morte, al tempo, è non duol, ma refugio;
et chi ben po morir non cerchi indugio. (*Canz.* 331, v. 61-64)

Garcilasos Sonett 3 knüpft im ersten Quartett deutlich an das petrarkische Motiv der räumlichen Trennung und, durch den Imperfektgebrauch in Vers 2, an die petrarkische Erinnerungssituation an. Herrera vermerkt zudem, daß das erste Quartett durch die lautliche und rhetorische Gestaltung in Vers 4 besonderes Gewicht erhält: „El verso, que tiene muchas consonantes, es grave, tardo y lleno como éste en el cual usa G.L. de la figura asindeton, [...] Servimonos de esta figura para decir alguna cosa con fuerza, vehemencia y celeridad, con ira, impetu, amplificacion y grandeza."[4] Ab dem zweiten Quartett weicht das Sonett jedoch deutlich von den aufgerufenen Petrarcatexten ab. Das Liebesleid wird durch Begriffe wie „remedio" (v. 6 und 13) oder „valerme" (v. 12) als Krankheit charakterisiert. Der Liebende wendet zwar, wie Petrarca, den Blick auf seinen aktuellen Zustand und die Zukunft. Während sich bei Petrarca jedoch mit der Dichtung eine Perspektive über den Tod hinaus eröffnet, sucht der Liebende bei Garcilaso vergebens nach einer Lösung. Einzig ein Wiedersehen mit der Dame könnte ihn retten. (v. 9-11) Da dies jedoch nicht eintritt, verharrt der Liebende schließlich in einem paradoxen Zustand absoluter Perspektivlosigkeit:

mas de no veros ya para valerme,
si no es morir, ningún remedio hallo;
y, si éste lo es, tampoco podré habello. (Son. 3, v. 12-14)[5]

---

[4]   H-22, S. 297.
[5]   Der Bezug von „habello" (v. 14) ist nicht ganz eindeutig. Es bleibt unklar, ob der Dichter den Tod als Heilmittel nicht bekommen kann, oder ob er zwar sterben kann,

Krankheit, Hilflosigkeit und aussichtsloses Verharren in einem paradoxen Zustand kennzeichnen also die Liebessituation bei Garcilaso, die zudem auf eine rein diesseitige Dimension beschränkt ist. Diese Wendung zum Negativen spiegelt sich auch in der stilistischen Gestaltung. So geht, laut Herrera, die erste Erwähnung des Todes in Vers 8 mit einem Mißklang einher,[6] und das Verharren im Paradox findet Ausdruck in einem „flojo y desmayado verso, y sin ornato y composicion alguna [...]; porque con aquel lasamiento y numero caido y sin espiritu descubre su intencion."[7] Sonett 3 weist somit in inhaltlicher wie stilistischer Hinsicht einen auf den Aspekt der Schwäche und Bewegungslosigkeit reduzierten Petrarkismus auf.

Garcilasos Sonett 38 „Estoy contino en lágrimas bañado" ist auf einen breiteren höfisch-petrarkistischen Hintergrund bezogen, da es Anspielungen auf Texte von Petrarca und Ausias March enthält. Keiner der beiden Modellautoren wird jedoch unverändert imitiert, vielmehr modifiziert Garcilaso die vorgefundenen Liebessituationen ähnlich wie in den Sonetten 20 und 3. Im ersten Quartett wird mit „lágrimas" (v. 1) und „sospiros" (v. 2) allgemein das höfisch-petrarkistische Liebesleid in den Mittelpunkt gestellt. Die Scheu des Liebenden in Vers 3, sich der Dame zu offenbaren, entspricht vor allem der spanisch-höfischen Konvention.[8] In Vers 4 wird mit „he llegado por vos a tal estado" schließlich auf „In questo stato son, Donna, per vui" (Canz. 134, v. 14) angespielt, ein Petrarcasonett, in dem ausführlich der paradoxe Zustand des Liebenden beschrieben wird. Die mit „questo stato" gemeinten paradoxen Gefühlszustände vom Typ eines „piangendo rido" (Canz. 134, v. 12) werden jedoch bei Garcilaso nicht übernommen. Garcilasos Liebender zeigt ausschließlich schmerzliche Gefühle. Wie Sonett 3, so nimmt auch Sonett 38 nach dem Erstellen eines petrarkistischen Sinnzusammenhangs im ersten Quartett eine unerwartete Wende, denn die Gründe für den Schmerz werden im zweiten Quartett nunmehr in allegorischer Form dargestellt. Der Liebende sieht sich auf einem schmalen Gebirgspfad an einem Punkt, wo er weder umkehren und von der Liebe zu seiner Dame ablassen noch weiter dem Gipfel („la alta cumbre", v. 9) zustreben kann angesichts der Gefahr, in der andere vor ihm schon ihr Leben gelassen haben. Jene Wegmetaphorik und das bewegungslose Verharren in auswegloser Situation geht auf eine Stelle bei Ausias March zurück:

---

aber nicht Heilung, d.h. das Wiedersehen mit der Dame, erreicht. Einen Versuch zur Vereindeutigung unternimmt Morros in den Anmerkungen zu Son. 3, v. 12-14 und den Notas complementarias, S. 366. Meines Erachtens ist die Uneindeutigkeit der Stelle beabsichtigt, sie unterstreicht ebenso wie die im Folgenden erwähnten klanglichen und rhetorischen Schwächen die durch das Leid verminderte Ausdrucksfähigkeit des Liebenden.

6   Vgl. H-25, S. 298.

7   H-29, S. 298.

8   Vgl. Lapesa: La trayectoria, S. 31-34.

lo caminant és en terrible glay
quant és al mig sens lo socors vengut,
perquè alguns veu hom tornar atràs,
mostrant paor per a passar avant,
e .ntre aquests se troba tal espant
que de llur lloch jamés no mouen pas. (A.M. CXXI, vi, 43-48)[9]

Allerdings ist die Wegmetaphorik bei Ausias March mit einer klaren moralischen Stellungnahme verbunden: Liebe ist eine Verfehlung, die sich als schlechte Gewohnheit im Leben des Sprechers breitgemacht hat. Sie abzulegen und dem Pfad der Tugend zu folgen, ist schwierig:

graexcg a Déu com veig, mas no pas clar,
la gran error en què ma pensa fon. (A.M. CXXI, i, 3-4)[10]

mas tost llevar l'habit no tinch poder:
mudar costum no.s fa prest en volent. (A.M. CXXI, i, 7-8)[11]

Vici jaquir e pendre la virtut:
entr. aquest mig se troba un gran vay; (A.M. CXXI, vi, 41-42)[12]

Es ist der Blick in den Abgrund (un gran vay, v. 42) beim Übergang vom Laster zur Tugend, der die Betroffenen in Angst und Schrecken (v. 43-48) erstarren läßt.

Bei Garcilaso hingegen ist der traditionelle Konflikt zwischen Affekt und Norm weder eindeutig thematisiert noch mit einer moralischen Stellungnahme verbunden. So hatte der bisherige Weg des Liebenden die Dame zum Ziel („el camino estrecho de seguiros", v. 6), seine Hoffnung wies ihm den Weg:

[...] la lumbre
de la esperanza, con que andar solía
por la oscura región de vuestro olvido. (Son. 38, v. 12-14)

Der Zeitpunkt des Sprechens ist nun der Moment, wo der Liebende bewegungslos zwischen zwei gleichermaßen erschreckenden Alternativen verharrt: er kann „tornar para hüiros" (v. 7), wozu er nicht die Kraft hat

---

[9] „el caminante está en terrible espanto cuando está en el medio sin la llegada del socorro, porque a algunos se ve volverse atrás, mostrando pavor en pasar adelante, y entre estos se encuentra tal espanto que jamás mueven un paso de su sitio." Zitate und spanische Übersetzungen aus dem Werk des Katalanen Ausias March sind folgender Ausgabe entnommen: Ausias March: *Obra poética completa*, hg. von R. Ferreres, 2 Bde., Madrid 1979 (Castalia). Alle weiteren Zitate von Ausias March werden in dieser Arbeit unter der Abkürzung A.M. angeführt, die spanische Übersetzung wird jeweils in einer Fußnote beigefügt.

[10] „agradezco a Dios cuando veo, mas no claro, el gran error en que mi pensamiento estuvo."

[11] „mas de quitarme pronto el hábito no tengo poder: mudar costumbre no se hace rápidamente queriendo."

[12] „Dejar el vicio y tomar la virtud: entre este medio se encuentra un gran trecho;"

(„desmayo", v. 8), oder er kann „subir a la alta cumbre" (v. 9), wo andere
vor ihm gescheitert sind („han caído", v. 11). Dabei bleibt die Bedeutung
von „cumbre" (v. 9) unklar. Einerseits wird durch die Hoch-Tief-
Metaphorik, durch Aufstieg und drohenden Absturz eine moralische Dimension, ähnlich wie bei Ausias March, angedeutet, und Herrera deutet
den Aufstieg zum Gipfel auch in diesem Sinne: „Alude a la aspereza y
estrechura del camino de la virtud."[13] Andererseits ist man geneigt, weiterhin die Dame als ursprüngliches Ziel des Weges mit dem Gipfel gleichzusetzen. Aufstieg und Absturz wären dann mit dem in der höfischen Liebe
üblichen Werben um die Dame, deren Sich-Verweigern und dem Tod des
Liebenden gleichzusetzen. Die Verwirrung darüber, ob nun die Tugend
oder die Dame das eigentliche Ziel darstellt, dürfte beabsichtigt sein, entspricht sie doch dem Zustand des Liebenden, der im letzten Terzett, aller
Hoffnungen beraubt, orientierungslos im Dunkel umherirrt. Weinen,
Ohnmacht, Angst und Orientierungslosigkeit beherrschen den Liebenden
bei Garcilaso. Es fehlt ihm sowohl die moralische Einsicht des March'schen
Sprechers als auch die Freude, die in paradoxen Gefühlsbewegungen wie
„temo et spero" (*Canz.* 134, v. 2) das petrarkische Leid versüßt.

Insgesamt stehen die Sonette 20, 3 und 38 noch eindeutig in der höfisch-
petrarkistischen Tradition. Deutlich erkennbar werden höfisch-petrarkistische Modelltexte und Konventionen aufgerufen. Dabei bleiben jedoch alle
positiven, wegweisenden Aspekte höfischer Liebe ausgespart, übernommen wird nur die qualvolle Seite des Liebesleids. Die Liebessituation in
den Sonetten 20, 3 und 38 überbietet die ihrer Modelltexte an Hoffnungs-
und Perspektivlosigkeit, der Liebende verharrt in einem Zustand der
Schwäche, Verwirrung oder Resignation. Ob dieser Aspekt ein besonderes
Faszinosum darstellt, oder ob sich darin möglicherweise schon eine kritische Sicht der höfisch-petrarkistischen Tradition andeutet, läßt sich aus
diesen drei Sonetten nicht eindeutig erkennen. Eine metapoetische Lesart,
dahingehend, daß der Petrarkismus selbst dem Dichter keinerlei Perspektive oder Orientierung mehr bietet, ließe sich aus den Untersuchungs-
ergebnissen zum weiteren Werk problemlos ableiten. Textintern läßt sie
sich hier nicht belegen.

---

[13] H-171, S. 366.

3.2 Umwertungen und Abkehr von der höfisch-petrarkistischen Tradition

3.2.1 Liebesleid und Aufbegehren in der *Canción II* und *I*

Auf den ersten Blick scheinen Garcilasos Kanzonen I und II eindeutig in der höfisch-petrarkistischen Tradition zu stehen. Stil und Tonfall entsprechen noch stark der spanischen *cancionero*-Dichtung,[14] die Texte enthalten zahlreiche Anspielungen auf die spanisch-höfische Liebeslyrik sowie auf Ausias March, Petrarca und Sannazaro. Jedoch zeigt sich bei einer genauen Überprüfung, daß die Imitatio der jeweils wichtigsten Modelltexte – einer Epistel von Torres Naharro in der *Canción I* sowie einer Kanzone von Petrarca in der *Canción II* – keineswegs nur eine einfache Nachahmung darstellt. Vielmehr wird in beiden Fällen, in der *Canción II* eher versteckt, in der *Canción I* jedoch explizit der Sinn des Modelltextes in Frage gestellt, indem der Liebende gegen die dort vorgegebenen Verhaltensmuster von demütiger Verzweiflung, Resignation und Schwäche aufbegehrt.

Der *Canción II* bescheinigt Herrera „dulzura y suavidad"[15], was eine besonders vollendete Darstellung des Liebesleids erwarten läßt. Die zentralen Motive der Sonette 20, 3 und 38, zielloses Umherirren, einsame Klagen und Hoffnungslosigkeit, bilden auch hier den Ausgangspunkt, wobei das schon in der Antike häufige Motiv der vom Wind verwehten Klagen den Eindruck der Orientierungslosigkeit noch steigert:

> por ellos esparciendo
> mis quejas d'una en una
> al viento, que las lleva do perecen. (*Canción II*, v. 4-6)

Die Häufung rhetorischer Fragen zu Beginn der zweiten Strophe unterstreicht zusätzlich die verzweifelte Hilflosigkeit des Liebenden, der bei seiner Dame kein Gehör findet:

> Mas ¿què haré, señora,
> en tanta desventura?
> ¿A dónde iré si a vos no voy con ella?
> ¿De quién podré yo ahora
> valerme en mi tristura,
> si en vos no halla abrigo mi querella? (*Canción II*, v. 14-19)

Zugleich rückt jedoch, erkennbar an der zunehmenden Frequenz der direkten Anrede (v. 14, 16, 19, 20, 23, 24, 25), die Dame selbst ins Zentrum der Betrachtung. Sie könnte Ratgeberin und Helferin im Unglück sein (v. 14,

---

[14] Vgl. in der Gesamtausgabe die einleitenden Kommentare zu den Anmerkungen und *Notas complementarias*, zur *Canción I* auf S. 65 und S. 415, zur *Canción II* auf S. 69 und S. 417.

[15] H-195, S. 375.

16), Heilung vom Leid (v. 18) und wohlwollende Aufnahme der Liebesklage (v. 19) gewähren. Sie scheint jedoch ihre Macht zur Täuschung zu mißbrauchen (v. 22) und zeigt sich grausam und schadenfroh (v. 23). Soweit bewegt sich der Text innerhalb der höfisch-petrarkistischen Tradition, ohne eindeutig auf einen spezifischen Modelltext anzuspielen. Die Liebessituation wird als ein Kräfteverhältnis geschildert, in dem die Dame vollkommene Macht besitzt und der Liebende, ähnlich wie in den Sonetten 20, 3 und 38, seinem Leid hilflos ausgeliefert erscheint.

In der dritten Strophe läßt der Liebende nun eine imaginierte Gerichtsszene entstehen, in der er die Bäume, unter denen er einst sein Liebesleid klagte, gleichsam in den Zeugenstand ruft:

> Los árboles presento,
> entre las duras peñas,
> por testigo (*Canción II*, v. 27-29)

Die Bäume sollen davon Zeugnis ablegen, was der Liebende nur in der Einsamkeit geäußert und somit der Dame verheimlicht hat (v. 27-35). Aus Angst war ihm bisher freimütiges Sprechen nicht möglich und er bittet vor einer nicht näher genannten richtenden Instanz um Straffreiheit, wenn er es nun dennoch wagt:

> No me den pena por lo que ora digo,
> que ya no me refrenará el temor. (*Canción II*, v. 36-37)

Über den Inhalt dessen, was der Sprecher zu sagen hat, kann man bisher nur spekulieren. Das Motiv des Verstummens, des Nicht-Sprechen-Könnens oder -Dürfens ist jedoch in der spanisch-höfischen Tradition so verbreitet,[16] daß der Leser annehmen muß, es handele sich um ein Liebesgeständnis, mit dem der Liebende gegen die Regeln der Diskretion verstoßen und sich schuldig machen würde.

Garcilasos dritte Strophe enthält zugleich mehrere klare Anspielungen auf Petrarca. In dessen *Canz.* 71 wird zunächst ebenfalls die Natur als Zeuge aufgerufen:

> O poggi, o valli, o fiumi, o selve, o campi,
> o testimon de la mia grave vita, (*Canz.* 71, v. 37-38)

Auch das Motiv der Angst ist fast wörtlich von Petrarca übernommen:

> Ma se maggiore *paura*
> *non m'affrenasse,* via corta et spedita
> trarrebbe a fin questa aspra pena et dura;
> et la colpa è di tal che non à cura. (*Canz.* 71, v. 42-45, Hervorhebung von mir)

---

[16] Lapesa betont, daß vor allem in der spanisch-höfischen Dichtung heftige Liebeserklärungen oder die Beschreibung der physischen Schönheit der Dame gegen die höfische Etikette verstießen und daß das Verstummen des Liebenden als Anzeichen heftiger Liebesverwirrung verwendet wird. Vgl. *La trayectoria*, S. 31-35.

Eindeutig wird bei Petrarca der Dame die Schuld (*Canz.* 71, v. 45) am qualvollen Seelenzustand des Liebenden gegeben. Diese Schuldzuweisung
wird zwar sogleich bedauert, sie wird jedoch nicht widerrufen:

> Dolor, perché mi meni
> fuor di camin a dir quel ch'i' non voglio? (*Canz.* 71, v. 46-47)

Bei Garcilaso entsteht dagegen der Eindruck, daß es der Liebende ist, der
mit dem, was er sagen will, Schuld auf sich lädt, und der sich deshalb verteidigen muß. Seine Redeankündigung geht einher mit einer selbstbewuss-
ten Überwindung der Angst. Sie endet effekthascherisch in einem *verso
agudo* (v. 37), der an dieser Stelle wohl die Funktion eines Doppelpunktes
übernimmt:

> No me den pena por lo que ora digo,
> que ya no me refrenará el temor. (*Canción II*, v. 36-37)

Mit gespannter Aufmerksamkeit erwartet der Leser nun die so aufwendig
angekündigte Äußerung:

> ¡Quién pudiese hartarse
> de no esperar remedio y de quejarse! (*Canción II*, v. 38-39)

Dieser Ausruf bekommt am Strophenende so großes Gewicht, daß er Herrera zu einem bewundernden Kommentar ob seiner ungewöhnlichen Aus-
druckskraft verleitet.[17] Tatsächlich bleibt der Ausruf des Liebenden jedoch
zweideutig. Herrera dürfte die Stelle im petrarkistischen Sinne als rhetorische Frage gelesen haben: „Wer könnte des Liebesleids und der Klagen
jemals überdrüssig werden!" Allgemein ist ein Ausruf mit „¡Quién pudiera..." jedoch eher als Ausdruck des Wünschens zu verstehen und so wird
an dieser Stelle auch die vollkommen unpetrarkistische Lesart „O könnte
man doch des Liebesleids und der Klagen überdrüssig werden!" denkbar.
Ein solcher Wunsch nach einem Ende des Liebesleids wäre nach petrarkistischem Verständnis geradezu ketzerisch, was die Schuldgefühle des
Sprechers und die umständliche, entschuldigende Ankündigung rückwir-
kend erklären könnte.

Eine solche Lesart läßt wiederum den vorangegangenen *verso agudo* (v.
37) in einem besonderen Licht erscheinen. Zwar scheint Herrera ihn in der
Canción II als unnötig und damit störend zu empfinden:

> Los versos [...] agudos, no se deben usar en soneto ni en cancion; [...] si no
> muestran con la novedad y alteracion del numero y composicion algun espiritu
> y significacion de lo que tratan, son dignos de reprehension.[18]

Deutet man den *verso agudo* an dieser Stelle jedoch als Ankündigung einer
Ungeheuerlichkeit, so wäre Herreras Tadel der Boden entzogen.

---

[17] H-202, S. 377: „ningun poeta élego [...] pudo alcanzar a decir tanto como esto."
[18] H-199, S. 376.

Tatsächlich läßt sich auch an weiteren Stellen der *Canción II* ein ähnlicher Zusammenhang zwischen *verso agudo* und unpetrarkistischem Aufbegehren gegen die traditionelle Liebessituation erkennen. Dies gilt beispielsweise für das trotzige Zurückholen der verstreuten Klagen am Ende der ersten Strophe:

> *a mí* se han de tornar,
> adonde *para siempre* habrán d'estar.
> (Canción II, v. 12-13, Hervorhebungen von mir)

Es steht in Opposition zum Unsterblichkeitstopos des petrarkischen Modelltextes:

> onde parole et opre
> *escon di me* sí fatte allor, ch'i' spero
> *farmi immortal*, perché la carne moia.
> (*Canz.* 71, v. 94-96, Hervorhebungen von mir)

In der zweiten Strophe sind es gerade der Wille des Mannes („mi voluntad", v. 21) sowie seine Zweifel am traditionellen höfischen Kräfteverhältnis, die mit einem *verso agudo* einhergehen:

> me quejo a vos *como si en la verdad*
> vuestra condición fuerte
> tuviese alguna cuenta con mi muerte.
> (*Canción II*, v. 24-26, Hervorhebung von mir)

Dem heftig geäußerten Wunsch nach einem Ende der hoffnungslosen Klagen am Ende der 3. Strophe folgt in Strophe 4 zunächst eine Rückkehr zum traditionellen Liebesleid, denn dem Sprecher ist, anders als anderen Liebenden, keine Erleichterung durch Weinen möglich. Strophe 5 beginnt ebenfalls noch unter dem Vorzeichen des Leidens, wobei der Liebende sich, ebenfalls ganz traditionell, mit Hilfe von Selbsttäuschungen („engaños", v. 58) zu helfen versucht. Jene falschen Hoffnungen, in Vers 60 auch als „desvarío" charakterisiert, werden von der Dame jedoch mit „desengaños" (v. 59) zunichte gemacht. Der Liebende sieht nun keinen Ausweg mehr. Er droht, sich selbst aufzugeben, um sich an der Dame zu rächen:

> sino que, siendo vuestro más que mío,
> quise perderme así
> por vengarme de vos, señora, en mí. (*Canción II*, v. 63-65)

Dabei ist der Selbstverlust des „amante transformado en la amada"[19] zwar ein konventionelles Motiv der höfisch-petrarkistischen Liebeslyrik, Rache als Beweggrund ist jedoch mit dieser Tradition völlig unvereinbar. Auch an dieser Stelle geht also der *verso agudo* wieder mit einer Geste des männlichen Aufbegehrens einher.

---

[19] Vgl. die *Notas complementarias*, S. 419.

Ähnliches gilt für die *tornada*. Noch einmal wird die imaginierte Gerichtsszene aufgerufen, der Sprecher befindet sich in der Rolle desjenigen, der eine Aussage gemacht hat und eventuell noch machen soll. Wer ihn dazu auffordert, bleibt, ähnlich wie in Vers 36, unerwähnt:

> Canción, yo he dicho más que me mandaron
> y menos que pensé;
> no me pregunt, más, que lo diré. (*Canción II*, v. 66-68)

Da die Dame üblicherweise mit *vos* angesprochen wird, kommt sie als Auffordernde hier nicht in Frage. Eher hat man sich hier, wie in Vers 36, anonyme Zeitgenossen vorzustellen, die als Sachverständige in höfischen Liebesangelegenheiten die Liebessituation des Sprechers beurteilen.[20] Der Sprecher behauptet, er habe schon mehr gesagt, als man von ihm verlangt habe. Er gibt allerdings zu, daß dies nur wenig war und daß er weit mehr hätte sagen können. Ob dieses Wenig und Mehr rein quantitativ aufzufassen ist, oder ob es qualitativ auf die inhaltliche Brisanz der Aussage zu beziehen ist, bleibt offen. Die Versart legt die Deutung nahe, daß man zwar Liebesklagen in höfisch-petrarkistischer Tradition von ihm erwartet (v. 66, *verso llano*!), daß der Sprecher jedoch schon bisher die Grenzen dieser Tradition überschritten hat und noch weitergehende Verstöße gegen die höfisch-petrarkistische Konvention im Sinn hat (v. 67, *verso agudo*!). Petrarca hat sich verleiten lassen, Dinge zu sagen, die er sogleich bereut (*Canz.* 71, v. 46-47), seine Kanzone endet jedoch mit der Gewißheit, daß das Liebesfeuer auch in Zukunft weitere Liebesdichtungen entstehen läßt (*Canz.* 71, v. 106-108). Bei Garcilaso steht dagegen am Ende der *Canción II* ein warnendes „no me preguntn más, que lo diré." (v. 68), was sich nicht zuletzt wegen des *verso agudo* wie eine Androhung weiterer rebellischer Dichtungen ausnimmt. Die *tornada* gerät damit zur Manifestation eines eher unkonventionellen männlichen Selbstbewußtseins angesichts einer Liebessituation, die auf einem überkommenen höfischen Rollenverständnis basiert und vom Mann völlige Unterordnung verlangt, die jedoch schon längst als scheinhaft („como si en la verdad [...]", v. 24-26) durchschaut worden ist.

Wesentlich deutlicher als in der *Canción II* wird das männliche Aufbegehren gegen höfische Rollenmuster in der *Canción I* artikuliert. Dieser Text enthält eine direkte Auseinandersetzung mit der *Epístola VI* von Torres Naharro, einem Text, der eine konventionell höfische Liebessituation darstellt. Im Überblick stellt sich die Argumentationsstruktur der Epistel etwa folgendermaßen dar: In einem ersten Teil (v. 1-34) beklagt der Liebende die Abwesenheit der Dame und sein eigenes Leid:

---

[20] Vgl. Heiples Ausführungen über die Wettbewerbssituation im höfischen Umfeld in seinem Kapitel „Text and Message in the Love Lyric", in: *Garcilaso*, S. 29-53, hier besonders S. 33-35.

> ¡Ay de mí, qué gran jornada
> para tan flaco varón! (T. N., *Epístola VI*, v. 1-2)[21]

Erst mit der Zeit (v. 10, 16, 22) wird klar, daß die Dame, nicht etwa der Liebende, sich entfernt hat. Es folgt in einem zweiten Teil eine Selbstbezichtigung des Liebenden als Sünder, der für eine einmalige Verfehlung, wahrscheinlich das Eingeständnis seiner Liebe, büßen muß. Auffällig ist hier die Verwendung eines religiösen Vokabulars:

> viene por darme doblado
> de tan gran yerro el castigo;
> que a vezes trahe vn peccado
> la penitencia consigo. (T. N., *Epístola VI*, v. 38-40)

Außerdem wird hier der Versuch gemacht, aus einem biblischen Text[22] eine logische Argumentation gegen den Stolz der Dame und zugunsten des Liebenden abzuleiten:

> Sabéis que nuestro Señor
> no quiere la gente altiua,
> ni que muera el peccador,
> mas que se conuierta y biua.
> [...]
> no matéis a quien se riende:
> basta qu' el tiempo castigue,
> porque a sí mesmo se offende
> quien a los flacos persigue. (T. N., Epístola VI, v. 67-70 und 97-100)

In einem dritten Teil folgt ein Gebet, daß Gott der Dame Güte eingeben möge gegenüber dem Liebenden:

> Dios os ponga en coraçón
> la caridad que os fallesce, (T. N., *Epístola VI*, v. 103-104)

Der Sprecher argumentiert, daß selbst der schlimmste Sünder bei Gott Vergebung erhoffen könne. Im vierten und letzten Teil schließlich ergeht ein Appell um Vergebung an die Dame, der von einer Geste der Demut begleitet ist. Für den Fall der Verweigerung erbittet der Liebende am Ende für sich die schlimmsten Höllenqualen:

> ved que me echo a vuestros pies:
> no me neguéis el perdón.
> Si diréis a mi oración
> siempre no,

---

21 Zitiert wird aus folgender Ausgabe: Bartolomé de Torres Naharro: *Propalladia and other works of Bartolomé de Torres Naharro*, hg. von Joseph E. Gillet, Pennsylvania 1943. Weitere Zitate und Stellenangaben erfolgen unter dem Kürzel T. N. im laufenden Text.

22 Vgl. Ez. 33, 11; Übereinstimmungen mit dem biblischen Text werden im folgenden Zitat durch Schrägdruck markiert.

ruego a Dios que me crió,
que me mande, assí defunto,
do pene más sólo yo
qu'el jnfierno todo junto. (T. N., *Epístola VI*, v. 129-136)

Garcilasos *Canción I* folgt in weiten Teilen der Argumentation von Torres
Naharro. In der ersten Strophe stellt er sich, allerdings in Form eines Bedingungssatzes, die Abwesenheit der Dame vor und seine Bereitschaft,
trotz ihrer Härte ihr zu folgen und zu ihren Füßen zu sterben.[23] In der
zweiten Strophe wünscht er, daß ihr Hochmut enden möge. Er begründet
dies ähnlich wie Torres Naharro mit einer Anspielung auf Ezechiel 33,11.
Allerdings tritt hier „amor" (v. 17) an die Stelle Gottes, der Liebende ist
kein Sünder. Die Bekehrung ist nicht Voraussetzung für das Leben, sondern umgekehrt das Leben Bedingung für die Umkehr:

mirá bien qu'el amor se desagrada
deso, pues quiere qu'el amante viva
y se convierta ado piense salvarse. (*Canción I*, v. 17-19)

Die Vorgehensweise bei Torres Naharro, seiner Rede durch die Autorität
des göttlichen Willens Gewicht zu verleihen, ist bei Garcilaso auf eine rein
höfische Argumentation zurückgenommen und damit ihrer Schwere beraubt. Trotzdem folgt Garcilasos Sprecher auch weiterhin der Argumentation von Torres Naharro, indem er betont, daß die Dame im Laufe der Zeit
sich selber schade. Sein Schmerz darüber, daß die Dame leiden könnte (v.
23-26), steht ebenfalls ganz in der höfischen Tradition.[24] In der dritten Strophe, wo zunächst das Anhäufen der Schmerzen beschrieben wird, folgt
dann, ähnlich wie bei Torres Naharro, eine Art Gebet:

Pluguiese a Dios que aquesto aprovechase
para que yo pensase
un rato en mi remedio, [...] (*Canción I*, v. 32-34)

Gegenstand der Bitte ist hier jedoch nicht die Gnade der Dame, sondern
eine Besinnung des Liebenden auf seine Heilung, der die Erkenntnis vorausgeht, daß die Dame die Verfolgung des Leidenden gnadenlos fortsetzt,
obwohl dieser dem Tode nahe ist.

---

[23] Die Beschreibung der Wüsten- und Eisgegenden in der ersten Strophe wird üblicherweise als Nachahmung des *pone me* Motivs bei Horaz und Petrarca verstanden.
Da dort jedoch die Abwesenheit des Mannes gemeint ist, beschränkt sich die Parallele auf die Übernahme des Landschaftsmotivs, dem im weiteren Verlauf der *Canción I*
keine besondere Rolle mehr zukommt. Die Abreise der Geliebten in unwirtliche
Schnee- und Eisgegenden ließe sich aber auch auf die 10. Ekloge von Vergil zurückführen. Das Motiv der Untreue – die Geliebte ist dort mit einem Offizier davongelau-
fen – findet sich jedoch in der *Canción I* nicht wieder, es bleibt also bei einer rein
schmückenden Funktion der Landschaftsbeschreibung.

[24] Für Referenzstellen bei Ausias March und im *Cancionero general* vgl. die Anmerkungen und *Notas complementarias*.

Insgesamt wird in Garcilasos Kanzone eine etwas andere Oppositions-struktur aufgebaut als bei Torres Naharro. Dort resultiert die Schwäche des Liebenden aus einer Verfehlung gegenüber der Dame. Diese befindet sich als Strafende in einer Position der Stärke. Sie besitzt jedoch wie Gott auch die Macht, zu vergeben und den Liebenden, der sie auf Knien darum an-fleht, zu erlösen. Bei Garcilaso wird die Opposition zwischen der Stärke der Dame und der Schwäche des Mannes ebenfalls sehr deutlich.[25] Das Fehlverhalten liegt jedoch zunächst auf Seiten der Dame. Sie verstößt mit ihrer Härte gegen den Willen Amors (v. 17-18), und der Sprecher ist sich sicher, daß sie dieses Verhalten mit der Zeit bereuen wird (v. 20-23). Bei dem Liebenden sind dagegen zunächst keine Anzeichen einer früheren Schuld oder Verfehlung gegenüber der Dame zu erkennen. Als treuer Lie-bender bis in den Tod (v. 13) ist er ausschließlich Opfer der weiblichen Grausamkeit (v. 14, 34-39). Die Möglichkeit einer Rettung oder Heilung (v. 33-34) ist zudem nicht von der Gnade der Dame, sondern allein von der Einsicht und dem Willen des Sprechers abhängig. Eine erste Andeutung dieses Prozesses findet sich in der 3. Strophe:

> Pluguiese a Dios que aquesto aprovechase
> para que yo pensase
> un rato en mi remedio, [...] (*Canción I*, v. 32-34)

Der Entschluß zur Umkehr folgt dann endgültig in der Mitte der vierten Strophe. Die Rettung liegt in einer radikalen Abkehr von höfischen Verhal-tensmustern:

> baste ya haber sufrido
> tanto tiempo [...] (*Canción I*, v. 46-47)

In einer nicht ganz klaren Selbstanalyse erkennt der Sprecher, daß er selbst, beziehungsweise seine Schwäche, für seine unglückliche Lage verantwort-lich ist:

> dándome a entender que mi flaqueza
> me tiene en la tristeza
> en que estoy puesto, y no lo que yo entiendo: (*Canción I*, v. 49-50)

So hat er es, anders als der Sprecher bei Torres Naharro, auch nicht nötig, sich gegen Schuldvorwürfe mit starken Argumenten zu verteidigen: „así que con flaqueza me defiendo." (v. 51) Er scheint überhaupt wenig gewillt, die bei Torres Naharro vorgegebene Rolle des schuldbewußten, demütigen Liebenden noch weiter beizubehalten. So wird in der *tornada* der Entschluß von Vers 46 bekräftigt, indem der Sprecher sich von seiner eigenen Kanzo-ne über die Härte der Frau und die Schwäche des Mannes distanziert:

---

25 Die Opposition von weiblicher Stärke vs. männlicher Schwäche findet sich an folgen-den Stellen: Vers 10-11 vs. Vers 12-13; Vers 14 vs. Vers 15-16; Vers 35-36 und 39 vs. Vers 36-38; Vers 43-45 vs. Vers 40-42;

Canción, no has de tener
conmigo que ver más en malo o en bueno; (*Canción I*, v. 53-54)

Seine Kanzone mag ihn, da er ja kein höfischer Liebender mehr ist, als Fremden betrachten („trátame como ajeno," v. 55). Sie mag sich mit der Dame verbünden (v. 56). Sie soll jedenfalls nicht aus alter Anhänglichkeit seine Sache weiter vertreten, da er selbst an seinem Leid schuld war:

no quieras hacer más por mi derecho
de lo que hice yo, qu'el mal me he hecho. (*Canción I*, v. 58-59)

Garcilasos Kanzone imitiert also in weiten Teilen die Argumentationsstruktur von Torres Naharro, das Thema der Schuld wird jedoch nicht einfach übernommen, sondern inhaltlich neu besetzt und gegen den höfischen Sinn des Modelltextes sowie großer Teile des eigenen Textes gewendet. Das Modell von weiblicher Stärke und männlicher Schwäche, Grundpfeiler des höfischen Rollenverständnisses, das in der *Canción II* leise hinterfragt wurde, wird in der *Canción I* klar verworfen.

3.2.2 Konvention und Spiel (Sonett 1 und 18)

Nicht immer wird ein Aufbegehren gegen die höfisch-petrarkistische Konvention so direkt artikuliert wie in den Kanzonen I und II. Oftmals zeichnen sich Garcilasos Texte durch einen eher spielerischen Umgang mit dem höfisch-petrarkistischen Material aus, wodurch dessen Konventionalität sichtbar gemacht wird.

Sonett 1 weist eine Mischung aus petrarkischen und für den *cancionero*-Stil typischen Elementen auf, die es auf den ersten Blick als ein höfisch-petrarkistisches Liebesgedicht ausweisen.[26] Es beginnt mit einer Anspielung auf Petrarcas Sonett „Quand'io mi volgo indietro" (*Canz.* 298), bedient sich jedoch vor allem in den Terzetten komplizierter intellektueller Wortspiele und Wiederholungsfiguren, die in der *cancionero*-Lyrik zwar üblich waren, die jedoch offenbar schon zu damaliger Zeit manchem Leser überzogen vorkamen.[27] Da mit steigender Künstlichkeit jedoch generell eher das rhetorische Können des Sprechers als dessen Verzweiflung in den Blick gerät, darf man bei Sonett 1 davon ausgehen, daß das zentrale Anliegen des Textes weniger in der Darstellung authentischen Liebesleids als im Beweis großer Kunstfertigkeit liegt.

---

[26] Lapesa ordnet es deshalb den frühen, spanisch-höfisch beeinflußten Werken zu. Vgl. das Kapitel „Garcilaso y los cancioneros castellanos", in: Lapesa: *La trayectoria*, S. 53-62, v. a. S. 55. Heiple stuft es als petrarkistisch ein. Vgl. das Kapitel „The Petrarchan Sonnets", in: *Garcilaso*, S. 161-177. Heiple möchte dabei eine spielerisch-unernste Absicht („a playful tease", S. 165) hinter der Stilmischung nicht völlig ausschließen.

[27] Vgl. H-9, S. 291. Herrera rechtfertigt im Gegensatz zu anderen Kritikern die mehrfache Verwendung von *acabar*, er kritisiert jedoch die Wiederholung von *por do*.

In den Quartetten stellt das Sonett zunächst, unter Verwendung einer traditionellen Wegmetaphorik, zwei unterschiedliche Möglichkeiten der Selbstbetrachtung vor. Der Sprecher kann einerseits seinen Zustand und seinen Lebensweg rückblickend distanziert betrachten und er gelangt dabei zu der Erkenntnis, daß es gar nicht so schlimm um ihn steht: „hallo [...] que a mayor mal pudiera haber llegado;" (v. 3-4). Gibt er jedoch diese distanzierte Betrachtungsweise auf (v.5), so verliert er den Überblick (v. 6), er verfällt in einen passiven Zustand der Todeserwartung (v.7-8).

Daß der Selbstbetrachtung eine unglückliche Liebe zugrundeliegt, ist in den Quartetten mit keinem Wort erwähnt. Der höfisch-petrarkistische Kontext wird aber durch die Verwendung der Sonettform und durch ein Petrarcazitat in Vers 1 hergestellt. In Petrarcas Sonett „Quand'io mi volgo a mirar gli anni," (*Canz.* 298) gilt der Rückblick den Jahren seit Lauras Tod. Er führt zur Einsicht in das Wirken der Zeit und der Schicksalsmächte, denn diese haben den Dichter „in basso stato messo!" (*Canz.* 298, v. 14). Bei Garcilaso nimmt die Selbstbetrachtung eine völlig andere Wende. Der Sprecher nennt in den Terzetten nun endlich den Grund seines aktuellen Zustands, nämlich seine bedingungslose Auslieferung an die Dame:

> Yo acabaré, que me entregué sin arte
> a quien sabrá perderme y acabarme (Son. 1, v. 9-10)

Anders als bei Petrarca richtet der Blick sich hier auf die Zukunft. Die Beziehung zur Dame wird als ein Wissens- und Machtgefüge[28] geschildert, in dem der Sprecher mit absoluter Gewißheit seinem Ende entgegensieht. Daß sein Tod unabwendbar bevorsteht, wird durch den häufigen Futurgebrauch und die betont logische Argumentation deutlich gemacht.[29] Diese gipfelt in der rhetorischen Frage:

> que pues mi voluntad puede matarme,
> la suya, que no es tanto de mi parte,
> pudiendo, ¿qué hará sino hacello? (Son. 1, v. 12-14)

Indem der Wille der Dame am Ende zum handelnden Subjekt erhoben wird, dem unverblümt mörderische Absichten („matarme", v. 12) unterstellt werden, hat der Sprecher sich weit vom petrarkischen Vorbild entfernt. An die Stelle der petrarkischen Schicksalsmächte ist eine übelwollende, übermächtige, skrupellos handelnde Dame getreten.[30] Dem Ansprechpartner, an den sich die rhetorische Frage richtet, bleibt schließlich nichts anderes übrig, als die Logik der Argumentation zu bestätigen. Daß es sich dabei um einen männlichen Hörer oder Leser handelt, liegt nahe. Der Text

---

28 Vgl. Heiple: *Garcilaso*, S. 164.
29 Zahlreiche Konjunktionen unterstreichen die zwingende Logik der Gedankenverknüpfung, so das zweimalige „que" (v. 9, 12), „y aún" (v. 11), „pues" (v. 12).
30 Weibliche Grausamkeit bis hin zur Mordlust bleibt in Garcilasos Werk kein Einzelfall. Vgl. unten, Kapitel 5.2 dieser Arbeit.

stellt so zwischen Sprecher und Adressat ein augenzwinkerndes Einverständnis her über die mörderischen Absichten der Dame. Der traditionelle höfisch-petrarkistische Konsens über die Grausamkeit der Dame wird hier mit rhetorischen Mitteln ins Groteske gesteigert, die Dichtungskonvention durch die groteske Überzeichnung in ihr Gegenteil verkehrt und dadurch ad absurdum geführt.

Auch in Sonett 18 sind die Anspielungen auf mehrere Texte von Petrarca unübersehbar. Der Beginn des Sonetts lautet:

> Si a vuestra voluntad yo soy de cera
> y por sol tengo solo vuestra vista, (Son. 18, v. 1-2)

Hier werden die petrarkischen Motive der Dame als Sonne und des schmelzenden Liebenden übernommen:

> Amor m'à posto come segno a strale,
> come al sol neve, come cera al foco,
> [...]
> da voi sola procede, et parvi un gioco,
> il sole e 'l foco e 'l vento ond'io son tale.
> I pensier son saette, e 'l viso un sole, (*Canz.* 133, v. 1-2 und 7-9)

Garcilasos Sonett endet mit der paradoxen Feststellung des Liebenden, daß er fern von der Dame sich entflammt fühlt, während ihm in ihrer Nähe das Blut in den Adern gefriert (v. 9-14). Sowohl El Brocense als auch Herrera erkennen darin eine Anspielung auf Petrarcas: „ché da lunge mi struggo, et da presso ardo." (*Canz.* 194, v. 14)[31] Daß Garcilaso frei über Petrarcas Formel von Nähe = Hitze, Ferne = Verderben verfügt, ja sie einfach umkehrt, bewertet Heiple zunächst mit Blick auf mehrere ähnliche Textbeispiele als einen „Petrarchan commonplace"[32]. Sonett 18 gibt sich also auf den ersten Blick petrarkistisch. Jedoch konstatiert Heiple neben der Umkehrung der petrarkischen Schlußformel auch eine stilistische Leichtigkeit, sowie die Verwendung umgangssprachlicher und uneleganter Wendungen,[33] was ihn auf einen eher kritischen, unorthodoxen Petrarkismus schließen läßt.[34]

Tatsächlich sind die Abweichungen vom petrarkischen Modell bedeutungsvoll. Während der schmelzende Liebende bei Petrarca immer dem Wirken Amors unterworfen ist,[35] ist er bei Garcilaso der Unterlegene gegenüber einer willensstarken Dame („vuestra voluntad", v. 1), die ihn und

---

31 Vgl. B-20, S. 243 und H-119, S. 341.
32 Vgl. Heiple: *Garcilaso*, S. 180-183, hier S. 182.
33 Schon bei Herrera finden sich Hinweise, daß Stilkritik an einigen Stellen des Sonetts möglich ist. Vgl. H-116 und 118, S. 341.
34 Vgl. Heiple: *Garcilaso*, S. 182-183.
35 Vgl. *Canz.* 133, v. 1. Ähnlichkeiten bestehen auch zu *Canz.* 134, wo der Liebende ebenfalls brennt und gefriert (v. 2) und dem Willen Amors ausgeliefert ist (v. 7-8), oder zu *Canz.* 194, wo „Amor per forza a lui [d.h. 'l mio Sole] mi riconduce;" (v. 10).

auch andere entflammt und besiegt („conquista", v. 3). Allerdings ist das Verhältnis zwischen Mann und Frau hier als Bedingungssatz formuliert, es kann als hypothetisch, als eine reine Annahme gelesen werden, die im zweiten Quartett in die Frage mündet: „¿de dó viene [...]?"(v. 5). Petrarcas Gewißheit („da voi sola procede [...]", *Canz.* 133, v. 7) steht bei Garcilaso also zweifelndes Fragen gegenüber zu den Ursachen einer persönlichen Erfahrung, die unglaubwürdig und mit dem Verstand nicht faßbar erscheint. Es handelt sich dabei gerade um jene paradoxe Erfahrung, daß er, anders als Petrarca, fern von der Dame von ihrem Blick entflammt wird, in ihrer Nähe aber durch ihren Blick zu Eis erstarrt. Auf ihren Kern reduziert, lautet die Argumentation des Sprechers in Sonett 18: „Angenommen, ich bin für Euch (= meine Sonne) wie Wachs: woher kommt dann das Unglaubliche, daß ich fern von Euch entflammt bin, in Eurer Nähe aber zu Eis erstarre?" Die Antwort müßte im petrarkistischen Sinne lauten: „Die Liebe macht das Unmögliche möglich."

Gleichzeitig läßt aber die Verteilung der Petrarcazitate auf Vers 1-2 und die Terzette, sowie die deutliche Eigenständigkeit der Reflexion im 2. Quartett eine weitere, metapoetische Lesart zu: „Angenommen, ich bin wie Petrarca (d.h. Wachs in der Sonne): woher kommt dann das Unglaubliche, daß bei mir alles genau umgekehrt ist wie bei Petrarca?" Die Antwort müßte in diesem Fall lauten: „Vielleicht bin ich nicht wie Petrarca." Eine solche Lesart würde der von Heiple beschriebenen „lightness of tone"[36] wesentlich besser entsprechen als die vordergründig dargestellten Liebesqualen. Damit soll jedoch die petrarkistische Lesart nicht in Abrede gestellt werden. Der Reiz des Gedichtes läge vielmehr in seiner doppelten Lesbarkeit. Der Sprecher wäre, je nachdem, wie man liest, entweder ein verzweifelter, ratloser Liebender, oder ein geistreich argumentierender Nachfahre Petrarcas, der den petrarkischen Text aufruft, nur um seine Unabhängigkeit von ihm zu demonstrieren.

3.2.3 Allegorie und Ironie

Daß die Allegorie, losgelöst von einem rein christlich religiösen Sinnzusammenhang, in der höfischen Literatur seit dem ausgehenden Mittelalter der Darstellung von Innerlichkeit dient und mit einem zunehmenden Bewußtsein von Fiktionalität einhergeht, ist allgemein bekannt.[37] Zu ihren Erscheinungsformen gehören im weiteren Sinne Personifikationen wie Amor, Fortuna oder Figuren aus der Tradition der Psychomachie ebenso wie echte Allegorien, beispielsweise die Schiffahrtsallegorie bei Petrarca

---

[36] Heiple: *Garcilaso*, S. 183.
[37] Vgl. in diesem Zusammenhang beispielsweise H. R. Jauß: „Form und Auffassung der Allegorie in der Tradition der *Psychomachia* (von Prudentius bis zum ersten *Romanz de la Rose)*", in: H. R. Jauß / D. Schaller (Hgg.): *Medium aevum vivum. Festschrift W. Bulst*, Heidelberg 1960, S. 179-206.

oder das bei Ausias March mehrfach vorkommende *hàbit* mit den Bedeutungsebenen von Gewand und Liebe/Gewohnheit. Garcilaso stützt sich also auf eine reiche Tradition, wenn er beispielsweise den Kampf der Sinne (Son. 9), die allegorische Wanderschaft (Son. 32), den allegorischen *hábito* (Son. 27 und 5) oder verschiedene Personifikationen in seiner Lyrik aufgreift. Wie in den imitierten Modelltexten, so stehen auch bei Garcilaso auf den ersten Blick die Allegorien ganz konventionell im Dienst der Liebesdarstellung. Man kann davon ausgehen, daß der Leser im 16. Jahrhundert aus seiner Leseerfahrung heraus die Allegorie automatisch mit einem höfisch-petrarkistischen Ernstgedanken[38] in Beziehung setzt. Darüber hinaus ergibt sich jedoch bei Garcilaso oftmals im Spiel mit den mehrfachen Sinnebenen ein ironisches Hinübergleiten des höfisch-petrarkistischen Ernst-Sinnes in sein Gegenteil.[39] In diesen Fällen erhält der Text neben der allegorischen und der ernsten eine ironische dritte Dimension. So dient die Allegorie vordergründig der Darstellung von Innerlichkeit, auf den zweiten Blick aber außerdem der Bloßstellung ihrer eigenen Konventionalität.

3.2.3.1 Situationskomik und kolloquialer Stil als Ironiesignale (Sonett 9 und 32)

Der allegorische Kampf der Sinne, traditioneller Bestandteil der Psychomachie, ist Thema des Sonetts 9. Ausgelöst wird er durch eine unglückliche Liebessituation, die zunächst in den Quartetten ausführlich dargestellt wird. Die räumliche Trennung der Liebenden, seit den Provenzalen ein verbreitetes Motiv,[40] ist hier die Ursache des inneren Konfliktes. Der Sprecher fühlt, daß einerseits nur sein Tod der Größe seiner Liebesqualen angemessen wäre, daß er aber andererseits mit dem Tod die Hoffnung auf ein Wiedersehen mit der Dame verliert.

In den Terzetten wird der innere Zwiespalt dann allegorisch als Streit der untereinander verfeindeten „sentidos" (v. 9) dargestellt, wobei der Sprecher selbst ratlos (v. 11), passiv beobachtend (v. 12), schließlich der Willkür seiner streitenden *sentidos* hilflos ausgeliefert (v. 14) zu sein scheint. Dieser Streit der *sentidos* in den Terzetten läßt sich auf eine ähnliche Textstelle bei Ausias March zurückführen:

---

[38] Ich verwende hier die Terminologie von Lausberg, der für alle Formen der „Gedanken-*Immutatio*" zwischen einer „Spiel-Ebene", hier der Allegorie, und einer „Ernst-Ebene", hier dem höfisch-petrarkistischen Ernstgedanken (*proprie*), unterscheidet. Vgl. Heinrich Lausberg: *Handbuch der literarischen Rhetorik. Eine Grundlegung der Literaturwissenschaft*, Stuttgart ³1990, § 893, S. 441.

[39] Zur prinzipiellen Verwandtschaft von Allegorie und Ironie aufgrund der mehrfachen Sinnebenen vgl. Lausberg: *Handbuch*, § 893-904, S. 441-450, v. a. § 896, S. 442.

[40] Auch die Anrede „Señora mia" (v. 1) verweist deutlich auf die Lyrik der Troubadours. Vgl. die Anmerkungen und *Notas complementarias* zu Sonett 9.

Ço són desigs contraris qui.m turmenten,
[...]
Pensar se pot quant a raó contrasten,
qu.ells entre si a plaure no s'abasten. (A.M. CXV, vii, v. 65 und 69-70)[41]

Garcilasos Version, daß die streitenden *sentidos* sich nur darin einig sind, dem Liebenden zu schaden, übertrifft dabei deutlich den Modelltext, die Wirkung auf den Liebenden ist vernichtend. Zugleich weist aber das Verhalten der personifizierten *sentidos*, die plötzliche Einigkeit der Streitenden zum Schaden eines Dritten eine komische, beinahe komödienhafte Qualität auf. Verstärkt wird dieser Effekt vor allem durch stilistische Schwächen. Schon Herrera ist mit der sprachlichen Gestaltung der Terzette nicht einverstanden, er kritisiert die Wortwahl als unschön und nicht mehr zeitgemäß.[42] Heiple weist auf die auffällige Häufung schwacher Vokale im zweiten Terzett hin.[43] Generell entsteht der Eindruck, daß der Ernst der Quartette in den Terzetten inhaltlich, stilistisch und klanglich zurückgenommen wird. So kommt Heiple zu dem Schluß, daß in Sonett 9 die paradoxe Liebessituation in Anlehnung an die *cancionero*-Lyrik „somewhat exaggerated and ironical"[44] erscheint, daß hier der Ernst der petrarkistischen Lyrik noch nicht ganz erreicht wird.[45]

Tatsächlich wird aber in Sonett 9 eine Liebesdarstellung petrarkistischer Prägung gar nicht angestrebt. Zumindest enthält der Text, abgesehen von der Sonettform, keinerlei Anspielungen auf die Lyrik Petrarcas, mehrfach hingegen auf die der Provenzalen sowie auf Ausias March. Die Präsentation des Alten in der noch jungen Form des Sonetts[46] läßt dabei eine Spannung entstehen, die das Alte älter erscheinen läßt, ohne jedoch eine inhaltliche Aneignung des Neuen, des Petrarkismus, zu versuchen. Vielmehr werden in Sonett 9 die Darstellungsmöglichkeiten der provenzalischen, der katalanischen und der spanisch-höfischen Lyrik in den Blick genommen. So wird in den Quartetten in erkennbar traditioneller Weise eine ebenso

---

[41] „Esos son deseos contrarios que me atormentan, [...] Se puede pensar cuanto contrastan con la razón pues ellos entre sí a complacer no se abastan."

[42] H-72, S. 316: „*tamaño* arcaismos. Esta diccion ya es desusada de los buenos escritores, y justamente; porque ni la formacion de ella es buena, ni el sonido agradable, ni el significado tan eficaz que no se hallen voces que representen su sentido."

[43] Vgl. Heiple: *Garcilaso*, S. 145.

[44] Heiple: *Garcilaso*, S. 146.

[45] „It does not yet place emphasis on the sincerity of feeling, but still evinces a playful spirit concerning passion." (*Garcilaso*, S. 146). Heiple ordnet Sonett 9 dem Kapitel „Apprenticeship in the Italian Mode" (*Garcilaso*, S. 143-160) zu, wodurch der Eindruck entsteht, daß das angestrebte, hier aber noch nicht erreichte Ideal ein reiner, inhaltlich wie stilistisch vollendeter Petrarkismus sei.

[46] In der spanischen Lyrik galt das Sonett als eine radikal neue Form, deren Verwendung sehr umstritten war. So sieht sich Boscán in der Einleitung zu seiner Gedichtsammlung genötigt, die Verwendung der italienischen Gedichtformen gegen die Anfechtungen seiner traditionsbewußten Kritiker zu verteidigen.

traditionelle Liebessituation zunächst ernsthaft beschrieben. In den Terzetten erfolgt die Darstellung des inneren Konfliktes schließlich ebenfalls ganz traditionsgemäß mit Hilfe der Allegorie. Diese kann einerseits ganz konventionell als bildliche Darstellung eines traditionell höfischen Ernst-Sinnes gelesen werden. Zugleich deuten aber Situationskomik und stilistische Schwächen darauf hin, daß die Allegorie als Mittel zur Darstellung von Innerlichkeit nicht mehr vollkommen ernstgenommen wird. Neben der allegorischen Sinnebene des Kampfes der Sinne und der ernsten Sinnebene einer ausweglosen, als qualvoll empfundenen Liebessituation weist Sonett 9 somit eine dritte, metapoetische Ebene auf, die aufgrund ihrer inhaltlichen, lautlichen und stilistischen Gestaltung die Ernst-Ebene konterkariert und ein ironisch distanziertes Verhältnis zu den tradierten Ausdrucksmitteln der Innerlichkeit verrät.

Auch Sonett 32 ist ein in hohem Maße allegorischer Text. Mit Hilfe der Personifikationen von *lengua, dolor, desatino, ley, sufrimiento* wird hier die Orientierungslosigkeit, der Kontrollverlust des Liebenden anschaulich gemacht. Im ersten Quartett wird zunächst ein Zustand innerer Spaltung beschrieben als ein Umherwandern der *lengua*, die sich von *dolor* leiten läßt („Mi lengua va por do el dolor la guía;" v. 1) sowie des Sprechers, der sich ohne Führung fortbewegt („yo con mi dolor sin guia camino;", v. 2). Beide, *lengua* und *yo*, tasten sich blind voran, beide werden an einen Ort gelangen, der nicht ihren Wünschen entspricht (v. 3-4). Die Gründe für diese unglückliche Situation werden im zweiten Quartett genannt. Der Sprecher steht unter dem Einfluß des Liebeswahns („desatino", v. 6), und *lengua* hat sich offensichtlich von *dolor* („aquel", v. 7) zu einer unkontrollierten Äußerung verleiten lassen:

> ella porque la lleve aquel que vino
> a hacella decir más que querría. (Son. 32, v. 7-8)

Lengua, nicht der Sprecher, steht an dieser Stelle klar in der Nachfolge von Petrarca:

> Dolor, perché mi meni
> fuor di camin a dir quel ch'i' non voglio? (*Canz.* 71, v. 46-47)

Auch Petrarca hatte sich in einem Moment höchster Verzweiflung zu einer unbedachten Äußerung verleiten lassen („et la colpa è di tal che non à cura.", *Canz.* 71, v. 45), die er auf den Einfluß von *dolor* zurückführt und sogleich bedauert (v. 46-47).

In den Terzetten von Garcilasos Sonett 32 geht es nun hauptsächlich darum, wer für die unbedachte Äußerung, eine Fehlleistung („yerro", v. 11 und „desvarío", v. 12) von *lengua*, verantwortlich gemacht werden muß:

Y es para mí la ley tan desigual,
que aunque inocencia siempre en mí conoce,
siempre yo pago el yerro ajeno y mío.

¿Qué culpa tengo yo del desvarío
de mi lengua, si estoy en tanto mal,
que el sufrimiento ya me desconoce? (Son. 32, v. 9-14)

In seiner Verteidigungsrede beklagt der Sprecher die Voreingenommenheit von *ley* und die Tatsache, daß er immer für das Fehlverhalten anderer verantwortlich gemacht wird. Mit der abschließenden rhetorischen Frage „¿Qué culpa tengo yo [...]?" (v. 12) versucht er, mitleidvolles Verständnis zu erwecken, so daß man geneigt ist, ihn in Anbetracht seiner leidvollen Liebessituation von jeglicher Verantwortung freizusprechen.

Aufgrund der Petrarcaanspielungen läßt sich die Allegorie der vom Schmerz gelenkten *lengua* und ihrer unbedachten Äußerungen mühelos mit einem petrarkistischen Ernst-Sinn verrechnen. Allerdings entbehrt die Aufspaltung in *lengua* und *yo*, deren blind tastendes Umherirren sowie die larmoyante Klage über die Ungerechtigkeit der Welt nicht einer gewissen Komik. Und deutlicher noch als in Sonett 9 läßt die stilistische Gestaltung Zweifel am Ernst des Textes aufkommen. Mißklänge[47], metrische und syntaktische Auffälligkeiten[48] sowie die umgangssprachliche Wortwahl[49] stehen in krassem Widerspruch zur *dulzura* und *suavidad*, die man von einem petrarkistischen Gedicht normalerweise erwartet. Der petrarkistische Ernst-Sinn wird hier eindeutig in Frage gestellt.

Die ironische Distanz, die darin zum Ausdruck kommt, nimmt noch deutlichere Konturen an, wenn man die Bezüge zwischen Sonett 32, dem petrarkischen Modelltext und der *Canción II* von Garcilaso berücksichtigt.[50]

---

[47] In den Anmerkungen zu Sonett 32 werden „do el dolor" (v. 1) und „ya yo" (v. 2) als „cacofonías" bezeichnet.

[48] Heiple erwähnt neben dem *verso agudo* in Vers 9 und 13 auch noch das auffällige Zusammenfallen von Vers- und Satzenden: „forced endstops in the quatrains" (*Garcilaso*, S. 174).

[49] Heiple nennt hier das umgangssprachliche „con puro tino" (v. 3) sowie die ungewöhnliche Futurform „va a parar" (v. 4), deren volkstümlichen, ja sprichwortartigen Charakter er zum Anlaß nimmt, um Sonett 32 als ein Stilexperiment in Anlehnung an die Stilvorstellungen von Erasmus und Valdés zu deuten: „Rather than a defect of tone, this sonnet probably represents a conscious effort to base the written language on the spoken language." (*Garcilaso*, S. 176).

[50] Heiples Aufstellung, nach der die Mehrzahl der in Sonett 32 verwendeten Begriffe auch anderswo in Garcilasos Werk vorkommt, erwähnt lediglich das Vorkommen von „desvarío" in beiden Texten (*Garcilaso*, S. 175). Gerade die Sprechsituation in der *Canción II* ist jedoch der in Sonett 32 besonders ähnlich, denn auch dort verteidigt sich der Sprecher wegen einer problematischen Äußerung. Des weiteren enthält die *Canción II*, wie Sonett 32, Anspielungen auf Petrarcas *Canz. 71*, v. 42-47, und auch die Verwendung des *verso agudo* findet sich in beiden Texten. Die *Canción II* kann also auf

Alle drei Texte thematisieren das Problem der unbedachten, unpassenden Äußerung und die damit verbundene Schuldfrage. Über die Ähnlichkeit der Sprechsituation läßt sich der Sprecher von Sonett 32 also einordnen in eine Reihe weiterer Liebender, die sich ebenfalls einer vorausgegangenen sprachlichen Entgleisung bewußt sind. In allen drei Texten wird ein Aufbegehren gegen höfisch-petrarkistische Konventionen artikuliert, bei der Bewertung des jeweiligen Fehlverhaltens ergeben sich jedoch graduelle Unterschiede.

Bei Petrarca handelt es sich um eine spontane, vom heftigen Liebesschmerz verursachte Schuldzuweisung an die Dame, die einem wahrhaft ergebenen Liebenden nicht zusteht. Der Dichter hat damit gegen die Regeln der höfischen Liebe verstoßen. Er erkennt und bedauert jedoch sogleich seine Verfehlung, die traditionelle Liebesordnung wird wieder hergestellt. Garcilasos Sprecher in Sonett 32 zeigt sich hingegen uneinsichtig, er läßt die notwendige Reue vermissen, wenn er sich mit „¿Qué culpa tengo yo ..." (v. 12) vom Fehlverhalten seiner *lengua* distanziert. Ein anderer, nicht der Sprecher, ist dafür verantwortlich, nämlich *dolor*, der in Vers 1 die Führung übernommen hat und der in der zitathaften Anspielung „aquel que vino / a hacella decir más que querría" (v. 7-8) als petrarkischer *dolor* erkennbar wird. Garcilasos fremdgesteuerte *lengua* gehorcht demnach einem von Petrarca etablierten Liebesschmerz, der mit dem persönlichen Empfinden des Sprechers („mi dolor", v. 2) nicht identisch ist.[51] Der Text erhält so eine metapoetische Dimension, er läßt die Distanz zu Petrarca sichtbar werden.

Es kann sich bei der problematischen Äußerung von *lengua* aber auch, wie in der *Canción II*, um eine selbstbewußte Absage an die höfisch-petrarkistische Konvention, ein Aufdecken ihrer Scheinhaftigkeit, ein unwilliges Aufbegehren gegen tradierte Rollenmuster handeln.[52] Will man der *lengua* in Sonett 32 solches unterstellen, und die Textparallelen zur zweiten Kanzone legen es zumindest nahe, so wäre dies ein besonders schwerwiegender, ja geradezu skandalöser Verstoß gegen die Regeln der höfisch-petrarkistischen Liebe. Die Verteidigungsstrategie des Sprechers in Sonett 32 besteht nun, anders als in der *Canción II*, darin, sich von dieser Aussage zu distanzieren. *Yo* erinnert an „mi dolor" (v. 2), seine Orientierungslosigkeit (v. 3-4) und sein Unglück (v. 13-14) vor allem mit dem Ziel, seine Unschuld zu beweisen und sich als konventionell leidenden Liebenden darzustellen. Sein Hauptargument „Ich war es nicht, es waren *lengua*

---

jeden Fall als ein wichtiger Bezugspunkt für die Interpretation des Sonetts angesehen werden.

[51] Der etwas rätselhafte Sonettschluß „si estoy en tanto mal, / que el sufrimiento ya me desconoce?" (v. 13-14) könnte eventuell als weiteres Indiz dafür dienen, daß der Sprecher sich zwar in einem unlösbaren Dilemma befindet, aber nicht mehr persönlich unter einem petrarkischen Liebesschmerz leidet.

[52] Vgl. oben, Kap. 3.2.1 dieser Arbeit.

und *dolor"* unterscheidet sich nicht nur von Petrarcas reuevollem „Dolor, perché mi mení" (*Canz.* 71, v. 46), sondern auch von Garcilasos selbstbewußtem „no me pregunten más, que lo diré." (*Canción II,* v. 68). Petrarkische Reue und rebellisches Aufbegehren werden hier durch die larmoyante Klage eines selbstgerechten Eiferers ersetzt, die Selbstdarstellung des Sprechers erscheint gerade im Vergleich mit den beiden Modellfiguren besonders komisch.

Zusammenfassend läßt sich sagen, daß ähnlich wie in Sonett 9 die allegorische Aufspaltung des Liebenden in *lengua* und *yo,* im traditionellen Sinne eine Folge des Liebeswahns, durch die Situationskomik und den niederen Stil ironisiert wird. Durch die mehrfache Beziehbarkeit erhält der Text jedoch zusätzlich eine spielerische Qualität. Das „Durchspielen" der verschiedenen Bezugsmöglichkeiten läßt einen Unernst, eine unverbindliche Leichtigkeit entstehen, der Ironie wird dadurch die Schärfe, der satirisch-kritische Biß genommen.

3.2.3.2 Ausias March's Allegorien des Scheiterns und ihre Umsetzung bei Garcilaso (Sonett 27 und 5)

Allegorien zur Darstellung von seelischen Konflikten und Liebesqualen dienten in der höfischen Dichtung lange Zeit zur Veranschaulichung von gesellschaftlichen Normen und deren Gefährdung. Die Allegorie, beispielsweise der Kampf zwischen Laster und Tugend, Vernunft und Begehren, stellt mit der Schilderung innerer Vorgänge zugleich einen Wertekontext bereit, der dem Leser eine adäquate Beurteilung des Liebesgeschehens erlaubt. Insofern ist der spätmittelalterlichen Allegorie ein gewisser moralischer Ernst zu eigen.

Von einem ganz besonderen, düsteren Ernst sind dabei die *Cants d'Amor* von Ausias March mit ihren tiefgehenden Selbstanalysen. Der Konflikt zwischen Affekt und Norm, das Schwanken zwischen einer idealen, reinen Liebe und dem körperlichen Begehren, die schonungslose Darstellung der eigenen Schwächen finden in der Dichtung des Katalanen häufiger noch als in der spanisch-höfischen Dichtung allegorischen Ausdruck.[53] Einige dieser Allegorien, die Ausias March gebraucht, um die Schwächen des Liebenden, sein Versagen in moralischer oder liebestheoretischer Hinsicht anschaulich zu machen, werden in den Sonetten 5 und 27 von Garcilaso imitiert. Dessen Allegorien sind auch durchaus als ernsthafte Nachahmungen der March'schen Allegorien lesbar. Ein genauerer Textvergleich zeigt jedoch, daß der tiefe Ernst der Modelltexte bei Garcilaso verloren geht. Die vermeintlichen Nachahmungen stellen sich bei näherem Hinsehen als geistreiche, ja witzige Repliken heraus, in denen es weniger um

---

[53] Vgl. Lapesa: *La trayectoria,* S. 44.

die Psyche des Liebenden als vielmehr um die Konventionalität der imitierten Allegorien geht.

In Sonett 27 übernimmt Garcilaso Allegorien aus zwei Gedichten von Ausias March. In beiden Modelltexten dient das allegorische Sprechen dazu, die Stärke der Liebe und die Ohnmacht des Liebenden anschaulich zu machen. In *Cant* LXXVII ist es die Macht von *Amor* und *Ventura*, vor der der Dichter kapituliert und sich resigniert in sein Liebesschicksal fügt (Strophe ii). Seine Bedrängnis stellt er in der letzten Strophe als allegorisches Gewand dar, das ihm mit der Zeit zu eng geworden ist:

> Amor, Amor, un hàbit m'he tallat
> de vostre drap, vestint-me l'espirit;
> en lo vestir, ample molt l'he sentit,
> e fort estret, quant sobre mi .s posat. (A.M. LXXVII, iv, v. 25-29)[54]

In *Cant* XXVII (Str. v) wird die Situation des Liebenden unter anderem dargestellt als Schiffbruch des freien Willens, Sturz der Vernunft und Ankunft der „pensaments contraris" (XXVII, v, v. 36). In beiden Gedichten bewirkt die Liebe die absolute Hilflosigkeit eines Liebenden, der sich angesichts eines übermächtigen Schicksals völlig aufgegeben hat. Sein Abweichen von der gesellschaftlichen Norm, der Verlust von freiem Willen und Vernunft, kann ihm jedoch bei solch mächtigen Gegnern kaum zum Vorwurf gemacht werden. Mit Hilfe der Allegorien wird die Ohnmacht des Liebenden so anschaulich nachvollziehbar gemacht, daß das Mitleid, zumindest aber das Verständnis des Lesers geweckt wird. Beide Texte haben in moralischer Hinsicht, auch wenn dies nicht explizit gesagt wird, apologetischen Charakter.

Garcilasos Gedichtanfang setzt in fast wörtlicher Nachahmung da ein, wo *Cant* LXXVII endet:

> Amor, amor, un hábito vestí,
> el cual de vuestro paño fue cortado;
> al vestir ancho fue, mas apretado
> y estrecho cuando estuvo sobre mí. (Son. 27, v. 1-4)

Sowohl der allegorische Sinn – der Sprecher kleidet sich in ein Gewand aus Amors Stoff, das zunächst weit, später eng erscheint – als auch der Ernst-Sinn von *hábito* als Liebe/Gewohnheit – der Sprecher liebt und leidet mit der Zeit zunehmend an dieser Liebe – stimmen bei beiden Autoren überein. Allerdings finden sich bei Garcilaso einige kleinere, in ihrer Gesamtheit aber bedeutungsvolle Abweichungen von seinem Modell. Zum einen macht Garcilaso aus einer unvollkommenen eine vollkommene Allegorie.[55]

---

[54] „Amor, Amor, un hábito me he hecho de vuestra tela, vistiéndome el espíritu; al ponérmelo muy ancho lo he sentido, y muy estrecho, cuando está puesto en mí."
[55] Vgl. Lausberg: *Handbuch*, § 897, S. 442.

Bei Ausias March enthält die Allegorie einen expliziten Hinweis auf die ernste Sinnebene, da der Sprecher das Gewand als Bekleidung für seinen Geist („vestint-me l'espirit", v. 26) nutzt. Bei Garcilaso dagegen wird das Gewand nur übergestreift („un hábito vestí", v. 1), was konsequent der allegorischen Sinnebene entspricht. So wird die unvollkommene Allegorie des Modelltextes bei Garcilaso einerseits formal überboten, andererseits wird aber bei Garcilaso eine geringere subjektive Betroffenheit angedeutet. Im Gegensatz zu Ausias March, wo das Gewand vom Sprecher selbst zugeschnitten („m'he tallat", v. 25) und vollkommen verinnerlicht wird („vestint-me l'espirit", v. 26), ist bei Garcilaso das Gewand nicht explizit selbstgefertigt („de vuestro paño fue cortado", v. 2) und es wird nur äußerlich übergestreift. So kann der Sprecher im ersten Quartett, obwohl er behauptet, unter der Liebe zu leiden, im Vergleich mit dem Modelltext als weniger betroffen, ja geradezu distanziert bezeichnet werden. Eine solche, den Prätext inhaltlich unterbietende Distanzierung steht im Widerspruch zu den konventionellen Überbietungsbemühungen der imitierenden Renaissancedichtung. Sie verleiht dem ersten Quartett eine leicht unterkühlte, distanzierte Qualität, die sich eventuell schon als Hinweis auf eine kritisch-ironische Sprechhaltung deuten läßt.

Im zweiten Quartett wird die Allegorie, bis auf eine vage Bezugnahme in Vers 8 („esto en que yo me metí"), nicht weiter verfolgt. Im Gegensatz zum resignierten Sich-Fügen bei Ausias March wird hier das Bemühen des Sprechers geschildert, sich aus einer selbstverschuldeten („consentí", v. 5) mißlichen Lage zu befreien. Der Begriff der Reue („arrepentimiento", v. 6) ruft dabei einen religiösen Kontext auf, der die Befreiungsbemühungen des Sprechers als ein der Norm entsprechendes Verhalten kennzeichnet und damit indirekt das affektgesteuerte Liebesleid als nicht normenkonform diskreditiert. Das allegorische Gewand ist zur Zwangsjacke geworden.

Trotz der moralischen Einsicht scheint der Sprecher sich in den Terzetten jedoch wieder in sein Liebesschicksal zu fügen. Die im ersten Terzett geäußerte rhetorische Frage „¿quién podrá deste hábito librarse" (v. 9) ist nicht mehr an den anfangs angesprochenen Amor (v. 1) gerichtet. Vielmehr wird hier das Verständnis eines nicht näher bezeichneten höfischen Publikums eingefordert, das mit der erwarteten Antwort nadie die Ausweglosigkeit der Liebessituation bestätigen soll. Im letzten Terzett zieht Garcilasos Sprecher dann die Zuverlässigkeit seiner geschwächten Vernunft in Zweifel, auch sie wird dem Liebenden nicht mehr helfen können:

Si alguna parte queda, por ventura,
de mi razón, por mí no osa mostrarse,
que en tal contradición no está segura. (Son. 27, v. 12-14)

Auffällig ist in Sonett 27 die Verteilung der imitativen Bezüge. Während im zweiten Quartett die Gedanken von Reue und Umkehr unabhängig von Ausias March entwickelt werden, enthalten das erste Quartett und die

Terzette, wo die Liebessituation ausweglos erscheint, zahlreiche Anspielungen auf Ausias March. So ist die rhetorische Frage im ersten Terzett mit einem Zusatz versehen, der den Liebenden näher beschreibt:

mas ¿quién podrá deste hábito librarse,
teniendo tan contraria su natura,
que con él *ha venido a conformarse*? (Son. 27, v. 9-11, Hervorhebung von mir)

Hier wird auf die Resignation des March'schen Liebenden angespielt:

d'Amor no.m clam, si bé .m port. a morir;
bé y mal penssats, *yo.n reste cominal.*
(A.M. LXXVII, ii, 15-16, Hervorhebung von mir)[56]

Auch im zweiten Terzett, wo *razón*, von widrigen Umständen geschwächt, keine Hilfe mehr bedeutet, wird auf eine Textstelle von Ausias March zurückgegriffen:

Ma voluntat, ab què.n la mar fuy mès,
fallida és e pogra.m fer ajuda;
ja *ma raó* de son lloch és cayguda:
mos *pensaments contraris* m'han atès.
(A.M. XXVII, v, 33-36, Hervorhebungen von mir)[57]

Geht man davon aus, daß diese Textbezüge nicht zufällig sind,[58] so ergibt sich, wie im ersten Quartett, die Möglichkeit, für die Allegorie neben der traditionell höfischen noch eine distanziertere, kritisch-ironische Sinnebene anzunehmen. Die konventionelle Lesart versteht die Terzette so, daß der Sprecher selbst, wie Ausias March's Liebender, unter der Liebe und den inneren Konflikten leidet und fürchtet, den Verstand zu verlieren. Der Bedingungssatz im letzten Terzett ist demnach Ausdruck der Selbstzweifel eines Liebenden, der, selbst wenn ihm ein Rest von Vernunft bleibt, keine Hoffnung auf Befreiung von der Liebe haben kann. Die kritisch-ironische Lesart nimmt dagegen die leicht distanzierte Einstellung des ersten Quar-

---

[56] „no clamo contra Amor, si bien me lleva a morir; bienes y males pasados [sic!], yo me mantengo indiferente."

[57] „Mi voluntad, con la que en la mar fui metido, está fallida y podrá darme ayuda; ya mi razón de su lugar está caída; mis contrarios pensamientos me han alcanzado."

[58] Bei den frühen Kommentatoren ist nur der Bezug zu A.M. LXXVII erwähnt, nicht aber die Anspielungen auf A.M. XXVII. Man muß also davon ausgehen, daß die deutlicheren Bezüge im ersten Quartett und Terzett zu A.M. LXXVII Signalfunktion haben, daß hingegen die versteckte Anspielung im letzten Terzett auf A.M. XXVII nicht automatisch erkannt und gedeutet werden will. Entsprechend vorsichtig muß man die im Folgenden vorgeschlagene Möglichkeit einer kritisch-ironischen Lesart sehen. Mit Blick auf das ironische Potential zahlreicher anderer Garcilasotexte erscheint sie plausibel, der Evidenzgrad der Ironie ist jedoch in diesem Fall eher gering. Die kritische Bemerkung Herreras, daß Garcilaso hier die sonst übliche „hermosura y pureza y suavidad" (H-160, S. 360) vermissen lasse, scheint die Annahme eines ironischen Hintersinnes eher zu bestätigen.

tetts wieder auf. Die rhetorische Frage könnte sich angesichts der intertextuellen Anspielungen in Vers 10 und 11 auch folgendermaßen lesen lassen: „Wer kann sich, wenn er sich so resigniert in sein Schicksal fügt wie Ausias March, von diesem Gewand befreien?" Im letzten Terzett beantwortet der Sprecher dann diese rhetorische Frage mit dem Hinweis, daß auch seine Vernunft unter solchen Bedingungen, wie Ausias March sie schildert – Schwächung der *razón* und *contradición* der Affekte – verzagt aufgeben würde. So macht er die affektgelenkte innere Zerrissenheit des March'schen Liebenden, nicht die eigene Gefühlslage, zum Gegenstand der Betrachtung. Die Allegorie in Sonett 27 wird zum zitierten Diskurs, den der Sprecher nur noch verwendet, um das innere Geschehen eines anderen Liebenden nachzuvollziehen.

Auch Sonett 5 verwendet das allegorische Gewand, allerdings in Vers 10-11 an weniger exponierter Stelle, in geringerem Umfang und in einem anderen Kontext. Den Anfang des Sonetts bildet die allegorische Darstellung der Liebe als Schrift in der Seele sowie des Dichtens als Lesevorgang:

> Escrito 'stá en mi alma vuestro gesto
> y cuanto yo escribir de vos deseo:
> vos sola lo escribistes; yo lo leo,
> tan solo, que aun de vos me guardo en esto. (Son. 5, v. 1-4)

Hier gelangt eine Metaphorik zur Anwendung, die über die höfischpetrarkistische Tradition und die neoplatonische Liebeskonzeption hinaus bis in die Antike zurückreicht.[59] Der Sprecher beschreibt sich selbst als passiv Lesenden, die Dame als aktiv Handelnde, die die Liebe in ihm auslöst. Angesichts der Größe seiner Empfindungen verwendet der Sprecher im Folgenden ein religiöses Vokabular, um seiner Liebe adäquat Ausdruck zu verleihen:

> que aunque no cabe en mí cuanto en vos veo,
> de tanto bien lo que no entiendo creo,
> tomando ya la fe por presupuesto. (Son. 5, v. 6-8)

Schließlich bekennt er („confieso", v. 12), daß sein gesamtes Leben von der Geburt bis zum Tod nur an dieser Liebe ausgerichtet ist. Liebe wird damit abstrakt idealisierend als ein Erkenntnisvorgang geschildert, der vom Lesen über das Verstehen-Wollen, Nicht-Verstehen-Können und Glauben schließlich zu einem verinnerlichenden Aneignen führt:

> mi alma os ha cortado a su medida;
> por hábito del alma misma os quiero; (Son. 5, v. 10-11)

Der Erkenntnisprozeß mündet ein in das Bekennen einer Glaubensgewißheit, die das gesamte Leben des Sprechers bestimmt. Liebestheoretische

---

[59] Vgl. die ausführliche Dokumentation in den *Notas complementarias*, S. 368-375.

Überlegungen klassischer bis neuzeitlicher Provenienz gehen also in diesem Sonett mit Elementen eines religiös-theologischen Diskurses[60] eine Synthese ein, die hier, wie in zahlreichen anderen Texten der höfischen Lyrik, eine Sublimierung der Liebe bewirkt. Damit bewegt sich das Sonett innerhalb einer umfangreichen diskursiven Tradition. Zugleich enthält der Text mehrere konkrete Anspielungen auf Textstellen bei Ausias March. Neben dem schon bekannten allegorischen „hábito" (Son. 5, v. 11) sind dies die Schrift in der Seele (v. 1-2) und die Verantwortung der Dame (v. 3):

M.opinió és en mon cor escrita,
que, si no vós, àls no la me'n pot raure; (A.M. LXII, vii, 49-50)[61]

Dazu kommt das Unvermögen des Liebenden („no cabe en mí cuanto en vos veo", Son. 5, v. 6), die Liebe ganz mit dem Verstand zu erfassen:

¡O foll. Amor! En l'hom molt desijós
cabre no pot en ell sats conexença; (A.M. LXII, viii, 57-58)[62]

Die Glaubensgewißheit bei Garcilaso („lo que no entiendo creo", Son. 5, v. 7) scheint dagegen den Modelltext („mas creure ferm no tinch en mon poder.", A.M. LXII, iii, 24)[63] ins Gegenteil zu verkehren. Ausias Marchs Gedicht LXII ist somit offenkundig der zentrale Referenztext für Garcilasos Sonett 5, und schon bei Ausias March steht der Glaube des Liebenden an seine Liebe im Mittelpunkt. Das Thema wird dort in acht Strophen mittels einer umfangreichen Isotopie des Glaubens[64] entfaltet, wobei der Liebende verschiedene Erkenntnisschritte durchläuft. In den Strophen 1-2 gibt er sich optimistisch im Glauben an seine Dame und an seine Liebe zu ihr. In den Strophen 3-5 nimmt er die negativen Äußerungen anderer über seine Dame zur Kenntnis, verteidigt den Glauben an seine Liebe jedoch mit unterschiedlichen Stategien: Wer allzu leichtgläubig ist, entfernt sich vom Willen Gottes, der üblen Nachrede darf man also nicht glauben (Str. 3); wer glaubt, das Ende einer Liebe vorauszusehen, der irrt (Str. 4); Amor darf man nicht halbherzig dienen (Str. 4-5). So entsteht im Zentrum des Gedichts ein Beziehungsgeflecht verschiedener Glaubensinhalte (der Wille Gottes, die Tugend der Dame, die Liebe, die zweifelnde Rede anderer), das sich nicht vollständig logisch durchdringen läßt, das jedoch das Ringen des Liebenden mit den aufkommenden Zweifeln deutlich werden läßt. In den Strophen 6-7 werden die Zweifel zunehmend zur Gewißheit, der Augen-

---

[60] Die Verwendung von Elementen aus Theologie und Klosterleben (Schriftstudium, einsame Meditation, Mönchsgewand) hat in der Sekundärliteratur bereits mehrfach Beachtung gefunden und kann in der höfischen Lyrik durchaus als konventionell angesehen werden. Vgl. hierzu die *Notas complementarias*, S. 368-375.

[61] „Mi opinión está en mi corazón escrita, tal que si no vos, otros no me la pueden raer;"

[62] „¡Oh loco Amor! En el hombre muy deseoso no puede caber asaz conocimiento."

[63] „pero el creer firme no tengo en mi poder."

[64] Sie enthält Wörter des Glaubens (v. 10, 19, 22, 24, 26, 28, 39, 40, 43), Zweifelns (v. 41, 45, 54-56), Wissens (v. 42, 46, 58, 59), oft auch in ihrer Negierung.

schein (v. 41) spricht gegen die Dame, der anfänglich optimistische Glaube weicht dem Mißtrauen (v. 45 und 56). Die Schrift in der Seele des Liebenden ist nur mehr subjektive „M.opinió" (v. 49), die, wenn nicht von anderen, so doch von der Dame gelöscht werden kann (v. 50). Der Sprecher bricht schließlich den schmerzlichen Erkenntnisprozeß ab mit der Bemerkung, daß soviel Wissen im Liebenden nicht Platz hat, daß die Leidenschaft ihm die „sciença" (v. 59) verdunkelt. Offenkundig ist der Liebende mit seinem Ideal der vollkommenen Liebe und des unerschütterlichen Glaubens an diese Liebe gescheitert. Die Erkenntnis, daß seine Liebe nicht diesem hohen Ideal entspricht, will er jedoch nicht zulassen, weshalb er die Zuverlässigkeit der fremden (v. 25-26) wie der eigenen Wahrnehmung (v. 41-42 und 55-56) in Zweifel zieht. Seine Verwirrung rechtfertigt er mit dem Hinweis auf das Wirken Amors und der Leidenschaft (Str. vii-viii).

Vor diesem Hintergrund nimmt sich Garcilasos Sonett 5 wie ein Antwortgedicht aus, in dem die quälenden Zweifel des Modelltextes in einer triumphalen Geste einfach weggewischt werden:

> de tanto bien lo que no entiendo creo,
> tomando ya la fe por presupuesto. (Son. 5, v. 7-8)

Hier, wie in dem gesamten Sonett, wird der Wahrheitsanspruch des religiösen Diskurses für die Darstellung einer unerschütterlichen Liebesgewißheit genutzt. Die Dame wird schließlich im zweiten Terzett zu göttlicher Größe erhoben, an der das gesamte Leben des Sprechers ausgerichtet ist:

> cuanto tengo confieso yo deberos;
> por vos nací, por vos tengo la vida,
> por vos he de morir y por vos muero. (Son. 5, v. 12-14)

Der Anspruch zeitloser Gültigkeit, der sich in Vers 13-14 durch ein Fortschreiten der deiktischen Bezüge von der Vergangenheit über die Gegenwart bis in die Zukunft hinein manifestiert, wird allerdings im „por vos muero" (v. 14) überraschend zurückgenommen. Wo im petrarkischen oder neoplatonischen Sinne eine das weltliche Leben überschreitende metaphysische Perspektive zu erwarten wäre, wird die Aufmerksamkeit von der zukünftigen Bestimmung des Liebenden zurückgelenkt auf seine momentane Situation. Zudem wird das in Vers 13-14 mehrfach wiederholte „por vos", das die Dame zu einer Leben spendenden, erhaltenden und nehmenden Gottheit erhebt, am Ende doppeldeutig. Zwar kann das präsentische „por vos muero" (wegen/durch Euch sterbe ich) den Liebestod bezeichnen, der im Moment des Sprechens eintritt und der durch den religiösen Sinnhorizont als eine Art Opfer- oder Märtyrertod (für Euch sterbe ich) anzusehen ist. Andererseits ist *morir por* im 16. Jahrhundert auch als Ausdruck des heftigen Begehrens gebräuchlich.[65] Dem „por vos muero" ist somit eine gewisse konkret-sinnliche Qualität nicht abzusprechen. Die Sublimierung der Liebe, die durch den Ernst des religiös-allegorischen Diskurses die traditionellen höfisch-petrarkistischen Liebesqualen scheinbar überwindet, wird am Ende durch die Rückkehr zum Präsens und die zweite Bedeutung des *por vos muero* zurückgenommen, die Liebe wird als sexuelles Begehren entlarvt. Während bei Ausias March die Allegorie dazu verwendet wird, das Ringen des Liebenden um eine vollkommene Liebe und sein Scheitern darzustellen, wird in Garcilasos Sonett 5 mit der triumphalen Allegorie der Liebe als Glaubensgewißheit Ausias March zunächst deutlich überboten. Am Textende nimmt die *aemulatio*, die mit der Sublimierung der Liebe in Vers 13-14 ihren Höhepunkt erreicht, jedoch eine unerwartete Wende. Mit dem doppeldeutigen „por vos muero" wird Ausias March zugleich übertroffen und unterboten.

3.2.3.3 Allegorien mit neuem Inhalt: Eifersucht (Sonett 30 und 31) und der Sieg über Amor (Sonett 35)

Es hat sich gezeigt, daß Garcilasos Texte dort, wo sie Allegorien von Petrarca und Ausias March übernehmen, neben dem allegorischen Sinn und dem konventionellen höfisch-petrarkistischen Ernst-Sinn eine zusätzliche, distanziert ironische Lesart erlauben. Zur traditionellen Funktion der Allegorie, der Darstellung von Innerlichkeit, kommt in diesen Fällen noch eine weitere Funktion hinzu: Die Allegorie enthüllt, im Spiel von Nachahmung und Veränderung, ihre eigene Konventionalität. Dadurch wird ihre Verwendung als ernsthaftes Ausdrucksmittel des Liebesleids in Frage gestellt. Es ist jedoch keineswegs so, daß die Allegorie überall in Garcilasos Werk als überkommene, archaische Sprechweise anzusehen ist. Vielmehr erweist sich die Allegorie dort, wo sie der Darstellung neuer, unkonventioneller Inhalte dient, als ein flexibles Ausdrucksmittel, das dem spielerischen Witz und der Experimentierfreude Garcilasos entgegenkommt.

Ein Thema, das mehrfach in allegorischer Form zur Darstellung gelangt, ist die Eifersucht. Da auf die Geliebte hierbei der Schatten des Verdachtes fällt und die Gefühle des eifersüchtig Liebenden ausschließlich

---

[65] Vgl. R. J. Cuervo: *Diccionario de construcción y régimen de la lengua castellana*, Santafé de Bogotá 1993, Bd. VI. Unter dem Stichwort *morir* (S. 613-619) findet sich *morir por* mit Beispielen aus dem 16. Jh. belegt in der Bedeutung „Inmolarse, sacrificarse" (S. 617), außerdem in der Bedeutung „para señalar el objeto de la pasión" (S. 618). Im *Diccionario de autoridades* finden sich zwei Einträge mit der Bedeutung des heftigen Begehrens: „MORIR. Vale desear con tal ansia alguna cosa, que parece que se ha de acabar la vida, si no se consigue", sowie in reflexiver Verwendung: „MORIRSE POR ALGUNO. Significa amarle con extrémo", jeweils mit Hinweis auf das ähnlich doppeldeutige lateinische *deperire*. (Real Academia Española: *Diccionario de autoridades*, edición facsímil, Madrid 1990, Bd. 2, S. 608).

negativ sind, geht das Thema streng genommen über die Möglichkeiten des Petrarkismus hinaus.[66] Trotzdem, oder vielleicht gerade deshalb, findet es im 16. Jahrhundert Eingang in die Liebeslyrik, etwa bei Sannazaro, Tansillo oder Ariost.[67] Eifersucht wird dort als übersteigerte Fortführung des Liebesleids, als zerstörerische, infernalische, monströse Entgleisung einer ursprünglich höfisch-petrarkistischen Liebe dargestellt.[68] Garcilasos Sonett 39 weist geradezu idealtypisch all diese Elemente auf und darf, da es sich um die fast wörtliche Übersetzung eines Sonetts von Sannazaro handelt, getrost als Stilübung bezeichnet werden.

Anders die Sonette 30 und 31, die sich durch Originalität und zugleich eine starke Allegorisierung des Themas auszeichnen. In beiden Gedichten wird die Allegorie explizit als innerer Vorgang gekennzeichnet.

In Sonett 31 entstehen Liebe und Eifersucht „Dentro en mi alma" (v. 1), das innere Geschehen wird als eine tragische Familiengeschichte in drei Generationen dargestellt: Eifersucht ist der monströse Sohn von „dulce amor" (v. 2) und „invidia" (v. 13) und Enkel des lyrischen Ich, dem er schließlich den Tod (v. 10) bringen wird.

In Sonett 30 ist der Ort der Eifersucht die „triste fantasía" (v. 1) des Sprechers. Der eifersüchtige Verdacht („sospechas", v. 1) ist hier siegreicher Feldherr, der Sprecher gibt resigniert seinen Widerstand auf (v. 5-8) und legt die Waffen nieder (v. 12).

In beiden Gedichten wird die personifizierte Eifersucht, wohl um ihre unmittelbare Präsenz zu unterstreichen, direkt angesprochen. In beiden Gedichten werden ihre zerstörerischen, todbringenden Eigenschaften erwähnt, die Allegorie veranschaulicht in Sonett 31 das Ungeheuerliche, in Sonett 30 die unerbittliche Macht der Eifersucht. Lediglich in der Bewertung des Phänomens differieren die beiden Sonette.

In Sonett 31 stellt der Sprecher sich selbst („agüelo", v. 10) als Opfer einer unvorhersehbaren, dynamischen Entwicklung dar:

> ¡Oh crudo nieto, que das vida al padre
> y matas al agüelo!, ¿por qué creces
> tan desconforme a aquél de que has nacido?, (Son. 31, v. 9-11)

Er verurteilt die Eifersucht als monströse Mißgeburt:

---

66 Vgl. Heiple: *Garcilaso*, S. 217.

67 Vgl. die Anmerkungen und *Notas complementarias* zu den Sonetten 30, 31 und 39.

68 Auch in der antiken Literatur ist das Thema der Eifersucht verbreitet. Ob antike Eifersuchtsdarstellungen Garcilasos Eifersuchtssonette beeinflußt haben, Son. 30, v. 9-11 etwa eine Anspielung auf den Tod der Procris enthält, läßt sich nicht nachweisen. Gewiß hat die intensive Antikerezeption zumindest zur Verbreitung des Themas beigetragen. Mit Sicherheit läßt sich aber lediglich der Einfluß der eifersüchtigen Klagen Polyphems auf Salicios Liebesklage in der *Egloga I* nachweisen. Vgl. unten, Kap. 5.4 dieser Arbeit.

¡Oh celoso temor!, ¿a quién pareces?,
que aun la invidia, tu propia y fiera madre,
se espanta en ver el monstruo que ha parido. (Son. 31, v. 12-14)

Die Allegorie hat in Sonett 31 somit doppelte Funktion. Zum einen verrät
sie die moralische Position des Sprechers, da dieser die Eifersucht als
„monstruo" (v. 14) bezeichnet. Gleichzeitig läßt die Allegorie die Opfer-
rolle, die Ohnmacht des Sprechers glaubwürdig erscheinen. Der Text hat
also apologetischen Charakter und steht damit, trotz seines unkonventionellen Inhalts, in der Tradition der höfisch-petrarkistischen Allegorien.

In Sonett 30 erlaubt die Allegorie von Krieg und Triumphzug eine etwas kritischere Bewertung des Eifersüchtigen. Der Liebende, der im Kampf
gegen seine „Sospechas" (v. 1) unterlegen ist, muß zulassen, daß seine
Waffen und Abzeichen deren Triumphwagen schmücken. Dadurch übernimmt er, zumindest implizit, die Rolle des besiegten Türken oder Mauren
oder, nach römischer Überlieferung, des Barbaren,[69] der Spott und Demü-
tigungen der Zuschauer ausgesetzt ist. Dem Leser werden hier, anders als
in Sonett 31, zwei Reaktionen ermöglicht: Mitleid mit dem „miserable" (v.
13) oder Verachtung für den Barbaren. Darstellung und Bewertung der
eifersüchtigen Liebe werden ambivalent. Nach damaliger Auffassung liegt
das barbarische Fehlverhalten jedoch weniger im Empfinden der Eifersucht
selbst als vielmehr darin, wie der Eifersüchtige sich vor den Augen der
Gesellschaft präsentiert:

Los amores [...] son harto peligrosos y están muy cerca de hacer que sea el
hombre *mostrado con el dedo*, y por eso el que hubiere de andar enamorado secre-
tamente, es necesario que [...] *disimule sus deseos, sus celos, sus trabajos*, [...][70]

Die Allegorie von Krieg, Niederlage und Triumphzug veranschaulicht also
die Eifersucht als Vorgang in der Psyche des Liebenden, darüber hinaus

---

[69]   Zur Begeisterung der italienischen Renaissancegesellschaft für Triumphzüge siehe
auch: Jakob Burckhardt: *Die Kultur der Renaissance in Italien. Ein Versuch.*, Neudruck
der Urausgabe hg. von K. Hoffmann, Stuttgart 1985, S. 293-296. Burckhardt beschreibt, wie militärische Erfolge, politische und gesellschaftliche Ereignisse zum Anlaß dienten für die Aufführung großartiger *trionfi*. Besonders beliebt waren Festzüge
nach dem Vorbild der römischen Antike, aber auch die Inszenierung mythologischer
und allegorischer Szenen auf prachtvoll geschmückten Festwagen. Das Mitführen gefangener Türken zur Demonstration der eigenen Macht sowie die allegorische Inszenierung der Eifersucht werden bei Burckhardt sogar als typische Beispiele für die
Gestaltung solcher *trionfi* erwähnt. Vgl. *Die Kultur der Renaissance*, S. 296 und 298.
[70]   Baldassar Castiglione: *El Cortesano*, traducción de Juan Boscán, hg. von M. Menendez
y Pelayo, Madrid 1942, S. 301, Hervorhebungen von mir. Weitere Hinweise in dieser
Arbeit auf Castigliones *Cortegiano* beziehen sich, falls nicht anders angegeben, ebenfalls auf diese Ausgabe. Bei der weiteren Behandlung des Themas im *Cortegiano* werden auch die Schmerzausbrüche und Haßtiraden des Eifersüchtigen gegen seine Rivalen verurteilt, da sie den Liebenden in einem schlechten Licht erscheinen lassen.
Vgl. *El Cortesano* III, S. 302-304.

berücksichtigt sie aber auch das äußere Erscheinungsbild der eifersüchtigen Liebe sowie mögliche negative Konsequenzen für das gesellschaftliche Ansehen des Liebenden.

Sonett 35 verwendet mit der Amorallegorie ein beliebtes, weit verbreitetes und stark konventionalisiertes Darstellungsmittel der höfisch-petrarkistischen Liebeslyrik. In diesem Text ist es jedoch nicht notwendig, nach versteckten Ironiesignalen und Anzeichen einer kritischen Distanz zu suchen. Ungewöhnlich selbstbewußt präsentiert sich der Sprecher in Sonett 35 mit einer Kampfansage an Amor, seine Distanz zu Amordienst und höfischer Liebe wird in einer triumphalen Trotzgeste offen geäußert. So beschreibt der Sprecher in den Quartetten zunächst das bisherige Verhältnis zwischen ihm und Amor durch eine ausführliche Charakterisierung der beiden Beteiligten. Während der Sprecher sich als einen getreuen Freund Amors darstellt („mi fe pura" und „mi gran firmeza", v. 2, „al más amigo", v. 4), wird jener als undankbar (v. 1), niederträchtig (v. 3) und aggressiv (v. 4) geschildert. Der Sprecher behauptet, Amor habe vor ihm Angst, da er als Dichter durch das geschriebene und gesprochene Wort die Größe Amors mindern könnte (v. 5-6) und Amors Kraft dagegen nicht ausreichen würde. Amor habe deshalb einem Feind des Dichters die Hand gestärkt. Bis hierher steht das Sonett weitgehend in Einklang mit petrarkischen Amordarstellungen.[71] Daß Amor sich einen Verbündeten sucht, um den Liebenden zu besiegen, ist jedenfalls nicht neu. Allerdings ist dies bei Petrarca die Dame,[72] Kampf und Sieg Amors finden in der Seele des Liebenden statt. Garcilaso hingegen durchbricht die traditionelle Verbindung von allegorischem Kampf und seelischen Vorgängen, indem er im ersten Terzett Ereignisse der realen Lebenswelt mit der allegorischen Sinnebene verknüpft. Amors Helfer sind nun die Mauren, die dem Dichter 1535 in einer Schlacht bei Tunis Verletzungen am Mund und am rechten Arm zufügen. Damit ist auf der allegorischen Sinnebene der Dichter besiegt, denn es fehlen ihm nunmehr die Mittel, sich sprechend oder schreibend zu äußern. Der Sprecher wendet jedoch im letzten Terzett den Triumph Amors gegen diesen, indem er wütend und enttäuscht sich selbst für unabhängig und frei vom Liebeswahn erklärt („sano, libre, desesperado y ofendido.", v. 13-14). Aus dem Nicht-Dichten-Können ist ein Nicht-Dichten-Wollen geworden, was einer Aufkündigung des Amordienstes gleichkommt. Der traditionell mit dem Amordienst verknüpfte Ernst-Sinn der Liebe zu einer Dame bleibt in diesem Sonett ausgespart. Die Allegorie steht hier im Dienst einer Mani-

---

[71] Vgl. beispielsweise *Canz.* 69, bes. v. 3-4 und 13-14. Dort wird ebenfalls das Kräfteverhältnis zwischen Amor und dem Liebenden geschildert. Angesichts der überlegenen Waffen Amors (Schlingen, falsche Versprechen, Krallen) ist dem Liebenden jedoch kein Entkommen, weder durch Widerstand noch durch Flucht möglich.

[72] Vgl. *Canz.* 23, v. 35.

festation von Unabhängigkeit und freier Willensentscheidung, die die Grenzen des Petrarkismus weit überschreitet.

Zusammenfassend läßt sich sagen, daß in Garcilasos Lyrik die Allegorie nicht mehr ernsthaft zum Ausdruck von höfisch-petrarkistischen Liebesqualen genutzt wird. Die allegorische Darstellung von Liebesleid scheint nur noch als ironisierende Nachahmung vorzukommen. Dabei scheint sich die Ironie aber mehr gegen den qualvollen Ernst der höfisch-petrarkistischen Liebe zu richten als gegen die allegorische Sprechweise, da diese mit neuen, unkonventionellen Inhalten ihre Wandlungsfähigkeit unter Beweis stellt. Nach wie vor dient die Allegorie zwar der Darstellung von inneren Vorgängen. Eifersucht und Sieg über Amor stehen aber in einem Spannungsverhältnis zur höfisch-petrarkistischen Tradition, die ihrerseits durch das allegorische Sprechen und die Sonettform präsent bleibt. In ihrer Bezogenheit auf eine traditionellere Innerlichkeit wirken die neuen Allegorien spielerisch experimentell, die Ernsthaftigkeit der ehemals qualvollen Selbstanalysen ist verschwunden.

3.2.4 Männliches Begehren und die Schwäche der ordnungsstiftenden Diskurse

Eine weitere Möglichkeit, die Grenzen der höfisch-petrarkistischen Liebeskonzeption zu überschreiten, liegt prinzipiell, seit dem Bestehen höfischer Liebeslyrik, im Konflikt zwischen Affekt und Norm, zwischen triebgesteuertem und normgelenktem Verhalten. Die Gefahr, daß die niederen Triebe überhandnehmen könnten, war auch durch die Sublimierung der Liebe nie vollständig gebannt. Das Thema der Liebe ließ deshalb zu allen Zeiten eine Flut von moralisch-didaktischen Äußerungen entstehen, welche die Kontrolle des körperlichen Begehrens zum Ziel hatten. Diese ordnungsstiftenden Diskurse weisen, ähnlich wie die Darstellungen von Liebe und Begehren, einen hohen Konventionalisierungsgrad auf. Ähnlich wie diese sind sie, sobald sie zu imitierten, zitierten Diskursen werden, anfällig für eine ironisch distanzierte Darstellung. Im Folgenden soll gezeigt werden, wie in einigen Sonetten Garcilasos das starke, unkontrollierbare Begehren und ein ordnungsstiftender Diskurs aufeinandertreffen. Während traditionell, etwa bei Petrarca oder Ausias March, das Begehren von einem starken Unrechtsbewußtsein begleitet und mehr oder weniger erfolgreich in Schach gehalten wird, wird bei Garcilaso die Macht der moralisierenden Diskurse, ihre Wirksamkeit als kontrollierende, mäßigende Instanz hinterfragt.

3.2.4.1 Belehrung durch Emblem und Vergleich (Sonett 12 und 14)

Hinweise auf eine Schwäche der ordnungsstiftenden Diskurse liefert Heiple beispielsweise in seiner Deutung von Sonett 12.[73] Dort folgt auf die Darstellung der Leidenschaft als „loco, imposible, vano, temeroso" (v. 2), als ein „mal tan peligroso" (v. 3) und als innerer Zwiespalt (v. 6-8) in den Terzetten die Evokation der Mythen von Ikarus (v. 10-11) und Phaeton (v. 12-14). Die Argumentationsstruktur des Gedichtes lautet, auf ihren Kern reduziert, folgendermaßen:

> Si para refrenar este deseo [...]
> no me aprovecha verme cual me veo, [...]
> ¿qué me ha de aprovechar ver la pintura [de Icaro y de Faetón]?
> (Son. 12, v. 1, 5 und 9)

Hier wird ganz klar die Möglichkeit einer Heilung vom übermäßigen Begehren negiert: Wenn sie schon nicht aus eigener Kraft erfolgt, dann erst recht nicht durch die Betrachtung mythologischer Abbildungen. Heiple identifiziert die *pintura* mit überzeugenden Argumenten als Embleme aus der zweiten Ausgabe von Alciatus *Emblematum liber*.[74] Das Sonett enthält demnach „a sudden reaction, a stylized outburst, against the superficiality of a new Renaissance genre, the emblem."[75] Die Tatsache, daß die Leidenschaft sich gegenüber dem moralisierenden Diskurs als stärker erweist, bewertet Heiple zu Recht als intellektuelle Spielerei, die keinesfalls Rückschlüsse auf die erotische Biographie des Autors erlaubt.[76]

Auch in Sonett 14 geht das Ringen zwischen Vernunft und Begehren zugunsten des Begehrens aus. In formaler wie inhaltlicher Hinsicht imitiert Garcilaso hier Texte von Ausias March und Boscán. Die Liebessituation wird verglichen mit der Situation einer Mutter, die ihrem kranken Kind das gibt, worum es bettelt, obwohl sie weiß, daß es ihm schaden wird. In beiden Modelltexten dient der Vergleich dem Zweck, eine moralische Lehre anschaulich zu machen. Bei Ausias March wünscht der Sprecher sich Ruhe vor den qualvollen Liebesgedanken, doch es geht ihm wie einer Frau mit ihrem weinenden Kind:

> [...] com dona .b son infant,
> que si verí li demana plorant
> ha ten poch seny que no.l sab contradir. (A.M. I, iii, v. 22-24)[77]

---

[73] Heiple: *Garcilaso*, S. 202-206.
[74] Heiple: *Garcilaso*, S. 203.
[75] Heiple: *Garcilaso*, S. 206.
[76] Ebda.
[77] „como a la mujer con su pequeño que si llorando le pide veneno tiene tan poco juicio que no sabe negárselo."

Das Begehren wird bei Ausias March verglichen mit einem bettelnden Kind, der Liebende, der dem Begehren nachgibt, mit der Mutter. Deren Verhalten wird eindeutig negativ bewertet, denn das Kind erhält aus ihrer Hand Gift („verí", v. 23) und die Schwäche der Mutter wird mit ihrem mangelnden Verstand („poch seny", v. 24) begründet. In den folgenden Strophen betont der Sprecher noch mehrfach die Notwendigkeit und zugleich die Schwierigkeit, standhaft dem Begehren zu widerstehen.

Ähnliche Verwendung findet der Vergleich in Sonett 109 von Boscán. Nach einer ausführlichen Beschreibung der Liebesqualen in den Quartetten fährt der Sprecher fort:

> Viéndome Amor gemir de fatigado,
> sobr'esto de mi mal me stá acallando;
> mas aun conmigo en esto se desmide,
>
> como madre con hijo regalado,
> que si le pide rejalgar, llorando,
> no sabe sino dalle lo que pide. (Boscán, Son. 109, v. 9-14)[78]

Dem Kind entspricht hier der vom Liebesleid gequälte Sprecher, die Rolle der Mutter übernimmt Amor. Dessen Handeln wird als maßlos kritisiert („se desmide", v. 11), da er dem Leidenden zur Beruhigung eine hochgiftige Substanz („rejalgar", v. 13) verabreicht. Auch hier ist das Nachgeben gegenüber dem Begehren ein schuldhaftes Versagen, da die Mutter dem verwöhnten Kind gegenüber kopflos („no sabe sino", v. 14) reagiert. Zwar liegt die Schuld in diesem Fall, anders als bei Ausias March, nicht beim Sprecher, sondern bei Amor. Beide Gedichte verwenden jedoch den Vergleich in der gleichen didaktischen Absicht: Nachgiebigkeit gegenüber dem Begehren wird als kopfloses Verhalten verurteilt, Standhaftigkeit ist das anzustrebende Verhaltensideal.

In Garcilasos Sonett 14 nimmt der Vergleich den gesamten Text ein. Auffällig ist, daß hier dem Vergleichsgegenstand, der Szene zwischen Mutter und Sohn, mehr Text zugestanden wird als der Liebessituation, die erst in den Terzetten erwähnt wird. Wie bei Ausias March entsprechen dem leidenden Kind und der Mutter Liebesbegehren und lyrisches Ich. Die Bewertung des mütterlichen Verhaltens fällt jedoch bei Garcilaso positiver aus als in den Modelltexten. Die „tierna madre" (v. 1) handelt aus „piadoso amor" (v. 5), der verlangte Gegenstand wird nicht mehr als Gift bezeichnet, seine Wirkung ist nicht ausschließlich schädlich: „aplaca el llanto y dobla el accidente" (v. 8). So ist der Vergleich in seiner Schärfe deutlich abgemildert, das mütterliche Nachgeben wird zu einem Fehlverhalten, für das der Sprecher Verständnis zeigt. Selbst wenn in den Terzetten der tödliche Ausgang des Nachgebens gegenüber dem „enfermo y loco pensamiento" (v. 9)

---

[78] Der Text von Boscán ist zitiert aus: *Obras poéticas de Juan Boscán*, hg. von M. de Riquer, A. Comas und J. Molas, Barcelona 1957, S. 217.

mehrfach angedeutet wird (v. 11 und 14), so artikuliert der Vergleich mit der Mutter doch keine so scharfe Verurteilung des schädlichen Verhaltens.

Natürlich wird hier, ähnlich wie in Sonett 12, nicht dem Begehren das Wort geredet. Vielmehr steht im Zentrum des Interesses der Vergleich als ein rhetorisches Verfahren, das in den Modelltexten einer moralischen Belehrung dient, während bei Garcilaso der Vergleich eher eine Relativierung der moralischen Lehre bewirkt, indem er Verständnis für das Fehlverhalten signalisiert.

3.2.4.2 Neoplatonismus und sexuelles Begehren (Sonett 8 und 28)

Als einer der wichtigsten Diskurse des frühen 16. Jahrhunderts hat der Neoplatonismus in der Lyrik Garcilasos deutliche Spuren hinterlassen. Verstand sich die neoplatonische Philosophie in ihrer Gesamtheit eher als erkennend und beschreibend, so nahm sie doch in bezug auf die Liebesthematik häufig einen belehrenden Charakter an. Besonders deutlich wird dies etwa bei den Ausführungen zur Liebe aus dem Munde Bembos im vierten Kapitel des *Cortegiano*. Dort wird dem perfekten Höfling, vor allem demjenigen vorgerückten Alters, die wahre, spirituelle, von aller Körperlichkeit freie Liebe anstelle der peinlichen, exzessiven Qualen der höfischen Liebe anempfohlen.[79]

Garcilasos Sonett 8 greift einen Abschnitt aus eben jener Argumentation Bembos im *Cortegiano* heraus. Dort wird die grundsätzliche Neigung zur Sinnlichkeit als Ausgangspunkt genommen, um zu erklären, weshalb trotz vernünftiger, tugendhafter Absichten die höfisch-petrarkistische Liebe häufig einen schmerzlichen Verlauf nimmt:

> porque aquel penetrar o influir que hace la hermosura, *siendo presente*, es causa de un estraño y maravilloso deleite en el enamorado, y callentándole el corazón, despierta y derrite algunos sentimientos o fuerzas que están adormidas y heladas en el alma, las cuales, *criadas y mantenidas por el calor que del amor les viene*, se estienden y retoñecen y andan como bullendo al derredor del corazón, y *envían fuera por los ojos aquellos espíritus*, que son unos delgadísimos vapores [...] estando la hermosura *ausente*, aquel penetrar y influir que hemos dicho del amor, no calienta el corazón como hacía estando ella presente, y así aquellas vías por donde los espíritus y los amores van y vienen quedan entonces agotadas y secas, aunque todavía *la memoria* que queda de la hermosura mueve algo los sentimientos y fuerzas del alma. Y de tal manera los mueve, que andan por estender y enviar a su gozo los espíritus; mas ellos, *hallando los pasos cerrados, hállanse sin salida y porfían cuanto más pueden por salir,* y así encerrados no hacen sino dar mil espoladas al alma, [...] y de aquí proceden las lágrimas, los sospiros, las cuitas y los tormentos de los enamorados;[80]

---

[79] Zur Überwindung des Konflikts zwischen Affekt und Norm durch den Neoplatonismus vgl. oben, Kap. 2.3 dieser Arbeit.

[80] *El Cortesano* IV, S. 387-388; besonders auffällige Übereinstimmungen mit Garcilasos Sonett 8 werden von mir durch Schrägdruck markiert.

Bembo fährt fort mit einer Empfehlung, wie das durch Abwesenheit verursachte Leiden vermieden werden soll:

> conviene que el Cortesano, ayudado de la razón, *enderece totalmente su deseo a la hermosura sola sin dejalle tocar en el cuerpo nada*, y cuanto más pueda la contemple en ella misma simple y pura, y dentro *en la imaginación* la forme separada de toda materia, y formándola así la haga amiga y familiar de su alma, y allí la goce y consigo la tenga días y noches en todo tiempo y lugar sin miedo de jamás perderla, [...] no sentirá los tormentos de las partidas ni de las ausencias, porque consigo se llevará siempre en su corazón su tesoro, y aun *con la fuerza de la imaginación* se formará dentro en sí mismo aquella hermosura mucho más hermosa que en la verdad no será.[81]

Diese von jeglicher Körperlichkeit gereinigte Liebe garantiert nicht nur Sicherheit vor häßlichen Gefühlsausbrüchen und negativen gesellschaftlichen Konsequenzen,[82] sie bildet auch die erste Stufe auf dem Weg zur vollkommenen Liebe: „hallará el enamorado otro mayor bien, si quisiere aprovecharse de este amor como de un escalón para subir a otro muy más alto grado".[83] Eine wesentliche Rolle spielt dabei die *imaginación*, die es dem Liebenden erlaubt, sich im Geiste ein Idealbild von seiner Geliebten zu erstellen, das die Wirklichkeit an Schönheit noch übertrifft.

Garcilasos Sonett 8 bezieht sich in seiner Argumentationsstruktur klar auf die Rede Bembos. In den Quartetten schildert der Sprecher das Wirken der Liebe, Bembos *penetrar o influir*, in Gegenwart der Dame, in den Terzetten das quälende Treiben seiner erhitzten „espirtus" (v. 10) bei Abwesenheit der Dame. Heiple stellt zu Recht fest, daß das Gedicht, obwohl es neoplatonische Gedanken aufgreift, keine neoplatonische Aussage enthält: „Even when inspired by Neoplatonic ideas, his vision of love is tortured and painful."[84] Qualvoll und schmerzhaft ist diese Liebe jedoch nur, nach Bembo, aufgrund ihrer Körperlichkeit. Zwar unternimmt Garcilasos Sprecher einen Versuch, den Rat Bembos zu befolgen, indem er seine *imaginación* zu Hilfe nimmt: „Ausente, en la memoria la imagino;" (v. 9). Er scheitert jedoch schon bei diesem ersten Schritt, denn allein die Vorstellung reicht aus, daß seine Geister sich maßlos („sin medida", v. 11) erhitzen, die von Bembo genannten typischen Symptome der körperlichen Liebe stellen sich ein:

> mis espirtus, pensando que la vían,
> *se mueven y se encienden* sin medida;
> mas *no hallando fácil el camino*
> que los suyos entrando derretían
> *revientan por salir do no hay salida.* (Son. 8, v. 10-14, Hervorhebungen von mir)

---

[81] *El Cortesano* IV, S. 388-389, Hervorhebungen von mir.
[82] Vgl. *El Cortesano* IV, S. 388.
[83] *El Cortesano* IV, S. 389.
[84] Heiple: *Garcilaso*, S. 241.

Die Seele des Liebenden wird so zum Schauplatz für einen Kampf zwischen der körperlichen und der neoplatonischen Liebe, in dem die neoplatonische Liebe, trotz starker verbaler Präsenz, chancenlos bleibt.

Auch in Sonett 28 steht die neoplatonische Liebeskonzeption im Dialog mit anderen Liebeskonzeptionen. Adressat ist hier Boscán, auf dessen neoplatonische Liebesdichtung mit „terneza" (v. 3), „vuestro blando corazón" (v. 4) und „hermoso fuego" (v. 12) deutlich angespielt wird.[85] Der Sprecher hatte ihn wegen dieser Art von Liebeslyrik bisher mit heftigen Vorwürfen bedacht. Rückblickend distanziert sich der Sprecher nun von seinem unzivilisierten Verhalten, das er mit „rigor" und „aspereza" (v. 2), „selvatiquez" (v. 6), „torpeza" (v. 6) und „bajeza" (v. 7) ausschließlich negativ charakterisiert. Vielmehr scheint er Boscán inzwischen recht zu geben, denn der Sprecher präsentiert sich in den Terzetten als ein gereifter,[86] bewußt und kontrolliert handelnder Höfling, der sich schließlich selbst der Liebe in der Gestalt eines kindlichen Amor ausliefert:

Sabed qu'en mi perfeta edad y armado,
con mis ojos abiertos, m'he rendido
al niño que sabéis, ciego y desnudo. (Son. 28, v. 9-11)

Sein Herz wird nun von einem „hermoso fuego" (v. 12) verzehrt, das Heiple in Anlehnung an Boscáns neoplatonische Dichtung als „a spiritual yearning and mystical desire"[87] interpretiert. Die höfische Tradition mit ihrer quälenden Tendenz zum sinnlichen Begehren scheint nicht mehr zeitgemäß zu sein. Heiple bewertet die Hinwendung zum Neoplatonismus gar als Indiz für die Vorreiterrolle von Garcilaso und Boscán in der Dichtung ihrer Zeit.[88] Schließlich zeigt der letzte Satz von Sonett 28 („si preguntado / soy lo demás, en lo demás soy mudo", v. 13-14), daß der Sprecher sich nicht nur in der Liebe, sondern auch in seinem diskreten Verhalten zum perfekten Höfling entwickelt hat.[89]

Irritierend in diesem Zusammenhang ist aber die Beschreibung Amors als „ciego y desnudo" (v. 11), da Amor in der antiken Literatur zwar häufig als nacktes Kind, oft auch bewaffnet und mit Flügeln, aber normalerweise nicht als blind beschrieben wird. Nach Panofsky erscheint Amor auch in der höfischen Dichtung aufgrund der Spiritualisierung der Liebe „niemals blind und könnte auch nicht blind sein angesichts des platonischen Glaubens, daß die edelste der Empfindungen die menschliche Seele durch den

---

85 Für eine genauere Darstellung der Anspielungen auf die neoplatonische Lyrik von Boscán vgl. Heiple: *Garcilaso*, S. 257-259.

86 Der Sprecher verweist auf sein reiferes Alter mit „en mi perfeta edad" (v. 9).

87 Heiple: *Garcilaso*, S. 259.

88 Vgl. Heiple: *Garcilaso*, S. 260.

89 Vgl. die Anmerkungen und *Notas complementarias* zu Vers 13-14.

edelsten der Sinne [d.h. die Augen] betritt."[90] Panofsky weist jedoch auf einen anderen Überlieferungsstrang hin, den er als „moralisierende Mythenschreibung"[91] klassifiziert. Dort ist Amor nicht als Personifikation der hohen Liebe sondern als heidnischer Amor in allegorisierender Ausdeutung überliefert. Panofsky beschreibt anhand zahlreicher Beispiele, wie im Rahmen dieser Überlieferung die negativen Züge Amors zunehmen.[92] In der moralisierenden Dichtung wie in der darstellenden Kunst „stellt die Blindheit Amor ausdrücklich auf die Negativseite der Moral."[93] Im 14. Jahrhundert, so Panofsky, ist die Blindheit Amors, bildlich dargestellt durch die Augenbinde, schließlich zum Unterscheidungsmerkmal zwischen göttlicher Liebe und verbotener Sinnlichkeit geworden.[94] Auch wenn in der Folgezeit in der Malerei der Renaissance eine gewisse Beliebigkeit einsetzt, so hat doch, nach Panofsky, die Blindheit Amors „die Neigung, ihre spezifische Bedeutung immer dort zu behalten, wo eine niedere, rein sinnliche und profane Form der Liebe bewußt gegen eine höhere, spirituellere und geheiligtere Form gesetzt wird, sei sie ehelich, ‚platonisch' oder christlich."[95]

Geht man davon aus, daß Garcilaso mit dieser moralisierenden Überlieferung, beispielsweise aus der Emblematik oder dem damals weithin bekannten *Ovide moralisé*, vertraut war, so muß man annehmen, daß sein Sonett 28 gerade diesen Gegensatz zwischen einer rein spirituellen und einer rein sinnlichen Liebe in den Blick nimmt. Mit dem Bekenntnis des Sprechers zum blinden Amor kommt in den Terzetten eine moralisch verwerfliche Sinnlichkeit ins Spiel, die sich nicht einmal mehr den Anschein einer höfisch-petrarkistischen, geschweige denn einer neoplatonischen Idealisierung gibt. Auch das Schlußterzett, auf den ersten Blick ein Bekenntnis zur neoplatonischen Liebe, bekommt durch die allegorische Auslegung des blinden Amor nunmehr eine ironische Qualität. Das Feuer im Herzen eines schon reiferen Mannes läßt sich ebenfalls problemlos als niederes sinnliches Begehren verstehen.[96] In Sonett 28 übertrifft diese neue, rein sinnliche Liebe des Sprechers anscheinend alles, was ihr vorausging: „De tan hermoso fuego consumido / nunca fue corazón;" (v. 12-13) Die

---

90 Erwin Panofsky: „Der blinde Amor", in: *Studien zur Ikonologie: humanistische Themen in der Kunst der Renaissance*, Köln 1980, S. 153-202, hier S. 157.
91 Panofsky: *Der blinde Amor*, S. 155.
92 Panofsky: *Der blinde Amor*, S. 159-160.
93 Panofsky: *Der blinde Amor*, S. 160.
94 Vgl. Panofsky: *Der blinde Amor*, S. 168.
95 Panofsly: *Der blinde Amor*, S. 170.
96 Vgl. im *Cortegiano* die Ausführungen Bembos zur sinnlichen Liebe im fortgeschrittenen Alter: „pero si éstos aun después de viejos conservan *en su corazón* frío el *fuego* de los deseos desordenados, y someten la razón fuerte a la sensualidad flaca, no se puede decir cuánto merezcan ser reprehendidos," (*El Cortesano* IV, S. 375, Hervorhebung der für Sonett 28 relevanten Passagen von mir).

Darstellung erotischer Details verbietet jedoch die höfische Etikette, weshalb der Sprecher seine Liebe neoplatonisch verharmlosend als „hermoso fuego" beschreibt und sich ansonsten diskretes Stillschweigen verordnet.

Das hohe Ideal der neoplatonischen Liebe kann sich also gegen niedrigere Formen der Liebe nur scheinbar durchsetzen, letztendlich ist es doch die sinnliche Liebe, die sich als stärker erweist. Ordnungsstiftende Funktion kann man dem Neoplatonismus allerdings dort zugestehen, wo es um die Regelung sozialer Verhaltensweisen in der höfischen Gesellschaft geht. Im *Cortegiano* ist die neoplatonische Liebe wesentlicher Bestandteil einer verfeinerten höfischen Lebensart. Vor allem der Höfling im nicht mehr ganz jugendlichen Alter läuft Gefahr, sich mit herkömmlichen Liebes- und Leidenschaftsbekundungen lächerlich zu machen:

> „el amor en los viejos asienta muy mal, y aquello que en los mozos parece bien y se tiene por gran gentileza y agrada a las mujeres, en ellos es todo locura y cosa de reír, y, en fin, las mujeres han asco y los hombres burlan dello;" (*El Cortesano* IV, S. 368)

Die Lehre vom *amore contemplativo* verspricht ihm dagegen nicht nur ungetrübtes Liebesglück, sondern auch soziale Anerkennung:

> y siendo sabio, como nosotros presuponemos que sea, no se engañaría pensando que había de traer los amores como los suelen traer los hombres mozos, antes andaría enamorado de tal manera, que no solo no le sería vergüenza, mas sellehía *mucha honra* y muy gran *bienaventuranza* (*El Cortesano* IV, S. 369)

Garcilasos Sonett 28 negiert zwar die ordnungsstiftende Macht des Neoplatonismus in moralischer Hinsicht, die diskrete, scheinbar neoplatonische Ausdrucksweise des Sprechers im letzten Terzett zeigt jedoch, daß der Neoplatonismus bei der Regelung des gesellschaftlichen Umgangs eine zentrale Rolle spielt.

3.2.5   Doppelsinn: Petrarcazitat und erotischer Herrenwitz (Sonett 22, 4 und 17)

Auch wenn sich petrarkistische Motive wie ein roter Faden durch Garcilasos gesamte Lyrik ziehen, so bleiben doch wörtliche Petrarcazitate eher selten.[97] Die wenigen echten Zitate fallen deshalb umso deutlicher auf, und es stellt sich die Frage, ob sich nicht auch in ihnen, ähnlich wie in anderen zitierten Diskursen, ein ironischer Hintersinn verbirgt. Die im vorausgehenden Kapitel beobachtete Tendenz zu einer stärkeren Körperlichkeit des männlichen Begehrens rechtfertigt den Verdacht, daß sich auch hinter wörtlichen Petrarcazitaten eine stärkere Sinnlichkeit verbergen könnte. Im

---

[97]   Vgl. Heiple: *Garcilaso*, S. 65-71. Demnach finden sich direkte Petrarcazitate nur in den Sonetten 4 (v. 14), 6 (v. 6-7), 17 (v. 8), 22 (v. 14), 26 (v. 4). Bei allen weiteren Petrarcanachahmungen, die von den frühen Kommentatoren genannt werden, handelt es sich nur um sinngemäße Anspielungen mit geringerer sprachlicher Übereinstimmung.

Folgenden soll nun die Lesbarkeit der Sonette 22, 4 und 17 als erotischer Herrenwitz vorgeschlagen werden. Den Petrarcazitaten kommt dabei doppelte Signalfunktion zu. Sie rufen einerseits, für jedermann deutlich erkennbar, die petrarkische Liebeskonzeption auf, erhalten jedoch im neuen Kontext der Garcilasosonette eine zweite, konkret erotische Bedeutung, die ihnen im Modelltext fehlt. Möglicherweise greift Garcilaso dabei auf ein Verfahren zurück, das ihm aus der spanischen *cancionero*-Lyrik geläufig ist.[98] Bei den hier vorgestellten drei Texten wäre es demnach nicht so sehr die Existenz eines erotischen Doppelsinns, die Beachtung verdient. Die Tatsache aber, daß ein wörtliches Petrarcazitat eine solche zweite Bedeutung annehmen kann, muß als ungewöhnlich, ja revolutionär gelten.

Das auffälligste, weil in der Originalsprache belassene Petrarcazitat enthält Garcilasos Sonett 22: *„non esservi passato oltra la gona."* (v. 14)[99] Darüber hinaus weist das Gedicht in formaler wie inhaltlicher Hinsicht ein dichtes Netz an Petrarcaanspielungen auf, so daß auf den ersten Blick fast das gesamte Gedicht eine reine Nachahmung zu sein scheint.

In formaler Hinsicht wird durch das Zitat im letzten Vers Petrarcas Vorgehensweise in *Canz.* 70 imitiert, wo jede Strophe mit einem Zitat aus einem provenzalischen oder italienischen Modelltext endet. Das Zitat, das Petrarcas *Canz.* 70 beschließt, verweist auf Petrarca *Canz.* 23, aus dem Garcilaso schließlich den Abschlußvers für sein Sonett 22 entnimmt.

Auch in inhaltlicher Hinsicht sind die Anspielungen auf Petrarca deutlich. Dieser artikuliert in *Canz.* 70 das Unvermögen, das Innere der Dinge zu erkennen:

Tutte le cose di che'l mondo è adorno
uscir buone de man del mastro eterno:
ma me, che cosí a dentro non discerno,
abbaglia il bel che mi si mostra intorno; (*Canz.* 70, v. 41-44)

Dieses Unvermögen zu einer platonischen Sichtweise der Dinge ist auch bei Garcilaso in den Quartetten von Sonett 22 das zentrale Thema. Bei Petrarca ist dieses Unvermögen selbst verschuldet und ausdrücklich nicht durch den Anblick der „angelica beltade" (*Canz.* 70, v. 49) verursacht. Bei Garcilaso dagegen ist der Blick des Sprechers auf die Dame gerichtet, jedoch nicht auf eine engelsgleiche Schönheit, sondern ganz konkret auf deren entblößte Brust. Sein angeblicher Versuch, ganz im neoplatonischen Sinne über die äußere Schönheit das Innere zu erkennen,[100] scheitert daran,

---

[98] Vgl. oben, Kap. 2.3 dieser Arbeit.

[99] Auf die Änderung des Pronomens *mi* zu *vi* wird im Folgenden noch eingegangen.

[100] Heiple beschreibt treffend die komische Wirkung, die aus dem Zusammentreffen von erotischem Reiz und neoplatonischem Bemühen resultiert: „Garcilaso, almost with tongue in cheek, tries literally to stare at his mistress's breast in order to interiorize his vision and see the internal beauty of her heart and soul. The matter-of-fact

daß die Dame ihre Brust mit der Hand bedeckt.[101] Auch die Hand als Hindernis für den männlichen Blick hat ihr Vorbild bei Petrarca. Dort dient sie jedoch in Kombination mit dem Schleier dazu, die Augen der Dame zu verdecken.[102] Damit ist, im platonischen Sinne, der Zugang zur Seele der Dame versperrt. Garcilasos Blick auf die Brust statt in die Augen der Dame darf man, in Kenntnis der Referenzstellen bei Petrarca, getrost als männliche Aufdringlichkeit bewerten, die Behauptung, auf diesem Weg das Innere erkennen zu wollen, als Frechheit. Am Schluß des Sonnets zeigt sich der Sprecher enttäuscht, weil es „amor" (v. 13) nicht gelungen ist, die Bekleidung der Dame zu durchdringen:

> donde vi claro mi esperanza muerta
> y el golpe, que en vos hizo amor en vano,
> non esservi passato oltra la gona. (Son. 22, v. 12-14)

Hier wird aus *Canz.* 23 zitiert, wo es Amor nicht gelungen ist, mit seinen Pfeilen die Kleidung des Dichters zu durchdringen:

> Ché, sentendo il crudel di ch'io ragiono [d.h. Amor]
> infin allor percossa di suo strale
> non essermi passato oltra la gonna, (*Canz.*23, v. 32-34)

Auffällig ist hier vor allem der Rollentausch, der durch den Wechsel des Pronomens von *mi* zu *vi* bewirkt wird. Bei Petrarca sind die Pfeile Amors gegen den Liebenden gerichtet, bei Garcilaso ist die Dame das Ziel der Attacke. Die Personifikation Amors ist zudem bei Garcilaso weniger stark ausgeprägt, weder die Grausamkeit noch seine Pfeile sind erwähnt. So kann „amor" (v. 13) bei Garcilaso als Eigenschaft oder amouröse Absicht des Sprechers aufgefaßt werden. Der Sprecher bedauert, daß sein Annäherungsversuch („el golpe", v. 13) vergeblich war und nicht bis unter das Kleid der Dame vorgedrungen ist.

Daß die eindeutige Erotik des letzten Verses bis heute kaum Beachtung gefunden hat, ist erstaunlich. Anscheinend bleibt im fremdsprachigen Zitat, zumindest vordergründig, der Anstand gewahrt. Bei einer Übertragung des Verses ins Spanische wäre vermutlich die plumpe sexuelle Anspielung wesentlich stärker aufgefallen. Immerhin stellt sie einen krassen Verstoß gegen die in diesem Gedicht aufgerufenen petrarkischen und platonischen Liebeskonzeptionen dar. Kritisiert wurde der letzte Vers jedoch lediglich in stilistischer Hinsicht, denn das fremdsprachige Zitat ist in den Augen zeitgenössischer Stilpuristen ein gravierender Schönheitsfehler.

---

method of expression and the feigned innocence contrasted with the implied sensuality produce an amusing paradox." (*Garcilaso*, S. 245)

[101] Welcher Art das Hindernis ist, das den Blick des Sprechers abwehrt, und wie man sich die Szene vorzustellen hat, ist viel kommentiert worden. Vgl. für einen Überblick die Anmerkungen und *Notas complementarias* zu Sonett 22.

[102] Vgl. *Canz.* 38 sowie *Canz.* 72, v. 55-60.

Herrera bemerkt „que es vicio muy culpable entremeter versos de otra lengua"[103] und selbst die Tatsache, daß sich bei Petrarca Ähnliches findet, stellt für Herrera keine ausreichende Entschuldigung dar.[104] Daß die vermeintliche Stilschwäche Signalwirkung haben könnte, der stilistische Regelverstoß einen inhaltlichen andeutet, bleibt Herrera verborgen, obwohl er in seinen weiteren Ausführungen der Möglichkeit einer erotischen Deutung erstaunlich nahe kommt. So äußert er sich zur Verwendung des Griechischen im Werk Juvenals:

> Y en el lib. 3, se sirvió prudentisimamente (segun quiere Escaligero) de aquella lengua [d.h. des Griechischen], como lasciva y desvergonzada, y no honesta y casta como la latina, en quien no era justo decir torpezas;[105]

Den logischen Schritt, auch im Schlußvers von Sonett 22 eine solche *torpeza* zu vermuten, vollzieht Herrera nicht. Anscheinend ist die Erwartung, bei Garcilaso ausschließlich petrarkistische Lyrik vorzufinden, so stark, daß selbst naheliegende alternative Deutungen nicht in Betracht gezogen werden.

Ähnlich scheint die feste Erwartung traditionell petrarkistischer Lyrik auch in zwei weiteren Sonetten den Blick auf eine mögliche erotische Deutung verstellt zu haben. Besonders weitgehende Übereinstimmungen mit einem petrarkischen Modelltext weist etwa Garcilasos Sonett 4 auf. Abwesenheit von der Dame und das hierdurch verursachte Leiden ist das Thema in Petrarcas Kanzone 37. Dort wird ein Gefühl der Todesnähe und ein erhöhtes Bewußtsein für die Vergänglichkeit der Zeit geschildert, das allmählich übergeht in schmerzlich-lustvolles Erinnern und Weinen. Es folgt eine Beschreibung wilder Berge, die den Blick auf die Dame verstellen, ein beständiges Auf und Ab der Hoffnung auf ein Wiedersehen und schließlich die Bitte an die Kanzone, als Mittlerin die Distanz zur Dame zu überwinden und ihr die Rückkehr des Liebenden, tot oder lebendig, anzukündigen. Bei Garcilasos Sonett 4 scheint es sich um eine stark konzentrierte Nachahmung dieser Kanzone zu handeln. Das erste Quartett thematisiert das Auf und Ab der Hoffnung:

> Un rato se levanta mi esperanza,
> mas, cansada d'haberse levantado,
> torna a caer, [...] (Son. 4, v. 1-3)

Die Parallelen zum petrarkischen Modelltext sind unübersehbar:

> però ch'ad ora ad ora
> s'*erge la speme* et poi non sa star ferma;
> ma *ricadendo* afferma

---

[103] H-132, S. 346.
[104] Ebda.
[105] H-132, S. 347.

di mai non veder lei che'l ciel honora,
(*Canz.* 37, v. 107-110, Hervorhebungen von mir)

Im zweiten Quartett, wo der Sprecher das heftige Auf und Ab kaum mehr zu ertragen scheint, spricht er sich selbst Trost zu:

[...]¡Oh corazón cansado,
esfuerza en la miseria de tu estado,
que tras fortuna suele haber bonanza! (Son. 4, v. 6-8)

Ähnlich versucht dies schon der petrarkische Sprecher:

mantienti, anima trista.
Che sai s'a miglior tempo ancho ritorni?
et a piú lieti giorni? (*Canz.* 37, v. 11-13)

Auch der Berg, den der Sprecher im ersten Terzett überwinden will, „un monte [...] de mil inconvenientes muy espeso;" (v. 10-11) erinnert an die Berge, die bei Petrarca dem Liebenden den Blick verstellen: „questi luoghi alpestri e feri" (*Canz.* 37, v. 104, vgl. auch v. 41).

Im zweiten Terzett folgt schließlich der Entschluß des Sprechers, allen Hindernissen zum Trotz die Dame wiederzusehen:

muerte, prisión no pueden, ni embarazos,
quitarme de ir a veros como quiera,
desnudo espíritu o hombre en carne y hueso. (Son. 4, v. 12-14)

Hier wird mit einem wörtlichen Zitat auf den Schluß von Petrarcas Kanzone verwiesen:

Canzon, s'al dolce loco
la Donna nostra vedi,
[...]
le di' ch'io sarò là tosto ch'io possa,
o spirto ignudo od uom di carne et d'ossa. (*Canz.* 37, v. 113-120)

Die vergleichsweise heftige Willensbekundung bei Garcilaso, selbst Tod und Gefängnis zu überwinden, um zu der Dame zu gelangen, wird in der Sekundärliteratur üblicherweise mit Hinweis auf die Biographie des Autors erklärt.[106] Doch auch der Wunsch, das petrarkische Vorbild mit spanischem Temperament zu übertreffen, könnte die Steigerung im Vergleich zu Petrarca plausibel als *aemulatio* erklären. Soweit scheint es sich bei Sonett 4 lediglich um ein petrarkistisches Gedicht von besonderer Leidenschaftlichkeit zu handeln.

Liest man jedoch das Sonett in der Absicht, Anzeichen eines kritischen Dialogs mit der petrarkischen Liebeskonzeption zu finden, so fällt zunächst auf, daß der Sprecher entschlossen ist, zur Lösung seines Problems Gewalt anzuwenden:

---

[106] Vgl. die *Notas complementarias* zu Sonett 4.

Yo mesmo emprenderé a fuerza de brazos
romper un monte que otro no rompiera, (Son. 4, v. 9-10)

Hier wird zwar die Bergmetaphorik Petrarcas aufgegriffen, zugleich jedoch eine Differenz artikuliert. Für Herrera ist *romper un monte* eine „Metáfora del impetu y encendimiento del deseo."[107] Der Sprecher scheint eben dieses Begehren *a fuerza de brazos* durchsetzen zu wollen. Damit steht er in krassem Gegensatz zu Petrarca, der zur Überwindung des Hindernisses auf die Mittlerfunktion seiner Kanzone vertraut und ihr ausdrücklich ein demütiges Auftreten gegenüber der Dame empfiehlt: „Non la tocchar; ma reverente ai piedi / le di [...]" (*Canz.* 37, v. 118-119). Geht man davon aus, daß die Anwendung von Gewalt bei Garcilaso eine bedeutungsvolle Abweichung vom petrarkischen Vorbild darstellt, so liegt es nahe, die Differenz auch in dem Nebensatz „que otro no rompiera" (v. 10) ausgedrückt zu sehen. Er enthält eine direkte Spitze gegen die petrarkische Weichheit und Passivität, sobald man *otro* mit Petrarca gleichsetzt.

Auch die im zweiten Terzett genannten Hindernisse, die den Sprecher nicht von seiner Dame fernhalten können, haben im Vergleich zu Petrarcas symbolischen Bergen, Flüssen und Meeren (vgl. *Canz.* 37, v. 41-42) konkret materiellen Charakter. Sie repräsentieren eine existenzielle Bedrohung, eventuell eine hoheitliche Art von Gewalt. Daß die Aufzählung der Hindernisse („muerte, prisión [...] embarazos", v. 12) in absteigender Reihenfolge erfolgt, bewertet Herrera als Notlösung, mit der Garcilaso den Zwängen des Reimschemas gerecht wird: „la dificultad de la consonancia compelió a G. L. que pusiese al fin lo que sin comparacion era menos."[108] Implizit bezichtigt Herrera den Autor hier der Stümperei. Daß im Gegenteil hier, von Herrera unbemerkt, eine Steigerung vorliegen könnte, wird erst deutlich, wenn man sich die skandalöse Absicht des Sprechers vor Augen hält, sich gewaltsam, nach eigenem Belieben und ohne Rücksicht auf Hindernisse jeglicher Art, Zugang zu der Dame zu verschaffen: „ir a veros como quiera" (v. 13). Ein derart rüdes Vorgehen gefährdet die Ehre sowohl der Dame als auch ihrer Familie. Der Liebende muß damit rechnen, daß ein solches Verhalten nicht folgenlos bleiben wird. Betrachtet man Vers 12 nicht als eine Aufzählung von Hindernissen, sondern als eine Aufzählung möglicher Konsequenzen, mit denen der Liebende nach einem Ehebruch oder einer Verführung zu rechnen hat – *muerte* als Folge eines Duells, *prisión* als Ergebnis eines gerichtlichen Verfahrens, *embarazos* als ungewollte Schwangerschaft der Dame[109] – so weist die Aufzählung, was

---

[107] H-158, S. 360; Herrera bezieht sich auf einen ähnlich lautenden Vers in Sonett 26: „que un monte puesto encima rompería." (v. 11), wo das heftige Aufbegehren des Sprechers ebenfalls mit Gesten der Gewalt („furor" und „fuerza", v. 10) einhergeht.

[108] H-34, S. 300.

[109] Seit wann genau *embarazo* die zusätzliche Bedeutung „Schwangerschaft" haben kann, ist schwer nachzuweisen. In Martín Alonso: *Enciclopedia del idioma. Diccionario históri-*

Ehrverlust und provokatives Potential anbelangt, eine deutliche Steigerung auf. So gesehen dominiert schließlich auch in dem abschließenden Petrarcazitat, wo der Sprecher seinen Besuch als „desnudo espirtu o hombre en carne y hueso" (v. 14) ankündigt, der Eindruck von Nacktheit und Körperlichkeit, der petrarkische Sinn ist auf den Kopf gestellt.

Betrachtet man unter diesen Vorzeichen erneut die Argumentationsstruktur des gesamten Gedichtes, so findet man auch in den Quartetten eine kritische Auseinandersetzung mit dem Modelltext und der petrarkischen Liebeskonzeption. Zwar imitiert das erste Quartett nach wie vor das petrarkische Auf und Ab der Hoffnung, doch zu Beginn des zweiten Quartetts erlaubt die rhetorische Frage „¿Quién sufrirá tan áspera mudanza del bien al mal?" (v. 5-6), wie so oft bei Garcilaso, zwei Antworten. Im Sinne Petrarcas wäre die zu erwartende Antwort: „Keiner kann das ertragen, der Schmerz ist zu groß." Bei einer antipetrarkischen Lesart findet sich die Antwort in den Terzetten: „Yo mesmo emprenderé [...]", (v. 9). Sie läßt sich mit einem „Ich jedenfalls nicht!" auf den Punkt bringen.

Auch die Gewißheit, mit der im zweiten Quartett der Seele Trost zugesprochen wird, ist auffällig:

> [...] ¡Oh corazón cansado,
> esfuerza en la miseria de tu estado,
> que tras fortuna *suele* haber bonanza! (Son. 4, v. 6-8, Hervorhebung von mir)

Sie hat eine andere Qualität als das zaghafte Fragen Petrarcas:

> mantienti, anima trista.
> Che sai s'a miglior tempo ancho ritorni? (*Canz.* 37, v. 11-12)

Garcilasos Sprecher gibt sich schon in den Quartetten sehr selbstbewußt, die komplette Abkehr von seinem Modell in den Terzetten deutet sich hier schon leise an.

Das allegorische Auf und Ab der Hoffnung, das bei Petrarca ernsthafter Ausdruck innerer Vorgänge war, gerät also bei Garcilaso, je nachdem, wie man das Sonett liest, zum Ausdruck unerträglichen Liebesleids oder zur petrarkistischen Attitude, die man als überzogen, affektiert oder einfach

---

co y moderno de la lengua española (siglos XII al XX) etimologico, tecnologico, regional e hispanoamericano, Madrid 1968 wird als frühester Beleg für *embarazo* mit der Bedeutung „Schwangerschaft" Góngora genannt. Bei B. Alemany y Selfa: *Vocabulario de las obras de Don Luis de Góngora y Argote*, Madrid 1930, S. 367 findet sich folgendes Zitat als Beleg für die Bedeutung *Preñado de la mujer*: „Que traiga doña Doncella / Consigo cierto *embarazo*, [...]". Ob ein Jahrhundert vor Góngora schon beide Bedeutungen des Wortes geläufig waren, geht aus den historischen Wörterbüchern nicht hervor. Die ungewollte Schwangerschaft ist jedoch, auch wenn sie dort nicht als *embarazo* bezeichnet wird, ein zentrales Thema in Garcilasos *Egloga I* (vgl. unten, Kap. 5.4 dieser Arbeit). Sie bewirkt dort das tragische Ende einer eindeutig sexuellen Liebesbeziehung. Es ist also durchaus denkbar, daß auch in Sonett 4, v. 12 auf die Gefahren einer sexuellen Beziehung angespielt wird.

altmodisch der Lächerlichkeit preisgibt, indem man dem petrarkischen Text eine neue, ob ihrer Körperlichkeit schockierende Wendung gibt.

Garcilasos Sonett 17 weist ebenfalls auffällige Übereinstimmungen mit einem petrarkischen Modelltext auf. Vers 8 bei Garcilaso zitiert wörtlich Vers 8 aus Petrarcas Sonett 226. Zweites Quartett und erstes Terzett bei Garcilaso enthalten weitere inhaltliche Anspielungen auf eben jene Strophen bei Petrarca. Modelltext und imitierender Text zeigen also in ihrem Zentrum weitreichende Übereinstimmungen, während die jeweiligen Eckstrophen keine Gemeinsamkeiten aufweisen.

In Petrarcas Text beschreibt der Liebende seine Einsamkeit und die dadurch hervorgerufenen Gefühle. Die Eckstrophen schildern mit Hilfe einer symbolischen Naturszenerie die Situation der Abwesenheit. Im Zentrum des Petrarcasonetts stehen die paradoxen Gefühle des Einsamen, dem jede Freude zum Leid, das Leid zur Lust wird:

> Lagrimar sempre è 'l mio sommo diletto,
> il rider doglia, il cibo assentio et tosco,
> la notte affanno, e 'l ciel seren m'è fosco,
> et duro campo di battaglia il letto.
>
> Il sonno è veramente, qual uom dice,
> parente de la morte, e 'l cor sottragge
> a quel dolce penser che 'n vita il tene. (*Canz.* 226, v. 5-11)

Besonders bei Nacht (v. 7-11) entfaltet die Einsamkeit ihre stärkste Wirkung. Der Liebende scheint sich unruhig im Bett zu wälzen. Seine Schlaflosigkeit ist qualvoll (v. 8) und zugleich positiv, da sie jene süßen Liebesgedanken (v. 11) ermöglicht, die das Herz am Leben erhalten. Die Dame als Verursacherin jener paradoxen Empfindungen findet lediglich andeutungsweise in den Eckstrophen Erwähnung: „non veggio 'l bel viso" (v. 3), „io piango il mio bene" (v. 14). Ihre Abwesenheit und die Einsamkeit des Liebenden wird durch ihre Ferne von der Textmitte geradezu abgebildet.

Bei Garcilaso ist die Ausgangssituation nicht von Einsamkeit, sondern von Frustration geprägt. Der Sprecher scheint aufgrund einer Fehleinschätzung in eine unglückliche Situation geraten zu sein (v. 1-2), er artikuliert seine Unzufriedenheit (v. 3-4). Im Zentrum des Textes stehen dann, ähnlich wie bei Petrarca, seine paradoxen Empfindungen:

> el ancho campo me parece estrecho,
> la *noche clara* para mí es *escura*,
> la dulce compañía amarga y dura,
> *y duro campo de batalla el lecho.*
>
> Del *sueño*, si hay alguno, aquella parte
> sola qu'es imagen *de la muerte*
> se aviene con el alma fatigada.
> (Son. 17, v. 5-11, Anspielungen auf *Canz.* 226 kursiv)

Im Vergleich mit den petrarkischen Paradoxien weist das zweite Quartett bei Garcilaso jedoch eine ausschließlich negative Dynamik auf: Weit wird zu Eng, Hell zu Dunkel, Süß zu Bitter, aus dem Bett wird ein hartes Schlachtfeld. Früher noch als bei Petrarca, in Vers 6 anstatt in Vers 7, setzt bei Garcilaso die Nacht ein, doch ist der Liebende hier nicht einsam. Er verbringt die Nacht in Gesellschaft („compañía", v. 7), wobei mit dem Adjektiv „dulce" (v. 7) angedeutet wird, daß es sich hier um die geliebte Dame handeln könnte. Zudem steht die *dulce compañía* genau im Zentrum des Textes, wodurch ihre Anwesenheit gleichsam unterstrichen wird. Das Bett als Schlachtfeld wäre demnach nicht, wie bei Petrarca, der Ort sehnsüchtiger Unruhe, sondern Schauplatz einer anscheinend enttäuschenden Begegnung mit der Dame. [110]

Auch die Terzette von Sonett 17 lassen eine solche Deutung zu. Während „Il sonno" (*Canz.* 226, v. 9) bei Petrarca unwillkommen erscheint, da er dem Herzen die süßen Gedanken raubt, hat er bei Garcilaso als Abbild des Todes und Wohltat für die ermattete Seele eher die Qualität eines gelegentlich eintretenden Erschöpfungsschlafes, der in Anlehnung an Ovid sogar als Zeichen von Schwäche, eventuell von Altersschwäche, gedeutet werden kann.[111] Rückblickend zieht der Sprecher im letzten Terzett eine Bilanz des Liebesabenteuers:

> En fin que, como quiera, 'stoy de arte
> que juzgo ya por hora menos fuerte,
> aunque en ella me vi, la que es pasada. (Son. 17, v. 12-14)

Seine Einschätzung der vergangenen Stunde als „hora menos fuerte" knüpft wieder an die Unzufriedenheit im ersten Quartett an: „imaginar no puedo [...] algo de que 'sté un rato satisfecho;" (v. 3-4). Die „weniger starke Stunde" ließe sich dann als Hinweis auf ein gescheitertes Liebesabenteuer auslegen, in dem dem Sprecher die Befriedigung versagt blieb. Schließlich könnte man „aunque en *ella* me vi" (v. 14, Hervorhebung von mir) nicht, wie bisher üblich, auf die Stunde („hora", v. 13), sondern auf die Dame beziehen. Das Sonettende erhält bei einer solchen Lesart eine konkret sexu-

---

[110] Die nächtliche Unruhe kann in der spanisch-höfischen Lyrik schon vor Garcilaso stark sinnliche Züge haben. Vgl. Juan de Menas Gedichtanfang: „Donde yago en esta cama, / la mayor pena de mí / es pensar quando partí / *de entre braços de mi dama.*" (Juan de Mena: *Obras completas*, hg. von Miguel Ángel Pérez Priego, Barcelona 1989 (Planeta), S. 3, Hervorhebung vom Herausgeber). Man kann davon ausgehen, daß Garcilasos Umdeutung der nächtlichen Liebesqual zur Bettszene in der älteren spanisch-höfischen Lyrik bereits vorbereitet war.

[111] Garcilaso bezeichnet den Schlaf nicht wie Petrarca als „parente de la morte" (*Canz.* 226, v. 10), sondern in Anlehnung an Ovid (*Amores*, II, 9, v. 41) als „imagen de la muerte" (v. 10). Bei Ovid ist der Schlaf eine Zeit der sexuellen Inaktivität, die das Schicksal für den Mann später (im Alter?) noch zur Genüge bereithält. Wer zu schlafen wünscht, ist ein Tor. Bei Ovid zieht der Sprecher es jedenfalls vor, die Freuden der Liebe zu genießen.

elle Bedeutung. Der Schluß liegt dann nahe, daß die anfänglich geäußerte Frustration durch männliches Versagen beim Geschlechtsakt verursacht sein könnte.[112]

Die Sonette 22, 4 und 17 weisen im Vergleich zahlreiche Gemeinsamkeiten auf. Besonders auffällig ist die jeweilige Verwendung eines vollständigen Petrarcaverses. Die besonders starke Präsenz der literarischen Autorität Petrarca zwingt den Leser zunächst zu einer petrarkistischen Erwartungshaltung, obgleich bei einer neutralen Betrachtung die Körperlichkeit der zitierten Verse auffällig ist:

> „non esservi passato oltra la gona." (Son. 22, v. 14)
> „desnudo espirtu o hombre en carne y hueso." (Son. 4, v. 14)
> „y duro campo de batalla el lecho." (Son. 17, v. 8)

Grundsätzlich handelt es sich bei den genannten Zitaten um sprachliche Zeichen, die je nach Kontext unterschiedliche Deutungen zulassen. Durch die Verwendung der Sonettform sowie zahlreicher deutlicher Petrarcaanspielungen scheint der Text jedoch die konkrete, körperliche Bedeutung völlig auszuschließen.

Des weiteren finden sich aber in allen drei Sonetten kleinere stilistische oder rhetorische Schwächen: in Sonett 22 etwa das in der Fremdsprache belassene Zitat, in Sonett 4 die absteigende Aufzählung der Hindernisse, in Sonett 17 die extreme *suavidad*, die Herrera im Prinzip befürwortet, der er jedoch eine gewisse Tendenz zu einer etwas blutleeren, ermüdenden Schwäche bescheinigt.[113] Ebenso finden sich in allen drei Sonetten jeweils rätselhaft formulierte, dunkle Passagen: in Sonett 22 das Bedecken der Brust, in Sonett 4 Tod und Gefängnis, in Sonett 17 die schwache Stunde, die man in Ermangelung einer textinternen Begründung als Schönheitsfehler abgetan oder aus der Biographie des Autors heraus zu erklären versucht hat. Gesteht man diesen vermeintlichen Schwachstellen jedoch Signalfunktion zu in der Annahme, daß die unvollkommene Gestaltung auf einen unorthodoxen Inhalt verweist, so wird die alternative Deutung der Sonette als konkret erotische Texte denkbar. Tatsächlich erweisen sich bei einer konsequenten Annahme des erotischen Zweitsinnes die vermeintlichen Stilschwächen und dunklen Passagen plötzlich als schlüssig, was ihre Signalfunktion bestätigt. Die Sonette weisen damit eine ironische Sinnstruktur auf. Vordergründig bringt ein petrarkistischer Liebesdiskurs den *amore onesto* des Sprechers zum Ausdruck, wobei in Sonett 22 sogar Elemente eines platonischen *amore contemplativo* Verwendung finden. Auf der

---

[112] Herreras Anmerkungen zum Stil von Sonett 17 bestätigen den Eindruck von Schwäche: „Mas la oracion suave, aunque deleita mucho, y merece grande alabanza; hace, a los que la siguen sin derecha consideracion y claridad de juicio, *quebrantados y sin fuerza*. (H-110, S. 338-339, Hervorhebung von mir).

[113] Vgl. H-110, S. 339.

zweiten Bedeutungsebene jedoch wird die Liebe als *amore laszivo* erkennbar, wobei zugegebenermaßen die Ironiesignale nicht sehr auffällig sind. Eine allzu deutliche Markierung des sexuellen Zweitsinnes wäre nicht nur plump, sie wäre zudem mit den Regeln der höfischen Etikette und der gesellschaftlichen Moral unvereinbar gewesen. Zwar gehören Sprachwitz und Ironie durchaus in den Kanon der höfischen Tugenden. Den *gracias* und *burlas* wird etwa im zweiten Buch des *Cortegiano* größte Aufmerksamkeit geschenkt, die Existenz eines verborgenen Zweitsinnes wird mehrfach ausdrücklich erwähnt.[114] Allerdings hat das doppeldeutige Sprechen seine Grenzen vor allem dort, wo es, allzu derb oder bissig, dem Ansehen einer Person schadet oder wo gegen religiöse Prinzipien verstoßen wird.[115] Obszöne Witze sind vor allem dann unpassend, wenn Damen anwesend sind:

> „Parecen asimismo muy mal los que son deshonestos y sucios en su hablar, y estando con mujeres no les tienen ningún acatamiento en cuanto dicen; antes de ninguna cosa muestran gustar tanto como de hacellas parar coloradas, diciéndoles mil deshonestidades," (*El Cortesano* II, S. 188).

Die Regeln des Anstands gebieten es, daß die Sonette 4, 17 und 22 in erster Linie als höfisch-petrarkistische Texte formuliert sind. Unter Männern waren erotische Witze jedoch eher akzeptabel.[116] Man kann also davon ausgehen, daß der erotisch-obszöne Zweitsinn der Sonette ein ausschließlich männliches Publikum ansprechen sollte.

Insgesamt erinnern die drei Texte an ein Vexierbild, bei dem der Betrachter ebenfalls zunächst nur eine Bedeutung erkennt. Erst bei längerer Betrachtung, manchmal erst nach einer gezielten Anstrengung, springt die Wahrnehmung plötzlich um, obwohl das Vexierbild von vornherein beide Bedeutungen sichtbar bereithält. Das unerwartete Umspringen der Wahrnehmung in den hier besprochenen Gedichten bewirkt beim Rezipienten überraschtes Lachen, was dazu berechtigt, die Sonette als Witz, aufgrund ihres erotischen Zweitsinnes als tendenziösen Witz zu bezeichnen. Die immer schon latent vorhandene thematische und strukturelle Nähe der höfischen Lyrik zum obszönen Witz[117] bildet die Basis für die Grenzüberschreitung bei Garcilaso. Die aggressive Tendenz richtet sich in den oben angeführten Sonetten klar gegen die Frau als unerreichbares oder enttäu-

---

114 Z.B.: „Semejante a esto que tira a lo irónico o disimulado se halla otro modo, cuando con buenas palabras se reprehende una cosa viciosa;" (*El Cortesano* II, S. 193); „Muchas veces se dice también una palabra en la cual hay una secreta sinificación," (*El Cortesano* II, S. 199).

115 Vgl. *El Cortesano* II, S. 166 bzw. S. 188.

116 Im *Cortegiano* findet sich sogar ein Beispiel einer solchen obszönen Wortspielerei. Frauen, die sich an derartigen Wortspielen beteiligten, galten jedoch als Damen von zweifelhaftem Ruf. Vgl. *El Cortesano* II, S. 188-189.

117 Vgl. oben, Kap. 2.1 dieser Arbeit, sowie in Kap. 2.3 die Hinweise auf einen erotischen Doppelsinn in der *cancionero*-Lyrik.

schendes Objekt der Begierde.[118] Zugleich läßt sich aber im Zitieren und Umkehren petrarkischer Texte eine ironische Spitze gegenüber Petrarca ausmachen, was Freud als die zweite typische Spielart des tendenziösen Witzes beschreibt:

> Die Verhinderung der Schmähung oder beleidigenden Entgegnung durch äuße-re Umstände ist ein so häufiger Fall, daß der tendenziöse Witz mit ganz beson-derer Vorliebe zur Ermöglichung der Aggression oder der Kritik gegen Höher-gestellte, die Autorität in Anspruch nehmen, verwendet wird. Der Witz stellt dann eine Auflehnung gegen solche Autorität, eine Befreiung von dem Drucke derselben dar.[119]

Tatsächlich war Petrarca durch Bembos *Prose della volgar lingua* (1525) zur alles überragenden Autorität erklärt worden, was von einigen Zeitgenos-sen, unter ihnen Bernardo Tasso, als unerträgliche Einengung der dichteri-schen Freiheit empfunden wurde. Heiple zeigt, daß gerade Tassos Auflehnung gegen die rigorosen Zwänge des Petrarkismus entscheidenden Einfluß auf die Lyrik Garcilasos hatte.[120] Während Bernardo Tasso jedoch den diskursiven Zwängen ausweicht, indem er sich alternativen Themen und Gestaltungsmöglichkeiten zuwendet,[121] besteht der besondere Reiz der drei „Witzsonette" darin, daß sie in auffälliger Weise gerade die petrarki-sche Sprache verwenden, um sie durch ihren versteckten Zweitsinn zu untergraben.

Die zweifache, obszöne und antipetrarkische Tendenz läßt diese drei Sonette besonders pointiert erscheinen, verschafft sie doch, wenn man weiter mit Freud argumentieren will, dem lachenden Rezipienten ein dop-peltes Lusterlebnis. Der Kreis der lachenden Dritten dürfte allerdings klein gewesen sein, ein elitärer Zirkel, dessen ausschließlich männliche Mitglie-der bereit waren, etablierte Liebeskonzeptionen und poetische Ideale in ihrer Gültigkeit zu relativieren. Die überlieferten Kommentare zu den drei

---

[118] Vgl. Freud: *Der Witz*, S. 78-82.
[119] Freud: *Der Witz*, S. 84-85.
[120] Vgl. das Kapitel „Bernardo Tasso and the Beginnings of Anti-Petrarchism", in Heiple: *Garcilaso*, S. 103-133.
[121] Ebda.; Heiple nennt vor allem den freieren Umgang mit dem Material, die Verwen-dung von Mythos und Erzählung, den Wechsel vom lyrischen Ich zum distanzierte-ren Er, die er alle auch in Garcilasos Werk nachweist.

Sonetten zeigen, daß zu allen Zeiten die höfisch-petrarkistische Sinnebene für die Mehrheit der Leser im Vordergrund stand.

4 Höfische Liebe im Dialog mit der Antike

Im Zentrum des Interesses stand bisher ausschließlich der höfisch-petrarkistische Liebesdiskurs und die verschiedenen Möglichkeiten, wie dieser bei Garcilaso imitierend und zitierend sich selbst in seiner Gültigkeit relativiert, wie er mit diversen zeitgenössischen Diskursen in einen oftmals ironisch-witzigen Dialog eintritt und wie jede Art von erstarrter Konventionalität, formal wie inhaltlich, höfisch wie didaktisch-moralisierend, sichtbar gemacht und in ihrer Gültigkeit hinterfragt wird. Dabei wäre es schon mehrfach möglich gewesen, einen Einfluß der antiken Literatur bei einzelnen Motiven oder Themen nachzuweisen.[1] Die Entscheidung, wann ein Dialog mit ausschließlich zeitgenössischen Diskursen, wann mit antiken Texten vorliegt, muß im humanistisch orientierten 16. Jahrhundert bei einem hochgebildeten Dichter wie Garcilaso zwangsläufig künstlich erscheinen. Als Entscheidungskriterium für die Zuordnung dient deshalb hier der konkrete Textbezug, das heißt Imitatio oder direktes Zitat aus Texten antiker Autoren. Wie im vorigen Kapitel, so soll auch hier gezeigt werden, wie der Dialog der Diskurse ein Spielfeld unterschiedlicher Möglichkeiten, von der Synthese über die ironische Spielerei bis zum systematischen Hinterfragen konventioneller Sinnsysteme und Rollenmuster eröffnet.

4.1 Synthese (Sonett 25 und 7)

Sonett 25 ist ein Sonett, in dem sich petrarkischer und antiker Text zu einer etwas eigenwilligen, insgesamt aber doch petrarkistischen Sinnstruktur zusammenfügen. Es handelt sich um die Klage des Liebenden am Grab der Dame, das Sonett steht damit klar in der Tradition der petrarkischen Gedichte *in morte*. Garcilasos Sonett beginnt mit einer Anrede an das unerbittliche Schicksal, das den Lebensbaum gefällt hat. Der Sprecher greift dabei eine Traumvision aus Sannazaros *Arcadia* auf, die dort den Tod der Geliebten ankündigt:

> Ultimamente un albero bellissimo di arangio [...] mi parea trovare tronco da le radici, con le frondi e i fiori e i frutti sparsi per terra. E dimandando io chi ciò

---

[1] Antike Elemente können auch auf dem Weg der Petrarcaimitation in Garcilasos Werk gelangt sein, wie dies etwa in der *Canción II*, v. 27-29 angenommen wird. Andererseits ist natürlich bei platonischen Elementen, bei den Eifersuchtsonetten oder bei der Bestrafung Amors in Sonett 35 der Einfluß der Antike unverkennbar.

fatto avesse [...] mi era risposto le inique Parche con le violente secure averlo tagliato.[2]

Garcilasos Sprecher versetzt sich gleichsam in den Träumenden hinein und führt die Traumszene mit der klagenden Anrede an das Schicksal fort. Im zweiten Quartett beklagt er den Verlust seiner Liebe und Hoffnung:

> En poco espacio yacen los amores,
> y toda la esperanza de mis cosas, (Son. 25, v. 5-6)

Er bezieht sich dabei vor allem auf folgende Stelle bei Petrarca:

> or mie speranze sparte
> à Morte, et poca terra il mio ben preme; (*Canz.* 331, v. 46-47)[3]

Die Identifikation mit dem petrarkischen Leiden wird noch unterstrichen durch den typisch petrarkischen Stil des Verses 6,[4] während sich im Folgenden mit einer altertümlichen Ausdrucksweise[5] eine Verschiebung zu einer antiken Perspektive ankündigt. Sowohl die „cenizas desdeñosas / y sordas" (v. 7-8) als auch die am Grab vergossenen Tränen (v. 9-10) verweisen auf eine Liebesklage (II, 6) von Tibull. Dort jedoch steht der Sprecher am Grab eines jungen Mädchens, das nicht seine Geliebte war. Das Objekt seines Begehrens ist vielmehr die Schwester der Toten, deren Herz er durch seine Klagen für sich erweichen will. Sein ganzes Bestreben richtet sich eindeutig auf eine Liebesnacht im Haus der Geliebten. Nun ist die Totenklage als Mittel zum Zweck der Trieberfüllung mit der anfänglichen petrarkistischen Klage *in morte* völlig unvereinbar. Die daraus entstehende konzeptionelle Spannung wird jedoch durch den starken Jenseitsbezug in den nachfolgenden Versen sogleich wieder zurückgenommen:

> Las lagrimas [...]
> recibe, aunque sin fruto allá te sean,
> hasta que aquella eterna noche escura
> me cierre aquestos ojos que te vieron,
> dejándome con otros que te vean. (Son. 25, v. 9-14)

Der Sprecher hofft auf ein Wiedersehen mit der Dame nach dem Tode, wobei die *otros ojos* entfernt an das Ende der petrarkischen Kanzone 331 („or l'andrò dietro omai con altro pelo." *Canz.* 331, v. 60) erinnern, und eine ähnliche Anrede an die Verstorbene sich auch am Ende von Petrarcas Sonett 326 findet:

---

2   J. Sannazaro: *Arcadia*, hg. von F. Erspamer, Milano 1990 (Mursia), Kap. XII, S. 213.

3   Vgl. auch in *Canz.* 326, v. 4 die Anklage an den grausamen Tod, der das Gut des Sprechers „in poca fossa" eingeschlossen hat.

4   H-152, S. 358: „Dulce y afectuoso verso;"

5   H-153, S. 358: „*tornados.* Diccion antigua y que no tiene buen lugar en versos elegantes y suaves."

Vinca 'l cor vostro in sua tanta victoria,
angel novo, lassú di me pietate, (*Canz.* 326, v. 12-13)

Dennoch kommt am Ende bei Garcilaso kein reiner Petrarkismus zum
Ausdruck, denn die Anrede an die Dame mit *tú* anstelle von *vos*[6] sowie die
Bezeichnung der Nacht als „eterna noche escura" (v. 12) verweisen wiederum auf das Vorbild antiker Texte.[7] Es scheint, als habe der Sprecher
über die sukzessive Identifikation mit verschiedenen neueren und antiken
Modellen schließlich zu einer Ausdrucksweise gefunden, die geeignet ist,
sein subjektives Empfinden auszudrücken, indem er Elemente verschiedener Vorbilder zu einer eigenen hybriden Sprechweise zusammenfügt.[8]

Auch in Sonett 7 fügen sich neuere und antike Modelle zu einem eigenwilligen Liebesgedicht, das sich weder dem Petrarkismus noch einem anderen
Liebesdiskurs eindeutig zuordnen läßt. Allein durch die Verwendung der
Sonettform wird ein petrarkistischer Erwartungshorizont aufgerufen, der
im ersten Quartett mit der Bitte an Amor, er möge den Sprecher nicht weiter quälen, noch bestätigt wird. Im zweiten Quartett beschreibt der Sprecher sich selbst als Schiffbrüchigen, der dem Sturm entkommen ist und der
zum Dank seine nasse Kleidung der Gottheit weiht. Dieser in der Antike
wohl tatsächlich praktizierte Brauch[9] findet sich bei Horaz und Bernardo
Tasso übertragen auf den Liebenden, der, den Stürmen der Liebe entkommen, der Gottheit huldigt. Die Liebeskonzeptionen der beiden Modelltexte
widersprechen sich jedoch: Bei Horaz wird der neue Liebhaber der Dame
bemitleidet und die eigene Freiheit gefeiert, während bei Tasso die Freiheit
von der petrarkistischen Liebesqual mit einem freudigen Wandel zur neoplatonischen Liebe einhergeht.[10]

In den Terzetten schließlich wendet Garcilasos Sprecher sich nicht mehr
an Amor, sondern er schildert in einer Art Selbstrechtfertigung seine ehemaligen guten Vorsätze, sich nie mehr in derartige Gefahr zu begeben,
sowie sein Unvermögen, diese angesichts einer neuen Liebe einzuhalten.
Auch dieses Thema des Rückfalls läßt sich auf verschiedene antike und

---

[6]   Vgl. Heiple: *Garcilaso*, S. 192-193.

[7]   In Tibull II, 6 wird die Geliebte mit Du angeredet; die dunkle, ewige Nacht ist sowohl
      antiken als auch christlichen Vorstellungen zugeschrieben worden.

[8]   Die Feststellung persönlicher Betroffenheit erscheint problematisch in einem Werk,
      das sich ansonsten eher durch Distanz, Ironie und intellektuelle Spielerei auszeich-
      net. Tatsächlich läßt sich der Ausdruck subjektiven Empfindens in einem einzelnen
      Sonett nicht nachweisen. Besser gelingt dies bei der längeren und komplexeren *Eglo-
      ga I*, wo in der Liebesklage des Nemoroso ebenfalls antike und petrarkistische Lie-
      beskonzeptionen zusammengebracht werden zu einer neuen Sprache der Betroffen-
      heit. Vgl. unten, Kap. 5.4 dieser Arbeit.

[9]   Vgl. Vergil: *Aeneis* XII, 767-769.

[10] Vgl. Tassos Sonett „Questo spezzato giogo" als Modelltext für Garcilasos Sonett 7 in
      Heiple: *Garcilaso,* S. 252.

neuzeitliche Modelle zurückführen. Herrera nennt Texte von Properz, Tibull und Bembo,[11] wobei auch hier wieder mit antikem Hedonismus und petrarkistischem Sehnen gänzlich unvereinbare Liebeskonzeptionen ins Spiel kommen. Läßt sich also die in den Quartetten erwähnte vergangene Liebe angesichts der Ohnmacht des Sprechers gegenüber Amor und ihrer Beschreibung als „tormenta" (v. 8) noch einigermaßen als höfisch-petrarkistische Liebe erkennen, so ist eine Zuordnung der neuen Liebe („del que viene", v. 12) zu einer gängigen Liebeskonzeption aufgrund der widersprüchlichen Modelle völlig unmöglich.

Darüber hinaus läßt auch die Gestaltung der temporalen Deixis den Eindruck entstehen, daß eine eindeutige Zuordnung gar nicht erwünscht ist. Einerseits beziehen sich die Strophen in der Textmitte auf Vergangenes: auf die Rettung des Liebenden, die Huldigung an die Gottheit und den Vorsatz, sich nie mehr in solche Gefahr zu begeben. Beide Modelle, die Liebesfreiheit bei Horaz wie der Wandel zur neoplatonischen Liebe bei Tasso, implizieren also in der Textmitte eine lineare Entwicklung der Liebessituation. Im Gegensatz dazu beziehen sich die Randstrophen auf einen aktuellen und zukünftigen Zustand: den Rückfall in die Liebe und die Ohnmacht gegenüber Amor. Beide Modelle, antiker Hedonismus und petrarkistisches Sehnen, implizieren hier folglich eine zyklische Entwicklung der Liebessituation. Nun kann die Zyklik der Liebessituation zwar als typisches Merkmal des Petrarkismus angesehen werden. Der hier angedeutete Rückfall in Form einer neuen Liebe ist jedoch mit dem petrarkistischen Anspruch ewiger Treue völlig unvereinbar.

Insgesamt entsteht so der Eindruck, daß in Sonett 7 die Möglichkeiten der Imitatio systematisch genutzt werden, um Unvereinbares zusammenzufügen zu einer neuen Einheit, die sich mit keinem der in der Renaissance bekannten Liebesdiskurse völlig verrechnen läßt. Das imitierende Sprechen gerät in Sonett 7 zu einer Manifestation eigenwilliger Individualität und Unabhängigkeit.

4.2 Das Ringen um die goldene Mitte: Antike Ideale vs. süße Unterhaltung in der *Elegía II*

Auch in der *Elegía II* an Boscán findet sich ein dichtes Verweissystem von Nachahmungen aus antiken und höfisch-petrarkistischen Texten, wobei sich eine Zuordnung zu einzelnen renaissanceüblichen Diskursen oftmals geradezu aufdrängt. Die imitative Vielfalt läßt jedoch auch Diskrepanzen, Widersprüche und ironischen Unernst erkennen, so daß jeglicher Zuordnung sogleich wieder der Boden entzogen wird.

---

[11] Vgl. H-56, S. 310-311.

Insgesamt erscheint die Klassifikation des Textes als Elegie noch am wenigsten problematisch. Das zentrale Thema des eifersüchtigen Verdachtes gegenüber der Geliebten war in den römischen Elegien sehr gebräuchlich. Zudem zeigt die Argumentationsstruktur der *Elegía II* Übereinstimmungen mit einer Elegie von Ovid, wo ebenfalls zuerst der Ort des Sprechens, danach die aufkommenden Zweifel an der Treue der fernen Geliebten beschrieben werden.[12] Außerdem bekundet Garcilaso in Vers 24 ausdrücklich seine Absicht, eine Elegie zu verfassen.[13] Allerdings ist das Eifersuchtsthema nicht von vornherein zu erkennen, und eine genauere Analyse der Verlaufsstruktur ergibt ein eher uneinheitliches Bild von der Gattungszugehörigkeit des Textes.

In einem ersten Teil (v. 1-36) beschreibt der Dichter ein Heerlager der Armee Karls V in Trápano/Sizilien und damit die äußeren Umstände, unter denen seine Elegie entsteht. In diesem ersten Teil mischen sich Elemente der Epistel – der Autor schreibt an seinen Freund Boscán – mit denen der Satire: Garcilaso kritisiert offene Habgier und scheinheilige Tugend bei seinen Mitmenschen und beansprucht für sich die Horaz'sche Position der goldenen Mitte: „Yo voy por medio [...]" (v. 16).[14] Daß in diesem ersten Abschnitt der Stil nicht den Anforderungen einer Elegie genügt, hat Herrera schon gleich zu Beginn der *Elegía II* kritisch vermerkt,[15] und Garcilaso selbst bezeichnet geradezu entschuldigend seine satirischen Anmerkungen als unbeabsichtigte Digression:

> Mas ¿dónde me llevó la pluma mía,
> que a sátira me voy mi paso a paso,
> y aquesta que os escribo es elegía? (*Elegía II*, v. 22-24)

Er verspricht, sich nunmehr seiner gewohnten Beschäftigung zuzuwenden. Inmitten einer widrigen Umgebung („monte espeso", v. 28, „diversidades", v. 29) dienen ihm, sobald das politische Geschäft ihm Zeit dazu läßt, die Musen als Unterhaltung: „con ellas dulcemente me entretengo." (v. 33) Die Abgrenzung von der Masse durch die Selbstcharakterisierung als Dichter geschieht wiederum in Anlehnung an Horaz,[16] inhaltlich stellt sich Garcilaso jedoch durch die Verwendung von „dulcemente" (v. 33) in die Tradition der Petrarkisten. Die letzten drei Verse des ersten Abschnittes knüpfen inhaltlich noch einmal an die oben schon satirisch dargestellten widrigen Umstände (v. 28-30) des Sizilienaufenthaltes an:

---

[12] Vgl. den Hinweis in den *Notas complementarias* (S. 447) auf Ovid: *Amores* II, xvi, 1.
[13] Die Bezüge zur Lebenswelt des Autors, vor allem aber die Tatsache, daß dieser sich mit eigenem Namen im Text zu erkennen gibt (v. 27), rechtfertigt es, hier von der Intention des Autors zu sprechen.
[14] Vgl. Horaz: *Satiren* I, 1, vor allem v. 106-107.
[15] Vgl. Herreras Anmerkung zu Vers 7, H-360, S. 438.
[16] Vgl. Horaz: *Oden* I, 1.

Así se van las horas engañando;
así del duro afán y grave pena
estamos algún hora descansando. (*Elegía II*, v. 34-36)

Zugleich erinnert die Wortwahl aber, im Anschluß an Vers 33 („dulcemente"), stark an die konventionelle Ausdrucksweise der Petrarkisten. Es bleibt
hier also offen, ob der Dichter sich von den Mühen des Alltags oder von
den Qualen eines petrarkistischen Liebesleids erholt, und ob dies jeweils
durch dichterische Imagination („engañando", v. 34)[17] oder durch die be-
trügerischen Machenschaften des politischen Tagesgeschäfts – „engañando" wäre dann auf „negociar" (v. 32) bezogen – geschieht.

Im zweiten Teil der Elegie (v. 37-93), mit einem Ausblick auf die Rückkehr nach Neapel, nimmt der Text nun eindeutig eine höfisch-petrarkistische Wende. Das zentrale Thema ist die Abwesenheit von der Geliebten
und das damit verbundene Leiden. Der Autor erinnert sich, in Anlehnung
an Petrarcas „È questo 'l nido" (*Canz.* 321), an vergangenes Liebesglück:

Allí mi corazón tuvo su nido
un tiempo ya; más no sé, triste, agora
o si estará ocupado o desparcido. (*Elegía II*, v. 40-42)[18]

Der Grund für die aufkommende Trauer und Angst („frío temor", v. 43)
wird zunächst nicht konkret genannt. Die höfisch-petrarkistische Tradition
liefert jedoch ausreichend Möglichkeiten, diese mit seiner Abwesenheit,
eventuell auch, wegen der Bezüge zu *Canz.* 321, mit Furcht vor dem Tod
der Dame, zu begründen. Die nun folgenden Ausführungen über die Abwesenheit und ihre Wirkung auf die Liebe enthalten zunächst eher konventionelle, allgemeingültige Betrachtungen (v. 49-69). Der Vergleich der Liebe
mit einem Schmiedefeuer, das durch wenig Wasser (= kurze Abwesenheit)
belebt, durch viel Wasser (= lange Abwesenheit) gelöscht wird, war schon
in der Liebeslyrik des 15. Jahrhunderts geläufig. Der zunächst allgemeingültige Vergleich wird danach auf den Dichter selbst bezogen (v. 70-93)
und, auch dies ein höfisch-petrarkistischer Gemeinplatz, dessen Sonderstellung behauptet: „Yo solo fuera voy d'aqueste cuento," (v. 70). In einer
spitzfindig logischen Argumentation, die dem *conceptismo* der spanisch-

---

17 Der Begriff des *engaño* kann als Selbstbetrug verstanden werden. Er spielt dann auf
das in der höfisch-petrarkistischen Lyrik geläufige Thema der illusionären, weil aus-
sichtslosen Hoffnung an. Die Analyse der *Canción II* (vgl. oben, Kap. 3.2.1 dieser Arbeit) hat jedoch gezeigt, daß man dem Begriff bei Garcilaso zumindest mit Vorsicht
begegnen sollte. Dies bestätigt sich auch bei der Lektüre der *Elegía II*.

18 Üblicherweise wird „nido" (v. 40) seit Herrera (H-367, S. 442) auf den Wohnort des
Dichters, Neapel, bezogen. Aufgrund der Übereinstimmungen mit Petrarca, *Canz.*
321, wo das Nest des Phoenix (= Laura) einst dem Herzen des Liebenden Zuflucht
gewährte und wo der Liebende nun ebenfalls auf vergangenes Glück zurückblickt,
möchte ich die Stelle aber als bewußte Petrarcanachahmung bewerten, die auch als
solche erkannt werden will.

höfischen wie der sizilianisch-höfischen Lyrik entstammen könnte, behauptet der Dichter, daß bei ihm nur ewige Abwesenheit das ewige Liebesfeuer löschen könnte. Da aber Abwesenheit nie ewig sei, da sie zwangsläufig mit dem Tod ende, könne es nach vernünftigem Ermessen („razón", v. 73 und 82) eben kein Erlöschen der Liebe geben. Die Liebesqualen des Sprechers können also auch bei längerer Abwesenheit nicht nachlassen. Die mit der Personifizierung von *razón* begonnene Allegorisierung findet ihre Fortsetzung in den nun folgenden Befürchtungen des Dichters:

> que mi mala fortuna con mudanza
> y olvido contra mí no se conjure? (*Elegía II*, v. 86-87)

Dabei wird in höfisch-petrarkistischer Manier durch *mudanza* und *olvido* angedeutet, daß es das Verhalten der Dame ist, ihr Schwanken zwischen Gunst und Grausamkeit, ihr konsequentes Nichtbeachten des Liebenden, das die Liebesqualen verursacht. Der Abschnitt endet schließlich mit der Beschreibung eines inneren Kampfes, in dem „temor" (v. 88) und „dolor" (v. 92) die Oberhand behalten.

Auffällig ist, daß die Darstellung von Abwesenheit und Liebesleid in diesem zweiten, höfisch-petrarkistischen Teil mit der Verwendung traditionell mittelalterlicher rhetorischer Verfahren wie Vergleich, Personifikation und Allegorie einhergeht, daß sie Widersprüchliches[19] enthält sowie Elemente, die als überflüssig[20] oder *vulgar*[21] kritisiert werden können, insgesamt also eine ganze Reihe von Besonderheiten, denen in anderen vermeintlich petrarkistischen Gedichten Garcilasos die Funktion von Ironiesignalen zukommt.[22] Daß sie auch hier diese Funktion haben, findet der Leser allerdings erst am Ende des dritten Abschnittes (v. 94-108) heraus. Nach einer verzweifelten Apostrophe an den grausamen Kriegsgott Mars, der den Dichter zum Kriegsdienst zwingt und ihm den ersehnten Tod nicht gewährt, folgt nun endlich der wahre Grund für die Leiden des Liebenden:

> porque me consumiese contemplando
> mi amado y dulce fruto en mano ajena,
> y el duro posesor de mí burlando. (*Elegía II*, v. 106-108)

Die vermutete Untreue stellt eindeutig die Tugend der Angebeteten in Frage und enthüllt die höfisch-petrarkistische Liebesklage, wie in Vers 34 angekündigt, als *engaño*, das nunmehr jedoch nicht im petrarkistischen Sinn als Hoffnung, sondern ironisch als Selbsttäuschung zu verstehen ist.

Das Thema der Untreue und Eifersucht, das den vorausgegangenen höfisch-petrarkistischen Teil des Gedichtes als scheinhaft entlarvt, wird je-

---

[19] Vgl. v. 76-78: „como *del cielo yo sujeto / estaba* eternamente y diputado / al amoroso fuego *en que me meto*," (Hervorhebungen von mir).

[20] Vgl. H-374, S. 443.

[21] Vgl. H-371 und 375, S. 443.

[22] Vgl. oben, Kap. 3.2.3.1 dieser Arbeit.

doch zunächst in diesem zentralen, dritten Teil der *Elegía II* nicht offen angesprochen. Vielmehr ist es eingebettet in ein komplexes System mehrfacher Bezüge zur antiken Literatur und Mythologie, die allesamt dem Dichter verschiedene Möglichkeiten zur Selbstdarstellung geben. Er beginnt mit einer Anrede an Mars:

> ¡Oh crudo, oh riguroso, oh fiero Marte,
> de túnica cubierto de diamante
> y endurecido siempre en toda parte! (*Elegía II*, v. 94-96)

Diese läßt sich auf zwei antike Modelltexte zurückführen,[23] in denen jeweils der Kriegsgott vorkommt. In Homers *Ilias* (V, 31) stehen dessen negative, zerstörerische Eigenschaften im Vordergrund, die in den drei Epitheta der Apostrophe (v. 94) bei Garcilaso wieder aufgegriffen werden. Wenn Garcilaso den übermächtigen negativen Einfluß des Kriegsgottes auf sein Schicksal beklagt, so tut er dies in seiner Eigenschaft als Krieger in der Armee Karls V, wobei der Rolle des Kriegers hier nichts Kämpferisches anhaftet, sondern eher Resignation und passive Schwäche:

> Ejercitando por mi mal tu oficio,
> soy reducido a términos que muerte
> será mi postrimero beneficio; (*Elegía II*, v. 100-102)

Des weiteren gibt ihm die diamantenbesetzte Tunika des Mars (v. 95) Gelegenheit, sich nach dem Vorbild von Horaz als Dichter zu definieren, der sich für unfähig erklärt, den Kriegsgott in seiner Dichtung würdig zu verherrlichen. Mit affektierter Bescheidenheit wählt Horaz statt dessen den leichteren Stil der Liebeslyrik:

> *quis* Martem tunica adamantina
> *digne scripserit* [... ?]
> nos convivia, nos proelia virginum
> sectis in iuvenes unguibus acrium
> *cantamus* vacui, sive quid urimur,
> non praeter solitum *leves.*
> (Horaz, *Oden*, I, 6, v. 13-14 und 17-20, Hervorhebungen von mir)[24]

Neben der Selbstdarstellung als schwacher Krieger und bescheidener Dichter, die mehr das äußere Erscheinungsbild in der Gesellschaft betreffen, ergibt sich aus der antiken Mythologie eine dritte, mehr auf das innere Erleben bezogene Identifikationsmöglichkeit: Mars ist der Liebhaber der

---

[23] Vgl. B-87, S. 255 und H-381 bis 384, S. 444-445.

[24] Zitate von Horaz sind folgender Ausgabe entnommen: Horatius Flaccus Quintus, *Sämtliche Gedichte*, Lateinisch / Deutsch, hg. von Bernhard Kytzler, Stuttgart 1992 (Reclam). Alle weiteren Stellenangaben erfolgen im fortlaufenden Text unter dem Stichwort Horaz. Schon in den ersten beiden Teilen der *Elegía II* mit den satirischen Äußerungen zum Heerlager in Trápano und den nicht ganz ernst gemeinten petrarkistischen Liebesklagen hat Garcilaso die dichterischen Vorstellungen der Ode I, 6 von Horaz umgesetzt.

Venus und provoziert dadurch die Eifersucht ihres Ehemannes. Indem Garcilaso Mars die Schuld an seiner Verzweiflung gibt, identifiziert er sich mit Vulcanus, dem Gott, der den Menschen den Übergang von einer primitiven Existenz zur Zivilisation ermöglichte, der sich aber auch als Betrogener in seinem Selbstwertgefühl verletzt sieht.[25] Schließlich wird auch noch eine Selbststilisierung zu tragisch heroischer Größe erreicht in dem Moment, wo der Dichter bedauert, daß sein Todeswunsch nicht auf dem Schlachtfeld in Erfüllung ging:

> soy reducido a términos que muerte
> será mi postrimero beneficio;
> y ésta no permitió mi dura suerte
> que me sobreviniese peleando,
> de hierro traspasado agudo y fuerte, (*Elegía II*, v. 101-105)

Garcilaso identifiziert sich an dieser Stelle mit den antiken Helden Äneas und Herkules,[26] die beide angesichts eines übermächtigen, anonymen Schicksals – Äneas vor den Sturmgewalten des Meeres, Herkules vor der Zauberkraft des Gewandes, das seine eifersüchtige Gattin ihm zusendet – ihre eigene Schwäche erfahren müssen und bedauern, daß sie nicht den Heldentod gestorben sind.

Die Reihe der Identifikationen mit antiken Modellen, ob als Krieger, Dichter, Vulcanus, Äneas oder Herkules, die eigentlich die kämpferischen, künstlerischen, zivilisationsschaffenden oder heroischen Eigenschaften des Sprechers deutlich machen könnte, dient also hier in erster Linie einer Darstellung der eigenen Schwäche. Sie endet jäh in der Feststellung der beschämenden Tatsache, daß die Dame einen neuen Liebhaber hat (v. 107) und der Rivale sich über den Dichter auch noch lustig macht (v. 108). Auch die Selbststilisierung zu tragischer Größe nach antiken Modellen kann letztendlich nicht darüber hinwegtäuschen, daß das Grundproblem des Dichters sexueller Natur ist. Wie zur Bestätigung liegt die zentrale Grundopposition des gesamten Abschnittes im Kontrast zwischen der passiven Schwäche des verzweifelten „tierno amante" (v. 97) und der mehrfach betonten Härte (v. 96, 98, 108) seines Widersachers, gegen den der Dichter aufgrund seiner Abwesenheit chancenlos bleibt.

---

[25] Auch Heiple hat die konträren Eigenschaften von Mars und Vulcanus, wie sie sich hauptsächlich in der Malerei der italienischen Renaissance darstellen, für die Deutung mehrerer Garcilasotexte berücksichtigt. (Vgl. die Kapitel V und VI in Heiple: *Garcilaso*, S. 279-392) Eine Identifikation des Dichters mit dem zivilisationsschaffenden, in seinem Stolz gekränkten Vulcanus hat Heiple für die *Elegía II* jedoch nicht vorgeschlagen, er betont hier hauptsächlich die negative Wirkung der Sterne im Zeichen des Mars auf den Dichter (S. 328-329).

[26] Vgl. H-386, S. 445. Dort wird auf die entsprechenden Stellen in der *Aeneis* (I, 94-101) und in Senecas *Hercules Oetaeus* (v. 1166-1170) hingewiesen.

Die genau in der Mitte der *Elegía II* gestellte und damit zentrale Frage „¿Qué tiene que hacer el tierno amante" (v. 97) bleibt in diesem Abschnitt zunächst unbeantwortet. Erst im folgenden, vierten Abschnitt (v. 109-144) nähert sich der Dichter allmählich einer Lösung. Da er hierbei jedoch allegorisierend beziehungsweise über einen Vergleich aus dem Werk von Ausias March seine Gedanken entwickelt, ist bezüglich ihrer Ernsthaftigkeit zumindest wieder Vorsicht geboten. Zunächst stellt er in einer schwer verständlichen, insgesamt jedoch betont logischen Argumentation fest, daß seine bisherigen Sorgen („el triste miedo", v. 110) ihn nur dorthin führen, wo Scham und Schmerz (v. 111) herrschen. Schon wenn er sich den Betrug („el mal", v. 112) nur vorstellt, befindet er sich im größten Elend:

> [...] ya no puedo,
> según con esperalle estoy perdido,
> acrecentar en la miseria un dedo. (*Elegía II*, v. 112-114)

Hätte er ihn jedoch real vor Augen („si él venido / fuese en su misma forma y figura," v. 115-116), so würde er dankbar das Bild, das „temor" und „tristura" (v. 120) in seiner Vorstellung entstehen lassen, für das kleinere Übel halten. In der eigenen Imagination findet er schließlich auch die Lösung seines Problems: „el bien del propio engaño" (v. 122). Wie ein Schwerkranker möchte er nicht über seinen ernsten Zustand aufgeklärt werden, sondern in Unkenntnis seines Leidens in süßer Täuschung („dulce engaño", v. 133) sterben. Ähnlich wie in Sonett 14[27] verkehrt er hier eine moralisierende Passage von Ausias March[28] in ihr Gegenteil, denn dort hängt das Heil des Kranken wie des Liebenden von der wahrheitsgetreuen Aufklärung ab: „mon *mal e bé* de fet me feu conèxer." (A. M. XLIV, i, v. 8, Hervorhebung von mir)[29] Garcilaso hingegen möchte von einer „tierna mujer" (v. 130) mit sanfter Stimme („voz piadosa", v. 134)[30] zu einer süßen Täuschung (v. 133 und 139) verleitet werden, die einen ebenso sanften, süßen Tod nach sich zieht:

> y acabo como aquel que'n un templado
> baño metido, sin sentillo muere,
> las venas dulcemente desatado. (*Elegía II*, v. 142-144)

Bei so viel Süße wird das Ungeheuerliche der Passage, der Suizid,[31] leicht übersehen. Schließlich ist er mit den Grundzügen christlicher Moral, wie sie bei Ausias March zum Ausdruck kommt, ebenso wenig vereinbar wie mit dem höfisch-petrarkistischen *engaño*, dem sich ewig erneuernden Zyk-

---

27 Vgl. oben, Kap. 3.2.4.1 dieser Arbeit.
28 Vgl. A.M. XLIV, hier vor allem i, 1-4.
29 „mi mal y bien de hecho me hacéis conocer."
30 Auffällig ähnlich ist die Charakterisierung der Mutter in Sonett 14, deren gute Absicht auch dort auf Verständnis stößt.
31 Eventuell eine Anspielung auf den Tod Senecas.

lus von Hoffnung und leidvoller Todessehnsucht. Er verstößt darüber hinaus auch gegen die antike Vorstellung vom Heldentod, die im vorausgegangenen Abschnitt (v. 104-105) dem Dichter noch wünschenswert erschien. Das petrarkistische Signalwort der Süße in Kombination mit der Möglichkeit des Suizids stellt eine provokative Überschreitung aller bisher verwendeten Diskurse dar.

Der folgende, fünfte Abschnitt (v. 145-168) folgt mit einer Gegenüberstellung des in der Heimat lebenden und dichtenden Boscán („Tú", v. 145) und des vom Schicksal umhergetriebenen lyrischen Ich (v. 157) dem *fortunato senex* Motiv in Vergils erster Ekloge. Boscán kommt dabei die Rolle des Tityrus zu, der, von der Vertreibung ausgenommen, in idyllischer Landschaft seinen Gesängen nachgehen kann. Im Umkehrschluß charakterisiert Garcilaso sich selbst implizit als Meliboeus, den Vertriebenen, der zusehen muß, wie andere von seinem Gut profitieren. Eine weitere Anspielung auf einen antiken Text ergibt sich aus der Beschreibung von Boscáns Liebe zu seiner Frau:

> alégrate, que más hermosa llama
> que aquella que'l troyano encendimiento
> pudo causar el corazón t'inflama; (*Elegía II*, v. 151-153)

Garcilaso folgt hier beinahe wörtlich der 14. Epode von Horaz, wo eine ähnliche Aufforderung sich an Maecenas richtet. Auch hier läßt sich im Umkehrschluß eine implizite Selbstcharakterisierung Garcilasos erkennen. Denn gegen den Vorwurf des Maecenas, daß der Dichter in weichliche Trägheit und den Schlaf des Vergessens verfallen sei und deshalb ein versprochenes Werk nicht fertigstelle, verteidigt sich Horaz mit dem Hinweis, daß er unter der Untreue seiner Geliebten zu sehr leide. Eifersucht, weichliche Trägheit und das Bemühen um Vergessen bei Horaz bieten jedenfalls eine konzise Zusammenfassung der Abschnitte 3 und 4 der *Elegía II*.

Neben der impliziten Selbstcharakterisierung über Vergil und Horaz im Du-Teil (v. 145-156) erfolgt jedoch im Ich-Teil der Gegenüberstellung (v. 157-168) wieder eine explizite Selbstdarstellung als verzweifelter Liebender. Alle Versatzstücke der höfisch-petrarkistischen Konvention finden sich hier in allegorisierender Darstellung auf engstem Raum wieder. Der Liebende ist „fortuna" (v. 158 und 169) völlig ausgeliefert, er versucht täglich von neuem, durch ein „débil engaño" (v. 161) eine fragile Hoffnung (v. 160 und 164) aufrechtzuerhalten,[32] er beklagt seine Sonderstellung, da For-

---

[32] Die starke Ähnlichkeit mit Sonett 4 legt eine Deutung von *esperanza* als Hoffnung auf Trieberfüllung nahe, Vers 165 „tanto, que'n vano a levantalla pruebo." wäre dann eindeutig sexuell konnotiert. Ein schlüssiger Nachweis wie in Sonett 4, wo der gesamte Text die sexuelle Zweitbedeutung stützt, läßt sich hier jedoch nicht erbringen. Allenfalls die Kritik Herreras „que del frecuente y espeso encuentro de los vocales se compone una oracion grande y llena demasiadamente y viciosa." (H-400, S. 447)

tuna sich bei ihm allein nicht wechselhaft zeigt. Einzig die unerfüllbare petrarkistische Todessehnsucht, und zugleich die Möglichkeit des Todes auf dem Schlachtfeld, wird hier wieder durch die Erwähnung des Suizids („voluntario", v. 159) konterkariert:

> Yo, como conducido mercenario,
> voy do fortuna a mi pesar m'envía,
> si no a morir, que aquéste's voluntario; (*Elegía II*, v. 157-159)

Im letzten Teil der *Elegía II* erwägt der Dichter die Möglichkeit, seinem Elend durch Flucht zu entkommen. In Anlehnung an das *pone me* Motiv von Horaz (Oden I, 22), das sich auch bei Petrarca findet, sieht er sich in unbewohnbare Eis- und Wüstengegenden versetzt, erkennt jedoch, daß er selbst dort seinem Leiden nicht entkommt:

> sé que aun allí no podré estar seguro,
> y así diverso entre contrarios muero. (*Elegía II*, v. 192-193)

Dabei verweist das abschließende „diverso entre contrarios muero" (v. 193) den Leser in mehrfacher Weise auf den Text der *Elegía II* zurück. Zum einen greift es die lebensweltliche Situation des Autors wieder auf, indem es auf die Masse der Habgierigen und Scheinheiligen, die „vencedora gente [...] diversos in estudio," (v. 6-7) sowie auf den Dichter mit seinem antiken Ideal der Mäßigung anspielt.[33] Garcilaso erhebt dort den Anspruch, die goldene Mitte zu wahren, indem er sich von bestimmten Zeitgenossen distanziert (v. 16-21) und bei sich ein Gleichgewicht zwischen politischem Geschäft und poetischem Schaffen (v. 28-36) anstrebt. Mit dem letzten Vers der *Elegía II* wird jedoch ein Scheitern dieses moralischen Anspruchs angedeutet, was auch Heiple in seiner Interpretation feststellt:

> Garcilaso has subverted and converted the Aristotelian and Horatian ideal into a paradoxical middle ground between warring contraries, a ground that is impossible to hold and defend. The conversion of a moral precept into emotional strife and a moral dilemma is nothing less than the subversion of an established precept. The moral truth of classical moderation has become a paradoxical untenable position where the poet expires besieged by contradictory passions and warring elements.[34]

---

könnte als Hinweis dienen, daß hier eine unangemessene lautliche Gestaltung mit einem ebenso unpassenden Inhalt einhergeht.

[33] Die widrigen Lebensumstände des Heerlagers werden ein weiteres Mal mit dem Begriff „diversidades" (v. 29) auf den Punkt gebracht.

[34] Heiple: *Garcilaso*, S. 336. Heiple weist in seiner Interpretation vor allem auf kosmische, astrologische, psychologische bzw. medizinische und geographische Gegensätze hin, an denen der Dichter das Ideal der goldenen Mitte schließlich scheitern läßt. Da in dieser Arbeit das Augenmerk auf der Imitatio und dem Dialog der antiken und neuzeitlichen Modelltexte liegt, bleiben Heiples Ausführungen hier weitgehend unberücksichtigt.

Der Leser, dem im ersten Teil das moralische Ideal glaubwürdig und ernsthaft präsentiert wird, sieht sich am Ende in seiner Erwartung enttäuscht, weshalb Heiple dem Dichter ein Höchstmaß an Ironie bescheinigt.[35]

Doch nicht nur auf eine lebensweltlich moralische Position läßt sich der letzte Vers der *Elegía II* beziehen, sondern auch auf die Liebessituation des Dichters, sei sie erfunden oder real. Aufgrund seiner Abwesenheit fürchtet der Dichter, daß seine Dame ihm untreu geworden ist. In dieser Situation kann er unterschiedliche Haltungen einnehmen. Er kann entweder den Tatsachen ins Auge sehen, wie dies im mittleren Teil der Elegie geschieht. Dies bedeutet für ihn die Erfahrung von Scham, Spott und der eigenen Machtlosigkeit, ein heldenhafter Tod auf dem Schlachtfeld wäre die bessere Alternative. Oder er kann sich dem *engaño*, einer Selbsttäuschung hingeben, indem er sich falsche Hoffnungen macht („esperanza", v. 138, 160, 164). Diese Einstellung führt zum Tod, den er wie ein Selbstmörder bereitwillig hinnimmt, ja sogar begrüßt:

> en este dulce error muero contento
> [...]
> y acabo como aquel que'n un templado
> baño metido, sin sentillo muere,
> las venas dulcemente desatado. (*Elegía II*, v. 139-144)

Diese zweite mögliche Position von Selbsttäuschung und Suizid stellt, wie oben schon angedeutet, eine eher zweifelhafte Lösung dar, die wohl dem zeitgenössischen Leser ähnlich schockierend erschienen sein muß wie das andere Extrem, das Eingeständnis der weiblichen Untreue. Eine dritte und letzte Variante, die Flucht vor den qualvollen Gedanken (v. 169-193), könnte den vergeblichen Versuch darstellen, eine goldene Mitte zwischen Scham und Selbsttäuschung zu finden. Der Versuch ist jedoch von vornherein zum Scheitern verurteilt. Die Unmöglichkeit der Flucht und der damit verbundene Tod werden wissend („sé que", v. 192) in Kauf genommen. Für die in der *Elegía II* dargestellte Liebessituation gibt es keine Position der Mäßigung.

Schließlich läßt sich das Ende der Elegie auch noch metapoetisch auf die Situation des Dichters beziehen, da die jeweiligen Positionen des Liebenden in der *Elegía II* eindeutig an verschiedene literarische Sprachen gebunden sind, die dem Dichter unterschiedliche Möglichkeiten der Identifikation und Selbstdarstellung bieten. Die Darstellung der Liebessituation erfolgt in einem beständigen Wechsel von Ich-Passagen, in denen der Liebende über sich selbst spricht (v. 40-93, 109-144, 157-193), und kürzeren Du-Passagen, in denen mit Mars oder Boscán ein Gegenüber[36] angespro-

---

[35]   Ebda.
[36]   Boscán in Vers 145-156, Mars in Vers 94-102. Vers 103-108 ist der Mars-Anrede thematisch und aufgrund der antiken Quellen zuzuordnen, aber es erfolgt hier keine di-

chen wird, dessen Eigenschaften im Mittelpunkt stehen. In letzteren wird auf antike Modelle verwiesen, über die Identität der Angesprochenen werden jeweils im Umkehrschluß Identifikationsmöglichkeiten des Dichters eingespielt. In beiden Du-Passagen wird über die Kenntnis der antiken Texte die erzwungene Abwesenheit, die Untreue der Frau und die Verzweiflung des Liebenden erkennbar. Hinzu kommt noch, in ebenso verschlüsselter Form, ein Gefühl der Machtlosigkeit, des Unvermögens, der Schwäche. In den Ich-Passagen hingegen erfolgt eine ausführliche, direkte Selbstdarstellung, die überwiegend auf die höfisch-petrarkistische Tradition zurückgeht und alle Winkel des Seelenlebens auszuleuchten versucht. Dem Dichter stehen also prinzipiell zwei Möglichkeiten für die Gestaltung der Liebessituation zur Verfügung. Die antike Literatur bietet ihm die Möglichkeit, diese in Kenntnis der Realität angemessen darzustellen. Der Eindruck von Distanz, Vermitteltheit und eigener Schwäche, der in den Du-Passagen dominiert, mag dabei dem Gefühl des Renaissancedichters entsprechen angesichts einer überwältigenden literarischen Tradition, der er nichts Gleichwertiges entgegenzusetzen hat. Die höfisch-petrarkistische Tradition bietet ihm dagegen die Möglichkeit der spitzfindig konzeptistischen wie der süßlich klagenden Selbstdarstellung, der unmittelbaren, direkten, lustvollen Beschäftigung mit sich selbst. Durch rhetorisch-stilistische Verfahren und inhaltliche Unstimmigkeiten[37] wird diese jedoch mehrfach ironisch hinterfragt. Pointiert ausgedrückt ist die exzessive, höfisch-petrarkistische Nabelschau Selbstmord. Sie mag verführerisch sein, eröffnet dem Dichter jedoch keine Perspektive.

Daß Garcilaso der höfisch-petrarkistischen Liebessprache trotzdem in seiner Elegie so breiten Raum gewährt, begründet er schon vor Beginn der Liebesklage: „con ellas [= las musas] dulcemente me entretengo." (v. 33) Süße Unterhaltung bietet ihm der Petrarkismus. Damit negiert er zwar die Ernsthaftigkeit der dargestellten Gefühle, zugleich spricht er aber der antiken Literatur, wohl wegen ihrer erdrückenden Stärke, eben diesen Vorzug der süßen Unterhaltung ab.

Rückblickend scheint die Metapher vom Kampf der Diskurse auf die *Elegía II* in besonderem Maße zuzutreffen. Der Autor selbst als Krieger, Liebender und Dichter ist derjenige, der die Begegnung arrangiert. Er läßt unterschiedliche, in formaler, sprachlicher wie inhaltlicher Hinsicht konträre Dichtungssprachen und Konventionen aufeinandertreffen: Satire und Elegie, Realität und Täuschung, Ernst und Unterhaltung, antike und neu-

---

rekte Anrede. Zudem wird hier die Untreue der Frau nicht in verschlüsselter Form, sondern offen angesprochen.

37 Unstimmigkeiten ergeben sich vor allem hinsichtlich der Frage, ob das Schicksal des höfisch-petrarkistisch Liebenden selbstbestimmt oder von höheren Mächten vorherbestimmt ist. Vgl. beispielsweise das Liebesfeuer, in dem der Liebende brennt (Vers 76-78) oder die schockierende Gleichsetzung von Liebestod und Suizid.

zeitliche Texte und deren Liebeskonzeptionen und Rollenmuster. Im Gegeneinander zeigen sie ihre spezifischen Stärken und Schwächen, im gegenseitigen Hinterfragen und Relativieren kommt jedoch keiner Seite ein eindeutiger Sieg zu. Der Versuch, eine goldene Mitte zu finden, ob als Krieger in der realen Lebenswelt oder als Liebender und Dichter im Aufeinandertreffen konträrer Sprachen und Liebeskonzeptionen, ist zum Scheitern verurteilt. Was bleibt, ist die Negation jeglicher Ernsthaftigkeit, eine intellektuelle Spielerei. Die quantitative Bevorzugung der höfisch-petrarkistischen Liebessprache entspricht einem Bedürfnis nach süßer Unterhaltung, dem *delectare* wird in der *Elegía II* ein Vorrang vor dem *prodesse* eingeräumt.

Daß das Bekenntnis zu süßer Unterhaltung jedoch nur im Einzelfall Gültigkeit besitzt, daß hier eher einer momentanen Laune als einem programmatischen Anspruch nachgegangen wird, zeigt sich im Folgenden bei der Analyse der stark allegorischen *Canción IV*, wo anstelle der petrarkistischen Süße die wilde Heftigkeit des Begehrens mit antiken und christlich-religiösen Vorstellungen zu einer eher düsteren Selbsterkundung zusammentrifft.

4.3 Allegorie im Spannungsfeld höfisch-petrarkistischer, christlich-religiöser und antiker Diskurse: Die Schuldfrage in der *Canción IV*

Die *Canción IV* gehört zu den Werken Garcilasos, die im Laufe ihrer Rezeptionsgeschichte besonders konträre Reaktionen, von begeisterter Zustimmung bis zu völliger Ablehnung, hervorgerufen haben. Heiple führt dies auf die durchgehend allegorische Gestaltung zurück, für die in jüngerer Zeit das Verständnis verlorengegangen sei.[38] Heiple erkennt gerade in der dichten Aufeinanderfolge verschiedener, oftmals sich überschneidender Allegorien die Stärke der *Canción IV*, sie sind für ihn ein Hinweis auf die hochintellektuelle Vorgehensweise des Autors. Durch die doppelte Sinnstruktur der Allegorien ergibt sich, so Heiple, die Möglichkeit, über eine komplexe Oberflächenstruktur den Eindruck von „nervousness, sudden changes, and intertwined strands of emotion"[39] zu schaffen und damit den emotionalen Zustand des Liebenden abzubilden, während sich unter der unruhigen Oberfläche ein zentraler thematischer Kern verbirgt: das Paradox der höfisch-petrarkistischen Liebe als „ennobling passion that turns him [= den Liebenden] into a barbarian."[40] Heiple zeigt, daß bei der allego-

---

[38] Vgl. Heiple: *Garcilaso*, S. 288-290.
[39] Heiple: *Garcilaso*, S. 310; Heiple vergleicht die Oberflächenstruktur der Kanzone mit dem plateresken Erscheinungsbild isabelinischer Architektur.
[40] Heiple: *Garcilaso*, S. 314.

rischen Darstellung des Seelenzustandes des Liebenden vielfach auch Begriffe und Vorstellungen aus anderen Bereichen wie etwa der Medizin, den Naturwissenschaften oder der antiken Mythologie Verwendung finden. Das Zusammenfügen mehrerer Sinnhorizonte in der Allegorie ermöglicht eine ständig wechselnde Darstellung der Liebe, z.B. als geistiger, physischer, zivilisationsfeindlicher Prozeß,[41] die nicht immer frei ist von Ironie und Ambiguitäten.

Im Folgenden sollen die Beobachtungen Heiples um den Aspekt der Schuld erweitert werden, der ebenfalls über intertextuelle Bezüge mit der allegorischen Darstellung des Liebesleids eng verknüpft ist. Durch das Einbeziehen christlich-religiöser und antik-philosophischer Kontexte erhält die Kanzone eine moralische Tiefe, die der allegorischen Ausdrucksweise sowieso traditionell zu eigen ist. Der moralische Zeigefinger bleibt dem Leser jedoch erspart. Im Dialog der Diskurse treffen zwar verschiedene mögliche Positionen aufeinander, die Frage nach Schuld oder Unschuld des Liebenden bleibt aber letztendlich unbeantwortet.

In einer anfänglichen Absichtserklärung, die der Allegorie vorausgeht, benennt der Sprecher sein Thema („El aspereza de mis males", v. 1), und er gibt einige Erläuterungen zur Sprechweise und Intention seiner Äußerungen:

> lloraré de mi mal las ocasiones;
> sabrá el mundo la causa por que muero,
> y moriré a lo menos confesado, (*Canción IV*, v. 4-6)

Dabei wird in den Versen 4 und 5 mit den Motiven des Weinens, des Leids und der Todesnähe auf den Petrarkismus Bezug genommen. Auch die Vorstellung von der Welt als Publikum verweist auf das petrarkische Streben nach dichterischem Ruhm über den Tod hinaus. In Vers 6 wird jedoch mit dem Begriff der Beichte vor dem herannahenden Tod ein christlich-religiöser Kontext von Schuld, Bekenntnis und Reue aufgerufen, der sich, wie auch die Intimität der Beichtsituation, mit der Ankündigung einer petrarkistischen Liebesklage nicht recht vereinbaren läßt.[42] Diese Ambivalenz der Sprechabsicht findet später ihre Entsprechung auch im allegori-

---

[41] Vgl. Heiple: *Garcilaso*, S. 290-308; Heiple kommt dem hier verwendeten Prinzip der Dialogizität stellenweise sehr nahe.

[42] Herrera zeigt sich irritiert von diesem Vers, er unternimmt einen wenig überzeugenden Versuch, den petrarkistischen Sinnzusammenhang auch hier herzustellen, indem er *confesar* mit *publicar* umschreibt: „*confesado.* Habiendo publicado mi mal, este verso humilló mucho la grandeza de esta estanza." (H-219, S. 381) Vers 6 würde so lediglich eine inhaltliche Wiederholung von Vers 5 darstellen. Eine Erklärung für die vermeintliche Schwäche bleibt Herrera schuldig. Vgl. auch die Anmerkung eines anonymen Kommentators in Antwort auf Herrera: „Y la voz, traída la religión, no es muy conveniente, aunque declaréis lo que todos: [...]." (*Notas complementarias,* S. 424). Hier wird der religiöse Kontext erkannt, jedoch ebenfalls als nicht passend empfunden.

schen Teil der Kanzone, wo Liebesqual, Blick auf das Publikum und moralische Bewertung sich in ständig wechselnden Kontexten immer wieder unterschiedlich darstellen.

Der Rest der ersten Strophe schildert den aktuellen Zustand des Liebenden in einer auffällig gewaltsamen Szene. Der Liebende beschreibt, wie er von seinen leidenschaftlichen Gedanken („desatinado pensamiento", v. 8) an den Haaren gepackt und über Felsen und Dornen geschleift wird. Das Motiv verweist in wörtlicher Anspielung auf einen Text von Ausias March,[43] darüber hinaus auf eine ganze Reihe von liebestheoretischen, medizinischen und fiktionalen Texten, die alle die völlige Machtlosigkeit, das hilflose Ausgeliefertsein des Liebenden gegenüber Amor, der Liebeskrankheit oder dem heftigen, oft personifizierten Begehren betonen.[44]

In den Strophen 2 bis 4 wird daraufhin zur Erklärung dieses Zustands die Vorgeschichte erzählt, wobei der Sprecher gleich zu Beginn jede Verantwortung ausdrücklich von sich weist:

No vine por mis pies a tantos daños:
fuerzas de mi destino me trujeron
y a la que m'atormenta m'entregaron. (*Canción IV*, v. 21-23)

In der Tradition der Psychomachie wird nun zunächst beschrieben, wie *razón* sich angesichts der drohenden Gefahr zur Verteidigung bereitmacht. Der Sprecher beobachtet den Kampf und wünscht schon bald seiner geschwächten *razón* die Niederlage. Die Schuld an seinem Gesinnungswandel sucht er jedoch auch hier wieder nicht bei sich selbst, sondern bei einer anonymen Macht in seinem Inneren: „sin ver yo quien dentro me incitaba" (v. 44). Der innere Kampf, an dem der Liebende nicht aktiv teilhat, Anspielungen auf Ausias March und auf die Lehre von den Körpersäften[45] stellen hier einen höfischen und medizinischen Kontext her, in dem sich die Ohnmacht, und damit die Schuldlosigkeit des Liebenden wie von selbst ergibt. Der Kampf endet, wie gewünscht, mit der Niederlage von *razón*:

se rindió la señora
y al siervo consintió que gobernase
y usase de la ley del vencimiento. (*Canción IV*, v. 50-52)

Dabei ist die allegorische „señora" mit *razón* und „siervo" mit *deseo* oder *apetito* gleichzusetzen. Neben der konsequent allegorischen Lesart ist jedoch die sexuelle Anspielung an dieser Stelle so deutlich, daß man hier auch einen Hinweis auf eine tatsächliche Verführung der Dame erkennen

---

43 Vgl. A.M. XCVIII, i und v.
44 Vgl. die Anmerkungen und *Notas complementarias* zur *Canción IV*. Auffällig ist auch die Ähnlichkeit mit dem Anfang des allegorischen Romans *Cárcel de amor*.
45 Vgl. H-225, S. 382, wo der Einfluß der Körpersäfte auf das Befinden des Liebenden beschrieben wird.

kann.[46] Die daraufhin einsetzende Scham (v. 54, 55, 57) läßt sich mit einer allegorischen Niederlage der Vernunft ebenso plausibel begründen wie mit einem konkret erotischen Abenteuer, die Stelle bleibt ambivalent.[47]

In der vierten Strophe wird die Vorgeschichte des Liebenden schließlich bis an die Gegenwart herangeführt. Ausgehend von einer petrarkistischen Schönheitsbeschreibung wird dem Blick der Dame die Schuld gegeben an der Verwandlung des Sprechers und seinem aktuellen Zustand von Leid und Abhängigkeit. Wieder verbinden sich hier Anspielungen auf Petrarca mit Elementen der Humoralpathologie, der Alchemie und der Physik[48] zu einem quasi wissenschaftlichen, distanzierten Nachweis, daß mehrere Kräfte zusammenwirken und der Liebende sein Schicksal passiv erleidet. Erst mit der Allegorie von Baum und Frucht (v. 74-80), einer Anspielung auf den Baum der Erkenntnis und den Sündenfall, finden sich erstmals deutlichere Hinweise auf eine Schuld des Liebenden. Zwar wächst die Leidenschaft („el mal de que muriendo estó", v. 74) noch ohne das Zutun des Liebenden zu einem stattlichen Baum heran,[49] das Pflücken der Frucht impliziert jedoch wissendes Handeln:

> el fruto que d'aquí suele cogerse
> mil es amargo, alguna vez sabroso,
> mas mortífero siempre y ponzoñoso. (*Canción IV*, v. 78-80)

Neben der Anspielung auf den Sündenfall[50] wird hier zugleich auf Petrarcas Sonett „Sí traviato e 'l folle mi' desio"[51] verwiesen. Es werden also zwei völlig unvereinbare Kontexte zusammengeführt: aus der Bibel die Versuchung durch das Böse und das schuldhafte Übertreten eines Verbots, aus dem *Canzoniere* das wilde, aber grundsätzlich unerfüllbare Begehren. Beide erscheinen als Ursache des aktuellen Leidens plausibel. Die Stelle bleibt somit ähnlich ambivalent wie die Niederlage der *señora* in der dritten Strophe. In ihrer Ambivalenz entspricht sie allerdings genau der widersprüch-

---

46 Vgl. Heiple: *Garcilaso*, S. 295.
47 Bei einer konkret erotischen Lesart erhalten allerdings alle vorausgegangenen Passagen zur Befindlichkeit des Liebenden eine ironische Dimension.
48 Vgl. Heiple: *Garcilaso*, S. 297-299.
49 Die von den frühen Kommentatoren angegebenen Referenzstellen bei Vergil (*Aeneis* IV, 445) und Ariost (*Orlando furioso* XXI, xvi) verwenden das Bild des fest verwurzelten Baumes meist als Simile für die Standhaftigkeit des Mannes gegenüber den Verlockungen der Frau. Auf den Baum der Leidenschaft sind sie also allenfalls ironisch beziehbar.
50 Heiple weist darauf hin, daß der Sündenfall mit dem darauf folgenden schamhaften Bedürfnis des Menschen, seine Geschlechtsteile zu bedecken, als Geschlechtsakt gedeutet werden kann. Er geht jedoch nicht so weit, die Stelle als eine mögliche Bestätigung der erotischen Lesart von Vers 50-52 zu bewerten. Vgl. Heiple: *Garcilaso*, S. 299.
51 „onde si coglie / acerbo frutto, che le piaghe altrui, / gustando, afflige piú che non conforta." (*Canz.* 6, v. 12-14). Überhaupt ist die bittere oder bittersüße Frucht ein Gemeinplatz der höfisch-petrarkistischen Lyrik sowie zahlreicher liebestheoretischer Schriften. Vgl. die *Notas complementarias*, S. 426.

lichen Ankündigung von Beichte und petrarkistischer Liebesklage zu Beginn der Kanzone.

In der fünften Strophe steht nunmehr der aktuelle Zustand des Liebenden ganz im Vordergrund, wobei hier, im Zentrum der *Canción IV*, das Netz der intertextuellen Anspielungen besonders dicht ist. Die Selbstanalyse ergibt das Bild eines ruhelosen Menschen auf der Flucht vor sich selbst. Mit „De mí agora huyendo," (v. 81) wird hier ein erstes Mal auf Lukrez' *De rerum natura* (III, v. 1068) und damit auf die Philosophie des Epikureismus Bezug genommen. Weitere Anspielungen auf Lukrez in der gleichen Strophe bestätigen, daß hier der Epikureismus für die Selbstanalyse des Liebenden eine zentrale Rolle spielt. Doch zunächst präsentiert sich der Sprecher ganz petrarkistisch als Liebender auf der Suche nach der vor ihm fliehenden Dame (v. 81-82), der zwischen Hoffnung und Hoffnungslosigkeit schwankend (v. 90-92) sein Leid beweint (v. 93) und kein Ende seines Leidens erkennen kann (v. 93-100). Die Verfolgung der fliehenden Dame greift Petrarcas Sonett 6 auf, welches seinerseits auf den antiken Mythos von Apoll und Daphne verweist. Zahlreiche weitere Anspielungen auf antike Texte und Mythen modifizieren jedoch dann den petrarkistischen Sinn der Strophe. So identifiziert sich der Liebende zunächst mit Apoll bei der Verfolgung der flüchtenden Daphne (v. 81-82). Als singender Gefangener (v. 85-86) nimmt er danach Bezug auf eine Elegie von Tibull (II, 6), wo der Sprecher, ein abgewiesener Liebhaber, gerne ebenso hoffnungsvoll wäre wie der in Ketten gehaltene Gefangene, der auf seine Befreiung hofft. Schließlich identifiziert sich Garcilasos Liebender am Ende der Strophe mit Tantalus (v. 95-100). Er verweist damit ein weiteres Mal auf Lukrez, wo das vergebliche Bemühen um einen Schluck Wasser für das unstillbare sexuelle Begehren steht.[52] Apoll, den singenden Gefangenen und Tantalus verbindet somit das Motiv des sexuellen Begehrens. Dabei ist die Aussichtslosigkeit der jeweiligen Situation immer auf ein persönliches Fehlverhalten zurückzuführen: Apolls wildes Begehren ist schuld an der Verwandlung der Nymphe. Ein Gefangener in Ketten hat sich normalerweise eines Vergehens schuldig gemacht. Die Tantalusqualen schließlich sind bei Lukrez Anzeichen eines verwerflichen Begehrens, vor dem Lukrez ausdrücklich warnt, da es das seelische Gleichgewicht gefährde. Auch im antiken Mythos sind die Tantalusqualen die Strafe für ein Fehlverhalten gegenüber den Göttern.

Entsprechend beurteilt auch der Sprecher der *Canción IV* sein eigenes Verhalten negativ: „que al un error añado el otro yerro," (v. 83). Hier äußert er die Einsicht, daß er einem früheren Fehler – wahrscheinlich dem Sieg des Begehrens über die Vernunft beziehungsweise der Verführung der *señora* in Strophe 3 – nun einen weiteren Fehler, das vergebliche Hoffen, hinzufügt. Eine solche Selbstkritik ist möglich auf der Basis des zuvor (v.

---

[52]   Vgl. Lukrez: *De rerum natura* IV, v. 1097-1100.

81) aufgerufenen Epikureismus. In *De rerum natura* tadelt Lukrez das rastlose Streben des Menschen nach dem, was er nicht hat. Nach der Philosophie Epikurs soll der Mensch den Tod als einzige Gewißheit des Lebens ruhig akzeptieren, statt in Angst und Unruhe weltlichen Dingen nachzujagen.[53] Sexuelles Begehren, aber auch das petrarkistische qualvolle Streben nach dem Unerreichbaren sind somit, aus der Perspektive des Epikureismus, ethisch verwerflich.

Zwar impliziert auch die anfangs aufgerufene Beichtsituation, das „moriré a lo menos confesado" (v. 6), eine kritische Beurteilung des eigenen Verhaltens, christliche Beichte und Epikureismus verbindet die Vorstellung des Erkennens und Abstandnehmens vom eigenen Fehlverhalten. Allerdings fehlt dem Epikureismus der christliche Aspekt von Gnade und Erlösung. Während also aus christlicher Perspektive das sexuelle Begehren eine diesseitige Verfehlung darstellt, Beichte und Reue aber die Erlösung des Sünders im Jenseits ermöglichen, stellt die antike Philosophie des Epikureismus einen ausschließlich diesseitsbezogenen ethischen Rahmen zur Verfügung. Sie zielt auf eine Verhaltensänderung, die durch eine gewisse weltabgewandte Gelassenheit zu innerer Ruhe und Stabilität führt. Die antike Philosophie stellt somit eine Perspektive bereit, die eine ethische Verurteilung oder zumindest eine Relativierung der petrarkistischen wie der christlichen Sichtweise ermöglicht. Antiker Mythos und Literatur liefern mit Apoll, dem Gefangenen und Tantalus das Material, um die philosophische Lehre anschaulich zu machen. Im Zentrum der *Canción IV* scheint sich also eine gewisse Überlegenheit der antiken Vorstellungen anzudeuten.

Allerdings enthält Strophe 5 zugleich auch eine Antwort auf den Epikureismus, denn dem verwerflichen „De mí agora huyendo, voy buscando" (v. 81) folgt wenig später die kritische Bemerkung:

> Mas poco dura el canto si me encierro
> acá dentro de mí, [...] (*Canción IV*, v. 87-88)

Epikureisches Bei-Sich-Sein und die daraus resultierende Kürze des Klageliedes stellen also nicht das angestrebte dichterische Ideal dar. So folgt den eher knappen Anspielungen auf antike Texte im ersten Teil der Strophe und dem Erkennen dieses Nachteils (v. 87-88) eine visuell besonders anschauliche allegorische Darstellung der Hoffnung (v. 90-92) sowie eine auffällig mitfühlende, die sinnliche Wahrnehmung betonende Beschreibung der Tantalusqualen (v. 95-100). Gerade das vergebliche, rastlose Streben, das im Sinne der antiken Lehre ein ethisches Fehlverhalten darstellt, wird hier sinnlich erfahrbar gemacht und so, mit ästhetischen Mitteln, rehabilitiert. Antike Ethik und frühneuzeitliche Ästhetik relativieren sich in dieser Strophe gegenseitig.

---

[53] Vgl. Lukrez: *De rerum natura* III, v. 1053-1094;

Im ersten Teil von Strophe 6 wird zunächst die Allegorie der besiegten *razón* fortgesetzt. *Razón* und *apetito* finden sich, beim Ehebruch ertappt, in einem Netz aus goldenen Haaren gefangen und den Blicken der Öffentlichkeit ausgesetzt. Auch hier verbinden sich in der Allegorie wieder zwei unvereinbare Liebesmodelle. Bei Petrarca geht das Motiv des goldenen Haares, in dem der Liebende wie in einem Netz gefangen ist,[54] mit dem Wunsch einher, daß dieser positiv empfundene Zustand nie enden möge.[55] Durch die Verwendung des antiken Mythos von Mars und Venus, die von Vulcanus beim Ehebruch ertappt und in einem Netz den Göttern zur Schau gestellt werden, ist dagegen besonders der Aspekt der Scham stark betont. Im Verständnis der Renaissance bedeutet dies eine eindeutige Verurteilung der unkontrollierten, körperlichen Liebe.[56] Die Allegorie von der gefangenen *razón* bewegt sich in einem Spannungsfeld zwischen petrarkistischer Verwicklung und sittenwidrigem Geschlechtsakt. Ob der Sprecher dabei wieder auf eine konkrete Liebesbeziehung anspielt - man denke an die doppeldeutige *señora* in Vers 50 - mag dahingestellt bleiben. Die Schuldfrage, die in der vorausgehenden Strophe aus der Perspektive des Epikureismus eindeutig zu Ungunsten des Liebenden ausfällt, zeigt sich hier weniger eindeutig. Schuldlose Verwicklung und eindeutig sittenwidriges Verhalten liegen hier nah beieinander, allenfalls die starke Betonung der Scham („vergüenza" und „corrimiento" in v. 104) kann als ein Eingeständnis von Schuld angesehen werden.

Mit dem Mythos von Mars und Venus endet in Vers 107 der Teil der Kanzone, der mit der Anspielung auf den Sündenfall in Vers 78 beginnt und der antike, christliche und petrarkistische Sinnhorizonte zu einer Abwägung der ethischen Verantwortung des Liebenden zusammenfügt. In der Folge wandelt sich der Sprecher vom Beobachter zum Gefangenen, der sich mit dem paradoxen Wunsch nach Schmerz und Unfreiheit in einen Kreislauf des Leidens begibt. Der Verlust von *razón* zeigt sich in Strophe 7 im ungeordneten, an den Wahnsinn grenzenden Denken. Zahlreiche Wortwiederholungen, z.B. von *dolor* (v. 115, 125, 136), *rigor* (v. 124, 140), *furia* (v. 127, 140), sind Anzeichen des inneren Aufruhrs.[57] Wie in den Strophen 1 bis 4 rekurriert der Text auch hier auf höfische Modelle[58] unter gleichzeitiger Verwendung medizinischer Begriffe und Vorstellungen.[59] Bei allem Leiden ist jedoch die Wirkung der Rede sorgfältig kalkuliert. Mit der rhetorischen Frage „¿Quién no se espantará de lo que digo?" (v. 113) schreibt der Sprecher seinem Publikum die angemessene Reaktion geradezu vor,

---

54 Vgl. *Canz.* 59, v. 4-5.
55 Vgl. *Canz.* 59, v. 16-17.
56 Auch Herrera erkennt an dieser Stelle eine belehrende Absicht: „Moraliza la fabula de Venus y Marte." (H-237, S. 385).
57 Vgl. Heiple: *Garcilaso*, S. 304-307.
58 Anspielungen auf Ausias March finden sich in den Versen 116-120 und 132-134.
59 Vgl. Heiple: *Garcilaso*, S. 305-306.

wobei offen bleibt, ob der Leser aus Mitgefühl oder einer moralisch überlegenen Position heraus *espanto* empfinden soll. Auch des Sprechers eigene innere Stimme äußert *espanto* in einer Mischung aus Mitleid und moralischen Vorhaltungen:

> no hay parte en mí que no se me trastorne
> y que en torno de mí no esté llorando,
> de nuevo protestando
> que de la via espantosa atrás me torne. (*Canción IV*, v. 128-131)

Die Tatsache, daß eine innere Stimme sich inmitten exzessiver Liebesklagen als Gewissensinstanz zu Wort meldet, ist ein weiterer Hinweis darauf, daß das übermäßige, wahnhafte Leiden mit einem Bewußtsein von Schuld einhergeht, daß Liebesklage und Beichte eng miteinander verbunden sind.

In Strophe 8 werden, mit dem raschen Wechsel zwischen Hoffnung und Angst, Illusion und Enttäuschung, Freude und Leid, mit dem Wunsch nach Dichterruhm sowie dem Paradox der „amada mi enemiga" (v. 146) noch einmal alle Register des Petrarkismus gezogen. An exponierter Stelle steht hierbei der Wunsch nach Ruhm, der den ganzen Zyklus von Hoffnung und Leid zu motivieren scheint und die Liebesklage als eigennützig entlarvt.

> Es tan incomportable la fatiga,
> que, si con algo yo no me engañase
> para poder llevalla, moriría,
> y así me acabaría,
> sin que de mí en el mundo se hablase; (*Canción IV*, v. 147-151)

In der Tornada wird schließlich noch einmal die Reaktion des Lesers in Betracht gezogen. Der *espanto*, hier die entsetzte Kritik des Lesers, könnte sich gegen die „instabilidad y ligereza / y revuelta" (v. 162-163) der Gedanken richten. Zu seiner Rechtfertigung verweist der Sprecher deshalb auf das mächtige, stabile „tormento" (v. 164), das sich unter der bewegten Oberfläche verbirgt und das schließlich die Ursache („la causa", v. 165) seines Todes sein wird. Damit hat er sein in Vers 5 gegebenes Versprechen („sabrá el mundo la causa por que muero,") eingelöst und den Grund seines Todes genannt. Keinesfalls läßt sich *tormento* aber hier mehr als einfache höfisch-petrarkistische Liebes- und Gewissensqual verstehen. Die umständliche Ankündigung des Todes,

> en aquel fin de lo terrible y fuerte
> que todo el mundo afirma que es la muerte. (*Canción IV*, v. 168-169)

die hier noch einmal sich aufdrängenden Bezüge zu antiken Autoren[60] sowie das Unbehagen Herreras angesichts des letzten Verses[61] lassen auch am Ende der Kanzone deren grundlegende Ambivalenz noch einmal auf-

---

[60] Vgl. H-244, S. 387-388.
[61] „A mi parecer debia acabar G. L. en el verso antecedente, porque éste deshace lo dicho, y no sirve de más que sustentamiento." (H-245, S. 388).

scheinen. Von „todo el mundo" (v. 169) wird der Tod als das Ende des Schreckens angesehen, also von antiken Autoren ebenso wie von der christlichen Kirche oder Anhängern der petrarkistischen Liebe. Der dem Tod vorausgehende „tormento" (v. 164) läßt sich gleichermaßen aus Sicht der Antike als qualvolle, weil ethisch fehlgeleitete Lebensführung, aus Sicht der Kirche als fleischliche Sünde und Gewissensqual oder aus Sicht des höfischen Publikums als petrarkistisches Liebesleid verstehen.

Nach traditionellem Verständnis ist es eine wesentliche Aufgabe der Allegorie, in problematischen Lebensfragen eindeutige Antworten zu geben und belehrend auf den Leser einzuwirken. Es hat sich jedoch gezeigt, daß die hoch allegorische *Canción IV* sich aufgrund ihrer Ambivalenzen mit diesem aus dem Mittelalter tradierten Allegorieverständnis nicht mehr vereinbaren läßt. Sie spiegelt statt dessen die Zerrissenheit des lyrischen Ich zwischen den Sinnangeboten der Antike, der christlichen Religion und der zeitgenössischen Literatur und ist somit für die Befindlichkeit des Renaissancedichters symptomatisch. Die Rolle des unschuldig an der Liebe Leidenden ist hier nur noch eine von mehreren Optionen.

4.4 Überlegenheit der Antike im Kampf der Diskurse

Synthese, spielerischer Zeitvertreib oder unauflösbare Ambivalenz, so läßt sich das Ergebnis des Dialogs zwischen höfischem und antikem Diskurs in den bisher analysierten Werken vereinfachend zusammenfassen. Die am Dialog beteiligten Sprachen hinterfragen und relativieren sich dabei gegenseitig, eine klare Überlegenheit läßt sich in keinem Fall feststellen. Es gibt jedoch bei Garcilaso zahlreiche Texte, in denen sich die Antike in der Auseinandersetzung mit der höfisch-petrarkistischen Liebeskonzeption als klar überlegen erweist. Rhetorisch versiert (Son. 15 und 23), moralisch überlegen (Son. 34) oder distanziert bewertend (Son. 29) vertritt der Sprecher in den hier vorgestellten Sonetten antike Vorstellungen vom Verhältnis der Geschlechter. Höfisch-petrarkistische Elemente werden dabei als Horizont, von dem man sich abgrenzen will (Son. 34), aber auch zur Vermittlung und Durchsetzung antiker Vorstellungen (Son. 15, 23, 29) geschickt genutzt.

4.4.1 Rhetorische Überlegenheit

4.4.1.1 Die Instrumentalisierung der orphischen Klage (Sonett 15)

In Garcilasos Sonett 15 macht der Sprecher sich die strenge Logik eines Bedingungssatzes zunutze, um seiner Liebesklage bei der Dame Gehör zu verschaffen. Seine Argumentation läßt sich in etwa so zusammenfassen: Wenn Klagen und Weinen es vermag, Flüsse, Bäume, Tiger, Felsblöcke zu bewegen, wenn ein geringerer Anlaß als meiner ausreicht, in die Unterwelt hinabzusteigen (v. 1-8), wieso erweicht dann mein Leiden nicht ein hartes

Herz (v. 9-11)? Die Stimme dessen, der seinen eigenen Untergang beweint, verdient es eher, angehört zu werden, als die Stimme dessen, der anderes verloren hat und beweint (v. 12-14).

Die Vorstellung vom Dialog zwischen höfisch-petrarkistischem und antikem Diskurs muß hier dahingehend modifiziert werden, daß Orpheus in der Renaissancelyrik seit jeher als Identifikationsfigur, die orphische Klage als Ausdruck höchster Verzweiflung gebräuchlich sind. Die tiefe Verzweiflung über den Verlust der Geliebten und die bezwingende Macht des orphischen Gesangs sind Motive, die seit der Antike zu jeder Zeit in die Dichtung Eingang gefunden haben, und die den Bedürfnissen der Petrarkisten sehr entgegenkamen. Die Verwendung des Orpheusmythos kann also hier als eine Spielart des Petrarkismus angesehen werden. Eindeutig petrarkistisch sind in Garcilasos Sonett neben der Sonettform die häufigen Anspielungen auf das Leiden und Weinen des Sprechers (v. 1, 5, 9-10, 13) sowie auf die unnachgiebige Härte der Dame (v. 11). Das Weinen und Klagen des Liebenden ist dadurch auf den Orpheusmythos bezogen, daß in den Quartetten die bezwingende, übernatürliche Wirkung des Klagegesangs und der Gang in die Unterwelt erwähnt werden. Auffällig und für den Petrarkismus untypisch ist in Sonett 15, daß der Sprecher sich zwar einerseits in Vers 1-6 die Fähigkeit zuschreibt, so gut zu dichten wie Orpheus, er aber andererseits den Anlaß der orphischen Klage, den Tod der geliebten Frau, gering achtet:

> si, en fin, con menos casos que los míos
> bajaron a los reinos del espanto, (Son. 15, v. 7-8)

In der Folge leitet er aus dem Vergleich mit Orpheus einen höheren Anspruch ab, angehört zu werden:

> Con más piedad debria ser escuchada
> la voz del que se llora por perdido
> que la del que perdió y llora otra cosa. (Son. 15, v. 12-14)

Dabei wird aber im letzten Vers mit „otra cosa" (v. 14) der Verlust der Eurydike noch einmal überaus abschätzig kommentiert. Kurz, die Liebesklage des Orpheus *in morte* verdient weniger Beachtung als die Liebesklage des Sprechers *in vita*. Entgegen der sonst üblichen Zielsetzung, als Liebender so verzweifelt und als Dichter so gut zu sein wie Orpheus, versucht der Sprecher hier, Orpheus zu überbieten, um von der Dame angehört zu werden. Damit werden zwei antike Referenztexte aufgerufen, die ebenfalls auf den Orpheusmythos anspielen mit dem erklärten Ziel, die Dame als Zuhörerin zu gewinnen. Horaz appeliert in der Ode III,11 an seine Lyra, so zu erklingen, daß die spröde Lyde ihm zuhören möge. Seine Lyra, die sonst Tiger, Wälder, Flüsse und die Bewohner der Unterwelt bezaubert, soll nun der jungen Dame am Beispiel der Danaiden zeigen, welche Strafe die grausamen Frauen trifft und wie eine liebende Frau sich richtig verhält. Properz erzählt in der Elegie II, 13A, wie Amor ihm gebot, sich der Dichtung zu widmen, nicht um Eichen und wilde Tiere zu bezaubern, sondern um Cynthia zu erstaunen, eine kunstverständige Frau, deren Urteil dem Dichter wichtiger ist als das Schwatzen Anderer. In beiden Fällen geht es darum, die Aufmerksamkeit der Frau auf den Text zu lenken, entweder, bei Horaz, um sie zu belehren und eventuell zu einer Verhaltensänderung zu bewegen, oder, bei Properz, um als Künstler ihre Anerkennung zu erringen. In beiden Fällen konzentriert sich der Sprecher auf die Wirkung seiner Dichtung, in beiden Fällen dient Orpheus eher als Gradmesser für lyrische Qualität denn als Identifikationsfigur.

Eine solche Pose des überlegenen, auf die Wirkung seiner Texte bedachten Dichters übernimmt der Sprecher in Garcilasos Sonett 15. Die verzweifelte Klage von orphischer Qualität wird im Bedingungssatz zur Voraussetzung für eine Verhaltensänderung der Dame. Deren Härte wird durch die rhetorische Frage (v. 9-11) als Unrecht gekennzeichnet, ihr Zuhören durch die Schlußfolgerung im letzten Terzett geradezu erzwungen. Ob der Sprecher mit der Instrumentalisierung der orphischen Klage und mit rhetorischem Geschick letztendlich die Liebe einer reifen Frau wie bei Horaz oder künstlerische Anerkennung wie bei Properz anstrebt, bleibt offen.

4.4.1.2 Die Durchsetzung des männlichen Begehrens (Sonett 23)

Sonett 23 dürfte eines der bekanntesten und meistkommentierten Gedichte von Garcilaso sein. Die Verwendung des klassischen *Collige virgo rosas* von Ausonius und des *carpe diem* Motivs von Horaz in Verbindung mit Elementen des Petrarkismus findet sich vor Garcilaso in ähnlicher Form schon bei Bernardo Tasso. Dabei ist die Überschreitung der höfischen Liebeskonzeption durch die oben genannten klassischen Motive so evident, daß der dominierende Einfluß der Antike hier allgemein akzeptiert wird. Garcilasos Sonett 23 zeigt dabei jedoch eine Perfektion in der Argumentation und der rhetorischen Gestaltung, die den Modelltext von Bernardo Tasso bei weitem in den Schatten stellt. Eine Auseinandersetzung findet also nicht nur zwischen petrarkistischer Liebeskonzeption und antikem Hedonismus statt, sondern in Form eines künstlerischen Wettbewerbs auch zwischen Garcilaso und seinem Dichterfreund und Vorbild Bernardo Tasso. Tasso läßt nach dreimaligem *mentre che* (v. 1, 3, 5) die Schönheitsbeschreibung der Dame schon in Vers 6 in das *collige virgo rosas* Motiv übergehen, welches er im letzten Terzett in vorwurfsvollem Ton wiederholt: „Cogliete, ah stolte, il fior," (v. 12)[62]. Beide Male begründet er die Aufforderung mit Hinweisen auf das drohende Alter und das Wirken der flüchtigen Zeit.

Garcilasos Sonett zeigt eine wesentlich stärkere Geschlossenheit der Argumentation. Ähnlich wie bei Tasso beginnt Sonett 23 mit einer höfisch-

---

[62] Ich zitiere aus den *Notas complementarias*, S. 402.

petrarkistischen Schönheitsbeschreibung der Dame,[63] die in ähnlicher syntaktischer Verklammerung[64] sich jedoch vollständig über beide Quartette erstreckt. Die abschließende Klimax in Vers 8 übernimmt die Funktion eines Doppelpunktes am Übergang zum *collige virgo rosas* Motiv im ersten Terzett. Unvermittelt bricht in der Mitte von Vers 10, dort wo die Aufforderung begründet werden soll, der mit Weiblichkeit und Jugend verbundene Eindruck von Farbigkeit und Sinnlichkeit ab. Er weicht einer Allegorie vom Wirken der Zeit, die mit einer Semantik der Kälte und Farblosigkeit einhergeht.[65] Zusätzliches Gewicht bekommt die Warnung vor dem Wirken der Zeit durch die metrische Unregelmäßigkeit von Vers 10. Das semantische Umschlagen des Gedichtes vom Fröhlichen ins Bedrohliche verlangt eine Betonung auf der Konjunktion „antes", die die an dieser Stelle notwendige Synaloephe eigentlich verbietet. Dadurch tendiert der sonst so glatte 11-Silber an dieser Stelle zum 12-Silber, was dem Vers eine gewisse Unruhe verleiht. Des weiteren trägt der deutliche Akzent auf der ersten Silbe in Vers 13 dazu bei, der warnenden Stimme des Sprechers Gewicht zu verleihen und den absoluten Wahrheitsanspruch der abschließenden Sentenz zu untermauern.

So stehen sich in Sonett 23 höfisch-petrarkistische Schönheitsbeschreibung in den Quartetten und antiker Hedonismus in den Terzetten blockartig gegenüber, wobei die aus der Antike stammende, eigentlich skandalöse Aufforderung an die Dame in Vers 9-10 noch syntaktisch und semantisch an den heiter-sinnlichen Ton der Schönheitsbeschreibung angebunden ist. Erst in der Mitte von Vers 10 gibt der Sprecher den gefällig schmeichelnden Tonfall auf. Er macht sich nun den autoritären Gestus der Allegorie, den belehrenden Tonfall der Dichtung von Horaz, den absoluten Wahrheitsanspruch einer allgemein bekannten Weisheit vom Wirken der Zeit zunutze, um eine für die höfische Gesellschaft schockierende Erfüllung des männlichen Begehrens durchzusetzen.

Insgesamt präsentiert sich der Sprecher hier in der starken, und damit gänzlich unpetrarkistischen Position eines überlegenen Beraters, der sich im argumentativen Fortschreiten vom persönlichen Appell zum Allgemeinen, vom schmeichelnden Überreden zum autoritären Drohen unterschied-

---

[63]   Die einzelnen Bestandteile der Schönheitsbeschreibung und der symbolische Charakter von Rose und Lilie sind in der Sekundärliteratur ausführlich diskutiert worden. Sie sollen hier nicht im Einzelnen besprochen werden. Von Interesse ist vielmehr das rhetorische Geschick, mit dem hier petrarkistische Argumentationsstrategien (etwa: die Schönheit der Dame verursacht süßes Leid und rechtfertigt die Liebesklage) in den Dienst einer vollkommen unpetrarkistischen Aussage gestellt werden.

[64]   „En tanto que" (v. 1), „y que" (v. 3), „y en tanto que" (v. 5) greift den Parallelismus von Tassos *mentre che* in gelockerter Form wieder auf.

[65]   Hier wird Horaz: *Oden* IV, 13 imitiert, wo noch weitaus drastischer die Folgen des Alters, u. a. das Verblühen der Farben und das schneebedeckte Haupt, beschrieben werden.

licher Diskurse bedient, die er seinen Absichten geschickt unterzuordnen weiß.

4.4.2 Moralische Überlegenheit: Epikureismus und die neuerworbene Freiheit (Sonett 34)

Ähnlich selbstbewußt und offen wie in Sonett 23 werden auch in Sonett 34 antike Vorstellungen vertreten. Gleich zu Beginn (v. 1-2) äußert der Sprecher seine Freude über die neugewonnene Freiheit vom Joch der Liebe, wobei die vergangene Liebe durch die Jochmetapher eindeutig als höfisch-petrarkistische Liebe ausgewiesen wird.[66] In den Versen 3-4 betont dann der Sprecher in einer klaren Anspielung auf Lukrez[67] seine Fähigkeit, in Zukunft die stürmische See mit der kontemplativen Gelassenheit des Epikureismus aus der Distanz zu betrachten. Der Rest des Sonetts malt diese Vorstellung des distanzierten, freudigen Beobachtens weiter aus.[68] Die Bewertung der höfischen Liebe, die nunmehr nur noch andere quält, fällt durch die Aufzählung ihrer typischen Merkmale – Todesnähe, Irrtum, Illusion, Blindheit und Taubheit gegenüber gutem Rat – vernichtend aus. In Abgrenzung von den Übeln (v. 9 und 13) der Liebe bezeichnet der Sprecher sich selbst als „sano" (v. 12). Wiederum in Anlehnung an Lukrez (II, v. 3-4) beschreibt der Sprecher am Ende (v. 13-14) seine Freude ausdrücklich als Freude über das eigene Wohlergehen. Wie Lukrez verwahrt er sich gegen den Vorwurf der Schadenfreude.

Sonett 34 beschreibt also einen weitgehend abgeschlossenen Prozeß der Befreiung von der höfischen Liebe. Der Sprecher macht sich dabei die distanzierte Gelassenheit des Epikureismus zu eigen. Auffällig ist, daß er den Standpunkt des Beobachters von „e terra" (Lukrez, II, v. 2) zu einem „desde lo alto" (v. 4) in seinem Sonett verändert. Möglicherweise handelt es sich hier um eine Anspielung auf die lichten Höhen der Weisheit, von wo der Epikureer herabblickt auf das nichtige Streben und Wetteifern der Menschen nach Ruhm, Reichtum und Macht.[69] Die durch den erhöhten Standpunkt angedeutete moralische Überlegenheit könnte dann eine vernichtende Beurteilung nicht nur der höfischen Liebe, sondern sogar der gesamten höfischen Gesellschaft mit einschließen.

---

[66] Vgl. die Anmerkungen und *Notas complementarias* zu Sonett 34. Bei Petrarca findet sich die Jochmetapher in zahlreichen Gedichten, allein in der Kombination *grave giogo* in *Canz.* 29, v. 7, *Canz.* 50, v. 61, *Canz.* 51, v. 12.

[67] Vgl. Lukrez: *De rerum natura* II, v. 1-2.

[68] „veré" in v. 4 und 5, „Alegraráme" in v. 9, „alegraréme" in v. 12.

[69] Vgl. Lukrez: *De rerum natura* II, v. 7-19.

4.4.3 Die Überlegenheit antiker Rollenvorstellungen: Männliche Tapferkeit und tragische Schwäche (Sonett 29)

In Sonett 29 wird der Konflikt zwischen höfisch-petrarkistischen und antiken Elementen schon rein formal in der Verwendung der Sonettform einerseits und dem distanzierten Erzählen in der dritten Person andererseits deutlich. Der Stoff, die aussichtslose Situation eines Liebenden, ist der antiken Mythologie entnommen: Leander durchschwimmt jede Nacht den Hellespont, um zu seiner Geliebten zu gelangen, bis er in einer stürmischen Nacht in den Wellen ertrinkt. Sonett 29 beschreibt den kritischen Moment, in dem Leander seine aussichtslose Situation erkennt. Die Darstellung dieses Augenblicks geschieht klar in Anlehnung an den Petrarkismus. Der im Liebesfeuer entbrannte Liebende (v. 2), geschwächt von der Anstrengung (v. 5), muß erkennen, daß er sein höchstes Gut nicht erreichen kann (v. 7) und daß er dem Tod nahe ist (v. 7). Ein letztes Mal erhebt er seine schwache Stimme (v. 9), um eine Bitte auszusprechen: Er möchte die Dame noch einmal wiedersehen, bevor er stirbt (v. 12-14). Wind und Wellen, also die Hindernisse, die ihn von der Geliebten fernhalten, weisen einige typische Eigenschaften der höfischen Geliebten auf. Die stürmische See zeichnet sich durch „ímpetu furioso" (v. 4) und „furor" (v. 14) aus, den schwachen Bitten des Liebenden schenkt sie kein Gehör (v.11).[70] Andererseits stellt der antike Mythos jedoch Vorstellungen bereit, die der höfisch-petrarkistischen Liebeskonzeption klar widersprechen. Vor allem die grundsätzliche Unerreichbarkeit der Dame wird durch das antike Vorbild in Frage gestellt. Bekanntermaßen hat Leander vor seinem Tod bereits mehrfach die Nacht bei seiner Geliebten verbracht. Die Bitte an die stürmische See („Ondas", v. 12), ihren „furor" (v. 14) zunächst auszusetzen, ihn zu der Dame gelangen und danach erst sterben zu lassen (v. 13-14), artikuliert folglich den Wunsch nach sexueller Erfüllung. Angesichts der doppelten Lesbarkeit anderer Sonette[71] erscheint auch hier eine konkret erotische Lesart denkbar.

---

[70] Das höfisch-petrarkistische Kräfteverhältnis von männlicher Schwäche und weiblicher Stärke findet sich auch bestätigt in der Untersuchung von Graf. Er weist auf die männlich-weibliche Dialektik in Sonett 29 hin und zeigt anhand der Genusverteilung, wie der Text von einer männlichen Dominanz am Textanfang zu einer Dominanz des Weiblichen am Ende tendiert. Vgl. *Forcing the Poetic Voice*, S. 170-171. Graf vertritt die These, daß in Sonett 29 die Renaissancevorstellung von einer universellen Harmonie dekonstruiert wird. Die Disharmonie des Geschlechterverhältnisses dient hier nur als ein Beispiel, daneben sieht Graf das Harmonieprinzip auch auf metapoetischer Ebene und im Zahlenspiel des Sonetts unterlaufen. Graf kommt zu der Schlußfolgerung, daß Garcilasos Werk sich einer Einordnung in gängige weltanschauliche Kategorien der Renaissance entzieht: „We must avoid the urge to see Garcilaso's text as a particular style or „type" of poetry that expresses a specific and definable *cosmovisión*. [...] Simply put, we cannot allow for a singular Garcilaso; there is no one philosophy, other than that of an immensely variable humanism" (*Forcing the Poetic Voice*, S. 183).

[71] Vgl. oben, Kap. 3.2.5 dieser Arbeit.

Schon im ersten Quartett finden sich hierfür deutliche Anzeichen: Vers 2 „en amoroso fuego todo ardiendo" verweist eindeutig auf das sexuelle Begehren des ungeduldigen Don Fernando in der *Egloga II*.[72] Die schon genannten weiblichen Charaktermerkmale der stürmischen See, ihr „ímpetu furioso" (v. 4) und ihr „furor" (v. 14) lassen sich nicht nur als wütende Abwehr, sondern eventuell auch als sexuelle Unersättlichkeit der Frau deuten. Möglicherweise ist es die Fähigkeit der Frau zum mehrfachen Orgasmus (las ondas?), die dem Mann die Erfahrung der eigenen Schwäche beschert:

Vencido del trabajo presuroso,
contrastar a las ondas no pudiendo,
y más del bien que allí perdía muriendo (Son. 29, v. 5-7)

Das letzte Terzett wäre dann zu lesen als eine Bitte des Mannes, ihn zunächst ans Ziel seiner Wünsche gelangen zu lassen („dejadme allá llegar", v. 13) und danach das Liebesspiel fortzusetzen: „y a la tornada / vuestro furor esecutá en mi vida»." (v. 13-14).

Die Opposition von weiblicher Stärke und männlicher Schwäche, die in Sonett 29 unbestreitbar ist, kann also mit Sicherheit auf ein höfisch-petrarkistisches Rollenmuster bezogen werden, daneben mit einiger Vorsicht, da diese Lesart nicht eindeutig zu beweisen ist, auch auf den konkreten Erfahrungsbereich des Mannes als Sexualpartner. Allerdings wird die männliche Schwäche in Sonett 29 keineswegs als grundsätzlich angesehen. Die von Martial übernommene Charakterisierung Leanders als „animoso" (v. 1)[73] impliziert Tatkraft und Durchsetzungsvermögen als Voraussetzung dafür, daß Leander Nacht für Nacht alle Hindernisse überwindet, um sexuelle Erfüllung zu suchen. Die Schwäche des Liebenden stellt hier kein ewig sich perpetuierendes, zyklisches Geschehen dar. In der Geschichte von Leander ist sie vielmehr ein einmaliges, tragisches Ereignis, das Tatkraft und Durchsetzungsvermögen des Liebenden nicht grundsätzlich in Frage stellt.

Schon in der Auseinandersetzung Garcilasos mit der höfisch-petrarkistischen Tradition war die Schwäche des Liebenden ein zentrales Motiv und Gegenstand ironischer Relativierung. Im Dialog zwischen höfisch-petrarkistischer Liebe und Antike ist die Schwäche des Mannes wieder ein zentrales Charakteristikum des höfischen Liebenden, während die Antike dagegen männliche Tugenden wie Mäßigung, distanzierte Gelassenheit, rhetorische und dichterische Kunstfertigkeit, Tatkraft und Durchsetzungsvermögen, aber auch Vorstellungen von heldenhafter Größe und tragi-

---

[72] Vgl. *Egloga II*, v. 1702. Diese Textstelle geht ihrerseits auf Ariosts *Orlando furioso* (XIX, 26, v. 8) und das sexuelle Begehren zwischen Angelica und Medor zurück.

[73] Vgl. das Epigramm von Martial in den Anmerkungen zu Sonett 29.

schem Scheitern bereithält. Wie die Analyse der *Elegía II* und der *Canción IV* ergeben hat, sind jedoch die antiken Modelle den neuzeitlichen nicht automatisch überlegen. Ein solcher Automatismus würde eine neuerliche Erstarrung und Konventionalisierung bewirken, die ein kritischer Geist wie Garcilaso wohl zu vermeiden wußte. Antike Modelle bieten dem Dichter aber, wie sich in den Sonetten 15, 23, 29 und 34 gezeigt hat, zumindest im Prinzip die Möglichkeit, das in der Renaissancelyrik festgeschriebene Geschlechterverhältnis, das zur Norm gewordene Muster von der Macht und Unnahbarkeit der Frau und der Schwäche des Mannes aufzubrechen und die Überlegenheit des Mannes zu behaupten.

5 Antiker Mythos und die Problematisierung der Geschlechterrollen

Auch im Folgenden werden Texte vorgestellt, in denen höfisch-petrarkistische Liebe und Antike, zumeist antiker Mythos, aufeinandertreffen
und im Dialog neue Sinnstrukturen entstehen lassen. Im Gegensatz zu den
vorausgegangenen Beispielen soll hier jedoch ein eher subversives Wirken
antiker Modelle in scheinbar petrarkistischen Texten nachgewiesen werden. So wird die Darstellung von männlichem Leid und Schwäche gelegentlich durch eine Identifikation des Mannes mit Frauenfiguren aus der
antiken Mythologie erreicht. Die Stärke, Grausamkeit und Macht der Geliebten wird hingegen mit besonders unheimlichen, für den Mann geradezu bedrohlichen Frauengestalten der antiken Mythologie in Verbindung
gebracht. Dies rechtfertigt die These, daß durch den Einfluß des antiken
Mythos das höfisch-petrarkistische Kräfteverhältnis zwar auf den ersten
Blick scheinbar bestätigt, bei genauerer Betrachtung jedoch eher grotesk
überzeichnet wird. Daß die Vorstellung vom Geschlechterverhältnis in
Bewegung geraten ist, zeigt sich schließlich in der *Ode ad florem Gnidi* und
der *Egloga I*, wo durch den Dialog mit der Antike die Darstellung der Geschlechterbeziehungen eine bisher unerreichte Komplexität und Tiefe erreicht.

5.1 Ambiguität der männlichen Rolle: Weinen ist weibisch (Sonett 11, 33 und 10)

Sonett 11 enthält den Appell eines Sprechers an einige Flußnymphen, seine
Klagen anzuhören. In den Quartetten erfolgt zunächst eine Anrede an die
Nymphen mit einer Beschreibung ihres arkadischen Lebensraumes. In den
Terzetten werden die Nymphen dann aufgefordert, ihre Tätigkeit zu un-
terbrechen. Sie sollen dem Sprecher für kurze Zeit ihre Aufmerksamkeit
schenken, bis sie ihm vor Mitleid nicht mehr zuhören können oder bis er
sich in Tränen aufgelöst hat, so daß sie ihn danach im Wasser trösten können. Mit keinem Wort wird in Sonett 11 die Ursache des Leids erwähnt. Es
genügt die Sonettform, zusammen mit dem Motiv des Weinens, um den
höfisch-petrarkistischen Sinnzusammenhang eindeutig herzustellen.
    Die Situation des am Ufer klagenden Mannes hat in der Literatur der
Antike und der Renaissance bereits zahlreiche Vorläufer.[1] Die stärksten

---

[1] Für einen Überblick vgl. die Anmerkungen und *Notas complementarias* zu Sonett 11.

Übereinstimmungen hinsichtlich der Nymphen, ihres Lebensbereiches und ihrer Beschäftigung finden sich zu Vergils *Georgica* (IV, v. 315-365), wo der Hirte Aristäus wegen seines Mißerfolgs als Imker am Flußufer der Mutter und den Schwestern sein Leid klagt, des weiteren zu Sannazaros *Arcadia*, wo webende Nymphen dem Erzähler eine Vorahnung vom Tod der Geliebten vermitteln (prosa XII, 16) und wo der Hirte Carino, bewegt von Trauer und Todessehnsucht, seine Abschiedsrede an die Nymphen richtet (prosa VIII, 47). Auch in Petrarcas Sonett 303 findet sich eine ähnliche Sprechsituation (*Canz.* 303, v. 9-11), so daß Garcilasos Sprecher gleich mit mehreren männlichen Modellen, den Hirten Aristäus und Carino, den Dichtern Sannazaro und Petrarca, identifizierbar ist. Mit der Verwendung des *subjuntivo* „estéis" (v. 5) wird dabei die schöpferische Kraft des Dichters besonders betont, das Reich der Nymphen als Produkt seiner dichterischen Imagination gekennzeichnet.

Das Motiv des Weinens, in den Quartetten zunächst nur durch die literarischen Vorbilder angedeutet, wird erst im letzten Terzett explizit genannt. Die dort angekündigte Verwandlung des Weinenden in Wasser geht wiederum auf zwei literarische Modelle zurück. In den Metamorphosen von Ovid (IX, 453-665) irrt Byblis, von inzestuöser Liebe zu ihrem Zwillingsbruder getrieben, durch die Welt. Sie wird, nachdem die Nymphen vergeblich versuchen, die Weinende zu trösten, in eine Quelle verwandelt. Die Liebe der Byblis weist gleich mehrere Merkmale auf, die sie als Modell für die höfisch-petrarkistische Liebesdichtung geeignet erscheinen lassen: Sie ist als körperliches Begehren moralisch verwerflich (*Met.* IX, v. 454),[2] sie bleibt unerwidert (v. 574-579) und sie steigert sich schließlich zu einem unkontrollierbaren *amor loco* (v. 630-655). Im letzten Terzett von Sonett 11 kommt somit einer Frauengestalt anstelle von Hirten und Dichtern Modellfunktion zu. Die Verwandlung des Weinenden zu Wasser im letzten Vers geht einher mit einer Metamorphose vom Mann zur Frau.

Auch Petrarca hat den Byblismythos in seiner Verwandlungskanzone (*Canz.* 23) verwendet. Dort werden in mehreren aufeinanderfolgenden Verwandlungen weibliche wie männliche Modelle der antiken Mythologie zur Darstellung seelischer Zustände genutzt,[3] so daß Weiblichkeit nur eine Facette des inneren Empfindens darstellt. In Garcilasos Sonett 11 hingegen, wo die Verwandlung zu Wasser einzig und endgültig bleibt, stellt Weiblichkeit nicht nur eine Spielart inneren Geschehens dar. Der Verlust der Männlichkeit im Moment des Weinens wird zu einem endgültigen Vorgang, das petrarkische Vorbild wird durch die konkrete Körperlichkeit, die

---

[2] Die inzestuöse Liebe der Byblis dürfte in den Augen der Renaissancegesellschaft sogar einen noch schwerwiegenderen Verstoß gegen gesellschaftliche Normen darstellen als der in der höfischen Lyrik ersehnte Ehebruch.

[3] Der Dichter verwandelt sich nacheinander in einen Lorbeer (= Laura), Cygnus, Phaeton, Battus, Byblis, Echo, Aktäon.

beinahe dekadent sinnliche Süße und die Unumkehrbarkeit der angekündigten Verwandlung übertroffen. Bei Petrarca wird das Ausloten weiblicher Dimensionen der männlichen Psyche von ungläubigem Staunen begleitet: „Chi udí mai d'uom vero nascer fonte?" (*Canz.* 23, v. 119). Petrarcas rhetorische Frage, die als Antwort *nessuno* erwarten läßt, dient vor allem dazu, die Einzigartigkeit der seelischen Verwandlungsprozesse hervorzuheben. Petrarcas staunende Frage könnte aber mit etwas anderer Betonung – „Chi udí mai *d'uom vero* nascer fonte?" (*Canz.* 23, v. 119) – auch auf Garcilasos Sonett 11 bezogen werden. Zwar ist bei solchen Textspielereien Vorsicht geboten, denn explizite Hinweise auf Petrarcas Vers 119 enthält Garcilasos Sonett nicht. Sein distanziertes Verhältnis zur petrarkischen Weichheit und Leidensbereitschaft lädt aber zu einer solchen ironisch distanzierten Petrarcalektüre geradezu ein, und Garcilasos Verwendung des Byblismythos läßt immerhin deutlich erkennen, daß sich das Verständnis „wahrer Männlichkeit" seit der Zeit Petrarcas grundlegend geändert hat. Während bei Petrarca weibliche Facetten der männlichen Psyche in der Liebesklage noch für inneren Reichtum stehen, bedeutet heftiges Weinen bei Garcilaso den völligen Verlust der Männlichkeit, dargestellt in Anlehnung an den antiken Mythos von der seelischen Entgleisung einer Frau.

Neben den Metamorphosen von Ovid ist auch Vergils *Aeneis* ein wichtiger Modelltext für Garcilaso. Mehrfach wird auf Äneas, den epischen Helden, als Identifikationsfigur angespielt.[4] Gelegentlich kann in Garcilasos Dichtung aber auch die Liebesklage der verlassenen Dido zum Ausgangspunkt für eine höfisch-petrarkistische Liebesklage werden. Wie bei Byblis, so stellt sich auch hier die Frage, inwiefern das höfisch-petrarkistische Rollenverständnis durch das weibliche Modell beeinflußt wird.

Sonett 33, ein Brief an Boscán in Sonettform, geschrieben 1535 während des Afrikafeldzuges unter Karl V, nimmt einen historischen Anlaß und einen realen Ort als Ausgangspunkt für allgemein historische und persönliche Betrachtungen. Der Sieg Karls V (v. 1-4) weckt Erinnerungen an den Sieg Scipios des Jüngeren und die Zerstörung von Karthago (v. 5-11). Der Gedanke an Feuer und Zerstörungen des Krieges (v. 9-11) wird über einen allmählichen Assoziationsprozeß[5] auf die zerstörerische Wirkung der Liebe (v. 12-14) gelenkt.

Mit der gedanklichen Verbindung von Krieg und Liebe knüpft der Dichter nicht nur an das Renaissanceideal der *armas y letras* an, sondern er greift mit der Betrachtung der Ruinen ein in der Renaissancelyrik beliebtes

---

[4] Vgl. etwa die *Elegía II*, v. 103-105 oder die *Egloga I*, v. 394-397.

[5] Die Begriffe „encendimiento", „fuego" und „llama" (v. 9-10) stehen zunächst für die Zerstörung Karthagos durch die Römer. Ihre metaphorische Verwendung ist aber seit den Provenzalen so stark konventionalisiert, daß Assoziationen zur höfisch-petrarkistischen Liebe sich schon in Zeile 9-10 beinahe automatisch einstellen.

Motiv auf, das zu unterschiedlichen Aussagen genutzt werden kann. Während bei Castiglione und Cetina der Anblick antiker Ruinen dem jeweiligen Sprecher Trost gibt und Zuversicht, daß mit der Zeit auch seine Liebesqualen enden werden,[6] führt bei Bembo die Betrachtung des historischen Ortes zu einer bereitwillig akzeptierten Einsamkeit und Weltferne des Liebenden und damit zur kontemplativen Gelassenheit neoplatonischer Liebe.[7] Garcilasos Sonett nimmt eine vollkommen andere Wendung. Hier findet der Sprecher weder Trost noch kontemplative Ruhe. Der Anblick des historischen Ortes schürt vielmehr die Liebesqualen des Liebenden bis hin zur völligen Selbstauflösung:

> Aquí donde el romano encendimiento,
> donde el fuego y la llama licenciosa
> solo el nombre dejaron a Cartago,
>
> vuelve y revuelve amor mi pensamiento,
> hiere y enciende el alma temerosa,
> y en llanto y en ceniza me deshago. (Son. 33, v. 9-14)

Innere Unruhe, Verwundung, Brennen der Seele sowie Tränen sind traditionelle Bestandteile der höfisch-petrarkistischen Lyrik, der Sprecher gibt sich im letzten Terzett also eindeutig als höfischer Liebender zu erkennen. Der Ort Karthago ist jedoch auch eng mit seiner Gründerin Dido verbunden. Das Weinen in Kombination mit dem ungewöhnlichen Motiv der Verwandlung zu Asche[8] verweist deshalb zugleich auf die Liebesklage der Dido und auf den Scheiterhaufen, den die von Äneas Verlassene vor ihrem Selbstmord entzündet.[9] Auch die Feuermetaphorik im vorausgehenden Terzett, insbesondere der Begriff des „romano encendimiento" (v. 9) erscheint rückblickend auf Didos Liebe zu Äneas, dem Begründer des römischen Reiches, beziehbar.[10]

Wie in Sonett 11, so wird auch hier im Moment des Weinens der Liebende mit einer Frauengestalt aus der antiken Mythologie identifiziert, die in Liebesraserei verfällt und schließlich den Tod findet. Durch die Verbindung mit dem exzessiven Liebesleid einer Frau, vor allem aber durch das Selbstmordmotiv wird der höfisch-petrarkistische Sinnhorizont von männlicher hilfloser Verzweiflung und Todessehnsucht extrem überzeichnet.

---

6   Beide Sonette sind zitiert in H-186, S. 369.
7   Bembos Sonett ist zitiert in den *Notas complementarias* zu Sonett 33, S. 411.
8   Das Wirken des Liebesfeuers auf den Liebenden wird in der höfisch-petrarkistischen Tradition sonst eher mit den Metaphern von schmelzendem Eis oder Wachs veranschaulicht.
9   Zwar tötet sich Dido mit dem Schwert des Äneas, das Errichten eines Scheiterhaufens verleiht dem Selbstmord jedoch den Charakter eines Opfers (vgl. Ovid: *Metamorphosen* XIV, v. 78-81), ja sogar einer magischen Beschwörung (vgl. *Aeneis* IV, 608-629).
10   Vgl. das Brennen der Dido in der *Aeneis* IV, die Verse 2, 54, 66, 68.

In Sonett 10 beklagt der Liebende zunächst, daß die *prendas*, ein Liebespfand der Dame und Zeichen früheren Glücks, nunmehr nur schmerzliche Gefühle in ihm wecken, daß diese sich mit seiner „memoria" (v. 3) gegen ihn verschworen haben, um seinen Tod herbeizuführen (v. 4). Mit Hilfe einer rhetorischen Frage (v. 5-8) betont er, daß er von einem solchen Wechsel[11] nichts ahnen konnte. In den Terzetten fordert er die *prendas* auf, ihm, nachdem sie ihm das Glück genommen haben, nun auch das Leid zu nehmen. Sonst müsse er annehmen, daß sie ihm das Glück nur gaben, um ihn in traurigen Erinnerungen sterben zu sehen.

Durch die Anrede an die „dulces prendas" (v. 1) wird gleich zu Beginn des Sonetts eine Verbindung zwischen dem Liebenden und Dido hergestellt.[12] Parallelen zu Didos letzten Worten vor ihrem Selbstmord bestehen außerdem in der Abhängigkeit des Glücks von der göttlichen Gunst und dem Wunsch nach Befreiung vom Leid.[13] Im Unterschied zum Sprecher des Sonetts, der sich über eine todbringende Verschwörung der *prendas* gegen ihn beklagt, wünscht Dido sich jedoch Erlösung vom Liebesschmerz durch den Tod.

Neben den Anspielungen auf Dido wird in Sonett 10 zugleich auch auf Petrarca verwiesen. In *Canz.* 37, v. 36 war das erinnerte, nunmehr vergangene Glück ebenfalls von der göttlichen Gunst abhängig. Garcilasos Motiv der Verschwörung gegen den Liebenden findet sich auch in einem *in morte*-Sonett[14] von Petrarca. Dort erinnert sich der Dichter an die letzte Begegnung mit der Dame und er erkennt, daß Verlust und Trauer schon vorherbestimmt waren, er selbst jedoch blind war für die Anzeichen:

Ma 'nnanzi agli occhi m'era post' un velo
che mi fea non veder quel ch'i' vedea,
per far mia vita subito piú trista. (*Canz.* 329, v. 12-14)

Eine solche Blindheit im Moment des Glücks für die Anzeichen drohenden Unheils findet sich wiederum nicht nur bei Petrarca, sondern ebenso bei

---

[11] Ich übernehme hier die Interpretation von C. B. Johnson, der jede konkret materielle oder gar biographische Deutung der *prendas* ablehnt und diese als Zeichen versteht: „Their importance resides not in what they are but in what they stand for, what they signify. And in the sonnet the *prendas* do not have a fixed signification. At one time they signified happiness, but now, in a different context, they mean the exact opposite." Johnson deutet das Sonett als „a poem about signification itself." (Carroll B. Johnson, „Personal Involvement and Poetic Tradition in the Spanish Renaissance: Some Thoughts on Reading Garcilaso", in: *Romanic Review* 80 (1989), S. 288-304, hier S. 291 und 292).

[12] Vgl. B-12, S. 242 und H-75, S. 317. Beide Kommentatoren zitieren den Anfang von Didos letzter Klage an die *dulces exuviae* (*Aeneis* IV, 651).

[13] Vgl. *Aeneis*, IV, v. 651-652.

[14] *Canz.* 329, v. 2.

Dido[15]. So ergibt sich allmählich ein dichtes Netz von intertextuellen Anspielungen, die Garcilasos Liebenden mit Dido und Petrarca in einer Art Dreiecksverhältnis in Beziehung setzen. Die männliche Liebesklage gerät damit wieder in den Verdacht des Weibischen.

In Anbetracht der beiden Identifikationsfiguren Dido und Petrarca erscheint nun die Ahnungslosigkeit des Sprechers reichlich naiv, wenn er fragt:

> ¿Quién me dijera, cuando las pasadas
> horas que'n tanto bien por vos me vía,
> que me habiades de ser en algún día
> con tan grave dolor representadas? (Son. 10, v. 5-8)

Beide Modellfiguren, Dido wie Petrarca, hätten ihn lehren können, dem Glück nicht blind zu vertrauen. In beiden Fällen war der unerwartete Wechsel vom Glück zum Leid durch sorglose Naivität selbst verschuldet. Der höfische Liebende, dem gleiches passiert, muß sich fragen lassen, wie es angesichts der literarischen Modelle um seine Weitsicht bestellt ist, beziehungsweise ob er nicht überhaupt mit Petrarca und Dido zwei ungeeignete Vorbilder zur Nachahmung ausgewählt hat.

Mit Beginn der Terzette nimmt Sonett 10 jedoch eine auffällige Wende. Der Sprecher fordert hier die *prendas* auf, ihm nach dem Glück nun auch das Leid zu nehmen. Ansonsten müsse er ihnen unterstellen, daß sie von vornherein üble Absichten gegen ihn hegten. Zwar wird auch hier noch einmal auf Dido und Petrarca angespielt,[16] deren Modellfunktion scheint uneingeschränkt fortzubestehen. Jedoch wird die Aufforderung an die *prendas* durch den Bedingungssatz „si no, sospecharé" (v. 12) zu einer autoritären Geste. Der Sprecher stellt seinem Gegenüber eine Art Ultimatum, für den Fall der Nichterfüllung droht er mit Konsequenzen. Damit hat er sich von seinen Vorbildern weit entfernt. Während im bisherigen Text der Sprecher immer nur als Objekt fremden Handelns die Rolle eines Erleidenden innehat,[17] übernimmt er in Vers 12 mit „sospecharé" die Rolle des handelnden Subjekts. Anders als bei Dido und Petrarca gibt es für ihn kein resigniertes Sich-Fügen in das Schicksal. Was er im ersten Terzett fordert – kein Glück, also auch kein Leid – ist die Aufhebung des Zeichencharakters der *prendas*. Entweder vollziehen sie nach ihrem ersten Bedeutungswandel nun einen Wandel zur Bedeutungslosigkeit, oder, so die Ankündigung im zweiten Terzett, der Sprecher selbst wird eine grundsätzliche Umdeutung

---

15 Vgl. *Aeneis* IV, 166-170, wo Dido bei der ersten Vereinigung mit Äneas die warnenden Zeichen nicht wahrnimmt.

16 Mit „lleváme junto el mal" (v. 11) nimmt er Bezug auf die Rede der Dido (vgl. *Aeneis* IV, 652). Mit „porque deseastes / verme morir entre memorias tristes" (v. 13-14) auf den petrarkischen Sonettschluß „per far mia vita subito piú trista." (*Canz.* 329, v. 14).

17 Siehe z.B. „por mi mal halladas" (v. 1), „en mi muerte conjuradas" (v. 4), „que'n tanto bien por vos me vía" (v. 6) usw.

vornehmen. Wenn er die üble Absicht hinter den „tantos bienes" (v. 13) entlarvt, distanziert er sich von der sorglosen Naivität der frühen Liebe ebenso wie von Dido und Petrarca als literarischen Modellen und demonstriert statt dessen kritisches Denken, Unabhängigkeit und Entschlußkraft. Ähnlich wie in den Kanzonen 1 und 2 wird in den Terzetten von Sonett 10 das höfische Rollenmuster von männlicher Schwäche und passivem Erleiden durchbrochen. Nachdem in den Quartetten von Sonett 10 durch die Identifikation mit Dido Zweifel an der Männlichkeit des klagenden Liebenden möglich sind, kann die Drohgebärde am Ende als eine besonders eindeutige Manifestation von Männlichkeit aufgefaßt werden.

5.2 Faszination und Bedrohung: Die männermordende Frau in der *Egloga II* und in Sonett 2

Die These, daß durch die Idealisierung der Frau in der höfischen Liebeslyrik einem männlichen Unbehagen am Geschlechterverhältnis begegnet wird, trägt wesentlich dazu bei, den ungeheuren Erfolg der höfischen Liebeslyrik zu erklären.[18] Im Laufe der Jahrhunderte erfährt das höfische Modell zwar gewisse Modifikationen,[19] die Überhöhung der Frau, ihre innere wie äußere Schönheit und Tugend sowie ihre Macht über den Liebenden bleiben jedoch auch im Petrarkismus des *cinquecento* zentral. Sie lassen darauf schließen, daß bis in die Renaissance hinein das männliche Unbehagen am Geschlechterverhältnis latent vorhanden bleibt und daß in der höfischen Gesellschaft andere Bewältigungsstrategien noch kaum zur Verfügung stehen.[20]

Einem kritischen Geist wie Garcilaso muß dieses latente Unbehagen in zunehmendem Maße bewußt gewesen sein. Anders ließen sich die subtilen sexuellen Anspielungen in einigen seiner Gedichte[21] nicht erklären. Unbehagen scheint ihm aber vor allem die starke Konventionalisierung der Geschlechterrollen in der höfisch-petrarkistischen Lyrik zu bereiten. Sein subversiver Umgang mit höfischen Rollenmustern, unkonventionell schon in der ambivalenten Darstellung des leidenden Mannes, macht natürlich

---

18 Vgl. oben, Kapitel 2.1 dieser Arbeit.
19 Vgl. oben, Kapitel 2.2 und 2.3 dieser Arbeit.
20 Allerdings scheint sich im 16. Jahrhundert die Auffassung vom Geschlechterverhältnis allmählich zu verändern. Erste Anzeichen für eine solche Öffnung finden sich bereits zu Beginn des Jahrhunderts, etwa wenn in der neoplatonischen Liebeskonzeption die gegenseitige, geistige Liebe zum Ideal erklärt wird, oder wenn im *Cortegiano* neben höfischen Rollenvorstellungen auch explizit frauenfeindliche Äußerungen (z.B. von Gaspar Pallavicino gegen Ende des 2. Buches und im 3. Buch) oder Vorstellungen von der intellektuellen, ethischen oder politischen Gleichwertigkeit der Frau (z.B. von Julián el Manífico im 3. Buch) ernsthaft diskutiert werden.
21 Vgl. vor allem Kapitel 3.2.5 dieser Arbeit.

auch vor der traditionellen Idealisierung der Frau nicht halt. Im Zusammentreffen von höfisch-petrarkistischen Vorstellungen und antiken Modellen entsteht in Garcilasos Lyrik ein ähnlich ambivalentes Bild der Frau. Im Folgenden sollen einige Textbeispiele vorgeführt werden, in denen das Idealbild der keuschen, sich verweigernden Frau überlagert wird von einer bedrohlichen, ja mörderischen Weiblichkeit. Was früher allenfalls unbewußt zur Faszination der höfischen Liebeslyrik beitrug, wird nunmehr durch das Einbeziehen antiker Texte explizit sichtbar gemacht: die unheimliche Stärke der Frau, die Bedrohung des Mannes durch das Weib.

Camila, keusche Nymphe der Diana, die den Schäfer Albanio in der *Egloga II* zurückweist und dadurch beinahe in den Selbstmord treibt, entspricht auf den ersten Blick ganz dem Frauenbild der höfischen Liebeskonzeption. Ihre Schönheit (v. 172) löst bei Albanio eine zunächst reine Liebe (v. 184), bald aber auch starkes Begehren (v. 321) aus. Der Liebende leidet heftig und bricht schließlich sein Schweigen mit einem Liebesgeständnis (v. 467-472). Camila fühlt sich in ihrer Tugendhaftigkeit verletzt („él fue muy voluntario y sin respeto." v. 758). Zornig verläßt sie Albanio. Ihre abweisende Haltung rechtfertigt sie mit ihrem Keuschheitsgelübde, wobei sie sich ein antikes Vorbild, Ovids Nymphe Callisto als warnendes Beispiel vor Augen hält:

> que antes Camila muera que padezca
> culpa por do merezca ser echada
> de la selva sagrada de Dïana! (Egl. II, v. 750-752)[22]

In Ovids Metamorphosen wird die Nymphe Callisto von Jupiter vergewaltigt und später, als die Schwangerschaft sichtbar wird, von Diana aus der Gemeinschaft der Nymphen ausgeschlossen. Als Identifikationsfigur impliziert sie weibliche Schwäche und das schuldlose Erleiden männlicher Willkür. Camila sieht sich somit eindeutig als Opfer der männlichen Begierde. Dem entsprechen auch ihre Schuldzuweisungen an Albanio (v. 811-813, 817-819) und ihr geschicktes Rollenspiel als schwache Frau, mit dem es ihr gelingt, sich aus seiner Umklammerung zu befreien (v. 832-861).

Erst durch die Berücksichtigung eines weiteren antiken Modelltextes wird Camila aber zur ambivalenten Figur. Durch die Namensparallele und auffällige Übereinstimmungen im Lebenslauf wird auf eine andere Camilla, die Tochter des Metabus in der Aeneis, verwiesen. Diese, ebenfalls der Diana geweiht und als keusche Jägerin aufgewachsen,[23] wird später zur männermordenden Amazone, die jubelnd unter ihren Feinden ein Blutbad anrichtet, bis sie schließlich aus weiblicher Begierde nach einer goldglänzenden Rüstung in einen Hinterhalt gerät und getötet wird.[24] In Garcilasos

---

22 Vgl. *Met.* II, v. 409-507.
23 Vgl. *Aeneis* XI, 557-584.
24 Vgl. *Aeneis* XI, 648-804.

Ekloge wird durch die grausame Lust an der Vogeljagd und die unerbittliche Verfolgung eines angeschossenen Rehbocks die ähnlich mörderische Veranlagung von Camila sichtbar gemacht. Camilas Lust am Töten und die deutlichen Parallelen Albanios zu den gejagten Tieren[25] kehren das Kräfteverhältnis des Callistomythos um: Die Frau wird zum Täter, der Mann zum Opfer. Zwar wird in der höfischen Tradition häufig ein ähnliches Kräfteverhältnis dargestellt. Während dort jedoch die weibliche Grausamkeit mit Tugend und hohem Status der Frau einhergeht, kippt durch die Anspielung auf Vergils Camilla die weibliche Keuschheit und Tugend um in eine bedrohliche Lust am Töten.

Garcilasos Sonett 2 hat aufgrund seiner konventionell höfischen Bildlichkeit bisher nur wenig Beachtung gefunden. Die Verwendung einer Kriegs- und Kampfmetaphorik hat in der höfischen Liebeslyrik eine lange Tradition, das hier ins Extrem gesteigerte, heftige Leiden des Liebenden wird gerne einem spanisch-höfischen Temperament zugeschrieben.[26] Der Sprecher in Sonett 2 beschreibt sich als besiegten Krieger, der aus den Händen seines Gegners (= der Dame) den Tod erwartet. Der höfische Kontext wird einerseits durch das traditionelle Verhältnis von männlicher Schwäche und weiblicher Stärke, vor allem aber durch das Motiv des Weinens und die spröde Härte der Dame (v. 9-11) verdeutlicht. Selbst die Aufforderung des Sprechers, die Dame möge ihn aus Rache für ein nicht näher bezeichnetes Vergehen[27] töten (v. 14), läßt sich als extremer Ausdruck unerträglichen Leids noch einigermaßen höfischen Sinnstrukturen zuordnen, auch wenn hierbei das zirkuläre Schema der nie endenden höfisch-petrarkistischen Liebe preisgegeben wird.

Größeren Erklärungsbedarf hat in Sonett 2 allerdings seit jeher das zweite Quartett verursacht:

> mi vida no sé en qué s'ha sostenido,
> si no es en haber sido yo guardado
> para que sólo en mí fuese probado
> cuánto corta un'espada en un rendido. (Son 2, v. 5-8)

Die Vorstellung eines Schwertes, das in das Fleisch des besiegten Mannes schneidet, ist in der höfischen Lyrik ungebräuchlich, weshalb die Quellen

---

25 Vgl. Albanio in der Pose der gefangenen Krähe (v. 272-274 und v. 491-493). Camilas Verfolgung eines waidwunden Rehbocks (das verwundete Tier weist deutliche Parallelen zu einem von Amors Pfeil getroffenen Liebenden auf, v. 725-730) führt schließlich zur Begegnung mit Albanio. Vgl. in diesem Zusammenhang auch Albanios Ausruf: „¡Oh mano poderosa de matarme!" (v. 798).

26 Vgl. die allgemeinen Ausführungen in Lapesa: *La trayectoria*, S. 44. Eine ähnliche Einschätzung findet sich in Heiples Interpretation von Sonett 2. Vgl. *Garcilaso*, S. 148.

27 Traditionell besteht das Vergehen des Liebenden darin, die Tugend oder den Stolz der Dame durch ein Liebesgeständnis zu verletzen.

für dieses Motiv in der antiken Literatur, aber auch in Literatur und Reiseberichten des 16. Jahrhunderts gesucht worden sind. Als Modellfiguren für das gnadenlose Abschlachten eines wehrlosen Opfers hat man die berühmtesten Kämpfer der antiken Epen ebenso in Betracht gezogen wie die spanischen Soldaten im Kampf gegen Mauren und Indios.[28] In all diesen Erklärungsversuchen seit Herrera wird jedoch übersehen, daß in Sonett 2, v. 14 die Dame den Tod des Mannes verursachen soll. Es ist also anzunehmen, daß das Schwert in Vers 8 von weiblicher Hand geführt wird, wodurch der Frau die traditionell männliche Rolle des rachsüchtigen, blutrünstigen Mörders zugewiesen wird. Eine solche Umwertung der weiblichen Rolle war zu Garcilasos Zeit keineswegs unüblich. Wie eine Ausstellung des Britischen Museums im Spätsommer 1998 gezeigt hat, war das Thema der ‚Weibermacht' in den ersten Jahrzehnten des 16. Jahrhunderts europaweit in Stichen und Graphiken verbreitet. Die uralte Vorstellung vom Krieg der Geschlechter, verkehrter Welt und Rollentausch bediente sich dabei mit Vorliebe biblischer, mythologischer und volkstümlicher Quellen.[29] Tatsächlich enthält Sonett 2 einige Elemente – das Motiv der Rache, die Hinrichtung eines wehrlosen Gegners, ausgeführt mit dem Schwert von einer Frau, die zuvor das Begehren des Mannes erweckt hat – die, für ein höfisches Liebesverhältnis untypisch, eher dem Themenbereich der Weibermacht zuzuordnen sind. Interessant erscheinen in diesem Zusammenhang die Parallelen zur alttestamentarischen Geschichte von Judith und Holofernes, die sich in der mittelalterlichen und vor allem in der Renaissancekunst großer Beliebtheit erfreut und die gerade im 15. und 16. Jahrhundert einen signifikanten Bedeutungswandel durchmacht.[30] Die Witwe aus dem belagerten Bethulien, die sich in das feindliche Lager begibt, den assyrischen Feldherrn durch ihre Schönheit bezaubert und betrunken macht, ihm mit dem Schwert den Kopf abschlägt und dadurch ihr Volk aus der Belagerung befreit, erscheint in mittelalterlichen Darstellungen noch als Personifikation der Demut, Keuschheit und

---

[28] Vgl. den Überblick in den Anmerkungen und *Notas complementarias* zu Sonett 2.

[29] Vgl. den Artikel von Georges Waser: „Krieg der Geschlechter. ‚Weibermacht' und Meistergraphik im British Museum", in: *NZZ* Nr. 198 vom 28. August 1998, S. 33. Während das Thema in Italien relativ bald wieder aus der Mode kam, ging die Tendenz im Norden Europas zur grotesken Überzeichnung. Dort wurden die Graphiken aristokratischen Sammlern, aber auch dem breiten Volk von umherziehenden Händlern angeboten. Die Kunstform überlebte dort als „eine Art amüsant-anschauliche *popular art*". (Ebda.)

[30] Vgl. die kunsthistorischen Darstellungen des Bedeutungswandels bei H. Th. Georgen: „Die Kopfjägerin Judith - Männerphantasie oder Emanzipationsmodell?" in: *FrauenKunstGeschichte. Zur Korrektur des herrschenden Blicks*, hg. von C. Bischoff u.a., Giessen 1984, S. 111-124, sowie bei J. Held: „Die ‚Weibermacht' in Bildern der Kunst von der frühen Neuzeit bis zum Beginn des 20. Jahrhunderts", in: *tendenzen* 152 (1985), S. 45-56, hier v. a. S. 48-50. Die folgende Kurzdarstellung faßt Informationen aus beiden Arbeiten zusammen.

Enthaltsamkeit, während Holofernes dort die Laster des Hochmuts und der Ausschweifung repräsentiert. Als Retterin ihres Volkes und damit als positive Figur verkörpert so Donatellos Judith (ca. 1455) bis zum Ende des 15. Jahrhunderts auf der Piazza della Signoria in Florenz die florentinische Republik. Erst zu Beginn des 16. Jahrhunderts löst dort die Tatsache, daß die Frau den Mann mit dem Schwert tötet, Unbehagen aus,[31] die Judithskulptur muß dem David von Michelangelo weichen. An der Wende zum 16. Jahrhundert wird also die Judithfigur, die einerseits mit richterlicher Gewalt eine öffentliche Aufgabe erfüllt, andererseits im Geschlechterverhältnis eine todbringende Weiblichkeit verkörpert, als ambivalent empfunden. Zahlreiche weitere Judithdarstellungen der Renaissancekunst[32] konzentrieren sich auf den Tötungsakt, wobei das erotische Spannungsverhältnis von Verführung und Tod eine zunehmende Rolle spielt. Judith wird in jener Zeit eingereiht in die Gruppe verführerischer Frauen, die durch Weiberlist die Männer zu Minnesklaven machen.[33] Holofernes ist „nicht mehr Personifikation des Lasters, sondern beklagenswertes Opfer der Tücke eines Weibes."[34] Die Faszination des Themas muß, so Georgen, für den Maler im erotischen Konflikt, in „der Ausgeliefertheit des trunkenen, hilflosen Mannes an die todesbringende Frau"[35] gelegen haben. Angesichts der weiten Verbreitung des Themas in der Malerei schließt Georgen auf eine künstlerische Bewältigung des wiederkehrenden Verdrängten: der „Männerphantasie von der kastrierenden Frau".[36] Mit der Geschichte von Judith und Holofernes kann also, ähnlich wie in der höfischen Liebeslyrik, das verborgene männliche Unbehagen am Geschlechterverhältnis in gesellschaftlich akzeptierter, künstlerischer Bearbeitung zum Ausdruck gebracht werden.

In Garcilasos Sonett 2 erfährt nun das traditionell höfische Geschlechterverhältnis von weiblicher Stärke und männlicher Schwäche eine ähnlich dramatische Zuspitzung. Die höfische Dame, Inbegriff der Tugend, wird, wenn sie der Aufforderung zum Töten nachkommt, zum gewalttätigen, rachsüchtigen Weib, der Liebende zum wehrlosen Opfer. Die moralische Bewertung, die in der höfischen Liebessituation sonst grundsätzlich zugunsten der Frau ausfällt, würde sich nach dem Tötungsakt in ihr Gegenteil verkehren.

---

[31] Vgl. die Äußerungen der Signoria von Florenz bei Georgen: *Kopfjägerin*, S. 119.
[32] Vor Garcilasos Zeit entstanden, und diesem eventuell bekannt, sind neben der Skulptur von Donatello vor allem die Judithdarstellungen von Botticelli (1472/73) und Mantegna (1490). Aus dem späteren 16. und dem 17. Jahrhundert gibt es noch weitere Bearbeitungen des Themas.
[33] Vgl. Held: *Weibermacht*, S. 48 und 50.
[34] Held: *Weibermacht*, S. 50.
[35] Georgen: *Kopfjägerin*, S. 112.
[36] Ebda.

Allerdings konzentriert sich das Sonett, ähnlich wie Donatellos Judith-skulptur, auf den Augenblick, der dem Schlag mit dem Schwert voraus-geht, einen Moment höchster Spannung. Das Verhältnis zwischen Mann und Frau präsentiert sich in diesem Moment als ein Schwebezustand zwi-schen höfisch-petrarkistischer Liebe und barbarischer Gewalt. Und es ist der Sprecher selbst, der mit überraschender Entschlußkraft diesen span-nungsvollen Moment herbeiführt:

> ¡Basten las [d.h. lágrimas] que por vos tengo lloradas!
> ¡no os venguéis más de mí con mi flaqueza;
> allá os vengad, señora, con mi muerte! (Son. 2, v. 12-14)

Indem er die Frau zum Töten auffordert, weist er ihr die moralisch ver-werfliche Rolle der rachsüchtigen Mörderin zu. Seine Umdeutung der weiblichen Rolle impliziert zugleich eine Umwertung der männlichen Rol-le. Der Sprecher distanziert sich von den Tränen und der Schwäche des höfischen Liebenden, er macht sich statt dessen selbst zum Opfer eines blutigen Racheakts. Da der Tötungsakt jedoch erst nach Aufforderung, also auf Initiative des Mannes hin erfolgen soll, bekundet der Sprecher zugleich Unabhängigkeit und freien Willen. Höfische Schwäche und gewaltsamer, alttestamentarisch anmutender Tod werden dadurch zu Optionen, die der Mann als Rollenmuster im dichterischen Spiel nach Belieben übernehmen und gegeneinander austauschen kann, denen er damit ihre ursprünglich bedrohliche Qualität nimmt.

5.3 Weibliche Metamorphosen und die gestörte Ordnung der Welt

Die vorausgehenden Beispiele haben gezeigt, daß höfisch-petrarkistische Geschlechterrollen im Zusammentreffen mit antiken Modellen ambivalent werden können. Der weinende Mann wird zum Weib, die sich verwei-gernde Frau zur blutrünstigen Mörderin. Das höfische Wertesystem, das Männlichkeit mit einer Spiritualisierung des Begehrens, Weiblichkeit mit keuscher Tugend und unbeugsamer Härte gleichsetzt, wird bei Garcilaso in einigen Texten geradezu grotesk überzeichnet und so ad absurdum geführt. Zugleich läßt sich, zumindest in einigen Texten, eine kritische Distanz und Überlegenheit des Sprechers gegenüber den konventionell höfischen männlichen Rollenmustern feststellen. Dieses Grundmuster – Überzeichnung der höfischen Geschlechterrollen und Distanz des Spre-chers von der Rolle des verzweifelten Liebenden – wird in Sonett 13 und der *Ode ad florem Gnidi* noch weiter ausgeformt. Die unerbittliche Verwei-gerung der Dame führt, nach dem Vorbild der Metamorphosen von Ovid, zu ihrer Verwandlung. Der Sprecher, nunmehr vollständig dissoziiert von der Figur des Liebenden, beobachtet und kommentiert als Außenstehender die Liebessituation und die Verzweiflung des Mannes. Als nicht Betroffener kann er schließlich das Geschehen in den philosophisch-moralischen Kontext des Neoplatonismus einrücken und andeuten, daß das Verhalten der Dame einen schuldhaften Verstoß gegen die Ordnung der Welt darstellt.

5.3.1 Die „apollinische Gießkanne" und die Verwandlung der Frau (Sonett 13)

Sonett 13 ist eines der wenigen Gedichte, wo das Ineinandergreifen von antikem Mythos und höfischer Liebeslyrik schon detailliert beschrieben und der ironische Charakter des Textes erkannt worden ist. In einer genauen Analyse weist Barnard[37] auf die höfischen Eigenschaften der mythologischen Figuren Apoll und Daphne – das Weinen des Liebenden und die Schönheit und Unerreichbarkeit der Frau – hin, sowie auf die Veränderungen, die bei der Übernahme aus Ovids Metamorphosen[38] vorgenommen werden. Barnard konstatiert dabei eine Intensivierung des Grotesken, die sie mit ähnlichen Tendenzen in der manieristischen Malerei[39] in Beziehung setzt. Während dort jedoch das Bizarre, Groteske zur Norm wird, deutet sie das Groteske bei Garcilaso als eine Abweichung von der natürlichen Ordnung, die metaphorisch auf eine Störung der Liebesordnung verweist. Das komisch-spielerische Potential des Manierismus spricht sie dem Garcilasotext jedoch ausdrücklich ab,[40] im weinenden Apoll erkennt sie das *alter ego* des Autors.[41] Antiker Mythos und manieristische Groteske werden, so Barnard, in die ernsthafte „private, courtly vision"[42] des Autors integriert. Prill[43] geht über Barnards Interpretation hinaus, indem er dem distanziert beobachtenden Sprecher („vi", v. 3) größere Bedeutung zukommen läßt. Durch beobachtende Teilhabe am mythologischen Geschehen macht sich der Sprecher zur „überzeitlichen, also ebenfalls mythologischen Wesenheit".[44] Darüber hinaus, so Prill, manifestiert sich in den kommentierenden Äußerungen der Terzette ein lyrisches Ich, „das sich mit seiner Haltung

---

[37] Mary E. Barnard: „The Grotesque and the Courtly in Garcilaso's Apollo and Daphne", in: *Romanic Review* 72 (1981), S. 253-273.

[38] Vgl. *Met.* I, v. 452-567, bes. den eigentlichen Prozeß der Verwandlung der Nymphe in v. 548-567.

[39] Barnard verweist auf manieristische Daphnedarstellungen „in which the degeneration of the human through distortion elicits the grotesque" und in denen sie „Garcilaso's pictorial analogues" erkennt. (*The Grotesque*, S. 265-266).

[40] Vgl. Barnard: *The Grotesque*, S. 266-267 und 270.

[41] Vgl. Barnard: *The Grotesque*, S. 261 und 272.

[42] Vgl. Barnard: *The Grotesque*, S. 272.

[43] Ulrich Prill: „'Wolle die Wandlung!' Variationen über den Daphne-Mythos bei Garcilaso und Quevedo", in: *Theatrum mundi, Figuren der Barockästhetik in Spanien und Hispano-Amerika*, hg. von M. Bosse und A. Stoll, Bielefeld 1997, S. 75-90.

[44] Prill: *Wolle die Wandlung*, S. 79.

des mitleidigen Bedauerns – die im Zusammenhang mit einem weinenden, gewissermaßen auf die Funktion einer apollinischen Gießkanne reduzierten Gottheit einer gewissen Ironie durchaus nicht entbehrt – noch über Apoll stellt."[45] Prill bescheinigt dem Autor eine ironisch-spielerische Grundhaltung im Umgang mit dem antiken Mythos, die ihn von der zeitgenössischen, moralisch-philosophischen Mythenbearbeitung, beispielsweise des *Ovide moralisé*, abhebt und die schon in die Moderne verweist.[46]

Prills Feststellung einer ironischen Grundhaltung bezieht sich vor allem auf die variierende Aneignung des antiken Mythos. Der Liebende in Sonett 13, durch Garcilasos Mythosbearbeitung zur „apollinischen Gießkanne"[47] reduziert, wird jedoch durch eine bisher kaum beachtete Petrarcanachahmung[48] auch noch in seiner Männlichkeit in Frage gestellt, so daß die Ironie sich auch auf die höfisch-petrarkistischen Seiten des Liebesverhältnisses erstreckt. In Petrarcas Verwandlungskanzone identifiziert sich der liebende Dichter mit dem Apoll aus Ovids Metamorphosen (I, v. 453-462), denn er spottet wie jener über Amors schwache Schießkunst. Zur Strafe verbündet Amor sich mit Laura, sie verwandeln den Dichter in einen Lorbeerstrauch.[49] Der Dichter/Apoll wird in Petrarcas Verwandlungskanzone also zunächst zu Laura/Daphne, bevor er dann noch weitere Metamorphosen und Geschlechtsumwandlungen durchläuft.[50] Was der petrarkische Liebende/Dichter/Apoll jedoch an sich selbst beobachtet,[51] nämlich die Verwandlung der Haare, Arme, Füße, beobachtet in Garcilasos Sonett 13 der Sprecher als nicht Betroffener aus sicherer Distanz bei Daphne. Durch die zahlreichen Übereinstimmungen mit der petrarkischen Verwandlungskanzone wird auch der beobachtete Liebende/Apoll zu einer Petrarca-ähnlichen Figur. Er gerät somit in den Verdacht der Verweiblichung, nicht jedoch der Sprecher. Dieser entlarvt in geheucheltem Mitgefühl das zirkuläre Schema der höfischen Liebe als Teufelskreis, in dem der Mann seine Männlichkeit verliert, während die Frau zu einem monströsen Gebilde wird. Eine ironisch-kritische, beobachtende Distanz kennzeichnet also das Verhältnis des Sprechers zum weinenden Mann, sei er mythologische Gottheit oder petrarkistisch verweiblichter Liebender.

Mehr Raum als dem Mann wird in Sonett 13 jedoch der Frau eingeräumt. Der einzige Aspekt, der dabei von Ovid übernommen wird, ist der Vorgang der allmählichen Verwandlung, während der Wunsch nach

---

45 Ebda.
46 Vgl. Prill: *Wolle die Wandlung*, S. 80.
47 Prill: *Wolle die Wandlung*, S. 79.
48 El Brocense (B-15, S. 242) nennt *Canz.* 23, Strophe 3 als gleichberechtigte Quelle neben Ovid.
49 Vgl. *Canz.* 23, v. 32-49.
50 Vgl. in Kapitel 5.1 die Analyse von Sonett 11.
51 *Canz.* 23, „m'accorsi" in v. 41 und „vidi" in v. 43 wird durch Garcilasos „vi" in Vers 3 imitiert.

Keuschheit und die vorausgegangene Angst und höchste Bedrängnis der antiken Daphne ausgespart bleiben. Der Schwerpunkt liegt also eindeutig auf der Metamorphose der Frau zum Baum, der idealen höfischen Schönheit zur grotesken Häßlichkeit. Barnard erkennt darin eine Abweichung von der natürlichen Ordnung, das Groteske wird, so Barnard, zur Metapher „for the disruption of harmony in the world of love."[52]. Prill wertet die Verwandlung als „Rückfall von höfischer *cultura* in *bruta natura*."[53] Beide deuten damit an, daß die Verwandlung der Frau, gemessen an damals verbreiteten Wertmaßstäben, eine Abweichung darstellt. Zeitgenössische Vorstellungen von der Ordnung der Welt lassen tatsächlich das Verhalten der Dame in Sonett 13 als unmoralisch erscheinen. Ausgehend von der platonischen Vorstellung der Emanation des Guten in die Welt und dem aristotelischen Gedanken der Kontinuität aller Daseinsformen[54] existiert in der abendländischen Philosophie „die Vorstellung vom Universum als einer ‚großen Kette von Wesen', welche aus einer ungeheuer großen [...] Anzahl von Gliedern bestand, die von den niedersten, gerade noch dem Nichtsein entgangenen Dingen in hierarchischer Abfolge durch alle denkbaren Stufen hindurch zum *ens perfectissimum* reichten".[55] Die Hierarchie der Wesen reiche von der unbelebten Materie über die Welt der Pflanzen und Tiere zum Menschen, dessen Seele in der christlichen Lehre die Verbindung zur immateriellen Welt der Engel und zu Gott darstellte, wobei alle Daseinsformen des Universums mit den jeweils nächsten wie die Glieder einer Kette verbunden waren. In der christlichen Vorstellung bestand zunächst der Sinn des menschlichen Lebens in der größtmöglichen Annäherung an Gott, „‚Aufwärts' war die einzige Richtung, in der der Mensch das Gute zu suchen hatte".[56] In der italienischen Renaissance erfährt die Vorstellung von der ‚großen Kette der Wesen' eine Modifikation insofern, als Pico della Mirandola von der zentralen Position des Menschen zwischen materieller und immaterieller Welt Abstand nimmt.[57] Pico betont die Freiheit des Individuums, den ihm gemäßen Platz in der Welt auf der Basis seines eigenen moralischen und intellektuellen Strebens einzunehmen.

> Depending on whatever potentiality he develops, he may become a plant, an animal, a celestial being, an angel, or he may even be unified with God Himself.

---

[52] Barnard: *The Grotesque*, S. 267.
[53] Prill: *Wolle die Wandlung*, S. 79.
[54] Eine genaue Darstellung der Grundlagen findet sich in Arthur O. Lovejoy: *Die große Kette der Wesen. Geschichte eines Gedankens*, Übers. von D. Turck, Frankfurt a. M. 1985, Kap. 2, S. 37-86.
[55] Lovejoy: *Die große Kette*, S. 78.
[56] Lovejoy: *Die große Kette*, S. 107.
[57] Hier und im Folgenden beziehe ich mich auf P. O. Kristeller: „The Dignity of Man", in: ders.: *Renaissance Concepts of Man and other Essays*, New York u. a. 1972, S. 1-21.

> Man therefore possesses all possibilities within himself. It is his task to over-
> come the lower forms of life and to elevate himself toward God.[58]

Eine noch stärker diesseitsorientierte Vorstellung artikuliert zu Beginn des
16. Jahrhunderts Pietro Pomponazzi. Die Würde des Menschen ist nun
nicht mehr gebunden an das Streben nach Gott. Höchste Vollendung erreicht der Mensch schon durch moralische Tugend im Leben. Kristeller
zitiert aus einer Schrift von Pomponazzi aus dem Jahre 1504:

> To last for a long time does not imply perfection ... An oak lasts for a thousand
> years, but for that reason it still does not have the thousandth part of that perfec-
> tion which belongs to man. It is rather more perfect to be a man for one year,
> than to be an oak for ten thousand years.[59]

Ein geringerer Platz in der ‚großen Kette der Wesen' ist nun, zu Beginn des
16. Jahrhunderts, endgültig verknüpft mit der Vorstellung einer geringeren
moralischen Tugend, und dies ist der Vorwurf, dem sich Garcilasos Daphne wohl stellen muß. Wenn traditionell in den liebestheoretischen Texten
des Mittelalters und der Renaissance das sexuelle Begehren des Mannes als
tierisch beschrieben wird, so steht dieser eben nicht mehr auf der höchstmöglichen Daseinsstufe. Während Garcilasos weinender Apoll jedoch keinerlei tierische Aspekte aufweist und somit nur als lächerliche, nicht aber
als unmoralische Figur gelten kann, führt die Weigerung der Frau zu ihrer
Verwandlung in einen Baum, also in eine weit niedrigere Daseinsform.
Damit gerät der traditionelle Bewertungsmaßstab für weibliche Tugend ins
Wanken.[60] Ihre Keuschheit und unnachgiebige Verweigerung garantiert
der Frau nun nicht mehr den höchstmöglichen Platz in der Hierarchie der
Wesen. Worin besteht nun aber das moralische Vergehen der Frau? Hin-
weise finden sich allenfalls versteckt in den Terzetten:

> Aquel que fue la causa de tal daño,
> a fuerza de llorar, crecer hacía
> este árbol, que con lágrimas regaba.
> ¡Oh miserable estado, oh mal tamaño,
> que con llorarla crezca cada día
> la causa y la razón por que lloraba! (Son. 13, v. 9-14)

Die Kausalzusammenhänge sind kompliziert: Der Mann bewirkt durch
sein Liebeswerben, daß die Frau sich verwandelt. Die Verwandlung verursacht das Weinen des Mannes und dieses bewirkt, daß der Baum weiter
wächst, was den Mann zu weiterem Weinen veranlaßt. Das Verhältnis
zwischen Mann und Frau wird hier als eine Folge wechselseitiger Einflüsse

---

[58] Kristeller: *Dignity*, S. 12.

[59] Kristeller: *Dignity*, S. 19.

[60] Bei Ovid ist die Keuschheit der Nymphe ein erhaltenswertes Ideal, ihre Verwandlung
      ist positiv dargestellt. In der höfisch-petrarkistischen Tradition ist die keusche Ver-
      weigerung der Dame die zentrale Tugend, die die Verehrung durch den Mann über-
      haupt erst rechtfertigt.

geschildert. Zwar ist der begehrende Mann der Auslöser des Geschehens. Er bleibt jedoch auch als „apollinische Gießkanne" noch Mensch. Er verdient das etwas herablassend-spöttische Mitleid des Sprechers, jedoch keine moralische Verurteilung. Dagegen ist die Frau der Grund dafür, daß der Mann seine Würde verliert. Die monströse Hartherzigkeit der sich verweigernden Frau scheint eine Verfehlung zu sein, die mit einem Verlust an Menschlichkeit einhergeht. So wird die tugendhafte höfische Dame durch die Verschmelzung mit einer mythologischen Figur geradezu von ihrem Sockel gestürzt.

Das Geschlechterverhältnis ist jedoch insgesamt komplexer geworden. In Sonett 13, wo die Liebe sich als ein Gefüge wechselseitiger Einflüsse darstellt, wird beiden Partnern moralische Verantwortung für sich und den anderen zugestanden. Von ihrem Verhalten hängt es ab, welchen Platz sie selbst und der jeweilige Partner in der hierarchischen Ordnung der Welt einnehmen. Von besonderem Interesse ist dabei die Tatsache, daß die Frau, die dem traditionellen Tugendideal der höfischen Liebe folgt, nicht automatisch die höchste Daseinsstufe erreicht. Ein alternatives weibliches Tugendideal bietet das Sonett jedoch nicht. Ob es im Eingehen auf das männliche Begehren oder im neoplatonischen Ideal der erwiderten spirituellen Liebe liegt, ist aus dem Gedicht nicht zu ersehen.

5.3.2 Der Dichter als ordnungsstiftende Instanz in der *Ode ad florem Gnidi*

In der *Ode ad florem Gnidi* ist aus dem Verhältnis von höfischem Liebespaar und marginalem Beobachter, von Wirkung, Gegenwirkung und kommentierender Instanz ein echtes Dreiecksverhältnis geworden, da hier der Sprecher in das männlich-weibliche Beziehungsgefüge aktiv eingreift. Auch hier ist das Verhältnis der beteiligten Figuren zueinander sowie das Ineinandergreifen antiker und neuzeitlicher Kontexte bereits detailliert untersucht worden. Matzat[61] beschreibt, ausgehend von Greenblatts Thesen zur Alteritätserfahrung in der Renaissance, die Ode als intertextuelles Verwandlungsspiel. Darin spiegelt sich das Bemühen des Renaissancemenschen, in einem Spektrum zwischen Kommunikation und Gewalt seine Identität und sein Verhältnis zum Anderen zu definieren. In diesem Zusammenhang stellt Matzat das Dreiecksverhältnis der in der Ode vorkommenden Figuren folgendermaßen dar: Der Liebende, als junger Adliger Repräsentant einer ordnungsstiftenden kriegerischen Macht, die das Wilde bezähmt und die zivilisatorische Ordnung garantiert, verliert durch die

---

[61] Wolfgang Matzat: „Zum Umgang mit dem Anderen in der spanischen Renaissance: Kommunikation und Gewalt in Garcilaso de la Vegas Ode ad florem Gnidi", in: Thomas Bremer / Jochen Heymann (Hgg.): *Sehnsuchtsorte. Festschrift zum 60. Geburtstag von Titus Heydenreich*, Tübingen 1999, S. 21-32.

Liebe seine spezifisch männliche Macht, da er, in Liebesmelancholie versunken, seinen Krieger- und Freundespflichten nicht mehr nachkommt. Die Schuld an der unglücklichen Verwandlung des Liebenden gibt der Sprecher der Frau, die ihrerseits als Vertreterin einer weiblichen Liebesmacht ungebändigte Naturmächte entfesselt. Weibermacht stellt sich also als eine Gegenmacht dar, die die zivilisatorische Ordnung bedroht. Der Dichter schließlich, der sich zum Fürsprecher für das Anliegen seines Freundes macht, greift in das Beziehungsgefüge ein, indem er die Dame vor den möglichen Folgen ihrer Härte warnt. Seine Dichtermacht, so Matzat, weist Affinitäten sowohl zur ordnungsstiftenden Kriegermacht wie zur ordnungsbedrohenden Weibermacht auf.[62] Sie unterscheidet sich jedoch von beiden dadurch, daß die dichterische Machtausübung anstelle von zerstörerischer Gewalt stärker kommunikative, rhetorische Verfahren zum Einsatz bringt.[63]

Seine besondere suggestive Kraft, mit der die Dame überzeugt und zu einer Verhaltensänderung bewogen werden soll, entfaltet der Text in einem komplexen Verwandlungsspiel auf mehreren Ebenen. Die Inszenierung der vielfältigen Verwandlungen geschieht, indem das Dreiecksverhältnis der Figuren in unterschiedliche Kontexte eingerückt wird. Dabei spiegeln gerade die Verwandlungen die Identitätsbemühungen des Renaissancemenschen zwischen einfühlsamer Identifikation und kommunizierender Aneignung des Anderen einerseits und dessen gewaltsamer Zerstörung andererseits.[64] So beschreibt der Dichter die Liebessituation seines Freundes mit dem Bild der Verwandlung in eine Blume: „convertido en vïola," (v. 28). Sie ist das Ergebnis weiblicher Machtausübung („por ti sola", v. 26) und läßt sich auf mehrere unterschiedliche Sinnhorizonte beziehen. Zu den wichtigsten gehört das petrarkische Motiv der „transformación del amante en la persona amada".[65] In Anspielung auf den Namen der Geliebten (Laura - laurel, Violante - vïola)[66] erleidet der Mann eine Verwandlung in eine pflanzliche und zugleich weibliche Daseinsform. Die frühen Kommentatoren nennen hingegen Horaz als einzige Quelle.[67] Bei Horaz stellt die Blässe des Liebenden („tinctus viola pallor amantium", *Carmina* III, 10, v. 14) jedoch zwischen liebenden Männern und Blume nur eine Vergleichsrelation her, Garcilaso überbietet also Horaz durch die konkrete Verwandlung des Liebenden, der petrarkistische Sinnhorizont er-

---

[62] Vgl. Matzat: *Zum Umgang mit dem Anderen*, S. 28-30.

[63] Vgl. Matzat: *Zum Umgang mit dem Anderen*, S. 29.

[64] Vgl. Matzat: *Zum Umgang mit dem Anderen*, S. 30.

[65] Ich zitiere aus der Anmerkung zu v. 28-30, S. 86.

[66] Auch der Titel *Ode ad florem Gnidi* bestätigt, daß der Liebende als Blume die Gestalt der Frau angenommen hat. Andere Lesarten von *vïola*, beispielsweise als Musikinstrument, erscheinen daneben weniger überzeugend. Vgl. die *Notas complementarias*, S. 434-435.

[67] Vgl. B-50, S. 248 sowie H-258, S. 390.

weist sich als stärker. Der Übergang des Mannes in eine weibliche, pflanzliche Daseinsform geht kurz darauf über in eine weitere Verwandlung des Liebenden. Als Galeerensklave der Venus (v. 31-35) hat der Liebende seine Freiheit und damit die Fähigkeit zur freien Willensentscheidung verloren. Beide Verwandlungen sind auf die Vorstellung der Welt als Kette, und damit auf moralische Wertmaßstäbe beziehbar. Und tatsächlich wird die Verwandlung des Liebenden gleich darauf (v. 36-60) als Verlust menschlicher Würde und männlicher Tugenden beschrieben. Die zerstörerische Macht der Dame ist so groß, daß sie den Abstieg des Mannes auf der Stufenleiter der Daseinsformen bewirkt. Während jedoch in der neoplatonischen Philosophie jeder Mensch selbst die Verantwortung für seinen Platz in der Welt trägt, ist in der *Ode ad florem Gnidi* die Dame verantwortlich für den Abstieg des Mannes.

Um diesen Kausalzusammenhang aufzudecken, macht der Dichter sich hier, stärker als in Sonett 13, zur moralisch wertenden Instanz. Er bedient sich seiner spezifischen dichterischen Fähigkeiten, um der Dame ihr moralisches Fehlverhalten vor Augen zu führen. Dabei reicht das Spektrum seiner Überzeugungsstrategien von der einfühlsamen Bestätigung bis zur Drohung, von einer schmeichelnden Darstellung der weiblichen Tugenden bis zur Belehrung anhand eines abschreckenden mythologischen Exempels.[68] Die Argumentationsstruktur läßt sich etwa folgendermaßen zusammenfassen: Wenn meine Dichtung solch bezwingende Macht hätte wie die des Orpheus (v. 1-10), so würde ich kein episches Thema wählen (v. 11-20), sondern deine weibliche Macht und deinen Einfluß auf den Liebenden besingen (v. 21-30). Dieser ist wegen dir völlig willenlos, er vernachlässigt seine Pflichten (v. 31-60). Du aber bist nicht von harter Erde, und an dir, die du sonst fehlerlos bist, soll man keinen Fehler bemerken (v. 61-65). Deshalb möge dir das Beispiel der Anajarete Angst machen, die den Liebenden in den Tod getrieben hat und die sich bei seinem Anblick, trotz später Liebe und Reue, in Marmor verwandelte. Aufmerksamkeit erregt seitdem nicht mehr sie selbst, sondern die gerächte Undankbarkeit (v. 66-100). Mögest du nicht die Rachegöttin reizen. Schließlich soll dein perfektes Verhalten und deine Schönheit, nicht aber ein von dir verursachter Trauerfall Gegenstand der Dichtung sein (v. 101-110). Der Höhepunkt der Argumentation, der „caso de Anajárete" (v. 72), geht auf Ovids Metamorphosen[69] zurück, wobei der Dichter hier einige signifikante Änderungen an der ursprünglichen Geschichte vornimmt. Zwar bleibt es bei der Verwandlung der hartherzigen Frau in Stein, doch beschreibt der Dichter in der Ode zusätzlich einen

---

[68] Zum Status der Dichtermacht zwischen den Polen von Kommunikation und Gewalt vgl. Matzat: *Zum Umgang mit dem Anderen*, S. 29-30.
[69] Vgl. *Met.* XIV, v. 698-758.

Gefühlsumschwung, ein Erweichen[70] der Frau, vor allem aber ihre späte Reue (v. 69 und 83). Die „ingratitud" (v. 100, vgl. auch v. 64) der Dame wird so explizit als moralisches Fehlverhalten gekennzeichnet. Noch deutlicher als in Sonett 13 ist die Erniedrigung des Mannes durch die Frau ein schuldhaftes Vergehen. Die Dame bringt durch ihr Verhalten Unordnung in die Ordnung der Welt. Ihre Verwandlung in einen Stein erscheint deshalb nur folgerichtig, bedeutet sie doch ihre Herabstufung auf die niedrigste Stufe der Daseinsformen. Da die unbelebte Materie noch unterhalb der Pflanzenwelt steht, also niedriger als das Veilchen, fällt der Dichter mit seiner Geschichte ein geradezu vernichtendes moralisches Urteil.

Die Identität des Dichters definiert sich jedoch nicht allein über die unterschiedlichen Formen dichterischer Machtausübung. Vielmehr identifiziert der Dichter sich selbst sukzessive mit mehreren antiken Vorbildern. Auch wenn die Erfüllbarkeit des anfänglichen Bedingungssatzes in der Ode nicht weiter verfolgt wird, so setzt der Dichter sich doch zunächst mit Orpheus, bei der Themenwahl mit Horaz[71] gleich. Diesen imitiert er auch bei der Beschreibung des Liebenden.[72] Erst ab Vers 66 schlüpft der Dichter in die Rolle des Vertumnus, der in Ovids Metamorphosen mit der Geschichte der Anajarete die Geliebte Pomona erschrecken (*Met.* 14, v. 695) und zu einer Verhaltensänderung bewegen will.[73] Vor allem die zuletzt angenommene Rolle – Vertumnus ist der Gott der vielen Gestalten[74] – bestätigt, daß Verwandlung als ein durchgängiges Charakteristikum des Dichters angesehen werden muß. Allerdings handelt es sich hier um selbstgewählte Verwandlungen, die der Dichter mit Hilfe von Imitatio und intertextuellen Anspielungen selbst bewerkstelligt. Des weiteren verbleibt der Dichter als Ovid, Horaz oder Vertumnus auf der obersten, dem Menschen vorbehaltenen Stufe der Daseinsformen, die göttliche Gestalt des Vertumnus scheint eher noch eine Aufwärtsbewegung zu implizieren. Freier Wille und moralische Vollendung sind also die Attribute, die der Dichter für sich selbst in Anspruch nimmt. Seine überlegene Position in der Dreiecksbeziehung der Ode ist allerdings nur bei vollständiger Loslösung des Dichters von der Rolle des Liebenden möglich.

Doch wie überall in Garcilasos Lyrik Idealisierungen sich als doppelbödig erweisen, so auch hier: Die überlegene Stellung des Dichters, der das ganze Spektrum dichterischer Machtausübung differenziert einzusetzen weiß, ist ihrerseits bedroht durch die Macht der Frau, wie die Wahl der

---

70 Zur doppelten Verwandlung der Anajarete vgl. Matzat: *Zum Umgang mit dem Anderen*, S. 31.

71 In *Carmina* I, 6 schließt der Sprecher aus Bescheidenheit ein episches Sujet aus, er wendet sich der leichten Liebeslyrik zu.

72 Vgl. *Carmina* I, 8. Dort wird ebenfalls der Zusammenhang von Liebe und Vernachlässigung der Kriegerpflichten thematisiert.

73 Vgl. *Met.* XIV, v. 623-771.

74 Vgl. *Met.* XIV, v. 765: „forma deus aptus in omnes"

Identifikationsfiguren und der verwendeten Prätexte zeigt. Denn sowohl Orpheus, der von den entfesselten Mänaden zerrissen wird,[75] als auch Horaz, der weinend auf der Türschwelle der Geliebten liegt,[76] sind von den „Repressalien der weiblichen Gegenmacht"[77] betroffen und können nicht gerade als Muster männlicher Würde und Willensfreiheit gelten. Eher trifft dies bei Ovids Vertumnus zu, der zwar gleichfalls Liebender ist, dessen Handeln aber durchgehend selbstbestimmt ist. Seine rhetorischen Bemühungen führen allerdings nicht zum Erfolg. Erst seine Rückverwandlung in einen gottgleichen, strahlend schönen Jüngling kann die Geliebte umstimmen. Die Selbstinszenierung des überlegenen Dichters als Nichtbetroffener und als ebenso einfühlsamer wie furchteinflößender Redner ist somit bei genauerem Hinsehen brüchig. Weder die distanzierte Ruhe noch die rhetorische Macht ist garantiert. Hinter der selbstgefälligen Pose des Dichters verbirgt sich implizit, und möglicherweise für den Sprecher der Ode selbst nicht erkennbar, die Erkenntnis, daß allein ein strahlendes männliches Erscheinungsbild die Frau zum Einlenken bringen kann.

Insgesamt ist das traditionelle Geschlechterverhältnis der höfischen Lyrik, Macht der Frau und Ohnmacht des Mannes, durch die Einführung einer distanzierten Sprecherrolle und das Einbeziehen antiker Sinnhorizonte zu einem komplexen Beziehungsgefüge geworden, in dem die höfische Liebe ihre zentrale Position verloren hat. Vor allem die Tatsache, daß das traditionell tugendhafte Verhalten der Frau nunmehr eine negative moralische Bewertung erfahren kann, ist von Bedeutung. Wird die Frau zum handelnden Subjekt, das für seinen Platz in der Welt und darüber hinaus für den Erhalt der Weltordnung Verantwortung trägt, so wird sie implizit dem Mann in der Hierarchie der Lebewesen gleichgestellt. Hier deutet sich ein Wandel der Geschlechterbeziehungen an, der in der realen Lebenswelt der Renaissance seine Entsprechung findet. In eine ähnliche Richtung weisen vor allem die Äußerungen von *el Manífico Julián* im dritten Buch des *Cortegiano*. Dieser vertritt die Meinung, daß Frauen ebenso wie Männer in allen Lebensbereichen zu großen Leistungen fähig sind und er belegt seine Position dort auch mit zahlreichen Beispielen von herausragenden Frauen. Daß seine Äußerungen von den übrigen Anwesenden so heftig und überaus kontrovers diskutiert werden, beweist die Aktualität des Themas. Die Breite der Gegenpositionen, von höfischer Idealisierung über theologische und wissenschaftliche Einordnungsversuche bis hin zum misogynen Topos zeigt, daß zu Garcilasos Zeit der Platz der Frau in der Welt aus männlicher Sicht nicht eindeutig definiert ist. Die moralische Gleichstellung der Frau mit dem Mann ist zu Beginn des 16. Jahrhunderts eine radikal neue, jedoch nur eine unter zahlreichen möglichen Sichtweisen.

---

[75] Vgl. *Met.* XI, v. 1-41.
[76] Vgl. *Carmina* III, 10, v. 2-4.
[77] Matzat: *Zum Umgang mit dem Anderen*, S. 30.

5.4 Frustriertes und erfülltes Begehren: Zur Komplexität der Geschlechterbeziehung in der *Egloga I*

Wie keine andere Gattung ist die Schäferdichtung geeignet, den Schauplatz für den Dialog zwischen antiken und neuzeitlichen Vorstellungen vom Verhältnis der Geschlechter abzugeben. Schon Theokrits bukolische Dichtung ist in ihrer Künstlichkeit nicht als Abbildung einer realen Schäferwelt verstanden worden, und spätestens seit Vergils Eklogen ist der Inszenierungscharakter der Schäferdichtung unbestritten. Die „representative anecdote"[78], die Darstellung des Hirtenlebens, ihrer Zusammenkünfte und Wettbewerbe, hat seit jeher Verweisfunktion. Die Schäfer repräsentieren allgemeine Aspekte des menschlichen Lebens, an ihnen wird das Verhältnis des Menschen zur Welt sichtbar. Angesichts der Wandlungsfähigkeit der Schäferdichtung, die einem historisch sich ändernden Weltverhältnis und Repräsentationsbedürfnis Rechnung trägt, kommt, so Alpers, gerade der *representative anecdote* zentrale, kontinuitätsstiftende Funktion zu.[79] Schon seit Theokrit, und in ihrer heute gültigen Ausprägung seit Vergil, verkörpern die singenden Schäfer zwei Rollen. Als Sänger und Dichter repräsentieren sie das Verhältnis des Einzelnen zu Gesellschaft und politischer Macht, Abhängigkeit von Protektion oder Verfolgung, aber auch moralische oder sonstwie wertorientierte Positionen.[80] Als Liebende verkörpern sie grundlegende Aspekte der Liebe als allgemein menschliche Erfahrung.[81] Die doppelte Identität der Schäfer als Dichter und Liebende läßt die Schäferdichtung prädestiniert erscheinen für ihre Verschmelzung mit dem Petrarkismus. Diese ereicht zu Beginn des 16. Jahrhunderts in Sannazaros Schäferroman *Arcadia*, einer Mischung aus Prosaerzählungen und Eklogen, in dem zahlreiche unglücklich verliebte Schäfer sich gegenseitig ihr Leid klagen, ihre Vollendung.[82] Bei der Übernahme der petrarkistischen Liebeskonzeption in das Milieu der Schäferwelt bleibt der narrative Kern der petrarkistischen Liebe, Unerreichbarkeit der Frau und unendliches Liebesleid des Mannes, zunächst erhalten. Allerdings bewirkt die traditionelle Geselligkeit des Schäferlebens eine Modifikation der petrarkistischen Liebe dahingehend, daß die einsame Erfahrung extremen Leids übergeht in eine „shared experience, less singular than the sufferer

---

78 Der Begriff und die folgenden Ausführungen sind übernommen aus Paul Alpers: *What is Pastoral?*, Chicago und London 1996, hier bes. Kap. 1, S. 8-43.

79 Vgl. Alpers: *Pastoral*, S. 26-27.

80 Vgl. Alpers: *Pastoral*, S. 50.

81 Vgl. Alpers: *Pastoral*, S. 27.

82 Auch Wehle sieht Sannazaros größte Leistung in der Verschmelzung der „antiken Formensprache der Bukolik" mit der „petrarkistischen Sprache der Innerlichkeit". W. Wehle: „Arkadien. Eine Kunstwelt", in: W.-D. Stempel / K.-H. Stierle (Hgg.): *Die Pluralität der Welten. Aspekte der Renaissance in der Romania*, München 1987, S. 137-165, hier S. 147.

feels, and susceptible of alleviation by narration to a fellow or by song and measured utterance."[83] Die petrarkistische Fiktion von einer einzigartigen, einsam erlebten Liebe weicht also in der Schäferdichtung einer Vorstellung von Liebe als einer *shared experience*, Schäferliebe wird zur *representative anecdote*, in der die Adelsgesellschaft der Renaissance sich repräsentiert sieht.

Der überwältigende Erfolg der Schäferdichtung, gerade im frühen 16. Jahrhundert und noch vor der Weiterentwicklung des eigentlichen Schäferromans, läßt auf ein gesteigertes Bedürfnis schließen, die höfisch-petrarkistische Vorstellung von Liebe auf ein breiteres Spektrum allgemein menschlicher Liebeserfahrungen hin zu öffnen. Er fällt in eine Zeit, in der die Liebe sich vom alleinigen Diktat der höfisch-petrarkistischen Liebeskonzeption befreit, in der gesellschaftlicher Wandel, Antikerezeption und vor allem die Lehre des Neoplatonismus ein Überdenken des Geschlechterverhältnisses notwendig machen und in der die Liebe in der philosophischen, ästhetischen und gesellschaftlichen Diskussion zu einem öffentlichen Anliegen wird. Gerade mit ihren Möglichkeiten der Auffächerung scheint die Schäferdichtung in besonderem Maße geeignet, die Vorstellungen des Renaissancemenschen von der Liebe und den Facetten eines sich wandelnden Geschlechterverhältnisses zu repräsentieren.

Garcilasos Eklogen entstehen in den 30er Jahren, also zu einer Zeit, in der die Verschmelzung des Petrarkismus mit der Schäferdichtung bereits etabliert ist. Die noch junge Tradition der Renaissancebukolik stellt naturgemäß ein ideales Terrain dar, um in den Liebesgeschichten der Schäfer antike und neuzeitliche Elemente, Motive, Stoffe, Liebeskonzeptionen aufeinanderprallen zu lassen. Und obgleich die klagenden Schäfer aufgrund ihrer verfeinerten Sitten unschwer als Mitglieder der Adelsgesellschaft zu erkennen sind, so besteht doch aus der Tradition heraus auch die Möglichkeit, das Personal mehr oder weniger stark mit Attributen einer pastoralen Wirklichkeit und einer niederen Gesellschaftsschicht auszustatten[84] oder ihnen antike Liebesvorstellungen in den Mund zu legen. In der Tat enthalten die vordergründig petrarkistischen Liebesklagen in Garcilasos *Egloga I* zahlreiche unpetrarkistische Elemente aus der antiken Schäferdichtung, aus Mythologie und Epos.[85] Garcilasos Schäfer Salicio und Nemoroso repräsentieren dadurch, bei näherem Hinsehen, ein stark gebrochenes, problematisches Verhältnis zur Liebe, das die Grenzen einer petrarkistisch ge-

---

83 Alpers: *Pastoral*, S. 115.

84 Vgl. Alpers: *Pastoral*, S. 174.

85 Eine Beschreibung, wie Petrarkismus und Antike strukturell und inhaltlich miteinander verbunden sind, liefert Fernández-Morera in seinem Kapitel über die *Egloga I*. Er betont vor allem die innovative kombinatorische Leistung Garcilasos, ohne jedoch die Widersprüche, die subversive Kraft einer solchen Kombinatorik zu erkennen. Vgl. D. Fernández-Morera: *The Lyre and the Oaten Flute: Garcilaso and the Pastoral*, London 1982, hier bes. Kap. 2, S. 29-53.

prägten Hirtendichtung, wie man sie aus Sannazaros *Arcadia* kennt, bei weitem übersteigt.

In welch hohem Maße die *Egloga I* tatsächlich als *representative anecdote* verstanden worden ist, zeigen die biographischen Zuschreibungen, die der Text von Anfang an provoziert hat.[86] Das Nebeneinander von realer Alltagswelt (Str. 1-3) und fiktionaler Schäferwelt in der *Egloga I*, mit dem Autor als Vermittler zwischen beiden Welten, lädt geradezu dazu ein, über allgemein menschliche Erfahrungen hinaus in den Klagen der Schäfer konkrete Bezüge zur Alltagswelt zu suchen. Da die Grenze zwischen realer und fiktionaler Welt in den Text explizit eingeschrieben ist, ist es nicht ganz von der Hand zu weisen, daß der Dichter einerseits durch die Definition einer Sprecherrolle und die *dedicatio* den Hörer bzw. Leser von der Alltagswelt in die fiktionale Schäferwelt hinüberführen will,[87] daß er aber andererseits auch die fiktionale Welt, etwa durch die Verschlüsselung von Namen,[88] auf die reale Lebenswelt bezogen hat. Diese Art der Rücküberschreitung der Grenze mag den Reiz der höfischen Spielwelt für das Publikum noch erhöht haben, das Rätselraten um versteckte Bezüge zur höfischen Lebenswelt könnte selbst Teil des Spiels gewesen sein. Es ist jedoch anzunehmen, daß dem höfischen Publikum die Rollenhaftigkeit und Fiktionalität der dargestellten Schäferliebe trotzdem bewußt blieb.

Auf den ersten Blick deckt die *Egloga I* mit den Gesängen der beiden Schäfer Salicio und Nemoroso die zwei Phasen der petrarkistischen Liebe ab, die Liebesklage *in vita* und *in morte*. Zugleich weist jedoch die Struktur der *Egloga I* – anfängliches Einführen einer Sprecherrolle und Widmung, Entwerfen einer arkadischen Szenerie, Gesang zweier Schäfer mit einer Überleitung durch den Sprecher, der vor dem zweiten Gesang sein Unvermögen beteuert und die Musen um Hilfe anruft – weitreichende Übereinstimmungen mit Vergils 8. Ekloge auf. Bei einer genauen Lektüre zeigt sich, daß auch inhaltlich die Gesänge der beiden Schäfer Salicio und Nemoroso große Ähnlichkeit mit den Gesängen von Vergils Schäfern und darüber hinaus mit zahlreichen weiteren antiken Texten aufweisen. So wird die petrarkistische Liebeskonzeption durch den Dialog mit den antiken Modellen in Salicios Gesang zumindest ironisch hinterfragt, in Nemorosos Gesang jedoch geradezu subversiv unterlaufen.

In Vergils 8. Ekloge besingt Damon seine enttäuschte Liebe zur treulosen Nysa, die einen anderen Mann heiratet. Damon verwendet den Topos der verkehrten Welt, um seinen Gefühlen über die Heirat Ausdruck zu

---

[86] Vgl. H-423, S. 457-458.

[87] Gumbrecht beschreibt den Rahmen als ein sprachliches Verfahren, das der höfischen Gesellschaft die Grenzüberschreitung in die höfische Spielwelt ermöglicht. Vgl. H. U. Gumbrecht: *Eine Geschichte der spanischen Literatur*, Frankfurt a. M. 1990, S. 269-272.

[88] Einen kurzen Überblick über die Deutung der Hirtennamen geben die Anmerkungen und *Notas complementarias*.

verleihen. Er selbst identifiziert sich mit Polyphem, dem von Galatea verschmähten, riesenhaften, stark behaarten Ziegenhirten. Abschließend greift er ein zweites Mal den Topos der verkehrten Welt auf, über den er nunmehr seinen baldigen Tod ankündigt. Jede Strophe endet mit einem Refrain, so daß inhaltlich wie formal auf Theokrit, vor allem auf dessen *Kyklop*, verwiesen wird.[89]

Garcilasos Salicio besingt in den Strophen 5-16 ebenfalls seine enttäuschte Liebe. Zunächst wird jedoch in Strophe 5 nur die Härte und Kälte der Dame, sowie das Leid des Liebenden thematisiert, das mit den üblichen Tränen, der Feuermetaphorik, den Motiven der Todesnähe, der Angst vor einem Leben ohne die Dame und der Scham eindeutig petrarkistische Züge aufweist. Einzig der Name der grausamen Dame, Galatea (v. 59), verweist auf Polyphem, und damit indirekt auf Vergils Damon und das Motiv der weiblichen Untreue. Galatea ist jedoch auch der Name einer unbeugsamen Geliebten in Sannazaros *Piscatorias*,[90] wo es keinerlei Hinweise auf einen erfolgreichen Rivalen gibt. Der Name der Geliebten ist in der Renaissanceekloge also nicht automatisch mit dem Merkmal der Untreue verknüpft, die Anspielung auf ein antikes Modell ist am Beginn von Salicios Liebesklage nicht eindeutig.

In der folgenden Strophe wird dem geordneten Leben von Mensch und Tier im Wechsel der Tages- und Nachtzeiten das endlose Weinen des Liebenden gegenübergestellt. Salicio greift, indem er sich so außerhalb der natürlichen Ordnung stehen sieht, vor allem auf Petrarca, aber auch auf Sannazaro und Vergil zurück.[91] Petrarkismus und Schäferdichtung verschmelzen in der widernatürlichen Zeitlosigkeit der Liebesklage, ohne daß die Grenzen des Petrarkismus dabei durchbrochen würden.

Erst mit den Vorwürfen an die Dame in den Strophen 7 und 8 wird der Sinnhorizont des Petrarkismus mehrmals klar überschritten. In der 7. Strophe wirft Salicio der Dame falsche Liebesschwüre vor, die aufgrund ihrer Unbeständigkeit vom Wind verweht werden. In einer Apostrophe an Gott beklagt er sich dann, daß „esta falsa perjura" (v. 93) nicht durch göttliche Strafe gesühnt wird. Treulosigkeit der Frau und fehlende Unterstützung der Götter beklagt ähnlich Damon in Vergils 8. Ekloge.[92] Das Motiv der falschen Liebesschwüre ist jedoch allgemein in der antiken Literatur weit verbreitet und an sehr unterschiedliche Sprecherrollen und Sichtweisen gebunden. Männer wie Frauen können dort gleichermaßen Täuschende oder Opfer der Täuschung sein. Erfahrene Ratgeber warnen davor, oder sie

---

[89] Vgl. Theokrit: *Idyllen* 11 (Der Kyklop). Auch Vergils zweiter Schäfer, Alphesiboeus, imitiert in seinem Gesang ein Gedicht von Theokrit: *Idyllen* 2 (Die Zauberinnen).
[90] Vgl. Sannazaros 2. Fischerekloge.
[91] Vgl. *Canz.* 22, v. 1-12 und 50, v. 15-42, ähnlich auch in den *Piscatorias II*, v. 11-18 und in Vergils 2. Ekloge, v. 67-68.
[92] Vgl. Vergils 8. Ekloge, v. 18-19.

empfehlen wiederum gerade die falschen Liebesschwüre als Strategie zur Durchsetzung erotischer Interessen. Auch der Wind, der die falschen Versprechen verweht, und die unbeteiligten Götter, die nicht strafen, sondern allenfalls selbst zu den Mitteln der Täuschung greifen, finden sich in der antiken Literatur.[93] Salicios Liebesklage gerät also ab der 7. Strophe, auch wenn sie noch petrarkistische Elemente wie Gefühlskälte der Dame (v. 85-87), Trauer (v. 87), Tränen (v. 98) und Todesnähe (v. 87, 94, 96) des Liebenden enthält, in den Sinnhorizont der antiken Erotiker. In der 8. Strophe fährt Salicio zunächst mit einer erinnernden Beschreibung seiner Liebe fort, die wieder stärker mit der höfisch-petrarkistischen Tradition in Einklang steht. Sehnsucht nach Einsamkeit und erotisches Begehren[94] sind die Gefühle, die die Dame bisher in ihm ausgelöst hat. Die Darstellung seiner bisherigen Liebe erreicht dabei durch eine hohe semantische Verdichtung[95] besondere Intensität, bevor sie als Selbsttäuschung (v. 105) entlarvt und, hier wiederum in Anlehnung an antike Vorstellungen, mit der Falschheit der Dame (v. 106-108) kontrastiert wird.

In den letzten Versen von Strophe 8 und in Strophe 9 erinnert Salicio sich an warnende Vorzeichen: an eine Krähe und einen Traum, in dem er Tantalusqualen erlitt. Sein Unvermögen, die Vorzeichen richtig zu deuten (v.114) erinnert zwar entfernt an Petrarca.[96] Dort und bei Sannazaro[97] wird jedoch der Tod der Dame angekündigt, nicht ihre Falschheit. Dagegen verweist die Verbindung von Tantalusqualen und Unzuverlässigkeit der Frau wieder auf die Lyrik der antiken Erotiker.[98]

So läßt sich, nach den petrarkistisch geprägten Strophen 5 und 6, auch in den Strophen 7 bis 9 ein andauerndes Bestreben Salicios feststellen, die Beziehung zu Galatea als ein bukolisch-petrarkistisches Liebesverhältnis darzustellen. Dies gelingt jedoch nur teilweise und auch nur dort, wo er sich über sich selbst äußert. Sobald er jedoch auf die Dame und ihr Verhalten zu sprechen kommt, setzen sich antike Liebesvorstellungen durch, die schließlich in Strophe 9 mit dem Tantalusmotiv sogar das Bild des Liebenden, wenn auch nur in einer Traumvision, infizieren. Der Geschlechter-

---

[93] Für genaue Quellenangaben siehe die Anmerkungen und *Notas complementarias*.

[94] Die Gestaltung der Verse 102-104, mit Rose, Lilie und Frühling als Objekt des Begehrens, erlaubt ihre Deutung als erotisches Begehren. Vgl. auch die Übereinstimmungen mit Sonett 23.

[95] Die semantischen Merkmale der Einsamkeit (v. 99-101) und des sinnlich Wahrnehmbaren (v. 102-104) treten besonders gehäuft auf.

[96] Vgl. *Canz.* 329, v. 11-14; *Canz.* 330, v. 5-8; *Canz.* 331, v. 32-33.

[97] Vgl. *Arcadia*, 10. Ekloge, v. 168-169; dort verkündet ebenfalls eine schwarze Krähe das drohende Unheil.

[98] Vgl. Properz: *Elegien* II, 17, v. 1-6. Auch im Epikureismus verweisen die Tantalusqualen auf ein unstillbares sexuelles Begehren, vgl. die Ausführungen in Kapitel 4.3 zu Garcilasos Canción IV im Zusammenhang mit Lukrez' *De rerum natura*.

kampf stellt sich in Salicios Gesang zunächst als ein Kampf der Diskurse um die Darstellungsmodalitäten der Liebe dar.

In der 10. Strophe beklagt Salicio schließlich das neue Liebesverhältnis der Geliebten. In einer Reihe rhetorischer Fragen (v. 127-132) führt er sich Einzelheiten ihrer neuen Beziehung vor Augen, wobei er die Frau zwar mit einigen höfisch-petrarkistischen Attributen ausstattet („dulce habla", v. 127; „claros ojos", v. 128; „hermosos brazos", v. 132), ihr Verhalten jedoch eindeutig negativ beurteilt („sin respeto", v. 129; „quebrantada fe", v. 130). Dabei ist vor allem das Motiv der Arme, die sich um den Hals des Rivalen schlingen, in der antiken Literatur verbreitet. Es kann als Symbol für die flatterhafte Frau angesehen werden.[99] Salicio assoziiert seine gescheiterte Liebesbeziehung schließlich mit dem Bild des Efeus und der Weinranke, die, von ihrem Platz gerissen, sich nun an anderer Stelle emporranken. Hier verwendet er klassisch antike Symbole der treuen Freundschaft und der dauerhaften ehelichen Verbindung, um das Widernatürliche seiner Liebessituation darzustellen. Die Tatsache, daß dieses Motiv auch in der Emblematik sehr beliebt ist, bestätigt den Eindruck, daß Salicio hier einer moralischen Bewertung nahekommt. Allerdings fällt er danach sogleich wieder in die Rolle des passiven petrarkistischen Liebenden zurück, der bis zum Lebensende in Tränen verharrt (v. 138-139). Männliche Gesten des Aufbegehrens und der Überlegenheit, zu denen sich der betrogene Liebhaber in der antiken Literatur häufig entschließt, wenn er die Untreue der Frau erst einmal erkannt hat,[100] kommen für Salicio nicht in Frage. Die Zyklik der petrarkistischen Liebessituation läßt eine Verhaltensänderung nach antikem Muster nicht zu.

Nach dem langwierigen Erkenntnisprozeß, der die ganze erste Hälfte der Liebesklage umfaßt, folgt der Text nun stärker dem Modelltext von Vergils Hirten Damon, dessen Gesang die Erkenntnis der Untreue schon voraussetzt. Die rhetorischen Fragen Salicios „¿Qué no s'esperará d'aquí adelante," (v. 141) und „qué de hoy más no temerá el amante," (v. 145) verweisen direkt auf die entsprechende rhetorische Frage Damons.[101] Wie bei Vergil wird auch hier in den Strophen 11 und 12 das neue Liebesver-

---

99 Vgl. die Anmerkung und die *Notas complementarias* zu Vers 131.

100 Als Beispiel mögen zwei Modelltexte von Properz und Horaz genügen, auf die in den Strophen 9 und 10 angespielt wird. Bei Properz (*Elegien* II, 17) leidet der Mann Tantalus- und Sisyphosqualen, danach faßt er den Entschluß, nicht mehr zu klagen, da Schweigen eine bessere Waffe gegen die Frau darstelle. Bei Horaz (*Epoden* 15) erinnert der Liebende an vergangene Liebesschwüre und Umarmungen (Efeumotiv), bevor er dem Rivalen prophezeit, daß auch er bald klagen, der Dichter dann aber lachen werde.

101 Vgl. Vergil: *Bucolica* VIII, v. 26.

hältnis der Frau mit dem Topos der verkehrten Welt in Beziehung gesetzt, um das Widernatürliche der Beziehung zu betonen.[102]

In der 13. und 14. Strophe folgen wie bei Damon Anspielungen auf den Polyphemmythos. Salicios Selbstdarstellung, ein Lobpreis seines Reichtums, seiner Dichtkunst, seines doch gar nicht so schlimmen Aussehens, gerät allerdings wesentlich ausführlicher als bei Damon und greift damit auf eine breitere Überlieferungstradition zurück.[103] Salicio verläßt hier eindeutig die diskursiven Vorgaben des Petrarkismus. Durch sein Eigenlob steht er in der Tradition des plumpen, häßlichen Riesen, der mit seiner selbstgerechten Liebesklage immer schon komisch und bemitleidenswert zugleich wirkt und dessen Verhalten schon bei Theokrit spöttisch kommentiert wird:

> O Kyklop, Kyklop, wo ist dein Verstand dir geblieben?
> Wenn du gingest, um Körbe zu flechten und Laub abzuschneiden,
> Um es den Lämmern zu bringen, so wärs wohl bei weitem gescheiter.
> Melke das Schaf, das zur Hand ist! Warum verfolgst du das flüchtige?
> Mehr Galateen wirst du noch finden, vielleicht sogar schönre.
> (Theokrit, XI, v. 72-79)[104]

Ein ähnlicher Kommentar findet sich auch über Corydon, einen weiteren Nachfolger Polyphems in Vergils 2. Ekloge (v. 69-73), dessen Klagelied ebenfalls von Salicio in der 14. Strophe imitiert wird. Salicios anklagende Fragen (v. 83-85) verweisen auf eine ähnlich vorwurfsvolle Äußerung Corydons (*Buc.*II, v. 19), der Hinweis auf die zahllosen Schafe Salicios (v. 189-191) findet sich ebenfalls bei Corydon (*Buc.* II, v. 21). Die Verbindung Salicios mit dem plumpen, häßlichen Riesen Polyphem wird also gleich über zwei von Vergils Hirten, Damon und Corydon, hergestellt.[105]

Erst am Übergang von der 14. zur 15. Strophe fällt Salicio wieder in die Rolle des ewig weinenden petrarkistischen Liebenden zurück („derritiendo / m'estoy en llanto eterno", v. 194-195), wobei er sich, antiken wie höfisch-petrarkistischen Konventionen entsprechend, nunmehr mit Orpheus iden-

---

[102] Hier wird direkt auf Vergil angespielt, die Verbindung von Liebesunordnung und verkehrter Welt findet sich jedoch in der antiken Literatur, etwa bei Ovid, Horaz, Properz, häufig.

[103] Der Reichtum an Tieren und Milch, die Beschäftigung mit dem eigenen Aussehen, das dichterische Talent etc. finden sich in unterschiedlicher Kombination und Ausführlichkeit in Polyphems Liebesklage bei Theokrit (*Idyllen* 11, v. 31-40), bei Ovid (*Met.* XIII, v. 789-869), sowie in Corydons Liebesklage in Vergils 2. Ekloge.

[104] Theokrit: *Gedichte*, Griechisch-deutsch hg. von F. P. Fritz, Tübingen 1970, S. 85.

[105] Während bei Theokrit und Vergil der Selbstdarstellung des Liebenden ein spöttischer Kommentar aus männlicher Perspektive gegenübersteht, erfolgt in den Metamorphosen noch vor dem Gesang Polyphems (XIII, v. 789-869) ein kritisch distanzierter Kommentar von Seiten Galateas, also aus weiblicher Perspektive (XIII, v. 756-788). Sie äußert vor allem Abscheu vor der monströsen Häßlichkeit und ländlichen Derbheit des Riesen.

tifiziert. Der Gegensatz zwischen einer vom orphischen Gesang bewegten Natur und der völlig unbewegten Dame („Tú sola contra mí t'endureciste," v. 207) ist vor allem in der *cancionero* Lyrik verbreitet. Salicio entfernt sich am Ende von dem Modell Damons, der, für den petrarkistischen Liebenden unmöglich, in den Tod geht. Dennoch findet Salicio in Vergils Eklogen ein antikes Vorbild, das sich mit seiner Vorstellung eines höfischen Liebenden vereinbaren läßt. Wie Gallus in der 10. Ekloge will Salicio resigniert den Ort seiner Liebe verlassen.[106] Gallus' Rückzug und ewiges Leiden in der Einsamkeit angesichts der Untreue der geliebten Lycoris rechtfertigt Salicios Entscheidung, zumindest als Mann weiterhin höfischen Rollenmustern zu entsprechen, wenn schon die Frau sich wie Lycoris verhält und den hohen Vorgaben des höfisch-petrarkistischen Modells nicht gerecht wird.

Allerdings ist in der 16. Strophe, am Ende von Salicios Liebesklage, wenn auch sehr versteckt, noch eine weitere Assoziation mit dem Polyphemmythos möglich. In den Metamorphosen endet die Episode damit, daß Polyphem, von Rachegelüsten getrieben, durch Wälder und Wiesen streift. Dort entdeckt er die Nymphe mit ihrem Geliebten Acis. Die Nymphe entflieht, der Rivale wird von Polyphem mit einem Felsblock erschlagen. Der Getötete, dessen Blut unter dem Felsen hervorquillt, wird später von der Nymphe in einen Fluß verwandelt, wobei die ontologische Entsprechung zwischen dem Geliebten und dem Gewässer bei Ovid ausdrücklich betont wird.[107]

Salicios Verzichterklärung könnte nun, auf Ovids Polyphemüberlieferung bezogen, auch folgendermaßen gelesen werden: Das Versprechen „bien podrás venir de mí segura" (v. 213) könnte bedeuten, daß Galatea vor seiner Rache sicher sein kann, wenn sie an den Ort des Betrugs („el lugar do me dejaste;" v. 214) zurückkehrt. Tatsächlich weist Salicios Ortsbeschreibung eine gewisse Ähnlichkeit mit den Wäldern und Weiden auf, wo Ovids Polyphem seine Rache ausübt:

> Ves aquí un prado lleno de verdura,
> ves aquí un' espesura, (*Egl. I*, v. 216-217)[108]

Das Gewässer, das bei Ovid erst nach dem Mord existiert, kommt auch bei Garcilaso in der Aufzählung erst an letzter Stelle: „ves aquí un agua clara" (v. 218).[109] Der Zusatz „en otro tiempo cara" in Vers 219 könnte somit auch

---

[106] Das dreimalige „ves aquí" (v. 216-218) verweist eindeutig auf das dreimalige „hic" bei Vergil (*Bucolica X*, v. 42-43)

[107] Vgl. *Met.* XIII, v. 870-897, bes. v. 896.

[108] *Met.* XIII, v. 872: „silvaque et notis saltibus errat". Wörtliche Zitate aus den Metamorphosen sind folgender Ausgabe entnommen: Publius Ovidius Naso: *Metamorphosen*, Lat.-dt., in dt. Hexameter übertr. von E. Rösch, hg. von N. Holzberg, Zürich 1996.

[109] Das Klarwerden des blutigen Rinnsals ist bei Ovid besonders ausführlich geschildert: vgl. *Met.* XIII, v. 888-890.

als Hinweis auf den einstigen, nun in einen Bach verwandelten Geliebten verstanden werden, zumal Salicio in Aussicht stellt, daß Galatea den Rivalen an jenem Ort vorfinden könnte:

> quizá aquí hallarás, pues yo m'alejo,
> al que todo mi bien quitar me puede, (*Egl. I*, v. 221-222)

Sogar der Schluß von Salicios Gesang könnte so gedeutet werden, daß der Rivale als Toter bzw. Gewässer den Ort nicht mehr verlassen kann:

> que pues el bien le dejo,
> no es mucho que'l lugar tamblén le quede. (*Egl. I*, v. 223-224)

Zwar wird in Salicios Gesang der Mord an dem Rivalen nie explizit erwähnt. Hinter der larmoyanten Resignation und der edlen Geste des Verzichts bleibt die Möglichkeit einer mörderischen Aggression unausgesprochen. Die insgesamt häufigen Anspielungen auf den häßlichen Riesen Polyphem, die den abgewiesenen Liebenden bisher eher zur plumpen Jammergestalt werden ließen, rechtfertigen es jedoch auch hier, Salicio als ambivalente Figur zu sehen. Berücksichtigt man den Polyphemmythos in seiner Gesamtheit, einschließlich des blutigen Ausgangs, den die Geschichte bei Ovid nimmt, so muß man das Bild, das man bisher von Salicio hatte, um eine Komponente erweitern. Zwar verrät die Liebesklage des abgewiesenen Mannes auf den ersten Blick höfische Bildung. Hinter der höfischen Fassade wird jedoch das Gegenteil erkennbar. Bei einem Mann, dessen sexuelles Begehren durch die Verweigerung der Frau frustriert, dessen höfische Identität durch ihre Untreue gefährdet wird, droht die höfische Kultiviertheit in lächerliche Primitivität, im schlimmsten Fall sogar in brutale Aggression umzuschlagen.

Nach einer Überleitung durch den Sprecher, die mit der Verwendung des Bescheidenheitstopos und einem Musenanruf eindeutig auf Vergils 8. Ekloge rekurriert, beginnt in der 18. Strophe Nemorosos Gesang. Er steht damit an der Stelle von Alphesiboeus Gesang bei Vergil. Die Tatsache, daß Alphesiboeus die magischen Beschwörungsformeln einer Zauberin wiedergibt, welche ihr den Geliebten Daphnis ins Haus führen oder ihn ins Verderben stürzen sollen, hat bisher wenig Beachtung gefunden. Der magische Zauber scheint zumindest vordergründig mit Nemorosos Klage um die verstorbene Elisa in keinem Zusammenhang zu stehen.

Nemorosos Gesang steht, wie Salicios, zunächst eindeutig in der Tradition des Petrarkismus. Mit der Anrede an Bach, Bäume und Gras imitiert Nemoroso Petrarcas „Chiare, fresche et dolci acque" (*Canz.* 126), wobei die für Petrarca ungewöhnlich starke erotische Spannung – der Dichter beobachtet Laura beim Baden – bei Nemoroso zunächst nicht erkennbar aufgegriffen wird. In der Erinnerung verbindet er den Ort mit einer als angenehm empfundenen Einsamkeit (v. 248), süßem Schlaf (v. 249) und Freude

(v. 252), während er in der folgenden Strophe am gleichen Ort den Wechsel vom Glück zum Unglück beklagt. Auch hier enthält die Klage über den Tod der Geliebten und das eigene Weiterleben höfische und petrarkistische Elemente.[110] In Strophe 20 wird mit dem *ubi sunt* Motiv noch einmal besonders auffällig auf ein petrarkisches *in morte* Sonett („Ov'è la fronte", *Canz.* 299) verwiesen, die Aufzählung weiblicher Schönheitsattribute und die Klage, daß all dies nun unter der Erde liege, rekurriert ebenfalls auf verschiedene Stellen bei Petrarca.[111]

Die 21. Strophe beginnt mit Erinnerungen an das vergangene Glück. Der *locus amoenus* ist hier mit dem Motiv des Blumenpflückens verknüpft, wobei erstmalig in Nemorosos Gesang angedeutet wird, daß das Liebesverhältnis zu Elisa nicht in jeder Hinsicht der höfisch-petrarkistischen Liebeskonzeption entspricht. Im Unterschied zu Petrarca, wo nur der Liebende Blumen pflückt, um der Dame zu gefallen,[112] erinnert Nemoroso sich an ein gemeinsames Blumenpflücken: „andábamos cogiendo tiernas flores," (v. 284). Hier wird eher auf das verbreitete Motiv des *Collige virgo rosas* verwiesen, und damit auf die Liebeskonzeption der antiken Erotiker. Dort impliziert die Aufforderung an die Jungfrau die Vorstellung einer noch nicht vollzogenen, aber erfüllbaren Liebe.[113] Das gemeinsame Blumenpflücken in Vers 284 kann demnach als Hinweis auf eine bereits vollzogene Liebe angesehen werden. Nemorosos Gesang kehrt jedoch in den folgenden Versen zunächst zum Petrarkismus zurück, indem er seine Trauer als ein vom Himmel bestimmtes Geschick beschreibt (v. 288-291) und sich über die Fortdauer seines trostlosen Lebens beklagt.

In der 22. Strophe beschreibt Nemoroso die Trauer der Natur als Reaktion auf den Tod der Geliebten. Das Motiv ist in der bukolischen Literatur seit der Antike verbreitet.[114] Allerdings ist es eng mit der Vorstellung von Unfruchtbarkeit verbunden, und auch die Tränen des Liebenden lassen nur „el fruto miserable" (v. 309) wachsen. Diese unfruchtbare, unproduktive Trauer unterscheidet sich grundsätzlich von der petrarkischen Trauer *in morte*, da diese in dichterischer wie moralischer Hinsicht fruchtbar bleibt.

In der 23. Strophe gebraucht Nemoroso eine traditionell höfische Licht-Schatten-Metaphorik, um den Zusammenhang zwischen seinen Qualen und der Abwesenheit der Geliebten zu veranschaulichen. Er vergleicht die bedrohliche, Angst einflößende Dunkelheit der Nacht mit dem Zustand, in dem er sich seit dem Tod der Geliebten befindet. Das mehrfach betonte,

---

[110] Vgl. die Anmerkungen und *Notas complementarias*.

[111] In den Anmerkungen und *Notas complementarias* werden vor allem die *in morte*-Gedichte *Canz.* 269, 301, 325, 331 genannt.

[112] Vgl. *Canz.* 325, v. 14.

[113] Vgl. oben, Kap. 4.4.1.2 zur Verwendung des Motivs in Garcilasos Sonett 23.

[114] In der hier vorliegenden Form geht es vor allem auf Vergil: *Bucolica* V, v. 34-39 und eine ähnliche Stelle in Sannazaros *Arcadia* zurück.

bedrückende Gefühl von Angst[115] weicht erst am Ende der Strophe (v. 321-323) einer petrarkistischen Zuversicht auf ein Wiedersehen mit der Geliebten nach dem Tod.

Der anschließende Vergleich der eigenen trauernden Liebesklage mit dem Gesang der Nachtigall (Str. 24 und 25) paßt ebenfalls in den petrarkistischen Kontext, da auch Petrarca in Sonett 311 seine Affinität zur traurig kunstvollen Klage der Nachtigall beschreibt. Allerdings wird mit der Nachtigall zugleich auf eine umfangreiche Überlieferungstradition verwiesen, die den petrarkistischen Sinnzusammenhang durchbricht.

So wird durch den Nachtigallenvergleich, aber auch schon durch die vorausgegangene Nacht- und Angstthematik der Liebende mit einer Frau identifiziert, da sowohl der Anfang von Strophe 23, als auch der Beginn der Strophen 24 und 25 eindeutig auf die klagende Bradamante in Ariosts *Orlando furiososo* verweist:

> Como al partir del sol la sombra crece, (*Egl. I*, v. 310)

> Come al partir del sol si fa maggiore
> l'ombra, onde nasce poi vana paura; (*O.F.*, XLV, 36, v. 1-2)

> Cual suele'l ruiseñor con triste canto
> quejarse [...]
> desta manera suelto yo la rienda
> a mi dolor (*Egl. I*, v. 324-325 und v. 338-339)

> Qual Progne si lamenta o Filomena [...]
> tal Bradamante si dolea, (*O.F.*, XLV, 39, v. 5 und 40, v. 1)[116]

Die höfische Liebesklage aus dem Munde einer Frau entspricht dem unernsten, spielerischen Umgang Ariosts mit höfischen Rollenmustern. Daß der tragisch liebende Nemoroso mit ihr assoziiert werden soll, legen die auffälligen Textparallelen nahe. So gerät hier wieder die semantische Verbindung von Weinen und Weiblichkeit in den Blick,[117] die durch das Motiv der Nachtigall im antiken Mythos noch weiter bestätigt wird. Die klagende Nachtigall in Nemorosos Gesang verweist auf eine breite Überlieferungstradition seit Homer.[118] Das ursprüngliche Motiv der Nachtigall, die den Verlust ihrer Kinder beweint, verschmilzt erstmals bei Catull, danach bei Vergil, Ovid u. a. mit dem Prokne und Philomela Mythos. Prokne

---

115 Mehrfach wird erwähnt, daß die Dunkelheit etwas zudeckt: „cubre", v. 312; „encubre", v. 315; dagegen aber: „'l sol descubre", v. 316. Diese zudeckende Dunkelheit ist mit Angst verbunden: „el temor que nos espanta", v. 313; „ la medrosa forma", v. 314; „de sombra y de temor atormentado", v. 320.

116 Nemorosos Klage weist noch weitere inhaltliche Übereinstimmungen mit der Klage Bradamantes um den abwesenden Ruggiero auf, hier mag der Hinweis auf die wörtlichen Übernahmen genügen.

117 Vgl. oben, Kapitel 5.1 dieser Arbeit.

118 Meine zusammenfassende Darstellung geschieht in Anlehnung an die *Notas complementarias*, S. 466-467.

setzt ihrem Ehemann Tereus den gemeinsamen Sohn Itys zum Mahl vor, um die Vergewaltigung ihrer Schwester Philomela zu rächen. Prokne und Philomela werden in Nachtigall und Schwalbe, Tereus in einen Wiedehopf verwandelt. Daraus erklärt sich die Klage der Nachtigall um den verlorenen Sohn. In anderen Überlieferungen wird Philomela, die mißbrauchte und verstümmelte Schwester, in eine Nachtigall verwandelt. Die Erwähnung der Nachtigall in Nemorosos Gesang bleibt im Hinblick auf die antiken Überlieferungen zwar so unspezifisch, daß die Identifikation eines bestimmten Modelltextes ausgeschlossen ist. Allerdings wird hier der Mythenstoff in seiner gesamten überlieferten Breite aufgerufen, Nemoroso mit beiden Schwestern identifizierbar. Die zunächst petrarkistisch lesbare Identifikation mit der klagenden Nachtigall wird also unterlaufen von einem antik mythologischen Sinnzusammenhang, der Elemente wie verletzte Weiblichkeit, Vergewaltigung und Verstümmelung, Kindstod und ewige Klage in Nemorosos Liebesklage einspielt. Da jedoch der Text bisher keinerlei explizite Hinweise auf ein gewaltsames, zerstörerisches Verhältnis zwischen Mann und Frau enthält, läßt das Nachtigallenmotiv neben dem Eindruck einer petrarkistischen Liebesklage zunächst allenfalls ein gewisses undefinierbares Unbehagen entstehen.

In der 26. Strophe setzt Nemoroso die Liebesklage fort mit der Betrachtung einer Haarlocke, die eine neuerliche Tränenflut hervorruft. Die beinahe wörtliche Übereinstimmung mit der Klage des Meliseo in Sannazaros *Arcadia*[119] rückt Nemorosos Klage wieder in einen höfisch-petrarkistischen Kontext ein, da Meliseo den Tod einer unnahbaren Geliebten[120] beweint. Allerdings kann dieser Teil von Nemorosos Liebesklage auch mit Garcilasos Sonett 10 „¡Oh dulces prendas" in Verbindung gebracht werden.[121] Dort wird auf Didos Liebeswahn verwiesen und, zumindest in den Quartetten, die Männlichkeit des Liebenden hinterfragt.[122] Auch in Nemorosos Liebesklage wird durch den Namen der Geliebten („Elisa", v. 353) eine Verbindung zur Aeneis hergestellt.[123] Anders als in Sonett 10 wird hier jedoch nicht der Liebende mit Dido assoziiert. Vielmehr verweist die abgetrennte Haarlocke auf den Moment von Didos Tod. Deren Liebestod ereignet sich zu früh und gegen die Ordnung der göttlichen Vorsehung, so daß erst Iris mit dem Abschneiden der Haare die Seele Didos vom Leib löst.[124] Die Haarlocke der toten Geliebten hat also doppelte Verweisfunktion, sie repräsentiert einerseits die unnahbare Phyllis der *Arcadia*, andererseits Dido, die in der *Aeneis* einen tragischen Liebestod erleidet.

---

[119] *Arcadia* XII, 313-318.
[120] Vgl. *Arcadia* XII, 265-267.
[121] Vgl. die Anmerkung zu Sonett 10, v. 1.
[122] Vgl. oben, Kapitel 5.1 dieser Arbeit.
[123] Elissa ist ein Nebenname der Dido, vgl. *Aeneis* IV, 335 und 529 sowie *Aeneis* V, 4.
[124] Vgl. *Aeneis* IV, 693-705.

Eine neue Qualität erreicht die Erinnerung an die tote Geliebte in den Strophen 27 und 28. Waren die Erinnerungen bisher auf die gemeinsame glückliche Zeit vor und auf die Trauer nach ihrem Tod bezogen, so rückt hier der eigentliche Moment ihres Todes ins Zentrum. Der bisher verdrängte Gedanke an die Todesnacht, als die Geliebte vor Nemorosos Augen (v. 393) bei der Geburt eines Kindes starb, besitzt solche Macht, daß das tragische Geschehen dem Liebenden beinahe präsent erscheint. Er meint die Gebärende vor sich zu sehen („Verte presente agora me parece / en aquel duro trance de Lucina;" v. 370- 371). Er vermeint ihre Stimme zu hören („me parece que oigo", v. 376), wie sie die Göttin der Geburt um Hilfe anruft. Auch wenn das Schäferpersonal der Ekloge das gelegentliche Einbeziehen einer niederen, rustikal ländlichen Realität in der Dichtung erlaubt, auch wenn Geburt und Kindbett zu damaliger Zeit für junge Frauen eine häufige Todesursache darstellten,[125] so ist doch die explizite Nennung des Geburtsvorganges eine Tabuverletzung, die klar die Möglichkeiten der höfisch-petrarkistischen Liebesklage überschreitet. Daß nun die Stimme der Gebärenden ausgerechnet auf die Stimme Lauras, und zwar auf die noch kindliche Laura in *Canz.* 325 verweist,[126] läßt sich wohl am ehesten damit begründen, daß Nemoroso von der Unschuld seiner Geliebten überzeugt ist. Denn auch seine eigene Ohnmacht und Schuldlosigkeit betont Nemoroso wenig später, wenn er beschreibt, daß selbst seine regelmäßigen Opfergaben (v. 389-391) die Gottheit im entscheidenden Moment nicht günstig stimmen konnten. Beide Liebenden sind also, Nemorosos Darstellung zufolge, unschuldig am tragischen Ausgang ihrer Beziehung. Die Schuld trägt demnach allein die Göttin Diana, die mit den Epitheta „cruda" (v. 376), „inexorable" (v. 377), „rústica" (v. 379), „ingrata" (v. 393) eine eindeutig negative Bewertung erfährt, die aber dennoch für den verzweifelten, aufgebrachten Liebenden noch zu einer übermächtigen Präsenz wird:

¡Y tú, ingrata, riendo
dejas morir mi bien ante mis ojos! (*Egl. I*, v. 392-393)

Insgesamt scheint für Nemoroso die Erinnerung an den Tod der Geliebten mit der Frage nach Schuld oder Unschuld, Macht oder Ohnmacht eng verknüpft zu sein. Nemorosos heftige Anklage – seine Erregung wird in den mehrfachen Apostrophen, Ausrufen und rhetorischen Fragen sichtbar – weist der Göttin Diana die zentrale Rolle in dem tragischen Geschehen zu. So kommt eine pagane Gottheit ins Spiel, die schon in der antiken Überlieferung, aber auch hier in der *Egloga I* eine schillernde Figur abgibt:

---

[125] Seit Herrera (vgl. H-423, S. 458) wird Elisa mit Isabel Freire, der angeblichen Angebeteten Garcilasos, identifiziert, da diese 1533 bei der Geburt eines Kindes starb.

[126] In *Canz.* 325, v. 54-105 beschreibt Fortuna dem Dichter das Leben Lauras von der Geburt an bis zu deren frühen Tod. Die besonderen Merkmale von Lauras Stimme („acquetar i venti", v. 86, „lume del ciel", v. 90) kennzeichnen auch die „voz divina" der Gebärenden in v. 372-375 der Ekloge.

me parece que oigo, que a la cruda,
inexorable diosa demandabas
en aquel paso *ayuda;*
y tú, *rústica diosa,* ¿dónde estabas?
¿Íbate tanto en *perseguir las fieras?*
¿Íbate tanto en un *pastor dormido?* (*Egl. I,* v. 376-381, Hervorhebungen von mir)

Diana, die Waldgöttin, Jägerin und Beschützerin der Frauen, die von ihren
Anhängerinnen bekanntlich absolute Keuschheit verlangt,[127] ist zugleich
Lucina, Beschützerin der Frauen und Göttin der Geburt, sowie Luna, Göttin der Nacht, die sich einst in Endimion verliebte. Dieser war, je nach Ü-
berlieferung, Schäfer oder Jäger, der entweder tagsüber schlief, nachts aber
jagte und die Mondphasen studierte, oder der mehrere Jahre schlafend in
einer Höhle verbrachte und nachts dort von Luna aufgesucht wurde.[128] Die
hohe Emotionalität, mit der Nemoroso sich an die Göttin wendet, wird vor
diesem Hintergrund doppelt verständlich. Einerseits hat sie ihre Pflichten
als Lucina, Göttin der Geburt vernachlässigt, da ihr anscheinend als Diana
die Jagd (v. 380), als Luna die Liebe (v. 381) wichtiger waren. In Nemorosos
Darstellung handelt die Göttin unmoralisch, denn sie läßt aus Egoismus
und Gleichgültigkeit ein Unrecht geschehen. Andererseits bleibt die Möglichkeit, daß die Schwangerschaft Elisas einen Verstoß gegen das Keusch-
heitsgebot der Diana darstellt, daß die Göttin also eventuell gar nicht helfen konnte,[129] in Nemorosos Darstellung unerwähnt. Die Schuldfrage
müßte dann neu gestellt werden. Zum dritten stellt die Göttin jedoch in
ihrer Gestalt als Luna eine Bedrohung für den Mann dar. Alles in Nemorosos Rede, seine heftige Erregung, seine Ohnmacht und ihre übermächtige
Präsenz, läßt darauf schließen, daß mit der Mondgöttin eine traumatische
Erfahrung des Mannes verbunden ist. Faßt man diese unterschiedlichen
Überlieferungen des Endimionstoffes zusammen, so ergibt sich ein Kontext
von Dunkelheit, Angst, einer magisch anmutenden Lähmung des Mannes
in Verbindung mit einer unheimlichen weiblichen Sexualität und Macht.
Zwar unterstellt Nemoroso der Göttin eine solche Beziehung mit einem
fernen, anonymen Schäfer (v. 381), doch seine eigene Rede in der 23. Strophe verrät, daß er selbst an dem männlichen Wissen des Endimion um die
dunkel magische, bedrohliche Macht der Mondgöttin teilhat:

---

[127] Vgl. die Nymphe der Diana, Camilla, in der *Egl. II,* bes. v. 750-752.
[128] Vgl. H-493, S. 479-480; Die Verbindung von Diana, Lucina, Luna in einer Gottheit
(häufig werden sie noch mit Juno gleichgesetzt) findet sich z.B. bei Catull 34 und Horaz: *Oden* 3, v. 22, die Verbindung von Lucina mit nächtlichen Ängsten und be-
drückenden Traumgespinsten bei Tibull 3, 4, v. 1-16.
[129] Ähnlich erkennt Quinn im Tod der Geliebten eine Strafe für ihre Unkeuschheit.
Quinns Annahmen, daß Elisa und Galatea identisch seien und daß das Kind von einem anderen Mann gezeugt wurde, erscheinen mir jedoch wenig plausibel. Vgl. D.
Quinn: „Garcilaso's *Egloga Primera:* Autobiography or Art?", in: *Symposium* 37 (Summer 1983), S. 147-164, hier v. a. S. 157.

Como al partir del sol la sombra crece,
y en cayendo su rayo, se levanta
la negra escuridad que'l mundo cubre,
de do viene el *temor* que *nos espanta*
y *la medrosa forma en que s'ofrece*
aquella que la noche nos encubre
hasta que'l sol descubre
su luz pura y hermosa, (*Egl. I*, v. 310-317, Hervorhebungen von mir)

Dieser Kontext von weiblicher Sexualität und magischer Bedrohung ist es auch, der Nemorosos Liebesklage mit der von Alphesiboeus vorgetragenen magischen Beschwörung in Vergils 8. Ekloge verbindet, so daß die inhaltliche Übereinstimmung mit dem Bauplan der 8. Ekloge nunmehr vollständig gegeben ist. Ein gravierender Unterschied liegt jedoch in der Betroffenheit des singenden Hirten. Während Alphesiboeus gänzlich unbeteiligt die Beschwörungsformeln einer Frau vorträgt und diese dadurch als Kunstprodukt kenntlich werden läßt, verbirgt sich hinter Nemorosos Rede eine traumatische und deshalb verdrängte persönliche Erfahrung. Denn er teilt nicht nur ein allgemein männliches Wissen um die bedrohliche weibliche Sexualität, sondern er läßt, über das Endimionmotiv, durchblicken, daß er selbst ein Verhältnis mit Elisa gehabt und als Vater des Kindes ihren Tod verschuldet hat:

Acuérdome, *durmiendo* aquí algún hora,
que, *despertando, a Elisa vi a mi lado.*
¡Oh miserable hado!
¡Oh tela delicada,
antes de tiempo dada
a los agudos filos de la muerte! (*Egl. I*, v. 257-262, Hervorhebungen von mir)

Nemoroso deutet hier seine Identität mit Endimion an, Elisa wird zu Luna. Der Schlaf repräsentiert dann den möglicherweise verdrängten Geschlechtsakt, die „tela delicada" (v. 260) möglicherweise das weibliche Hymen, dessen Verletzung der Geliebten Schwangerschaft und Tod bringt, dessen Zerreißen also mit dem Abschneiden des Lebensfadens durch die Parzen gleichgesetzt werden kann. Das Thema von Nemorosos Gesang ist also die vollzogene Liebe und ihre tragischen Konsequenzen. Die Frage nach Schuld und Unschuld, Macht und Ohnmacht muß, angesichts von Nemorosos verdrängten Erinnerungen, neu gestellt werden. Anscheinend bietet der Mythos von Endimion und Luna dem Liebenden die Möglichkeit, seine Ohnmacht gegenüber einer unheimlichen weiblichen Sexualität zu artikulieren, die in erster Linie als magische Macht erfahren wird. Die Unschuld des Mannes wäre damit erwiesen, denn die Frau als Luna handelt selbstbestimmt, sie trägt somit auch die Schuld an den Folgen. Andererseits läßt sich die Erinnerung an den Zeugungsakt und seine tragischen Konsequenzen nicht völlig ausblenden. Der Mann als Verursacher von Schwangerschaft und Tod der Frau kann seine Verantwortung als aktiv

Handelnder nicht völlig leugnen, seine Unschuld erweist sich als Illusion. In eine ähnliche Richtung weist auch Nemorosos rhetorische Frage in der 21. Strophe:

> ¿Quién me dijera, Elisa, vida mía,
> cuando en aqueste valle al fresco viento
> andábamos cogiendo tiernas flores,
> que había de ver, con largo apartamiento,
> venir el triste y solitario día
> que diese amargo fin a mis amores? (*Egl. I*, v. 282-287)

Auch hier kann die vorgebliche Unwissenheit Nemorosos diesen nicht völlig aus seiner Verantwortung als Mann freisprechen. Allerdings deutet das Motiv des gemeinsamen Blumenpflückens darauf hin, daß Mann und Frau gleichermaßen das Unheil verschuldet haben, das „con largo apartamiento" (v. 285), also neun Monate später, die Frau das Leben kosten wird.

Mit einer Anrede an die verstorbene „Divina Elisa" (v. 394) und der Vision von einem Wiedersehen mit der Geliebten im Jenseits endet Nemorosos Gesang. Die Vorstellung von einem Wiedersehen im dritten Kreis des Himmels, der Sphäre der Venus, das Hand-in-Hand Einhergehen, das Bild des Körpers als Schleier, der Wunsch des Liebenden, das irdische Leben zu verlassen und bei der Geliebten im Himmel zu verweilen, all dies verweist auf Petrarcas Sonett 302[130] und damit auf die petrarkische Liebe *in morte di madonna Laura*. Die Vorstellung vom gemeinsamen Wandeln in himmlischen Landschaften erhält, in Nachahmung Sannazaros,[131] etwas sinnlichere Züge als in dem petrarkischen Modelltext. Insgesamt scheint sich die wehmütige Jenseitsvision Nemorosos aber innerhalb der Grenzen der petrarkistischen Tradition zu bewegen. Anscheinend vollzieht Nemoroso, nach dem tragischen Ende eines klar unpetrarkistischen Liebesverhältnisses, nunmehr eine Wende zu einer neoplatonisch-petrarkistischen Liebe *in morte*. Allerdings bleibt auch dieser tröstliche Ausklang wieder ambivalent, wenn man im Auge behält, daß die Jenseitsvision Teil einer Frage ist: „Divina Elisa, [...] ¿*por qué* de mí te olvidas y *no pides que* [...]?" (v. 394-407, Hervorhebungen von mir), und daß die Erfüllung der Vision in der Frage schon verneint ist. Vielmehr wird mit dem *por qué* ein weiteres Mal die Schuldfrage gestellt, und diese wird auch durch Anspielungen auf die Aeneis noch einmal virulent. Nemorosos Anrede an die Verstorbene läßt an das ähnlich einseitig verlaufende Gespräch zwischen Aeneas und Dido in der Unterwelt denken.[132] Geführt von der Sibylle von Kumae trifft Aeneas dort auf die verstorbene Dido. Ihr Anblick bewegt ihn zu einem Ein-

---

[130] Ähnliche Motive finden sich, wenn auch weniger gehäuft, noch an anderen Stellen bei Petrarca, vgl. die Anmerkungen und *Notas complementarias*.

[131] Nemoroso folgt hier Ergastos Klage über dem Grab des verstorbenen Schäfers Androgeo (*Arcadia* V, 1-30).

[132] Vgl. *Aeneis* VI, 450-476.

geständnis seiner Schuld (*Aeneis* VI, v. 458). Vergeblich bemüht er sich um einen Blick oder ein versöhnliches Wort von der ehemaligen Geliebten. Dido wendet sich wortlos von ihm ab, Aeneas blickt ihr voller Trauer nach. Die Ähnlichkeit der Sprechsituation am Ende von Nemorosos Gesang läßt den Schluß zu, daß sich hinter Nemorosos Jenseitsvision ebenfalls ein von Schuldgefühlen geprägter, trauernder Rückblick auf die Vergangenheit verbirgt. Während Aeneas jedoch zu seiner Rechtfertigung den göttlichen Willen anführen kann, dem er nur widerstrebend gehorchte (*Aeneis* VI, v. 458-463), seine Schuld also im epischen Kontext eine Notwendigkeit darstellt, kann Nemoroso sich allenfalls auf das Wirken Lunas berufen. Seine Schuld läßt sich nicht durch ein übergeordnetes Ziel nachträglich rechtfertigen, die Selbststilisierung zu epischer Größe kann nicht gelingen.

Zusammenfassend läßt sich sagen, daß die vordergründig petrarkistische Liebe beider Schäfer im Dialog mit antiken Liebesvorstellungen eine signifikante Umwertung erfährt. Die petrarkistische Dualität der Liebesklage *in vita* und *in morte* wird aufgegeben zugunsten einer Opposition von unerfüllter und erfüllter Liebe. Salicios frustriertes Begehren erhält durch die mehrfachen Anspielungen auf den Polyphemmythos rustikal derbe, zugleich aber auch komische Züge. Ebenfalls durch den Polyphemmythos wird hinter dem Bild des verzweifelten höfischen Liebenden, um das Salicio sich beständig bemüht, die in der höfischen Liebe verdrängte Kehrseite des männlichen Wesens angedeutet: die hinter dem frustrierten Begehren latent vorhandene Gefahr des Zurückfallens in Primitivität und brutale Gewalt. Doch auch das Bild der sich verweigernden Frau erfährt durch antike Bezugstexte seine Erweiterung. Keuschheit und Tugend der Frau stellen sich als Illusion heraus, im Grunde ist es die weibliche Flatterhaftigkeit und Untreue, die den Mann in Gefahr bringt, sich entweder lächerlich zu machen oder zum Barbaren zu werden. Nemorosos Klage um die tote Geliebte bedient sich ebenfalls petrarkistischer Elemente, doch so, wie sich das Liebesverhältnis zu Elisa in der Erinnerung darstellt, bedeutet es die völlige, radikale Abkehr von der höfisch-petrarkistischen Liebeskonzeption hin zu einer antiken Vorstellung von erfüllbarer Liebe. Allerdings kann in der *Egloga I* die vollzogene Liebe, ähnlich wie das unerfüllte Begehren, nicht als Glückszustand erfahren werden. Der Mann erlebt die Begegnung mit der Frau als dunkle, lähmende Angst, ohnmächtig gegenüber einer magischen Bedrohung, der er sich nicht entziehen kann. Zugleich stellt der Geschlechtsakt jedoch eine Bedrohung für die Frau dar, so daß die vollzogene Liebe eng mit der unlösbaren Frage nach Verantwortung und Schuld verknüpft ist. Beide Schäfer befinden sich somit in einem Dilemma, ihr Verhältnis zur Liebe und zum anderen Geschlecht ist überaus problematisch. Weder die höfische Frauenverehrung noch die Direktheit antiker Liebesverhältnisse ist als Handlungsmodell uneingeschränkt geeignet.

Interessant ist aber auch die Darstellung der weiblichen Figuren. Zwar sind beide nur in der Vorstellung ihrer Schäfer präsent, sie erhalten jedoch in der Darstellung als umworbene und zugleich selbstbestimmt handelnde Frauen mehr Profil, als dies in der höfisch-petrarkistischen Liebeslyrik möglich wäre. Antike Handlungsmodelle wie Galatea und Lycoris, Elissa (= Dido) und Luna lassen neben der männlichen Perspektive die Existenz einer weiblichen Perspektive zumindest andeutungsweise entstehen. Verweigerung und Untreue, weibliches Begehren und Leid werden durch die antiken Vorbilder psychologisch nachvollziehbar. Auch die Frau befindet sich in einem Dilemma. Verweigert sie sich, so weckt sie im Mann den Barbaren, das Ausleben der weiblichen Sexualität wird für sie selbst zur Bedrohung. Auch für sie gibt es kein uneingeschränkt geeignetes literarisches Handlungsmodell.

Anders als in den Sonetten, wo das Zusammentreffen höfisch-petrarkistischer und antiker Rollenmuster eine groteske Überzeichnung des Geschlechterverhältnisses bewirkt,[133] erlauben die Differenzierungsmöglichkeiten der Schäferdichtung somit eine wesentlich vielschichtigere Darstellung der Geschlechterrollen.[134] Die Liebesgeschichten der beiden Schäfer in der *Egloga I* repräsentieren eine überaus problematische Einstellung zur Liebe. Das Dilemma, in dem sich die liebenden Schäfer und Schäferinnen gefangen sehen, dürfte einer realen Verunsicherung des Renaissancemenschen im Hinblick auf ein sich wandelndes Geschlechterverhältnis entsprechen. Auch im *Cortegiano*, vor allem im dritten Buch, wird das Geschlechterverhältnis, werden Liebe und Sexualität, Geschlechterrollen und ihre Modelle sehr kontrovers diskutiert. Einen Ausweg aus dem Dilemma scheint dort im vierten Buch der von Bembo präsentierte

---

[133] Vgl. oben, Kap. 5.1 und 5.2 dieser Arbeit.

[134] P. J. Smith geht sogar so weit, in Salicios Gesang die männliche Identitätskonstitution als Ausdruck eines „homosocial desire that exists between men but cannot be recognized by them" (S. 140) zu beschreiben. Ausgehend von Vergils 2. Ekloge, die in Salicios Gesang zitiert wird und wo homosexuelles Begehren offen geäußert wird, spürt Smith eine Reihe von weiteren Indizien in Salicios Gesang auf, die auf ein zwiespältiges Verhältnis des Mannes zum eigenen Geschlecht, zwischen gesellschaftlich akzeptierter Männerfreundschaft und uneingestandener homosexueller Anziehung, hinweisen. Vgl. P. J. Smith: „Homographesis in Salicio's Song", in: *Cultural Authority in Golden Age Spain*, hg. von M. S. Brownlee und H. U. Gumbrecht, Baltimore 1995, S. 131-142. Es ist anzunehmen, daß dem informierten Renaissanceleser die Homosexualität des Schäfers Corydon bewußt war. Er wird jedoch in Salicios Gesang ausschließlich mit den Äußerungen zitiert, die, wie bei Damon in der 8. Ekloge, auf den Polyphemmythos verweisen. Im Zentrum von Salicios Identitätskonstitution steht eindeutig der heterosexuell orientierte Polyphem. Im Paradigma von Salicios Modellfiguren - Theokrits und Ovids Polyphem, Vergils Damon und Corydon - kommt der Homosexualität allenfalls eine sehr marginale Rolle zu. Auch wenn sie die für die *Egloga I* behauptete Komplexität des Geschlechterverhältnisses noch um eine Facette zu erweitern vermag, soll sie hier unberücksichtigt bleiben.

Neoplatonismus darzustellen. Gerade der überwältigende Erfolg der neoplatonischen Liebeskonzeption zu Beginn des 16. Jahrhunderts läßt jedoch
seinerseits auf ein dringendes Bedürfnis nach Orientierung und damit auf
eine generelle Verunsicherung schließen. Während die Traktat- und Dia-
logliteratur an der Lösung des Dilemmas arbeitet, scheint die noch junge
Gattung der Renaissanceekloge in besonderem Maße geeignet, eben dieses
Dilemma darzustellen.

Die Rückkehr zur Rahmenerzählung in der 30. Strophe, mit der die
Ekloge schließt, nimmt zuletzt die beiden Schäfer noch einmal von außen
in den Blick. Sie stehen dadurch nicht mehr als individuell Liebende im
Zentrum des Interesses, sondern in ihrer gemeinsamen Eigenschaft als
Sänger und Dichter. Angesichts der untergehenden Sonne beenden sie
widerstrebend ihren Gesang und begeben sich mit ihren Tieren auf den
Rückweg. Zwar ist das Motiv der untergehenden Sonne und der Heimkehr
der Hirten schon in der antiken Literatur verbreitet, hier werden die beiden
Schäfer jedoch durch Anspielungen auf Sannazaro und Petrarca mit zeitlich näherliegenden Modellen in Beziehung gesetzt. Die Farben des Abend-
himmels („las nubes coloradas, / al tramontar del sol orladas d'oro," v.
411-412) verweisen klar auf den Beginn des 5. Kapitels der *Arcadia*. Dort
haben soeben zwei Schäfer einen Wettgesang beendet, in dem es ausschließlich darum geht, einander künstlerisch zu übertreffen. Die Gesänge
der beiden Schäfer dienen dort in erster Linie der Unterhaltung der Schä-
fergesellschaft, es kommt ihnen ein ähnlicher Stellenwert zu wie den sich
anschließenden sportlichen Wettkämpfen und einem mehrstündigen ver-
gnügten Mahl. Diese Funktion des Dichters als geschätzter Unterhalter der
höfischen Gesellschaft, wie sie sich mit Sannazaros Schäfern andeutet, steht
jedoch nicht allein am Ende der Ekloge. Die schnell heranrückenden Schatten der Berge und das fliehende Sonnenlicht (v. 414-419) verweisen vielmehr auf Petrarca[135] und erinnern zugleich an Nemorosos Dunkelheitser-
fahrung. Petrarca und Nemoroso gemeinsam ist ihre subjektiv erlebte, tiefe
Betroffenheit, die sie von den Schäfern Sannazaros grundlegend unterscheidet. In der letzten Strophe der Ekloge definiert sich das Weltverhältnis
des Renaissancedichters somit über zwei Achsen: als ein eher unkompli-
ziertes „Dienstleistungsverhältnis" zur höfischen Gesellschaft und als ein
überaus kompliziertes, von persönlicher Betroffenheit geprägtes, Verhältnis zur Geschlechterproblematik.

---

[135] Herrera (vgl. H-502, S. 482) zitiert *Canz.* 50, v. 16-17. In den Anmerkungen zu v. 418-
419 wird auch eine Parallele zu *Canz.* 23, v. 112 festgestellt.

6 Identitätskonstitution und Anzeichen eines neuzeitlichen Bewußtseins in der *Egloga II*

6.1 Die Heterogenität der *Egloga II* in der Literaturkritik

Zweifelsohne gehört die *Egloga II* zu den meistdiskutierten Werken Garcilasos. Herrera beschrieb die Ekloge als ein formal und stilistisch sehr uneinheitliches *poema dramático*:

> Tiene mucha parte de principios medianos, de comedia, de tragedia, fabula, coro y elegia; tambien hay de todos estilos, frases llanas traidos del vulgo, [...] y alto más que conviene a bucólica, [...] y variacion de versos como en las tragedias.[1]

Seither haben zahlreiche Kritiker sich mit diesem Werk auseinandergesetzt, wobei einerseits seine Heterogenität Anlaß zur Kritik gab, andererseits Versuche unternommen wurden, seine strukturelle oder inhaltliche Geschlossenheit zu demonstrieren.[2] Die meisten Interpretationen stimmen darin überein, dem Werk einen moralischen Ernst zuzuschreiben, der sich an den etablierten Diskursen der italienischen Renaissance, besonders dem Neoplatonismus orientiert.[3] Ein gewisses Unbehagen äußert dagegen schon Fernandez-Morera, wenn er der zweiten Ekloge zwar einen klaren „didactic thrust"[4] zugesteht, zugleich jedoch, vor allem in der Thematisierung von Grausamkeit und Gewalt, ein „undermining, perhaps unconscious, of the mechanical, easy solutions of traditional Renaissance ethics"[5] konstatiert.

Die auffällige Heterogenität kann hier, stärker noch als in anderen Werken Garcilasos, als Zeichen dafür angesehen werden, daß Konventionen – gattungsspezifische, stilistische, inhaltliche und ideologische – in der *Egloga II* einer spielerischen Kombinatorik unterworfen werden und daß im Zusammentreffen diskrepanter Elemente komische Effekte, ironische Distanz, Doppelsinn und Ambivalenzen entstehen. Sogar die Rolle des Dichters unterliegt in der *Egloga II* mit ihrem uneinheitlichen Personal einer gewissen subversiven Dynamik. Die sinnstiftende Funktion der Dichtung,

---

1 H-503, S. 482.
2 Einen kurzen Überblick zu den Stichpunkten Heterogenität, strukturelle Geschlossenheit und biographische Zuordnungen geben die *Notas complementarias* (S. 469-471).
3 Vgl. etwa Elias L. Rivers: „Nymphs, Shepherds, and Heroes: Garcilaso's Second Eclogue", in: *Philological Quarterly* 51 (1972), S. 123-134, hier bes. S. 133. Rivers sieht in der Egloga II die zentrale moralische Opposition in dem Kontrast zwischen dem neurotischen Liebeswahn des Hirten Albanio und der überlegenen heroischen Selbstdisziplin des jungen Fürsten unter dem Einfluß seines weisen Lehrers Severo.
4 Fernandez-Morera: *The Lyre and the Oaten Flute*, S. 66.
5 Fernandez-Morera: *The Lyre and the Oaten Flute*, S. 70.

ihre Funktion als ordnungs- und identitätsstiftender Diskurs, ihr Verhältnis zur Welt wird in diesem Werk problematisiert.

6.2 Die Relativierung der Renaissance-Ideale

Auf den ersten Blick entsteht bei der Lektüre der *Egloga II* der Eindruck, daß alle Figuren – der leidende Liebhaber Albanio, die keusche, grausame Camila, der vernunftgelenkte, humanistisch gebildete Salicio, der tapfere Krieger Don García, der tugendhafte Fürst Don Fernando, der weise Ratgeber Severo – idealtypisch zeitgenössische Verhaltensmodelle verkörpern. Was nun die umworbene Camila anbelangt, so hat ihre fundamentale Ambivalenz zwischen keuscher Nymphe und blutrünstiger Mörderin ja bereits Erwähnung gefunden.[6] In ähnlicher Weise werden auch bei den männlichen Figuren der Ekloge aus dem Zusammenspiel zeitgenössischer und antiker Texte zahlreiche Elemente sichtbar, die das jeweilige Idealbild unterlaufen.

6.2.1 Liebesleid und Kontrollverlust: Die Hirten Albanio und Salicio

Die erste Figur, der man in der *Egloga II* begegnet, ist der verzweifelte, einsam klagende Albanio. Unmittelbar in seinem Auftrittsmonolog gibt er sich als leidender Liebender zu erkennen. Zwar ist er als Schäfer Mitglied einer eigentlich heiteren arkadischen Welt (v. 17-18). Seine Liebesqualen machen ihn jedoch einsam, er sieht sich selbst in deutlichem Kontrast zu den übrigen Bewohnern dieser arkadischen Landschaft (v. 10-18). Für die Gestaltung seiner Liebesklagen greift Albanio zunächst auf den konventionalisierten Bestand der petrarkistischen Lyrik zurück. So weckt eine Quelle als Schauplatz früherer Begegnungen schmerzhafte Erinnerungen (v. 4-9), er preist die Schönheit der geliebten Frau (v. 19-21), fühlt sich dem Tod nahe (v. 18), beklagt seine Schwäche (v. 31-32) und die Unmöglichkeit, dem Leid zu entkommen (v. 25-30). Die Liebesgeschichte, die diesem Leiden vorausgeht, weist dabei besonders enge Parallelen zu Sannazaros *Arcadia* auf.[7] Ähnlich wie der Ich-Erzähler in Kapitel 7 und Carino in Kapital 8 der *Arcadia* schildert Albanio dem Hirten Salicio die Entwicklung seiner Liebe von einer unschuldigen, kindlichen Freundschaft im Zeichen der Diana-Verehrung („un amor sano y lleno de pureza", v. 184) bis hin zu einer verzehrenden Leidenschaft, einem „terrible / y fiero desear" (v. 320-321). Die Schuld am Entstehen dieser Liebe sowie an deren Entwicklung gibt Albanio, ähnlich wie seine Modellfiguren Sannazaro/Sincero und Carino[8], dem

---

[6] Vgl. oben, Kap. 5.2 dieser Arbeit.
[7] H-528, S. 493.
[8] Vgl. *Arcadia* VII, 9 und VIII, 6.

übermächtigen Einfluß unerbittlicher Schicksalsmächte (v. 167-169 und 315-316).

Stärker als bei seinen literarischen Vorgängern dominiert jedoch bei Albanio in jeder Phase der Liebesbeziehung der Eindruck von Willenlosigkeit und völligem Ausgeliefertsein. Schon von Anfang an ist Albanio unter dem Einfluß Amors nicht einmal das Sprechen erlaubt (v. 367-370). Auf die Absage Camilas folgt eine Phase tiefer, depressiver Passivität (v. 500-532). Albanios Selbstmordabsichten scheinen gesteuert von einem harten, launischen Schicksal: „mi cruda suerte [...] hizo que de mi choza me saliese" (v. 533-536). Dieses scheint ihn in den Selbstmord zu treiben, läßt den Versuch dann aber durch einen plötzlichen Windstoß scheitern (v. 656-660), da ihm wohl doch ein anderes Ende vorherbestimmt ist: „no siendo por los hados aún dispuesto" (v. 667). In seiner willenlosen Passivität übertrifft Albanio noch bei weitem sein Modell Carino, der wenigstens im Moment tiefster Verzweiflung neue Hoffnung schöpft und sich gegen den Selbstmord entscheidet.[9] Zwar entspricht die willenlose Schwäche, das orientierungslose Ausgeliefertsein dem tradierten Bild des höfisch-petrarkistischen Liebenden. Aber im Vergleich zur komplexen antinomisch-paradoxalen Affektstruktur der petrarkistischen Liebe weist Albanio eine sehr reduzierte Gefühlsstruktur auf. Der paradoxe Schwebezustand zwischen Freude und Leid ist in eine zeitliche Abfolge innerhalb der Liebesgeschichte aufgelöst worden, Albanio versinkt in einen Zustand der unumkehrbaren Hoffnungslosigkeit. Dem Leiden fehlt die petrarkistische *dolendi voluptas* oder der zumindest bei Petrarca häufige Wunsch nach Perpetuierung der Liebesqualen.

Besonders auffällig ist in Albanios Rede der hohe Anteil an imitierenden, ja sogar wörtlich übersetzten Passagen aus Sannazaros *Arcadia*.[10] Dies gilt in besonderem Maße für die Erinnerungen an die Vogeljagd und für Albanios tiefe Verzweiflung nach seinem vergeblichen Liebesgeständnis. In beiden Passagen ist die umfangreiche Imitatio jedoch der literarischen Qualität nicht gerade zuträglich. Ein genauer Textvergleich zeigt, daß es die überbietende Nachahmung des leidenden Carino ist, die zu der oben erwähnten Vereinfachung der petrarkistischen Affektstruktur führt. Die Nachahmung der Vogeljagd, über weite Strecken eine wortgetreue Übernahme von Sannazaro, stellt ebenfalls keine literarische Glanzleistung dar. Zumindest zeigt Herreras Kommentar zur Vogeljagdepisode, daß für manchen zeitgenössischen Leser hier das rechte Maß überschritten war: „cuenta muchas particularidades que podran parecer demasiadas a los que son amigos de la brevedad y moderacion."[11] Derart auffällige, teils zu einseitige, teils zu weitreichende Nachahmungen eines damals vielgelesenen und

---

[9] Vgl. *Arcadia* VIII, 54.

[10] Vgl. die Anmerkungen zu den Versen 200-310 und 506-649.

[11] H-528, S. 493.

geschätzten Modelltextes waren selbst in der Blütezeit der Renaissance-imitatio kein Anzeichen genialer Dichtkunst. Vielmehr deutet sich in der imitierenden Rede des Hirten Albanio schon früh die Fragwürdigkeit einer kunstlos plumpen Imitatiopraxis an, die im späteren Verlauf der Ekloge noch ihre Bestätigung findet. Epigonale Nachahmung wird hier zum Mittel der Figurencharakterisierung. Albanio, der klagende Hirte, ist von vornherein eine wenig überzeugende Gestalt.

Tatsächlich finden sich in Albanios Liebesgeschichte auch zahllose Handlungselemente, die das Bild vom liebenden Hirten fragwürdig erscheinen lassen. Schon die Vogeljagd, die Albanio schildert, um seine früher unschuldige Liebesbeziehung zu Camila darzustellen, ist nicht frei von ironischen Implikationen. Für ihn wie für Camila scheint nicht der Ertrag der Jagd, sondern die grausame Lust am Leid der gefangenen Vögel im Vordergrund zu stehen:

> Andaban forcejando una gran pieza,
> a su pesar y a *mucho placer nuestro*:
> que así *d'un mal ajeno bien s'empieza*. (v. 257-259, Hervorhebungen von mir)

> Ya puedes ver cuán *gran placer* sería
> ver, d'una por soltarse y desasirse,
> d'otra por socorrerse, la porfía; (v. 290-292, Hervorhebung von mir)[12]

Die Grausamkeit, sonst allein ein Attribut der angebeteten Dame, kennzeichnet hier auch Albanio. So scheint die Grenze zwischen den Geschlechtern in der frühen ‚unschuldigen' Phase der Liebe zu verschwimmen, man könnte dem noch jungen Albanio eventuell eine gewisse Tendenz zur Verweiblichung unterstellen.[13] In der späteren Phase des sexuellen Begehrens, und somit als erwachsener Mann, wird er jedoch selbst zum gefangenen und gequälten Vogel.[14]

Eher komisch als tragisch verläuft kurz darauf Albanios Selbstmordversuch. Schon Herrera stört sich an der Einmischung des Windes,[15] der den Protagonisten im Moment höchster Verzweiflung statt im Abgrund auf dem Rücken (v. 659) landen läßt. Burleske Elemente enthält auch die zufällige Begegnung zwischen Camila und Albanio (v. 802-864) an der Quelle: Streit und Schuldzuweisungen enden in einer Rangelei, aus der sich Camila mit weiblicher List befreit. Albanios grobes Verhalten gegenüber der Geliebten verletzt die Prinzipien der höfisch-petrarkistischen Frauenvereh-

---

[12] Auf die besondere Grausamkeit von Albanio und Camila weist schon Fernandez-Morera hin. Vgl. *The Lyre and the Oaten Flute*, S. 70-71.

[13] Ambivalenzen und unscharfe Geschlechtergrenzen als Folge des intertextuellen Dialogs haben schon in den Kapiteln 5.1 und 5.2 dieser Arbeit Erwähnung gefunden. Für eine weitergehende Bewertung des Phänomens in der *Egloga II* siehe unten, Kap. 6.3.1 dieser Arbeit.

[14] Vgl. Albanio in der Pose der gefangenen Krähe, v. 272-274 und v. 491-493.

[15] H-586, S. 506.

rung und zuletzt läßt er sich durch einen einfachen Trick übertölpeln. Camila entspricht mit ihren pauschalisierenden Anschuldigungen (v. 823-825), ihrem geschickten Rollenspiel als schwache Frau (v. 837) und ihrem plumpen Ablenkungsmanöver um ein verlorenes Schmuckstück (v. 850-852) eher dem misogynen Frauenbild des Mittelalters als dem Bild der petrarkistischen Herrin.

Albanios Wahnsinn schließlich, ausgelöst durch frustriertes Begehren, folgt dem Handlungsmuster des Narzißmythos bei Ovid.[16] Die Einbeziehung des Narzißmythos ist an dieser Stelle jedoch überaus kompliziert, da Albanio und Camila jeweils Elemente beider mythologischen Figuren aufweisen: Camila als abweisende, liebesunfähige Jägerin hat Züge von Narziß, Albanio erleidet ähnliche Liebesqualen wie Echo und wie diese verliert er seinen Körper. Der Versuch, sich mit seinem Spiegelbild zu vereinigen, setzt ihn jedoch mit Narziß gleich. So entsteht auch in der Nachahmung des Narzißmythos, wie bei der Vogeljagd, der Eindruck, daß die Grenzen zwischen den Figuren und damit die Geschlechtergrenzen verschwimmen.

Die Trennung von Geist und Körper wird darüber hinaus durch ein Zitat (v. 882) auch als petrarkistisch markiert.[17] Der petrarkische Gedanke wird jedoch dadurch, daß Albanio ihn wörtlich nimmt, seiner metaphysischen Dimension beraubt und ins Grotesk-Lächerliche gewendet:

Descargado me siento d´un gran peso;
pareceme que vuelo, [...] (v. 886-887)

¿No son aquéstos pies? Con ellos ando. (v. 889)

¿Hale [= el cuerpo] hurtado alguno o escondido
mientras mirando estaba yo otra cosa? (v. 892-893)

Auch die letzte Phase des Liebeswahns, in der Albanio seinen Freund Salicio zu erwürgen versucht, bevor er überwältigt werden kann, entbehrt jeder Würde. Boase interpretiert die Symptome von Albanios Liebeswahn – Verwirrung, Orientierungslosigkeit, Schmerzensschreie und Ohnmachten, Rückzug in die Einsamkeit, Aggression gegenüber seinen Helfern – als Anzeichen von Tollwut.[18] Er weist anhand zahlreicher Textbelege auf die Nähe von Liebesleid und Tollwut in der cancionero-Dichtung des 15. Jahrhunderts hin, die auch dem Leser im frühen 16. Jahrhundert noch vertraut war: „Garcilaso's contemporaries perceived an analogy between these symptoms and the well-known signs of unrequited love".[19] Doch während

---

[16] Vgl. *Met.* III, v. 345 - 510.

[17] *Canz.* 37, v. 120: „o spirto ignudo od uom di carne et d´ossa."

[18] R. Boase: „ *Rabia de amor*: Garcilaso´s Critique of the Late-Fifteenth Century Cult of Amorous Despair", in: *Golden Age Spanish Literature, Studies in Honour of John Varey by his Colleagues and Pupils*, hg. von Ch. Davis and A. Deyermond, London 1991, S. 49-62, hier S. 62.

[19] Ebda.

im 15. Jahrhundert die Assoziation von Liebesleid und Tollwut noch üblich und akzeptiert war, kommt es im 16. Jahrhundert zu einer Umwertung. Mit dem Aufkommen neuer höfischer und neoplatonischer Verhaltensnormen galt das zügellose Verhalten des Betroffenen als unmäßig und unakzeptabel.[20] Albanio verkörpert demnach einen Aspekt der spätmittelalterlichen höfischen Liebe „which shocked the Renaissance sensibility".[21] In der Figur des Albanio wird die Tradition des heftigen Liebeswahns eindeutig der Lächerlichkeit preisgegeben.

Sehr früh, noch bevor Albanio mit der Erzählung seiner Liebesgeschichte beginnt, wird der aufmerksame Leser schon vor einer allzu ernsten Lektüre seines Liebesleids gewarnt. In Vers 145 beschreibt Albanio die Tiefe seines Schmerzes mit: „mas éste ha penetrado hasta el hueso." In diesem Satz wird auf mehrere Modelltexte angespielt,[22] in denen jeweils eine Figur ähnlich vom Liebesleid durchbohrt ist, in denen aber immer zugleich eine ironische Distanz angedeutet wird. So wird Albanio zunächst durch die intertextuelle Anspielung mit Theokrits häßlichem Riesen Polyphem identifiziert, der sich ebenfalls vom Liebesleid durchbohrt sieht (Theokrit 11, v. 16), dessen aussichtslose Liebessituation und mangelnder Verstand dort am Ende aber spöttisch kommentiert werden:

> O Kyklop, Kyklop, wo ist dein Verstand dir geblieben?
> Wenn du gingest, um Körbe zu flechten und Laub abzuschneiden,
> Um es den Lämmern zu bringen, so wärs wohl bei weitem gescheiter.
> Melke das Schaf, das zur Hand ist! Warum verfolgst du das flüchtge?
> Mehr Galateen wirst du noch finden, vielleicht sogar schönre.
> (Theokrit 11, v. 72-76)[23]

Des weiteren wird auf den unendlichen Jammer der Königin Berenike um ihren abwesenden Gemahl in Catulls Kallimachosübertragung[24] angespielt. Die drastische Schilderung der Liebesqual ist dort jedoch nur ein rhetorischer Trick. Der Sprecher, das in ein Sternbild verwandelte Haupthaar der Berenike, hofft auf Rührung und reichliche Opfergaben. Es handelt sich also bei Catulls Schilderung des bis auf die Knochen gehenden Liebesleids um die durchsichtige Strategie eines nicht Betroffenen zur Durchsetzung egoistischer Interessen.

---

[20] Boase: *Rabia de amor*, S. 53
[21] Boase: *Rabia de amor*, S. 62.
[22] Die frühen Kommentatoren nennen vor allem Catull und Ariost: vgl. B-140, S. 262, H-516, S. 491 und T-112, S. 618. Das Motiv geht jedoch ursprünglich auf Theokrit zurück. Vgl. die Anmerkung zu v. 145, S. 149.
[23] Vgl. Kap. 5.4 dieser Arbeit zur *Egloga I*. Auch Salicios Liebesleid wird durch die Anspielungen auf den Polyphemmythos kritisch hinterfragt.
[24] Catull: *Carmen* 66, v. 23.

Bei Ariost schließlich wird der Erzähler selbst zur Referenzfigur für Albanio. Dieser zeigt zunächst eine moralisierende Überheblichkeit gegenüber anderen Liebenden:

> Per concludere in somma, io vi vo´dire:
> a chi in amor s´invecchia, oltr´ogni pena,
> si convengono i ceppi e la catena. (*Orlando furioso*, XXIV, 2, v. 6-8)[25]

Diese wird jedoch sogleich konterkariert, da er bei sich selbst eben jenen Fehler eingestehen muß, gegen den er eigentlich zu Felde zieht:

> ma tosto far, come vorrei, nol posso;
> che l´male è penetrato infin all´osso. (*Orlando furioso*, XXIV, 3, v. 7-8)

Alle drei Referenztexte zu Vers 145 lassen also eine gewisse ironische Distanz zu jenem durchdringenden Liebesleid erkennen, über das Albanio klagt. Der gebildete Leser, der mit den Referenztexten vertraut war, konnte somit schon Vers 145 der Ekloge als Warnung vor einer allzu ernsten Lektüre der Liebesklagen verstehen. Die Wendung ins Burleske kommt für ihn nicht ganz überraschend.

Albanios Gesprächspartner Salicio, der meist als seelisch stabiler Vertreter einer geordneten Welt beschrieben wird, ist vor allem durch Übernahmen aus der antiken Literatur gekennzeichnet. Besonders der Auftrittsmonolog Salicios, der das *Beatus ille* der 2. Epode von Horaz imitiert, ist vielfach kommentiert worden. Selten ist dabei jedoch die ironische Spannung des Horaztextes berücksichtigt worden. Die Lobrede auf das Landleben ist bei Horaz dem Wucherer Alfius in den Mund gelegt. Dessen Identität wird aber erst am Ende der Epode enthüllt, wodurch die heile Welt des Landlebens auch erst am Ende als Illusion entlarvt wird. Azar bemerkt diese in der Epode enthaltene Spannung,[26] kommt jedoch zu dem Schluß, daß sie bei Garcilaso aufgelöst wird:

> En primer lugar, como casi todos los poetas del Renacimiento que reelaboraron el epodo, Garcilaso ignora la nota irónica del final y elimina, de ese modo, la tensión de mundos entre Alfius y su sueño idílico. Queda el cuadro campestre, con su visión geórgica de las relaciones entre hombre y naturaleza. [27]

Azar übersieht dabei, daß Salicios Ideal des beschaulichen Lebens, das seinen Reiz vor allem dem Abstand vom städtischen Leben verdankt (v. 44-50), nicht ohne weiteres auch Garcilasos Ideal sein muß. Vielmehr kann man davon ausgehen, daß der Autor sich der ironischen Spannung des

---

[25] Ich zitiere aus folgender Ausgabe: Ludovico Ariosto: *Orlando furioso*, Introduzione, note e commenti di Marcello Turchi, con un saggio di Edoardo Sanguineti, 2 vol., o. O. [14]1994 (Garzanti Editore).

[26] I. Azar: *Discurso retórico y mundo pastoral en la „Égloga Segunda" de Garcilaso*, Amsterdam 1981, S. 65-68.

[27] Azar: *Discurso retórico*, S. 68.

Horaztextes sehr wohl bewußt ist, daß er sie aber in der Figurenrede aus-
klammert, um Salicio als blauäugigen Idealisten zu charakterisieren.[28] Die
Tatsache, daß Salicio die ländliche Idylle für bare Münze nimmt, die der
aufmerksame Horazleser als Illusion erkennt, dürfte erheblich zum Lesevergnügen des gebildeten zeitgenössischen Lesers beigetragen haben. Daß
es sich bei Salicios Idealvorstellungen von der ländlichen Idylle um eine
Illusion handelt, wird zusätzlich noch durch Parallelen zwischen Salicio
und dem Hippolytus von Seneca angedeutet. Hippolytus beantwortet die
Aufforderung, Leben und Liebe zu genießen, mit einem ähnlich klingen-
den Lobpreis des einsamen Lebens fernab von den Lastern der städtischen
Gesellschaft. Er versucht, sein Leben im Einklang mit der Natur nach den
allgemein verbreiteten Vorstellungen vom Goldenen Zeitalter zu gestalten.
Das gesellschaftliche Leben sieht er, ähnlich wie Salicio (*Egl. II*, v. 44-50),
dominiert von Habgier, Machtstreben, Kampf und Verbrechen. Der Grund
allen Übels ist für Hippolytus aber die Frau: „sed dux malorum femina;"[29]
und er macht aus seinem Abscheu keinen Hehl:

> Detestor omnes, horreo fugio execror.
> sit ratio, sit natura, sit dirus furor,
> odisse placuit."[30]

Hippolytus scheitert jedoch am Ende ausgerechnet an einer weiblichen
Intrige, seine Ideale erweisen sich als weltfremd und unpraktikabel. Die
Parallelen bei Salicio sind nicht zu übersehen, denn auch er sucht im Na-
turraum Zuflucht vor der gesellschaftlichen Welt. Einige Anspielungen auf
seine Vergangenheit lassen außerdem erkennen, daß er nicht immer gegen
die Anfechtungen der Liebe gefeit war (v. 347-349, 356-358) und daß sein
Zustand des seelischen Gleichgewichts mühsam erworben ist. Schließlich
ist Salicio, wie Hippolytus, in seiner ländlich-idealen Fluchtwelt nicht vor
dem Hereinbrechen eines tragischen Schicksals sicher, auch wenn dies
lediglich als Möglichkeit in den letzten Versen der Ekloge angedeutet wird:
„si no me lleva a despeñar consigo / d'algún barranco Albanio, a mi
despecho." (v. 1883-1884). Vordergründig erscheint Salicio somit als eine
Figur, die diverse Renaissanceideale – Freiheit von gesellschaftlichen
Zwängen, Distanz, Mäßigung, kontemplative Ruhe – verkörpert. Die antiken Modelltexte von Horaz und Seneca stellen jedoch einen Kontext bereit,
der eben diese Ideale untergräbt, indem er sie als illusionär und gefährdet
entlarvt.

---

[28] Vgl. Fernández-Morera: *The Lyre and the Oaten Flute*, S. 68-69, wo auf die Diskrepanz
zwischen Salicios Idealvorstellungen („commonplaces", S. 69) und der pastoralen
Realität hingewiesen wird.

[29] Seneca: *Tragedies*, with an English Translation by F. J. Miller, London and Cam-
bridge/Mass. 1960, vol. 1, S. 360.

[30] Ebda.

6.2.2 Epische Größe und historische Realität: Die Fürsten von Alba

Der mehrfach gegen die Ekloge erhobene Vorwurf der Uneinheitlichkeit bezieht sich vor allem darauf, daß der zweite Teil der Ekloge einen umfangreichen Exkurs über das Fürstenhaus der Alba enthält. Dieses Epyllion bindet mehrere Kleingattungen der klassischen Antike, Panegyrik, Epitaph, Epithalamium ein, und es ist selbst in Form einer Ekphrasis in den Eklogentext eingebaut.[31] Es beschreibt mit auffälligem epischen Aufwand[32] den Ruhm der Fürsten von Alba, insbesondere des Don Fernando, mit dem Garcilaso 1532 über Paris nach Regensburg reiste, dessen Fürsprache beim Kaiser jedoch Garcilasos Exil nicht verhindern konnte. Damit wird in die fiktive arkadische Welt der Hirten Albanio, Salicio und Nemoroso die historische, außerliterarische Lebenswelt des Autors hereingeholt. Die geringe Notwendigkeit dieses Exkurses und die lose Verknüpfung mit dem pastoralen Teil der Ekloge wurde häufig als unbefriedigend empfunden und mehrfach wurde in der Garcilasokritik der Versuch unternommen, die Einbindung dieses Teils biographisch, inhaltlich oder ideologisch zu begründen.[33]

Daß auch dieser Teil der Ekloge, der hauptsächlich die Tugenden und Tapferkeit der Fürsten von Alba rühmt, nicht unkritisch gelesen werden darf, deutet Fernandez-Morera bereits an, wenn er auf die „brutality" und „animality" der Fürsten im Text hinweist, und damit die ethischen Ideale der Renaissance unterlaufen sieht.[34]

Tatsächlich darf man sich von Fürstenlob und epischer Verklärung nicht blenden lassen. Dies zeigt sich vor allem bei einer aufmerksamen Lektüre von Herreras Kommentar[35] zu den Heldentaten des Don García, des Vaters von Don Fernando, der mit 23 Jahren in der Schlacht von Gelves ums Leben kam. In der Ekloge erscheint die Darstellung Don Garcías hyperbolisch übersteigert, „que'n el mundo / sin par y sin segundo solo fuera / si hijo no tuviera." (v. 1216-1218). Sein Durchhaltevermögen und seine Todesverachtung werden als einzigartig gerühmt (v. 1234-1236). Das blutige Gemetzel, das er unter den Mauren anrichtet, wird in einer genußvoll detaillierten Schilderung ausgebreitet (v. 1237-1248). Sein Tod auf dem Schlachtfeld erfährt schließlich mittels einer ausgedehnten Blumen- und

---

[31] Vgl. Fernandez-Morera: *The Lyre and the Oaten Flute*, S. 63.
[32] Vgl. E. L. Rivers: *Nymphs, Shepherds and Heroes*, S. 131.
[33] Vgl. Lapesa: *La trayectoria*, S. 102-123, wo auf die nahezu symmetrische Struktur der Ekloge hingewiesen wird und Albanio, als Pendant zu Don Fernando, mit dessen jüngerem Bruder Don Bernaldino identifiziert wird. Rivers (vgl. oben, Anm. 3 in diesem Kapitel) sieht vor allem in moralischer Hinsicht die Ekloge als eine Einheit. Azar erkennt in der *Egloga II* die rhetorische Struktur einer Gerichtsrede, Albanios Fall wird wie ein Kasus vorgestellt und verhandelt. Vgl. I. Azar: *Discurso retórico y mundo pastoral en la „Égloga Segunda" de Garcilaso*, Amsterdam 1981, S. 131-137.
[34] Fernandez-Morera: *The Lyre and the Oaten Flute*, S. 70.
[35] H-668, S. 521-525.

Farbenmetaphorik (v. 1253-1266) elegische Verbrämung. Herrera, der sich auf die Berichte mehrerer Historiker beruft,[36] beschreibt Don García hingegen als hitzköpfigen, ruhmsüchtigen jungen Mann,[37] der alle Ratschläge der erfahreneren Afrikakämpfer in den Wind schlägt, und dessen unüberlegtes Handeln zu der verehrenden Niederlage führt. Seine Leute, geschwächt durch Sonne, Hitze und Durst, lassen sich von den Mauren widerstandslos niedermetzeln. Viele sterben auf dem Rückzug an Erschöpfung. Don García fällt nach verzweifeltem Widerstand.

Es fällt auf, daß sich Herrera jeglicher Wertung enthält, was die Diskrepanz zwischen den historischen Fakten und der beschönigenden Darstellung in der Ekloge anbelangt. Immerhin handelt es sich bei dieser Niederlage um ein Ereignis, das die bis dahin erfolgreiche Eroberungspolitik der Spanier in Afrika abrupt unterbrach und letztlich zu ihrem Ende mit beitrug.[38] Ihre historische Bedeutung muß Herrera wohl bewußt gewesen sein, wenn er ihr einen so ausführlichen und gründlich recherchierten Kommentar widmet. Erst recht kann man davon ausgehen, daß ein halbes Jahrhundert vor Herrera den Zeitgenossen Garcilasos jene schwere Niederlage von 1510 noch präsent war. Eklogentext und historische Realität stehen für den Leser deutlich erkennbar in einem Spannungsverhältnis, der epische Anspruch erscheint zumindest fragwürdig.

Imitiert werden in der Don García Episode vor allem epische Texte, was aus inhaltlichen wie stilistischen Gründen naheliegend erscheint. Bei einer genaueren Betrachtung der Referenzstellen sieht man allerdings den epischen Anspruch der Episode noch weiter untergraben.

„Unos en bruto lago de su sangre" (v. 1242) beschreibt bei Garcilaso das Blutbad, das Don García unter den Mauren anrichtet. Das gleiche Bild bei Ariost[39] beschreibt dagegen umgekehrt ein Gemetzel der Mauren an den Soldaten Karls des Großen, wobei die Christen unkoordiniert und kopflos wirken, während die Tapferkeit der heidnischen Kämpfer als rühmenswert herausgestellt wird.[40] Der Modelltext kommt damit den historischen Ereignissen von Gelves wesentlich näher als der Eklogentext, und eine solche Verdrehung war ohne Zweifel für den gebildeten Leser und Kenner des *Orlando furioso* erkennbar. Auch die Blumenmetaphorik um den Tod Don Garcías rekurriert auf zwei epische Modelle, auf die schon Herrera hinweist.[41] In beiden Fällen wird der Tod eines jungen Mannes, Euryalus in der Aeneis und Dardinell im *Orlando furioso*, metaphorisch mit einer vom

---

36 H-668, S. 521.
37 H-668, S. 522: „Deseoso don Garcia de gloria", oder: „aquel ardiente joven, que tanto deseaba mostrar la fortaleza de su corazon".
38 Vgl. *Historia de España*, dir. por Ramón Menendez Pidal, tomo XVII, vol. II, Madrid 1969, S. 714.
39 *Orlando furioso* XXVII, 21, v. 2-3.
40 *Orlando furioso* XXVII, 18-22.
41 H-672, S. 525.

Pflug abgeschnittenen Blume umschrieben. In beiden Fällen ergibt sich allerdings aus dem Kontext, daß die jungen Männer ihren Tod aus Unerfahrenheit selbst verschuldet haben. So implizieren die Modelltexte eine Schuld Don Garcías, wo der Eklogentext nur äußeren Umständen die Schuld zuweist: „las tres inicuas hadas" (v. 1223), „El arena quemaba, el sol ardía, / la gente se caía medio muerta;" (v. 1235-1236), „el hado / acerbo, triste, airado fue venido;" (v. 1248-1249).

Auch die umfangreiche Erzählung über das Leben Don Fernandos gibt sich auf den ersten Blick historisch. Sie umfaßt wesentliche Lebensabschnitte des Fürsten wie Geburt, Ausbildung, erste Liebe und erstes Duell, Hochzeit, Reise nach Deutschland und Teilnahme am Feldzug Kaiser Karls V gegen die Türken in Ungarn. Die Geschichte wird damit an die unmittelbare historische Gegenwart der Textentstehung herangeführt und endet mit einem Ausblick auf eine ruhmreiche, jedoch für das menschliche Auge noch nicht sichtbare Zukunft des jungen Don Fernando (v. 1772-1801).

Der epische Aufwand, mit dem Don Fernandos Geburt und Jugendzeit dargestellt werden, ist jedoch noch wesentlich höher als bei seinen Vorfahren: Apoll und die Musen, Merkur, Mars und Venus bemühen sich persönlich um den zukünftigen Fürsten, ebenso wie ausgesuchte Erzieher. Don Fernando entwickelt sich zu einer strahlenden Persönlichkeit, die schon früh mit „ingenio" (v. 1306), religiöser Bildung („doctrina", v. 1324), höfischen Umgangsformen (v. 1341-1346), Geschick im Umgang mit den Waffen (v. 1356-1361) und tugendhafter Liebe („terneza", v. 1368) alle Qualitäten eines perfekten Hofmannes aufweist. Zur Hochzeit erscheint der Hochzeitsgott „Himeneo" (v. 1401), für die Genesung von einer schweren Krankheit sorgt „Esculapio" (v. 1465), „Vitoria" (v. 1676) umarmt den siegreichen Don Fernando, Tormes und seine Nymphen schließlich feiern seine Rückkehr in die Heimat (v. 1727-1730). Der Autor scheint dem Fürsten mittels epischer Überhöhung ein literarisches Denkmal zu setzen.

Historische Darstellung und epische Überhöhung übernimmt Garcilaso in Anlehnung an das Modell des jungen Ippolito d'Este in Ariosts *Orlando Furioso*.[42] Die Übernahmen beschränken sich dabei nicht nur auf inhaltliche Aspekte und die epische Gestaltung, auch die Art der Vermittlung weist deutliche Parallelen zu Ariosts Text auf. In beiden Fällen handelt es sich um eine Bildbeschreibung. Die Bilder sind jeweils mythischen Ursprungs und enthalten glanzvolle Prophezeiungen, die das Wahrnehmungsvermö-

---

[42] *Orlando furioso* XLVI, 85-98. Die Übernahmen aus diesem berühmtesten epischen Werk der damaligen Zeit zur Darstellung des Don Fernando sind ähnlich auffällig und umfangreich wie diejenigen aus Sannazaros *Arcadia* zur unglücklichen Liebesgeschichte Albanios. Die Vermutung, daß man von der Ähnlichkeit der imitativen Verfahren auf eine Ähnlichkeit, namentlich die Unvollkommenheit der jeweiligen Figuren schließen kann, bestätigt sich im weiteren Verlauf der Analyse.

gen der jeweiligen Betrachter übersteigen.[43] Die preisende Wiedergabe des Bildinhaltes leistet bei Ariost der auktoriale Erzähler, in der Ekloge übernimmt diese Funktion Nemoroso. Bei beiden Texten wird mit diesem Verfahren die Lebenswelt des Autors in den Text hineingeholt, denn schon Ariost hatte diese Passage zum Lobpreis seines fürstlichen Mäzens angelegt. In beiden Werken entsteht außerdem der Eindruck, daß das Fürstenlob „lediglich eine Einlage oder Digression bildet".[44]

Mit ihrer für den heutigen Geschmack überzogenen Enkomiastik entsprechen Garcilaso wie Ariost völlig den Gepflogenheiten ihrer Zeit. Im höfischen Humanismus erlebte die dichterische Ruhmrede ihre höchste Blüte, wobei sie zugleich „einer inflationären Entwertung und damit ihrer ideellen Aushöhlung"[45] verfiel, da „der glänzende Schein das sittliche Sein nicht mehr förderte, sondern verdeckte. Die bloße Repräsentation wurde zur aristokratischen Lebenshaltung".[46] Was die Figur des Ippolito d´Este anbelangt, der für Garcilasos Don Fernando das literarische Modell abgibt, so muß dem Idealbild des gebildeten, kultivierten Kardinals in der Realität wohl eine Person von zügellosem und gewalttätigem Wesen zugrundegelegen haben.[47] Der enkomiastische Text selbst enthält allerdings nicht den geringsten Hinweis auf eine divergierende außertextuelle Realität.

Immerhin wird an anderer Stelle im *Orlando furioso* die allgemein übliche Diskrepanz zwischen Fürstenlob und historischer Wahrheit thematisiert. Mit der Stimme des Apostels Johannes unterstellt Ariost „den Schriftstellern in der Mondszene des *Furioso* [...] eine skrupellose, amoralische Bindungslosigkeit gegenüber der historischen Wahrheit, die damit ihrer völligen Vergewaltigung preisgegeben ist."[48] Kurz, der Dichter sorgt gegen materiellen Lohn für Ruhm und Unsterblichkeit des Fürsten, Dichtung wird zur Handelsware. Solch kritische Äußerungen werden jedoch nur aus der Distanz des Mondes, „unter dem Schutz der Narrenkappe, in übertreibender Offenheit dargelegt"[49] und am Ende der Mondszene mit einem Lächeln ihrer Schwere beraubt.[50] Kremers möchte deshalb Ariost keine ironische Absicht oder Auflehnung gegen die panegyrische Konvention unterstellen. „Das Problem der Aufrichtigkeit oder Unaufrichtigkeit des

---

43 Vgl. *Orlando furioso* XLVI, 80 und 98, v. 1-6 mit Garcilasos *Egloga II*, v. 1169-1176 sowie v. 1766-1801. Zur Konventionalität von Ekphrasis und genealogischer Fabel in der Renaissancepanegyrik vgl. D. Kremers: *Der ‚Rasende Roland' des Ludovico Ariosto*, Stuttgart u.a. 1973, S. 157-160.

44 Kremers: *Der ‚Rasende Roland'*, S. 140.

45 Kremers: *Der ‚Rasende Roland'*, S. 148.

46 Ebda.

47 Kremers: *Der ‚Rasende Roland'* , S. 149 f., Anm. 31.

48 Kremers: *Der ‚Rasende Roland'*, S. 150.

49 Ebda.

50 Vgl. Kremers: *Der ‚Rasende Roland'*, S. 153.

Herrenlobs stellte sich ihm im Grunde gar nicht. Illusionslos schließt er sich dem allgemein üblichen Brauch an."[51]

Garcilasos Verhältnis zu Don Fernando dürfte zum Zeitpunkt der Niederschrift der *Egloga II* weniger von materieller Abhängigkeit geprägt gewesen sein. Cruz deutet ein eher freundschaftliches Verhältnis zwischen Garcilaso und dem jungen Fürsten an. Allerdings war Garcilaso zum Zeitpunkt der Reise bei der Kaiserin schon in Ungnade gefallen, er war also zumindest auf das Wohlwollen und die Fürsprache einflußreicher Freunde beim Kaiser angewiesen.[52] Anders als Ariost hat Garcilaso aber sein Fürstenlob mit diskreten Hinweisen auf eine diskrepante historische Realität versehen. So scheint Don Fernando, ähnlich wie sein Vater, in der Schlacht zu unbeherrschtem, kopflosen Verhalten zu neigen. Die Urnenbilder zeigen ihn in einer Art Blutrausch (v. 1663) und zugleich in einem Handgemenge mit seinem Kaiser (v. 1661-1665), der ihn zurückzuhalten versucht. Seine Darstellung als kaum zu bändigender Windhund, auch wenn Herrera ihn als „noble" und „generoso" darstellt,[53] entbehrt nicht einer gewissen Komik:

> como el lebrel de Irlanda generoso
> que'l jabalí cerdoso y fiero mira;
> *rebátese, sospira, fuerza y riñe,*
> y apenas *le costriñe el atadura*
> que'l dueño con cordura más aprieta: (v. 1666-1670, Hervorhebungen von mir)

Hier steht die kaiserliche Besonnenheit in Opposition zur unbeherrschten Animalität Don Fernandos. Daß diese Textstelle im 16. Jahrhundert als unpassend empfunden wurde, geht eindeutig aus Herreras Kommentar hervor: „Piensan algunos que usó G. L. de impropiedad en esta voz".[54] Zwar versucht Herrera, die Würde des Don Fernando zu retten, indem er die Stelle als Imitatio Ovids und Senecas ausweist. Die Parallele zum *Orlando furioso*, auf die vor Herrera schon El Brocense hinweist,[55] ist hier jedoch dominierend:

> Come levrier [...]
> che 'l cacciator lo tien, si strugge d'ira,
> si tormenta, s'affligge e si dispera,
> schiattisce indarno, e si dibatte e tira;
> cosí sdegnosa infin allora stata
> *Marfisa* era quel dí *con la cognata.*
> (*Orlando furioso* XXXIX, 10, Hervorhebungen von mir)

---

[51] Ebda.
[52] Vgl. A. J. Cruz: „Self-fashioning in Spain: Garcilaso de la Vega", in: *Romanic Review* 83, 4 (1992), S. 517-538, hier besonders S. 525-530.
[53] H-739, S. 545.
[54] H-740, S. 545.
[55] B-218, S. 272.

Die blutrünstigen Hunde sind bei Ariost zwei Frauen, die Gelegenheit zum Kampf entsteht durch Verrat. Die traditionell männlichen Tugenden von Kampfkraft und Mut werden durch diese auffällige literarische Anspielung eher in Frage gestellt, Don Fernandos unbeherrschtes Verhalten ist nicht nur als animalisch, sondern darüber hinaus auch noch als weibisch anzusehen.

Die abschließende Bewertung der Episode, deren Tonfall das euphorische Fürstenlob fortsetzt, ist schließlich ein Musterbeispiel an Doppeldeutigkeit, da sie es offen läßt, ob hier die Perfektion oder der zuvor dargestellte Kontrollverlust des Fürsten gemeint ist.

> así estaba perfeta y bien labrada
> la imagen figurada de Fernando,
> que quien allí mirando lo estuviera
> *que era desta manera* lo juzgara. (v. 1671-1674, Hervorhebung von mir)

Unbeherrschtheit kennzeichnet Don Fernando auch hinsichtlich der sexuellen Begierde, wobei diese sich aber, in Anlehnung an Catulls *Carmen* 61, auf die rechtmäßige Gattin als Objekt des Begehrens beschränkt. Die Ungeduld Don Fernandos wird jedoch, dem antiken Modell entsprechend, so unverhüllt dargestellt (v. 1415 f.), daß Herrera darüber höchste Mißbilligung äußert: „Bajisimo y torpe verso en número y sentencia. Esto no sé cómo lo dijo Garci Lasso, que muy ajeno es de su modestia y pureza;"[56] Auch die Beschreibung des ersten Duells (v. 1379-1395), dessen Anlaß im Eklogentext selbst nicht erwähnt wird, unterstreicht natürlich in erster Linie die Tapferkeit und Kampfkraft des jungen Don Fernando. Sie läßt sich aber zugleich auch als dezenter Hinweis verstehen, daß der junge Fürst seine vorehelichen amourösen Abenteuer nicht immer mit der gebotenen Diskretion handhabe. Catulls *Carmen* 61 hätte mit den vorehelichen sexuellen Genüssen des Manlius Torquatus[57] auch hierzu eine gewisse Entsprechung aufzuweisen. Die in der Antike akzeptierte, in der Renaissance undenkbare Knabenliebe soll hier jedoch als Parallele nicht überbewertet werden.[58] Allenfalls bildet sie eine komische Kontrastfolie zu der keuschen, neoplatonisch angehauchten Jugendliebe des Don Fernando für die schlafende Nymphe (v. 1369-1378), seine spätere Gemahlin.

Don Fernandos Grundsatzentscheidung für die Tugend (v. 1419-1428) mit ihren deutlichen Parallelen zu Ippolito d'Este[59] und Herakles[60] verleiht der Figur jedoch eine epische und mythische Größe, die in der Ekloge nicht ernsthaft in Frage gestellt wird. Anders als bei Don García, dessen Ruf als

---

[56] H-693, S. 530.

[57] *Carmen* 61, v. 126-145.

[58] Es gibt in der Ekloge keine weiteren Anknüpfungspunkte, die auf eine Thematisierung von Homosexualität hinweisen würden.

[59] *Orlando furioso* XLVI, 86, v. 3-4.

[60] B-204, S. 270.

tragischer Held durch die imitierten Modelltexte radikal zerstört wird, erscheinen die Diskrepanzen zwischen epischem Anspruch und Realität bei Don Fernando insgesamt weniger gravierend. Zwar weisen die imitierten Texte auf sein ungezügeltes Temperament hin, seine Charakterschwäche bleibt jedoch ohne tragische Konsequenzen. So entsteht der Eindruck, daß hier lediglich mit einer Art wohlwollendem Augenzwinkern eine Schwäche des jungen Fürsten ans Tageslicht gebracht wird, die ihn hin und wieder gegen das höfische Verhaltensideal der Selbstbeherrschung verstoßen läßt und ihn so der Lächerlichkeit preisgibt.

Alles in allem bleibt es sich jedoch gleich, ob die Unbeherrschtheit der Fürsten tragische oder nur lächerliche Konsequenzen zeitigt. Fest steht, daß Garcilaso keine „Mondszene" benötigt, um eine kritische Sichtweise anzudeuten. Den Dialog mit den imitierten Modelltexten und der historischen Überlieferung übersteht das Fürstenlob in der *Egloga II* nicht unbeschadet. Die Panegyrik Garcilasos erweist sich als doppelbödig. Hinter dem schönen Schein des Fürstenlobs verbirgt sich, für den aufmerksamen Leser deutlich erkennbar, ein kritisches Bewußtsein.

6.2.3 Imitatio und perspektivisches Spiel

Bei allen bisher betrachteten Figuren, den Hirten Albanio und Salicio, der Nymphe Camila,[61] den Fürsten Don García und Don Fernando, hat sich gezeigt, daß durch Anspielungen auf diverse Modelltexte und Sinnhorizonte aus scheinbar idealtypischen Figuren mehr oder weniger ambivalente Gestalten werden. Wie in anderen Werken Garcilasos, so sind auch in der *Egloga II* die Ambivalenzen das Ergebnis eines komplexen Dialogs bzw. Polylogs verschiedener Diskurse. Auffällig ist nun in der *Egloga II*, daß die Sinnhorizonte und Kontexte, die hier im Dialog aufeinandertreffen, jeweils an verschiedene textinterne, aber auch externe Perspektiven gebunden sind. So unterscheidet sich die Selbstwahrnehmung einer Figur meist deutlich von der Fremdwahrnehmung durch andere Figuren oder, textextern, durch den Leser. Dabei läßt sich jede dieser Perspektiven mindestens einem der am Dialog beteiligten Diskurse eindeutig zuordnen, sie sind alle literarisch vermittelt.

Albanio sieht sich selbst, petrarkistischen und arkadischen Vorbildern entsprechend, als Opfer der Liebe. Seine Freunde, ehemals selbst vom Liebesleid betroffen, begegnen seiner Liebesqual zunächst mit mitleidsvollem Interesse. Der zunehmend lebensbedrohliche, wahnhafte Kontrollverlust wird aber von ihnen negativ bewertet, da er den Verlust höfischer Tugenden bedeutet:

Estraño ejemplo es ver en qué ha parado
este gentil mancebo, Nemoroso,

---

[61] Vgl. oben, Kap. 5.2 dieser Arbeit.

ya a nosotros, que l´hemos más tratado,
manso, cuerdo, agradable, virtüoso,
sufrido, conversable, buen amigo,
y con un alto ingenio, gran reposo. (v. 901-906)

Albanio ist damit die einzige Figur der Ekloge, die innerhalb des Textes von anderen Figuren explizite Kritik erfährt. Seine Variante der höfischen Liebe, sein überzogener Liebeswahn wird von seinen Freunden mit höfischen Maßstäben der Mäßigung und sozialen Kompetenz konfrontiert. Der textexternen Perspektive des Lesers kommt es schließlich zu, komisch-burleske Handlungselemente wahrzunehmen und aus der Kenntnis der imitierten Texte heraus beispielsweise die reduzierte Affektstruktur, das Verschwimmen der Geschlechtergrenzen oder die ironischen Implikationen von Vers 145[62] zu erkennen.

Camilas Selbstwahrnehmung ist der antiken Mythologie entnommen, sie sieht sich, in Anlehnung an Ovids Nymphe Callisto, als schwache Frau und Opfer männlicher Begierde. Dagegen ist sie aus Albanios Sicht, der petrarkistischen Konvention entsprechend, die grausame Geliebte. Der gebildete Leser schließlich kann die epische Perspektive einbringen und sie als männermordende Amazone wahrnehmen. Die drei konträren, jeweils literarisch vermittelten Frauenbilder bleiben unvereinbar nebeneinander stehen. Sie relativieren sich gegenseitig in ihrem Anspruch auf Gültigkeit, jedoch ohne daß eines siegreich aus dem Kampf hervorgehen könnte.

Salicio sieht sich selbst als innerlich gefestigt, die arkadische Idylle bietet ihm Zuflucht vor den Stürmen der Liebe und dem Laster der Städte. In seinem Selbstbild kombiniert er Elemente verschiedener antiker Texte, die alle, fragmentarisch und aus dem Kontext gerissen, zu den beliebtesten Versatzstücken bürgerlicher und höfischer Halbbildung gehört haben dürften. Es bedarf jedoch der textexternen Leserperspektive, um diese Elemente als fragmentarisch zu erkennen. Nur wer die 2. Epode von Horaz und die Phädra von Seneca vollständig vor Augen hat, weiß um die ironische bzw. illusorische Qualität der ländlichen Idylle, nur er kann die vermeintliche Stabilität und Sicherheit Salicios als trügerisch erkennen. Letztendlich spielt der Text hier die naive Halbbildung eines Salicio gegen die Komplexität eines umfassenden Textwissens aus.

Die Verherrlichung der Fürsten von Alba, die in der Ekloge Nemoroso in den Mund gelegt ist, entspricht ganz und gar den Gepflogenheiten an den Fürstenhöfen der Renaissance. Nemoroso übernimmt also Rolle und Perspektive eines unkritischen Höflings, der, die Werke größerer Dichter (hier: Severo) imitierend, seinem Fürsten uneingeschränkte Bewunderung entgegenbringt. Seine Zuhörer (hier: Salicio) begegnen dem Fürstenlob ebenfalls vollkommen unkritisch. Auch hier kommt es wieder dem Leser zu, historische Fakten dagegenzuhalten, intertextuelle Anspielungen und

---

[62] Vgl. oben, Kap. 6.2.1 dieser Arbeit.

höfische Verhaltensmaßstäbe einzubeziehen und so die Panegyrik als brüchig zu erkennen.

Die perspektivische Vielfalt der *Egloga II* entsteht, wie sich gezeigt hat, auf der Grundlage einer ebenso vielfältigen Imitatio. Diese präsentiert sich als ein Verfahren, in dem neben antiken Texten oder den anerkannten Modellen des *trecento* auch Renaissancediskurse wie Petrarkismus, Bukolik, Panegyrik, Neoplatonismus, ja die Imitatio selbst (zumindest in ihrer epigonalen Vereinfachung) zitierbar werden. Durch Bindung an einzelne Figurenperspektiven und deren dialogische Konfrontation werden die zitierten Diskurse als perspektivisch beschränkt entlarvt. Dies zu erkennen bedarf es jedoch einer kritischen, textexternen Leserperspektive, den Figuren selbst gelingt dies nur ansatzweise bei Albanios überzogenem Liebeswahn.

Natürlich stellt diese kritische Leserperspektive nicht die einzig mögliche oder einzig ‚richtige‘ Rezeptionsperspektive dar. Vielmehr scheint der besondere Reiz der *Egloga II* gerade in der perspektivischen Vielfalt zu liegen, durch die sich auch das Angebot an Rezeptionsmöglichkeiten vervielfacht. Nicht umsonst ist die Ekloge das meistdiskutierte Werk Garcilasos, die große Zahl der Erklärungsversuche spricht für sich. Dabei scheint es, daß die Erwartungshaltung des Lesers, die Art, wie er den Text versteht und deutet, in erster Linie von seinem Imitatioverständnis abhängig ist.

Schon die frühen Kommentatoren machen sich mit detektivischem Spürsinn daran, die zahlreichen Zitate, Bilder, Metaphern und Motive aus antiken und zeitgenössischen Modelltexten in der *Egloga II* aufzuspüren. Meist beschränken sie sich jedoch darauf, die genaue Fundstelle anzugeben, ohne deren Bedeutung im Kontext des Quellentextes zu kommentieren. Anscheinend gehen sie von einem Imitatiobegriff aus, der Spannungen zwischen Modell und Nachahmung nicht kennt. Tatsächlich fügt sich ja auch ein großer Teil der intertextuellen Bezüge in der *Egloga II* ohne Ambivalenzen oder ironischen Hintersinn in den Text ein. Eine solche, nach Greene eklektisch zu nennende Imitatio[63] betrachtet alle vorausgegangenen Texte als einen Fundus, aus dem man sich nach Belieben, und ohne Bewußtsein für die jeweilige historische Distanz, bedienen kann. Die eklektische Nachahmung, die vielleicht dem Imitatioverständnis der Kommentatoren am nächsten kommt, dürfte unterschiedlich motiviert gewesen sein. Zum einen mag der zitierte Text dem Autor aufgrund seiner ästhetischen Qualität, seiner Bedeutung, der damit verbundenen Konnotationen sowie der stilistischen oder lautlichen Eigenschaften als passend erscheinen.[64] Neben dem ästhetischen Gewinn erfährt der Text durch die

---

[63] Greene: *The Light in Troy*, S. 39-40.

[64] Als Beispiele mögen die Quelle (v. 1-3), die elfenbeinerne Pforte der Träume (v. 117) und das Vogelnest als typisches Geschenk eines Hirten (v. 716-719) genügen. Die Textstellen rufen eine ganze Reihe von antiken literarischen Modellen auf (vgl. die

Imitatio anerkannter Modelle in jedem Fall auch eine Aufwertung, wenn nicht gar, in den Augen mancher Zeitgenossen, seine eigentliche Legitimation.[65] Der Autor schließlich demonstriert Belesenheit und Kunstfertigkeit im Umgang mit dem literarischen Wissen, Qualitäten, die im höfischen Umfeld soziale Anerkennung, Prestige, eventuell sogar das Wohlwollen oder materielle Vergünstigungen von seiten des Fürsten einbringen konnten. Nicht zuletzt dürfte der Text gerade wegen der überwältigenden Vielfalt der literarischen Bezüge für den Leser den Charakter eines raffinierten Gesellschaftsspiels angenommen haben. Selbst denjenigen Höflingen, die nur mit einer oberflächlichen literarischen Halbbildung an das Werk Garcilasos herangingen, konnte der außerordentliche Reichtum der imitativen Bezüge nicht verborgen bleiben. Durch eine überreiche Imitatio war gewährleistet, daß jeder Leser, seinem Bildungsniveau entsprechend, detektivischen Ehrgeiz entwickeln konnte. Ein hoch imitativer Text gewährt jedem Leser, salopp ausgedrückt, seinen persönlichen Aha-Effekt. Darüber hinaus verleiht aber eine eklektisch verstandene Imitatio, die die historische Distanz zu den Modelltexten ignoriert, den Figurenäußerungen in den Augen des Lesers Gewicht. Salicios Weltflucht und Nemorosos Fürstenlob beispielsweise sind bis heute gerne zur Lehrmeinung des Autors erhoben worden. Man kann wohl davon ausgehen, daß die Figurenperspektiven auch zu Garcilasos Zeiten breiten Leserkreisen als Identifikationsangebot dienten.

Auf der anderen Seite ist ein Bewußtsein für historische Distanz, für die historische Bedingtheit älterer wie zeitgenössischer Texte die Voraussetzung dafür, daß der Leser Imitatio als einen Dialog zwischen verschiedenen Bedeutungssystemen erkennen und dessen Möglichkeiten der Relativierung und Ironisierung schätzen kann.[66] Nur ein Leser, der zu allen Texten, zu den antiken Modelltexten ebenso wie zu Petrarkismus, Panegyrik und anderen renaissanceüblichen Diskursen schon eine kritische Distanz besaß, war in der Lage, deren Verwendung auch in der *Egloga II* zu hinterfragen. Gelingen konnte dies außerdem nur demjenigen, dessen literarische Kenntnisse über die Versatzstücke literarischer Allgemeinbildung hinausreichten, der also in der Lage war, den gesamten Kontext der zitierten Texte einzubeziehen. Nur wer beide Voraussetzungen, Distanz und eine umfassende literarische Bildung, erfüllte, der konnte die textexterne

---

jeweiligen Anmerkungen), zu denen eine inhaltliche oder stilistische Ähnlichkeit besteht.

[65] Ich beziehe mich hier auf Kablitz' These von der Funktion der Imitatio als textbegründende Ermöglichungsinstanz, vgl. oben, Kap. 1 dieser Arbeit.

[66] In der Terminologie von Greene handelt es sich hier um eine *dialectical imitation*. Greenes vierter Imitatiotyp kommt dem in dieser Arbeit verwendeten Konzept von Dialogizität am nächsten. Auch Greene betont, daß „gestures of ironic disrespect" durch den Kampf zwischen verschiedenen Bedeutungssystemen besonders begünstigt werden. Vgl. *The Light of Troy*, S. 43-47, bes. S. 46.

Perspektive eines kritischen Lesers einnehmen, zu der die *Egloga II* einlädt. So gesehen wäre die dialogisierende Imitatio ein überaus elitäres Verfahren. Das daraus resultierende Lesevergnügen dürfte nur einem kleinen Kreis von Insidern zugänglich gewesen sein.

6.3 Arkadien und die historische Lebenswelt

In der Diskussion um die Ambivalenzen in der Figurencharakterisierung und um die hiermit verknüpfte Rolle der Imitatio sind arkadische und historische Personen bislang völlig gleichgestellt worden. Dabei verdient die Tatsache, daß arkadische Welt und historische Lebenswelt in der *Egloga II* annähernd gleichen Raum einnehmen, zweifellos weitere Beachtung.

Noch in der *Egloga I* stellte die reale Lebenswelt nur den Rahmen für die Schäferdichtung dar, und die Schäfergesänge entstanden innerhalb dieses Rahmens als ein Produkt dichterischen Schaffens. Die Möglichkeit, eine Ekloge als *representative anecdote* auf die höfische Welt bezogen zu lesen, schwindet nun in dem Maße, in dem die höfische Lebenswelt in der *Egloga II* selbst Gegenstand der Darstellung wird. Nach Iser wird die Gattung der Ekloge damit überschritten,[67] ihm zufolge wird erst „im Schäferroman die Darstellung zweier Welten zum gattungskonstituierenden Grundmuster",[68] das Verhältnis der beiden Welten zueinander stellt sich anders dar als in der Ekloge:

> Statt durch eine „Konjunktur" miteinander verklammert zu sein, sind Schäferwelt und Lebenswelt durch eine Grenze voneinander geschieden; das macht nun deren Zuordnung zu einem Problem. Tritt an die Stelle der „Konjunktur" eine Differenz, so sind die beiden Welten als unterschiedliche Zeichensysteme ausgewiesen. Diese Gattungsstereotype besagt, daß der Schäferroman – anders

---

[67] Vgl. W. Iser: „Renaissancebukolik als Paradigma literarischer Fiktionalität", in: ders.: *Das Fiktive und das Imaginäre, Perspektiven literarischer Anthropologie*, Frankfurt a. M. 1993, S. 60-92. Iser beschreibt hier zunächst historisch die sich ändernde Beziehung zwischen arkadischer Welt und realer Welt. Bei Theokrit wird die Nachahmung eines lebensweltlichen Spiels der Hirten zur Inszenierung von Künstlichkeit. In Vergils Eklogen ist Arkadien eine Welt der Dichtung, Dichtung imitiert sich selbst und bildet darin zugleich ihr Verhältnis zur politischen Welt ab. Bukolik ist also von Anfang an keine Abbildung ländlichen Lebens, die Hirten haben Verweisfunktion. Im Mittelalter und in der frühen Renaissance wurde die Ekloge, mittelalterlichem Weltverständnis entsprechend, allegorisch gelesen. Erst in den Eklogen Spensers beobachtet Iser eine neue Polysemie des Textes. An die Stelle der Verklammerung zweier Welten durch ‚Konjunktur' tritt ein offenes semiotisches Spiel, Doppelung wird zum zentralen Strukturmerkmal: „Die Schäferwelt zielt nicht nur auf eine andere Welt, vielmehr doppelt sie ihre Bezugsrealität, indem sie in ihr Sosein durch die von ihr entworfene Bildlichkeit eine Veränderung einzeichnet." (*Das Fiktive*, S. 91) Hier sind, nach Iser, die Grenzen der Ekloge erreicht, erst im Schäferroman realisiert sich die Abbildung der Bezugsrealität.

[68] Iser: *Das Fiktive*, S. 93.

als die Ekloge – die Schäferwelt nicht einer außerhalb liegenden Lebenswelt entgegensetzt; vielmehr bringt er historische Lebenswelt selbst immer mit zur Darstellung und thematisiert das Überspielen der zwischen den Zeichensystemen verlaufenden Grenze, so daß erst die daraus entstehende Beziehung die Reaktion des Schäferromans auf seine extratextuelle Umwelt anzeigt.[69]

In der Grenzüberschreitung durch die Protagonisten wird die Differenz zu einem „Quell der Lesbarkeit einander sich ausschließender semiotischer Systeme."[70] Tatsächlich erweist sich auch in der *Egloga II* die Grenze zwischen den Welten und das Phänomen der Grenzüberschreitung als zentraler Ansatzpunkt für ihre Deutung.

6.3.1 Kontrollverlust: Das subversive Andere als grenzübergreifendes Phänomen

Daß Garcilaso mit der Abbildung beider Welten in der *Egloga II* den Rahmen der Gattung überschreitet, ist evident, erscheint aber nicht weiter verwunderlich, wenn man bedenkt, daß er sich mit Handlung und Figuren stark am ersten bedeutenden Schäferroman, der *Arcadia* von Sannazaro, orientiert. In der *Arcadia* nimmt die Abbildung der Lebenswelt aber noch vergleichsweise geringen Raum ein. Nur der Erzähler überschreitet die Grenze zwischen den Welten, die Differenz wird in einem Wechselspiel von Wiederholung und Erinnerung sichtbar.[71]

In der *Egloga II* sind hingegen alle Figuren, mit Ausnahme von Camila, mehr oder weniger deutlich als Grenzgänger markiert. Bei Salicio geschieht dies explizit, er selbst verweist in Vers 134 auf seinen Aufenthalt in der Stadt. Salicio und Nemoroso blicken außerdem auf eine von höfischen Umgangsformen geprägte Zeit zurück, in der der inzwischen wahnsinnige Albanio noch als das Modell eines perfekten Höflings (v. 901-906) gelten konnte.[72] Die Fürsten hingegen betreten den arkadischen Raum nicht persönlich. Bei ihnen wird die Grenzüberschreitung durch das dichterische Sprechen anderer, in diesem Fall Severo und Nemoroso, bewirkt.

Als Schlüsselfigur an der Grenze zwischen arkadischer und höfischer Welt muß jedoch Severo gelten, der zwar selbst in der Ekloge nicht zu Wort kommt, der jedoch als Erzieher am Fürstenhof, als Besucher mythischer Welten und Berater verzweifelter, Heilung suchender Hirten in beiden Welten seinen festen Platz hat und hohes Ansehen genießt. Seine Funktion als Erzieher und Berater in beiden Welten macht Fürsten wie

---

[69]   Ebda.

[70]   Ebda.

[71]   Iser: *Das Fiktive*, S. 96-101.

[72]   Daß an dieser Stelle tatsächlich auf eine außerarkadische Welt angespielt wird, belegt auch Herreras kritischer Kommentar, daß das Lob der beiden Freunde für einen Hirten zu hoch ausfalle. Durch semantische und stilistische Unstimmigkeiten wird hier die höfische Welt in der arkadischen präsent. Vgl. H-622, S. 512.

Hirten gleichermaßen als zu Erziehende kenntlich. Die unterschiedlichen Zeichensysteme der höfischen und der arkadischen Welt werden so durch Severo auf einen gemeinsamen semantischen Nenner gebracht, die Grenze gleichsam aufgehoben. Zwar ringen Hirten und Fürsten in unterschiedlicher Manier, und mit unterschiedlichem Erfolg, um ihre Identität: als schmerzlich Liebende oder vernunftgelenkte Humanisten die einen, als tapfere Kämpfer und ruhmreiche Fürsten die anderen. Der Selbstentwurf geschieht bei allen mittels einflußreicher diskursiver Modelle: der höfischen Liebe, des Neoplatonismus, antiker Literatur unterschiedlichster Provenienz und neuerer höfischer Verhaltensmodelle.[73]

So entfaltet der Text paradigmatisch renaissancespezifische Spielarten des *self-fashioning*.[74] Affektkontrolle wird dabei zum Schlüsselbegriff, Severo zum Vertreter eben dieser Norm, die in beiden Welten gültig ist. Severos erzieherische Bemühungen sind notwendig, da einige Figuren ihren Identitätsentwurf an ungeeigneten Modellen ausrichten und das Ideal der Affektkontrolle nicht erreichen. Während es Salicio und Nemoroso in naiver Übernahme idealisierender Diskurse wenigstens zeitweise gelingt, einen drohenden Kontrollverlust zurückzudrängen, ist Albanio seiner Leidenschaft völlig ausgeliefert. Je weniger er seine Gefühle unter Kontrolle hat, desto mehr wird er zur lächerlichen Figur, die übersteigerte Schmerzliebe wird für ihn und für andere lebensbedrohlich. So wird das höfische Modell, das ursprünglich gerade der Affektkontrolle und damit einer Konsolidierung der höfischen Ordnung diente,[75] in der *Egloga II* als untauglich herausgestellt, das exzessive Liebesleid der Petrarkisten hat als ordnungstiftendes Modell ausgedient. Die Lösung liegt für Albanio im mäßigenden Einfluß Severos. Sexuelle Begierde nach dem Muster der antiken Erotiker und eine als heroisch verstandene blinde Gewalt lassen auch Don Fernando gelegentlich über das rechte Maß hinausschießen. Nur den mäßigenden Bemühungen seiner Erzieher, seines höfischen Umfeldes, ja sogar seines Kaisers ist es zu verdanken, daß er im Großen und Ganzen doch der Rolle eines ruhmreichen Fürsten gerecht wird. Bei seinem Vater Don García hatte eben jener Kontrollmechanismus versagt, ihm war seine Unbeherrschtheit und ein falsch verstandenes episches Tapferkeitsideal zum Verhängnis geworden.

---

[73] Vgl. etwa v. 1328-1335, wo auf Boscán als Übersetzer des *Cortegiano* und Erzieher von Don Fernando angespielt wird.

[74] Der Begriff ist übernommen aus: Stephen Greenblatt: *Renaissance Self-Fashioning. From More to Shakespeare*, Chicago und London 1980, hier zunächst mit Blick auf Greenblatts zentrale Thesen in der Einleitung (S. 9). Auch in der *Egloga II* verläuft die Identitätskonstitution der Figuren zwischen einer „submission to an absolute power or authority", die vor allem als diskursive Autorität anzusehen ist, und einem „threatening Other". (Ebda.).

[75] Vgl. oben, Kap. 2.1 dieser Arbeit.

Die Identitätskonstitution des Mannes in der *Egloga II* ist somit immer von sexueller Begierde oder lustvoller Gewaltanwendung bedroht. Da letztere jedoch die Geschlechtergrenzen verschwimmen läßt – Albanios Vogeljagd oder Don Fernandos animalischer Blutrausch können ja durch ihre intertextuellen Bezüge als weibisch angesehen werden – ist letztendlich die Frau das subversive Andere, das die männliche Identität bedroht. Die oben aufgezeigten Ambivalenzen in der Figur der Camila verkörpern genau das, was für den Mann die größte Bedrohung darstellt. Als keusche Jungfrau weckt sie im Mann wildes Begehren, das ihn die Kontrolle über sich selbst verlieren läßt. Hinter der Fassade der weiblichen Unschuld und Schwäche verbirgt sich jedoch die Stärke, Ausdauer, List und Grausamkeit einer Jägerin und Amazone. Darin liegt für den Mann eine doppelte Bedrohung seiner Identität. In der Liebessituation gerät der Mann in die Position des Unterlegenen, seine Männlichkeit wird durch die Stärke der Frau und seine eigene Schwäche in Frage gestellt. Andererseits zeigt seine männliche Kampfkraft, ob als Jäger oder Krieger, eine gefährliche Nähe zur Weiblichkeit. Der Mann trägt das subversive Andere von vornherein in sich selbst.

Männliche Identitätskonstitution stellt sich also, angesichts der permanenten Bedrohung durch das Weibliche, in der *Egloga II* als ein Ringen um Mäßigung und Kontrolle dar. Dies geschieht, wie sich bereits gezeigt hat, über die Aneignung ordnungstiftender diskursiver Modelle, die zur damaligen Zeit hohes Ansehen und Autorität besaßen. Das Feld jener institutionalisierten Modelle erweist sich jedoch als diffus.[76] Nicht jeder wählt das für ihn geeignete Modell, und auch jede Übererfüllung eines vielleicht geeigneten Modells, ob exzessiver Liebesschmerz oder kopfloses Heldentum, läßt sogleich das subversive Andere wieder aufscheinen und gefährdet die männliche Identität.

Zwar geschieht die Darstellung der fiktionalen und der realen Welt in der *Egloga II* in getrennten Blöcken: die arkadische Welt bildet den Rahmen, die historische Welt wird durch die Erzählung Nemorosos in die arkadische Welt hereingeholt. Der deutlichen räumlichen Trennung im Text entspricht jedoch keine semantische Trennung. Im Gegenteil: Anstelle der Differenz wird eine grundsätzliche Übereinstimmung der beiden sich eigentlich ausschließenden semiotischen Systeme erkennbar. Fiktion und

---

[76] Daß die Pluralität der Diskurse und Autoritäten als spezifische Erfahrung des Renaissancemenschen einzigartige Werke der Literatur und Kunst hervorbringen konnte, haben beispielsweise Hempfer und Warning gezeigt. Vgl. dazu K. W. Hempfer, „Probleme traditioneller Bestimmungen des Renaissancebegriffs und die epistemologische ‚Wende'", in: Hempfer (Hg.): *Renaissance: Diskursstrukturen und epistemologische Voraussetzungen*; Stuttgart 1993, S. 9-45, hier: S. 36-39, sowie Warning: *Petrarkistische Dialogizität*, S. 353-354. Daß eben jene Pluralität dem Individuum die Identitätskonstitution nicht gerade erleichterte, wird an den Figuren der Ekloge und ihren Schwierigkeiten im Umgang mit den diskursiven Vorgaben sichtbar.

Realität scheinen nur die beiden Enden eines Paradigmas zu sein: der verschiedenen Spielarten des *Renaissance self-fashioning*.

6.3.2 Vermittlungsformen und die Problematisierung von Fiktion und Realität

Im eben erwähnten Verhältnis von Rahmen und eingelegter Erzählung deutet sich schon eine grundsätzliche Umkehrung lebensweltlicher Gegebenheiten an – üblicherweise geht man von einer höfischen Lebenswelt als Rahmen aus, in der fiktionale Texte der Unterhaltung dienen – die das Verhältnis von Fiktion und Realität problematisch erscheinen läßt.

Tatsächlich haben die unterschiedlichen Formen, in denen arkadische und reale Welt dem Leser der *Egloga II* präsentiert werden, den Kritikern seit Herrera Kopfzerbrechen bereitet. Auffällig ist jedenfalls in beiden Fällen die Diskrepanz zwischen Vermittlungsform und vermitteltem Inhalt. Ausgehend von den Konventionen der Bukolik und des Schäferromans ist dem Leser die Welt der Hirten als fiktional vertraut. Die Hirtenwelt der *Egloga II* präsentiert sich jedoch in dramatischer Form, also völlig unvermittelt. So kann in einem lebendigen, dialogischen oder darstellenden Vortrag vor den Augen der höfischen Gesellschaft eine arkadische Wirklichkeit entstehen, die geringe Distanz begünstigt die Illusion von Realität.[77] Dagegen weiß das höfische Publikum, daß der Darstellung der Fürstenwelt eine historische Realität zugrundeliegt. Die Präsentation dieser historischen Realität geschieht jedoch über eine sehr komplizierte Vermittlungskette: Von göttlicher Inspiration geleitet (v. 1176) gestaltet der Flußgott Tormes die Urnenbilder über das Leben der Fürsten von Alba (v. 1175-1180). Er zeigt sie dem weisen Severo (v. 1172-1173), der das Gesehene niederschreibt (v. 1820-1822) und es später Nemoroso zu lesen gibt (v. 1823-1827). Nemoroso schließlich erzählt das Gelesene Salicio und zugleich dem Leser bzw. Hörer (v. 1154-1828). Göttlicher Inspiration folgt also eine Verbildlichung, dem Betrachten eine Verschriftlichung, dem Lesen das Erzählen. So scheint die dem höfischen Publikum unmittelbar präsente fürstliche Lebenswelt aus göttlich-mythischer Ferne zu kommen, es entsteht die Illusion von Distanz, die Realität wird – als Bild oder Text – zum Kunstwerk.[78] Die Vermittlungsstrukturen der Ekloge lassen also eine künstliche Hirtenwelt real, die reale Welt zum Kunstprodukt werden, so daß auch in dieser Hin-

---

[77] Man denke an die Episode im *Quijote* II, Kap. 58, wo die *Egloga II* von jungen Adligen und wohlhabenden Bürgern mit großem Aufwand möglichst realitätsnah, in ländlicher Umgebung, mit aufwendiger Kostümierung und Vogelnetzen inszeniert wird. Für Don Quijote wird die inszenierte fiktionale Hirtenwelt tatsächlich zur greifbaren Realität, da er sich in den ausgebreiteten Vogelnetzen verfängt.

[78] Auf das literarische Genre der Ekphrasis und das Verhältnis von darstellender Kunst und Dichtung soll hier nicht näher eingegangen werden. Vgl. dazu Kapitel 7 dieser Arbeit.

sicht, ähnlich wie unter semantischen Gesichtspunkten, die Grenze zwischen den Welten aufgehoben scheint.

Das oben beschriebene perspektivische Spiel[79] und das Verschwimmen der Grenzen zwischen Fiktion und Realität lenken den Blick auf ein zentrales Problem im Denken der Renaissance: Erkenntnis ist abhängig von der Art der Darstellung und von subjektiver Wahrnehmung, das Vertrauen in eine objektive Wahrheit ist in Frage gestellt. Letztendlich bildet die Ekloge ein Weltverständnis ab, in dem die Frage nach Schein und Sein im Mittelpunkt steht.

6.3.3 Schein und Sein: Die Rolle des Dichters

Schon die ersten Verse der Ekloge können als Hinweis gelesen werden, daß die objektive Wirklichkeit je nach Kontext und subjektivem Empfinden sehr unterschiedlich wahrgenommen werden kann:

> En medio del invierno está templada
> el agua dulce desta clara fuente,
> y en el verano más que nieve helada. (v. 1-3)

Ähnlich wird die arkadische Landschaft – objektiv für alle Figuren gleich – von den einzelnen Figuren sehr unterschiedlich wahrgenommen und beschrieben. Für Albanio bedeutet der Anblick der Quelle das Aufsteigen qualvoller Erinnerungen (v. 4-6), das Gefühl von Isolation und Todesnähe (v. 18) und das Bedürfnis, dem Ort und den damit verbundenen Seelenqualen zu entfliehen (v. 25-27). Salicio hingegen beschreibt die Quelle als einen idyllischen Ort, dessen Einsamkeit ihm Muse, Harmonie und seelisches Gleichgewicht bedeutet. Einer objektiven Wirklichkeit entsprechen also, abhängig von der subjektiven Wahrnehmung, mehrere unterschiedliche Formen der sprachlichen Repräsentation.

Auch die in Kapitel 6.2.3 aufgezeigten Diskrepanzen in der Figurenwahrnehmung haben ergeben, daß die sprachliche Repräsentation oft nur scheinbar, an der Oberfläche, den Dingen entspricht und daß aus anderer Perspektive eine diametral entgegengesetzte Darstellung möglich ist. Vor dem Hintergrund der sprachtheoretischen Reflexionen der Renaissance bedeutet dies eine klare Absage an den Kratylismus. Das sprachliche Zeichen ist eindeutig nicht von den Dingen her motiviert, in seiner subjektiven Verwendung erweist es sich als arbiträr.[80]

Diese sprachliche Erfahrung des Scheinhaften hat ihre Entsprechung in der lebensweltlichen Erfahrung von Verstellung, Schmeichelei, Heuchelei und Täuschung, die innerhalb der städtischen und höfischen Gesellschaft zunehmend ins Bewußtsein rückt und alle Lebensbereiche erfaßt. Gumbrecht beschreibt die Fähigkeit, mit Imagination und Bewußtsein „in Dis-

---

[79] Vgl. oben, Kap. 6.2.3 dieser Arbeit.
[80] Vgl. Warning, *Petrarkistische Dialogizität*, S. 343-354.

tanz zum eigenen Körper zu treten"[81] als Grundbedingung frühneuzeitlicher Subjektivität. Erst wer „im Stande ist, sein Bewußtsein, seine Empfindungen und Intentionen hinter seinem Körper und in seinem Verhalten zu verbergen, der wird solches Verhalten auch anderen Menschen zutrauen und folglich in der Angst leben müssen, selbst getäuscht zu werden."[82]

Auch die intensive Beschäftigung mit dem äußeren Schein im *Cortegiano* belegt die Faszination des Themas. Castigliones Adlige, die den perfekten Hofmann entwerfen, haben die Tatsache, daß dem äußeren Schein in der Alltagswelt nicht automatisch ein inneres Sein entspricht, längst akzeptiert. Ihr Bemühen richtet sich vornehmlich darauf, dem idealen Hofmann ein angenehmes Äußeres zu geben, in dem „gracia"[83] und eine gewisse elegante Nachlässigkeit,[84] Natürlichkeit ohne Anzeichen von Affektiertheit[85] eine zentrale Rolle spielen und jeder Exzess zu vermeiden ist. Ein solches Erscheinungsbild ist einerseits geeignet, kleinere Schwächen zu verdecken.[86] Ziel aller äußerlichen Zurückhaltung und Bescheidenheit ist es jedoch, beim Gegenüber den Eindruck von innerem Reichtum zu erzeugen: „aquello que se vee de fuera es lo menos".[87] Im *Cortegiano* ist Scheinhaftigkeit erklärtes Ziel,[88] allerdings nicht im Sinne einer beschönigenden Selbstdarstellung. Das neue Ideal heißt *understatement*.

Daß die lebensweltliche Erfahrung des trügerischen Scheins auch in die höfische Spielwelt[89] hineinreicht, wird in der *Egloga II* deutlich. Seit der Antike sind Hirten als Dichter, ihre Klagen und Gesänge als Dichtung verstanden worden. Im Folgenden soll nun gezeigt werden, wie im Dichtungsspiel der fiktionalen Schäfer ein inzwischen schon anachronistisches Bemühen um Substanz und motiviertes Sprechen erkennbar wird. Dieses steht in engem Zusammenhang mit dem jeweiligen Identitätsentwurf und dem hierfür verwendeten Diskurs. Meist läßt jedoch der Versuch, dem sprachlichen Entwurf ein körperliches Sein entsprechen zu lassen, die Scheinhaftigkeit des sprachlichen Identitätsentwurfes sogleich wieder sichtbar werden. Indem die Ekloge nun mit ihren dichtenden Hirten ein ganzes Paradigma der Möglichkeiten im Umgang mit sprachlichem Schein und Sein, Suche nach Substanz und motiviertem Sprechen entfaltet, offen-

---

81 Gumbrecht: *Eine Geschichte*, S. 235.
82 Gumbrecht: *Eine Geschichte*, S. 238.
83 *El Cortesano* I, S. 55.
84 Gemeint ist das italienische „sprezzatura", in der spanischen Ausgabe „desprecio o descuido" (*El Cortesano* I, S. 59).
85 *El Cortesano* II, S. 117.
86 *El Cortesano* II, S. 159.
87 *El Cortesano* II, S. 149.
88 Auffällig ist in dieser Hinsicht auch die häufige Verwendung von *parecer*. Vgl. *El Cortesano* I, S. 60-61.
89 Zum Begriff der höfischen Spielwelt und den damit verbundenen Überlegungen in diesem Absatz vgl. Gumbrecht: *Eine Geschichte*, S. 267-272.

bart sie letztendlich ein neues Bewußtsein für die Schwellensituation der höfischen Gesellschaft am Übergang zur Neuzeit.

Albanio, der sich als unglücklicher Liebender Elemente der höfisch-petrarkistischen Tradition zu eigen macht, übernimmt auch deren traditionellen Anspruch auf Teilhabe am Sein, indem er den Einfluß höherer Schicksalsmächte (v. 168 f.) und Amors (v. 367-370, v. 374) auf sein Leben und Sprechen geltend macht.[90] Die zunehmende Körperlichkeit seines Leidens – Krankheitssymptome, Selbstmordversuch und physische Agressivität – deutet darauf hin, daß Albanio versucht, dichterisch artikuliertes inneres Sein und äußere Erscheinung zur Deckung bringen. Zum Verhängnis wird Albanio in der Ekloge jedoch die Tatsache, daß es ihm nicht gelingt, sein turbulentes Inneres einem äußeren Schein von höfischer Gelassenheit zu unterwerfen. Sein Festhalten an einer vermeintlichen Substantialität der Rede führt zur seelischen und körperlichen Entgleisung, sein vollständiger Kontrollverlust stellt für das Individuum und die Gesellschaft eine Gefahr dar.

Dem Bedürfnis der Renaissancefürsten, ihre Identität auf mythischer Abstammung und epischer Größe zu begründen, wurde von den Dichtern in ihrer Umgebung bereitwillig Rechnung getragen.[91] Dabei war die Scheinhaftigkeit der Panegyrik allseits bekannt und akzeptiert. Nemorosos Bitte an diverse Waldgeister um Inspiration für die richtige Stilhöhe (v. 1156-1160) dürfte somit eher als schmückendes Beiwerk denn als Bemühen um Substantialität der Rede zu bewerten sein. Schwerer wiegt da schon die Andeutung göttlicher Inspiration (v. 1175-1176), die den Flußgott Tormes eine glorreiche Zukunft für Don Fernando prophezeien läßt.[92] Schein und Sein fallen in der *Egloga II* jedenfalls immer dort auseinander, wo die Fürsten versuchen, die in der Dichtung behauptete epische Größe durch unkontrollierte Manifestationen physischer Stärke zu beweisen. Für Don García endet der Versuch, heroischen Diskurs und körperliches Sein zur Deckung zu bringen, fatal.[93]

---

[90] Vgl. Warning: *Imitatio und Intertextualität*, S. 288-289.

[91] Vgl. Kremers: *Der ‚Rasende Roland'*, S. 157-158.

[92] Daß ausgerechnet hier die Substantialität der Rede behauptet und nicht deutlich hinterfragt wird, mag unterschiedliche Gründe haben. Zum einen lassen sich biographische Argumente nicht ganz ausschließen. Garcilasos freundschaftliches Verhältnis zu Don Fernando erlaubt zwar versteckte Anspielungen auf dessen Charakterschwächen, Garcilaso mag aber die ruhmreiche Zukunft des Freundes durchaus ernstgenommen und deshalb auf jegliche Ironisierung der Prophezeiungen verzichtet haben. Eventuell ist es auch die Verwendung des panegyrischen Diskurses als Mittel zur Erziehung, die die Behauptung von göttlicher Inspiration und Substantialität aus didaktischen Überlegungen heraus ratsam erscheinen läßt. Zum erzieherischen Wert der Panegyrik vgl. die Ausführungen am Ende dieses Kapitels.

[93] Will man Herreras Darstellung von Garcilasos Tod Glauben schenken, so ist es schon eine Ironie des Schicksals, daß Garcilaso wenige Jahre nach dem Verfassen der *Egloga II* gegen jede Vernunft vor den Augen des Kaisers seine Kampfkraft beweisen wollte

Albanio und die Fürsten begehen also den Fehler, die behauptete Substantialität des höfisch-petrarkistischen und des episch geprägten panegyrischen Diskurses ernst zu nehmen und ihr Verhalten daran auszurichten. In der höfischen Gesellschaft des frühen 16. Jahrhunderts, in der das Wissen um die Scheinhaftigkeit von Sprache und äußerer Erscheinung sich breitzumachen beginnt, ist diese Art der Suche nach Substantialität schon zum Anachronismus geworden. Allenfalls in der vom Handlungsdruck entlasteten Form eines dichterischen Spiels[94] mag sie noch ihre Daseinsberechtigung gehabt haben, indem sie dem Einzelnen spielerisch unverbindlich die Alteritätserfahrung von unkontrolliertem Begehren oder unbegrenzter heroischer Machtentfaltung bzw. Gewaltanwendung ermöglicht.

Salicio distanziert sich in seinem Antrittsmonolog vor allem von der Scheinhaftigkeit des städtischen Alltagslebens:

No ve la llena plaza
ni la soberbia puerta
de los grandes señores,
ni los aduladores
a quien la hambre del favor despierta;
no le sera forzoso
rogar, fingir, temer y estar quejoso. (v. 44-50)

Auf der Suche nach Authentizität bedient er sich antiker Modelle, die ihm die Flucht in eine heile Schäferwelt ermöglichen sollen. Daß die Schäferidylle ebenfalls nur schöner Schein ist, bleibt Salicio zwar verborgen, er stellt aber auch keinen Anspruch auf metaphysische Fundierung seiner Rede. Das Imitieren der antiken Rede scheint ihm *per se* als Begründungsinstanz der Text- und Selbstkonstitution zu genügen. Immerhin kann man dem antikisierenden Diskurs einen mäßigenden Einfluß zugestehen. So hat Salicio zwar das Bedürfnis, sich nicht nur verbal, sondern auch räumlich vom gesellschaftlichen Leben zu distanzieren. Körperliche Manifestationen von Leidenschaft oder Agression kommen bei ihm jedoch nicht vor, er ist ein harmloser Träumer.

---

und dies mit dem Leben bezahlte: „entonces G.L., mirándolo el Emperador, subió el primero de todos por una de ellas [= escalas], sin que lo pudiesen detener los ruegos de sus amigos; mas antes de llegar arriba le tiraron una gran piedra y, dándole en la cabeza, vino por la escala abajo con una mortal herida", zitiert nach dem Vorwort zur Gesamtausgabe von B. Morros, S. XL, Anm. 33. Andeutungen über Garcilasos Neigung zur Tollkühnheit in den letzten Lebensjahren finden sich auch bei Heiple: *Garcilaso*, S. 273. Der überlegenen Position des Intellektuellen und Dichters im höfischen Machtgefüge entsprach anscheinend nicht automatisch eine überlegene Besonnenheit des Kriegers Garcilaso.

[94] Vgl. Gumbrecht: *Eine Geschichte,* S. 257. Liebeslyrik, Bukolik und Panegyrik können, in Anbetracht der Parallelen zwischen Albanio und den Fürsten, als gleichwertige Spielarten im höfischen Dichtungsspiel gelten.

Severo ist auch im Hinblick auf Schein oder Sein der Dichtersprache die zentrale Figur der *Egloga II*. Dabei tritt er selbst als sprechende Figur gar nicht in Erscheinung. Severo und seine Dichtung ist nur durch die Mittlerfigur Nemoroso, und damit perspektivisch gebrochen, in der Ekloge präsent. Nach Komanecky können beide, Nemoroso und Severo, in Einklang mit der im Spätmittelalter verbreiteten platonischen Dichtungslehre als „epic poets"[95] angesehen werden, wobei dies für Nemoroso zunächst nur bedeutet, daß er innerhalb der Ekloge einerseits für sich selbst spricht und andererseits die Stimme eines anderen (= Severo) imitiert. Der eigentliche „epic poet", nicht nur in formaler Hinsicht, ist jedoch Severo, da seine Dichtung auf göttlicher Inspiration beruht:

> ... the „epic" poet not only speaks for the gods, but also sees ideal forms when the Muses have smiled on him. The River Tormes [...] is Severo's teacher. By this we are lead to believe that divine visions are the basis of a poet's divinely inspired words. One finds this combination of visual and verbal insight into ideal forms in Plato's allegory of the cave ... [96]

Nur der wahrhaft „epische" Dichter – und Severo muß, so Komanecky, als solcher gesehen werden – findet in Platons idealer Republik Aufnahme, denn seine Gesänge von großen Männern und ihren Taten haben erzieherische Funktion.[97] Aus dem Dichtungsverständnis der Renaissance heraus muß Severos Rede also als motiviert gelten. Ob die Mittlerfigur Nemoroso, indem sie Severo imitiert, jedoch an den „powers of both divine sight and rhetoric"[98] Anteil hat, diese Frage wird bei Komanecky nicht gestellt.

Nemorosos Rede über Severo gliedert sich in zwei Teile. Im ersten Teil, wo er von Severo, dessen Herkunft, dessen Künsten und dessen erzieherischer Wirkung auf ihn selbst erzählt, spricht er mit eigener Stimme. Im panegyrischen Teil imitiert er die Stimme Severos.[99] Um Severo und seiner Rede gerecht zu werden, ist es deshalb unumgänglich, sich zunächst mit der perspektivierten Darstellung durch Nemoroso zu befassen.

Bevor Nemoroso von seiner eigenen Heilung erzählt, gibt er eine umfassende Darstellung von Severos Leben, wobei er vor allem dessen medizinisches Wissen und seine magischen Kräfte hervorhebt. Severo soll von Apollon selbst im Gebrauch heilkräftiger Substanzen[100] unterwiesen worden sein (v. 1074-1076). Außerdem verfügt er über orphische Macht, da

---

95 P. M. Komanecky: „Epic and Pastoral in Garcilaso's Eclogues", in: *Modern Language Notes* 86 (1971), S. 154-166, hier S. 158.

96 Komanecky: *Epic and Pastoral*, S. 160.

97 Vgl. Komanecky: *Epic and Pastoral*, S. 161.

98 Ebda.

99 Vgl. Komanecky: *Epic and Pastoral*, S. 158.

100 Vgl. die Anmerkung zu dieser Textstelle, wo den Kräutern auch bewußtseinserweiternde Funktion zugeschrieben wird. Severo wird damit das prophetische Wissen des Sehers zugeschrieben.

seine Rede (v. 1079) den Lauf der Flüsse beeinflußt (v. 1077-1078), den Sturm bezwingt (v. 1080-1081), den klaren Tag mit Donner erfüllt (v. 1082) und beinahe den Mond vom Himmel herabholt (v. 1083). Mit affektierter Bescheidenheit unterstreicht Nemoroso, daß seine Worte nicht ausreichen, um „de su saber la fuerza" (v. 1087) angemessen auszudrücken. Die von Nemoroso behauptete Macht Severos ist jedoch keineswegs so strahlend, wenn man die Lektüre von der unkritischen Perspektive Nemorosos löst. So hat Severo seine Heimat deshalb verlassen, weil er der „furia infernal" (v. 1066) des Krieges machtlos gegenüberstand. Bei der Darstellung seines medizinischen Wissens wird zudem auf Japyx, eine Figur aus der Aeneis angespielt. Dieser war, trotz Apollons Unterweisung, unfähig, Aeneas von einer Verletzung zu heilen. Erst durch das heimliche Wirken der Venus konnte Aeneas genesen.[101] Ebenso hat Severos Macht über die Naturgewalten literarische Vorbilder, auf die schon die frühen Garcilasokommentatoren hingewiesen haben.[102] Völlig unberücksichtigt blieb jedoch bisher die Tatsache, daß es in den Modelltexten durchgehend Frauen sind, die diese Macht ausüben.[103] Severos Künste bekommen durch die imitierten Modelltexte, auch wenn Nemoroso sich dessen nicht bewußt sein dürfte, die Bedeutung von Hexenwerk. Ambivalenz kennzeichnet also, wenn auch versteckt, das Bild, das Nemoroso von Severo entwirft.

Weniger stark imitierend, und dafür frei von Ambivalenzen, ist die Erzählung Nemorosos über Severos erzieherische Fähigkeiten und seine eigene Heilung. Die innere Umkehr Nemorosos wird nicht durch die Anwendung von Magie und Zauberkünsten, sondern durch Severos Wissen (v. 1087), Überlegung (v. 1103), Klarheit und Harmonie der Dichtersprache (v. 1104-1105) sowie vernünftige Argumentation (v. 1106: „alabanzas de la libre vida") erreicht. Nemoroso schildert die doppelte Wirkung, die Severos Gesang auf ihn hat:

Yo estaba embebecido y vergonzoso,
atento al son y viéndome del todo
fuera de libertad y de reposo. (v. 1107-1109)

así estaba mirando, atento y quedo,
aquel peligro yo que atrás dejaba, (v. 1119-1120)

Ästhetischer Zauber, gepaart mit einem Appell an die Vernunft, bewirken in Nemoroso die innere Umkehr. Er entwickelt die Fähigkeit, in kritische Distanz zu sich selbst zu treten und sein Fehlverhalten zu erkennen. Das Ergebnis von Severos Wirken ist für den Leser deutlich erkennbar. Die

---

[101] Vgl. *Aeneis* XII, 384-424.
[102] Vgl. B-182, S. 267; H-644 und 645, S. 517; T-132 und 133, S. 624.
[103] In Ovids Metamorphosen (VII, 207-208) ist dies Medea, in den *amores* (I, 9) eine Kupplerin. Bei Tibull (Elegien I, 8) handelt es sich um Hexen, bei Sannazaro (*Arcadia* IX, S. 148) um eine „famosa vecchia, sagacissima maestra di magichi artifici."

Besonnenheit Nemorosos zum Zeitpunkt des Erzählens läßt darauf schließen, daß Severo als Dichter und Erzieher tatsächlich erfolgreich war, daß er Macht über andere besitzt und ausübt.

Der letzte und größte Teil von Nemorosos Rede konzentriert sich auf die Niederschrift Severos zu den Urnenbildern. Allerdings wird das nach Komanecky „imitierende" Sprechen Nemorosos nicht konsequent durchgehalten. Der Urnenbericht ist vielmehr gekennzeichnet durch einen eigenartigen perspektivischen Schwebezustand, in dem einmal die Wahrnehmung Severos dominiert,[104] an anderer Stelle die Perspektive des erzählenden Nemoroso aufscheint,[105] meist aber beide Perspektiven sich zu überlagern scheinen.[106] Nemorosos abschließende Beteuerungen sollen die Glaubwürdigkeit seines Berichts unterstreichen:

> Aquesto vio Severo por sus ojos,
> y no fueron antojos ni ficiones;
> si oyeras sus razones, yo te digo
> que como a buen testigo le creyeras. (v. 1743-1746)

Die Tatsache, daß Nemoroso solche Beteuerungen für notwendig hält, zeigt jedoch, daß er mit Zweifeln an der Zuverlässigkeit seiner Erzählung rechnet. Die Urnenbilder und Severos Rede sind fern, ihre Spuren unauflöslich mit Nemorosos Worten verschmolzen. Wer glaubt, Severos Stimme zu vernehmen, gibt sich einer Täuschung hin.

Trotz dieser Ferne lassen sich jedoch einige interessante Beobachtungen zur Figur des Severo machen. Alle Figuren, die in der Ekloge in irgendeiner Form die Grenze zwischen den Welten überschreiten, sind unfähig, die Scheinhaftigkeit ihrer dichterischen Rede und ihrer Selbstentwürfe zu erkennen. Bei den Hirten ist die Grenzüberschreitung von der Lebenswelt in die fiktionale Welt mit der Gefahr der Illusionsbildung, im Extremfall des Kontrollverlusts verbunden. Auch die Fürsten können insofern, als sie den schönen Schein der für sie verfaßten epischen Heldendichtung zur Identitätskonstitution benutzen, mit den Hirten gleichgestellt werden. Die unkritische Übertragung epischer Modelle in die Lebenswelt erweist sich als problematisch, da auch sie zu Kontrollverlust führen kann.

Im Gegensatz zu den Hirtendichtern und Fürsten ist Severo in der Ekloge keine Figur der Grenzüberschreitung. Als Dichter und Erzieher von

---

[104] Vgl. beispielsweise die Darstellung von Don Garcías Niederlage (v. 1232-1266), von Don Fernandos Geburt und früher Kindheit (v. 1279-1314, besonders beim Wechsel ins Präsens, v. 1302-1306), oder von Don Fernandos Beliebtheit im Heerlager (v. 1531-1557).

[105] Nemorosos Perspektive etwa in v. 1215, v. 1315-1320, v. 1347-1358, v. 1623: „Quien viera", v. 1627: „luego vieras", v. 1630: „Pudiera también verse".

[106] Vor allem die zahlreichen unpersönlichen Ausdrücke wie „estaba figurado" (v. 1204), „se vía" (v. 1279), „mostrábase" (v. 1558) erlauben keine eindeutige Zuordnung zu einer der beiden Perspektiven.

Don Fernando und Nemoroso hat er in der Alltagswelt wie in der höfischen Spielwelt zugleich seinen festen Platz. Als einzige Figur der Ekloge scheint er keinen Identitätsentwurf nach literarischen Modellen (der immer mit einer Grenzüberschreitung einhergeht) zu benötigen. Als einziger ist er nicht erkennbar von Selbsttäuschung und Kontrollverlust bedroht. Mit seiner überlegenen Bildung, seiner Kunstfertigkeit, seiner inneren Stabilität sowie seinem besonderem Einfühlungsvermögen in andere verkörpert Severo den Idealfall des Dichters innerhalb der höfischen Gesellschaft. Mit Severo wird die Rolle des Dichters im Machtgefüge der Fürstenhöfe, aber auch die Rolle des Dichters im Umgang mit dem sprachlichen Schein sichtbar.[107]

Einerseits ist der Dichter, um seine Macht ausüben zu können, abhängig von der ordnungsstiftenden Macht eines Fürsten, der ihm durch seine Protektion stabile Lebensbedingungen gewährt. Severo kann in der Ekloge seinen Einfluß erst entfalten, nachdem er vor der „furia infernal" (v. 1066) des Krieges aus seiner Heimat geflohen ist und auf der Suche nach „reposo" (v. 1069) an den Hof der Fürsten von Alba gelangt ist. Hier mag Garcilasos persönliche Erfahrung Ausdruck finden, der nach einer Phase der persönlichen Unsicherheit, riskanten diplomatischen Missionen, Reisen und Feldzügen, kaiserlicher Ungnade und Verbannung schließlich am Hof des Vizekönigs von Neapel Aufnahme fand. Garcilaso erlebte dort eine Zeit relativer Ruhe, die ihm den intellektuellen Austausch mit den bedeutendsten Denkern und Schriftstellern der italienischen Renaissance ermöglichte. In dieser Zeit entstand auch die *Egloga II*.

Daß Severo andererseits Macht über andere besitzt, hat die Heilung Nemorosos eindeutig gezeigt. Die Macht, über die der Dichter dabei verfügt, ist die Macht der Worte, seine Dichtung hat ordnungsstiftende Funktion. Was die magischen Kräfte und die Beherrschung der Naturgewalten anbelangt, so darf man nicht vergessen, daß es sich hierbei um Zuschreibungen von seiten Nemorosos handelt, die mit dem tatsächlichen Wirken Severos als Erzieher in keinerlei Zusammenhang stehen. Wenn Nemoroso seinen Ratgeber unbewußt mit Hexen- bzw. Weibermacht ausstattet, so gibt dies allenfalls Auskunft über die verdeckten Ängste Nemorosos. An-

---

[107] Hier und im folgenden Abschnitt übernehme ich den Gedanken Greenblatts zur Lyrik von Wyatt, daß Identitätskonstitution in der höfischen Lyrik eng mit der Position des Dichters im weltlichen Machtgefüge verknüpft ist und daß Sprachverwendung und äußere Erscheinung im Spiel um Einfluß und Macht gezielt manipulierbar und einsetzbar sind. Nach außen präsentierte Innerlichkeit zur Behauptung eines persönlichen Anspruchs und versteckte Innerlichkeit stehen, nach Greenblatt, in Wyatts Lyrik in einem unauflösbaren Spannungsverhältnis zueinander. Vgl. das Kapitel „Power, Sexuality, and Inwardness in Wyatt´s Poetry", in: S. Greenblatt: *Renaissance Self-Fashioning*, S. 115-156. Hier soll nun der Versuch unternommen werden, den Gedanken auf die *Egloga II* und die Situation des Dichters im Italien des frühen 16. Jahrhunderts zu übertragen.

scheinend kann nur ein Weiser, der über diese bedrohlichen Kräfte selbst verfügt, stark genug sein, Nemoroso im Kampf gegen eben diese Bedrohung zu helfen.

Die Macht der Worte ist nun bei Severo nur indirekt über sein Wirken beschreibbar, da Severo als Sprecher uns nicht zugänglich ist. Gerade in der Distanz liegt jedoch meines Erachtens das eigentliche Potential der Dichterfigur Severo. Bei aller Vorsicht lassen sich aus Nemorosos Bericht wohl folgende Schlüsse über Severo und dessen Rede ziehen: Sein dichterischer Umgang mit Sprache ist vielseitig und flexibel, denn er beherrscht die „süßen Gesänge" im Stile Petrarcas (v. 1099-1100) ebenso wie die vernunftbetonte, klare Tonlage neoplatonischer Dichtung (v. 1104-1106). Interessant erscheint aber vor allem, daß Severo sich nicht mit der Umkehr Nemorosos zu Einsicht und kontemplativer Selbstbetrachtung begnügt. Vielmehr gibt er ihm, wohl auch in erzieherischer Absicht, anschließend noch seine panegyrische Schrift über die Fürsten von Alba zu lesen, die bei Nemoroso uneingeschränkte Begeisterung auslöst. Zwar ist oben bereits erwähnt worden, daß Schein und Sein, Sprache und Realität in der Panegyrik diskrepant sind, und daß diese Diskrepanz den Zeitgenossen Garcilasos auch bewußt war. Den Eklogenfiguren Nemoroso und Salicio ist die Diskrepanz jedoch nicht bewußt. Beide rühmen uneingeschränkt die Darstellung fürstlicher Tugenden. Nemoroso beteuert, wie oben schon erwähnt, den Wahrheitsgehalt seines Urnenberichts (v. 1743-1746). Beide Hirten versprechen sich, in ihrer Begeisterung, von Severos Rede Heilung für Albanio.

Hier, bei der Verfassung und Verbreitung des Fürstenlobs, stellt sich schließlich die Frage nach dem Bewußtsein des Dichters und Erziehers Severo. Geht man davon aus, daß Nemoroso dem Urnenbericht zumindest inhaltlich nichts hinzugefügt hat, so erhebt Severos Dichtung einerseits den Anspruch auf göttliche Vision und Inspiration. Sie behauptet fürstliche Größe, Tapferkeit und Tugend sowie die Beteiligung mythischer Gottheiten am Geschehen. Sie wagt sogar gegen Ende einen nebulösen prophetischen Ausblick auf eine ruhmreiche Zukunft des Fürsten Don Fernando. Stärker kann Substantialität der Rede nicht signalisiert werden. Andererseits ist das bedrohliche Andere, Kontrollverlust und die Bedrohung männlicher Identität im Text stets unterschwellig präsent, sie enthüllen, von Nemoroso und Salicio unerkannt, die Panegyrik als schönen Schein.

Die durch die Vermittlungssituation bewirkte Ferne Severos erlaubt nun dem Leser keinen direkten Zugriff auf dessen Bewußtsein. Einerseits dürfte im Machtgefüge der Fürstenhöfe ein Dichter wie Severo – oder Garcilaso – das Bedürfnis verspürt haben, den schönen Schein zu entlarven und damit seine intellektuelle und moralische Überlegenheit unter Beweis zu stellen. Andererseits zwang das Wissen um die eigene Abhängigkeit vom Wohlwollen der Mächtigen den Dichter zur Vorsicht und deshalb zur

Distanz von dem, was er andeuten wollte. Vielleicht läßt sich deshalb ein kritisches Bewußtsein Severos in der Ekloge nicht zweifelsfrei nachweisen.

Schließlich muß der Dichter aber auch das erzieherische Potential einer idealisierenden, scheinbar motivierten Dichtung erkannt haben, denn nicht umsonst gibt Severo dem Hirten Nemoroso seine panegyrische Schrift zu lesen. Für manche Zeitgenossen Garcilasos waren die höfischen Tugenden von innerer Stabilität und Affektkontrolle vielleicht nur über den Glauben an die Substanz der schönen Rede erreichbar.

Die Möglichkeit eines distanziert kritischen Bewußtseins ist jedenfalls in der *Egloga II,* wenn überhaupt, nur Severo gegeben. Insofern wird in der *Egloga II* die Schwellensituation der höfischen Gesellschaft des frühen 16. Jahrhunderts erkennbar. Einer ganzen Reihe von Substantialität behauptenden Diskursen steht hier die Ahnung von einem diskrepanten Bewußtsein gegenüber. In der *Egloga II* werden den explizit artikulierten Sinnstrukturen der Vergangenheit implizit, im perspektivischen Spiel, neuzeitliche Sinnstrukturen gegenübergestellt.[108]

---

[108] Vgl. die Ausführungen Gumbrechts zu expliziten und implizit angedeuteten Bewußtseinsstrukturen im Lazarillo in: *Eine Geschichte,* S. 284-287.

7 Die *Egloga III* als dichtungs- und kunsttheoretische Stellungnahme

Sowohl die *Egloga II* als auch das letzte große Werk Garcilasos, die *Egloga III*, enthalten Bildbeschreibungen, denen innerhalb des jeweiligen Textes in qualitativer wie quantitativer Hinsicht großes Gewicht zukommt. Mit fast 600 Versen nimmt in der *Egloga II* die Beschreibung der Urnenbilder breiten Raum ein. Inhaltlich und stilistisch durchbricht sie die niedere Gattung der Ekloge, indem sie die historische Lebenswelt der Fürsten von Alba in die Hirtenwelt einbringt. So gelangt durch die Ekphrasis das Verhältnis von realer und fiktionaler Welt und die Rolle der Fiktion bei der Identitätssuche des Renaissancemenschen in den Blick.

In der *Egloga III* stehen Bildbeschreibungen nunmehr genau im Zentrum des Textes, ihr Anteil am gesamten Text ist mit beinahe 50% noch erheblich höher als bei der *Egloga II*. Allerdings kommt in den Bildern der *Egloga III* keine reale Lebenswelt zur Darstellung. Vielmehr greifen die beschriebenen Bilder beliebte Themen aus Renaissancekunst und -literatur auf. So rücken hier, anders als in der *Egloga II*, durch das Mittel der Ekphrasis die Kunst generell, die unterschiedlichen Modi künstlerischer Darstellung, das Verhältnis von sprachlicher und graphischer Repräsentation[1] ins Zentrum des Interesses.[2]

7.1 Dichtung und darstellende Kunst in der *Egloga III*

Ein Überblick[3] über die *Egloga III* zeigt, daß sich die Ekphrasis im Eklogentext in eine ganze Reihe unterschiedlicher Dichtungen einfügt. In den Strophen 1-4 entwirft der Sprecher zunächst das Projekt eines Lobpreises auf

---

[1] Ich übernehme hier und im Folgenden Heffernans weithin akzeptierte Definition: „*ekphrasis is the verbal representation of visual representation.*" (James A. W. Heffernan: *Museum of words: the poetics of ekphrasis from Homer to Ashbery*, Chicago 1993, S. 3, Kursivdruck von Heffernan).

[2] Vgl. A. K. G. Paterson: „Ecphrasis in Garcilaso's ,Egloga Tercera'", in: *MLR* 72 (1977), S. 73-92. Auch Paterson sieht in der Ekphrasis den Schlüssel zur Deutung der Ekloge. Ausgehend von den Bildbeschreibungen interpretiert er die *Egloga III* als ein Werk, das seinen literaturgeschichtlichen Hintergrund und den dichterischen Schaffensprozeß reflektiert. Paterson konzentriert sich dabei hauptsächlich auf die semantischen Inhalte und die beschreibenden Verfahren der Ekphrasis, er läßt jedoch die Bilder selbst, deren kunstgeschichtliche Einbettung und den künstlerischen Schaffensprozeß weitgehend außer Acht.

[3] Vgl. die Übersicht am Ende dieses Kapitels, S. 223.

eine hochgestellte Dame.[4] Daß es sich hierbei um ein Vorhaben von hohem dichterischem Anspruch handelt, wird zum einen durch die thematischen Vorgaben deutlich, denn es gilt nicht nur die „hermosura" (v. 3), sondern auch „ingenio" und „valor" (v. 4) der Dame zu preisen. So erhält das Projekt eine epische Dimension,[5] es verlangt vom Dichter, wie in Strophe 2 angedeutet wird, übernatürliche, orphische Fähigkeiten. Aufgrund äußerer Umstände, die in Strophe 3 erwähnt werden, sieht der Sprecher sich jedoch gezwungen, sein ambitioniertes Vorhaben einstweilen aufzuschieben (Str. 3-4) und sich einer einfacheren Dichtung in niederer Stillage zuzuwenden (Str. 5-6), deren Vorzüge in ihrer Reinheit und Schmucklosigkeit zu liegen scheinen:

mas a las veces son mejor oídos
el puro ingenio y lengua casi muda,
testigos limpios d'ánimo inocente,
que la curiosidad del elocuente. (*Egl. III*, v. 45-48)

Der Sprecher schlägt als Thema dieses zweiten, bescheideneren Projektes vor, vier Nymphen zu besingen (Str. 7). Mit der Aufzählung ihrer Namen leitet er über in eine arkadische Welt, die er zwar einerseits am Ufer des spanischen Flusses Tajo, und damit in einer realen Umgebung ansiedelt, die er jedoch andererseits als idyllischen Ort mit allen Eigenschaften des *locus amoenus* ausstattet. Durch die vier Flußnymphen wird diese Uferlandschaft eindeutig als fiktionaler Raum gekennzeichnet. In den Strophen 8-13, dem ersten Teil seines bescheidenen Gesangs, beschreibt der Sprecher zunächst jenen Ort, ein vor der Sonne und Mittagshitze geschütztes, von dichtem Grün überwachsenes Flußufer, dessen einsamer Charme die Nymphen verleitet, das Wasser zu verlassen und an Land ihre Arbeiten fortzusetzen. In den folgenden 21 Strophen (Str. 14-34) gibt der Sprecher dann eine ausführliche Beschreibung der Bilder, die die webenden Nymphen anfertigen. Er preist allgemein ihre kunstvolle Machart (Str. 14-15 und 34) und geht nacheinander auf jedes der Bilder ein. Sie enthalten Darstellungen des Orpheusmythos (Str. 16-18), des Daphnemythos (Str. 19-21), des Adonismythos (Str. 22-24) sowie der tragischen Liebesgeschichte von Elisa und Nemoroso (Str. 25-33), die dem Leser aus Garcilasos *Egloga I* bekannt ist. Die Kunstwerke der Nymphen bleiben jedoch nicht die einzigen innerhalb der arkadischen Welt. Nach Sonnenuntergang, als die Nymphen sich gerade in den Fluß zurückbegeben wollen, nähern sich zwei

---

4   Die Identität jener „honesta y pura, / ilustre y hermosísima María" (v. 1-2) ist nicht eindeutig geklärt. Es könnte sich dabei um die Gattin von Don Pedro de Toledo, des Vizekönigs von Neapel handeln. Heiple bringt auch die Gattin des Marquis von Vasto ins Gespräch, zu dem Garcilaso in seinen letzten Jahren ein engeres Verhältnis gehabt haben könnte. Vgl. Heiple: *Garcilaso*, S. 272-274 sowie S. 276, Anm. 3.

5   Herrera (H-763, S. 550) erkennt in der ersten Strophe eine Anspielung auf die Äneis, wodurch der epische Anspruch bestätigt wird.

Schäfer dem Ufer (Str. 35-38), die sich die Zeit des Heimweges mit Dichtung vertreiben. Ihr streng symmetrisch angelegter, kunstvoller Wechselgesang umfaßt 8 Strophen (Str. 39-46), die von den Schäfern selbst, nicht vom Sprecher vorgetragen werden. Die Ekloge endet schließlich damit, daß die lauschenden Nymphen ins Wasser eintauchen, als die Schäfer, nun schon in unmittelbarer Nähe, ihren Gesang beenden (Str. 47).

Die *Egloga III* weist also eine mehrfache Rahmenstruktur auf. Die reale Lebenswelt der adligen Renaissancegesellschaft gibt den Rahmen ab für die Entstehung dichterischer Kunstwerke. Nur eines davon, in der niederen Stillage der Hirtendichtung, wird tatsächlich ausgeführt. Die darin geschaffene arkadische Welt gibt ihrerseits den Rahmen ab für die Entstehung weiterer Kunstwerke: der Nymphenbilder und der Hirtengesänge. Ähnlich wie im Drama das Spiel im Spiel, wie in der Malerei der Spiegel im Bild, so reflektieren auch hier die Bilder und Dichtungen im Gedicht die Entstehungsbedingungen von Kunst. Der künstlerische Schaffensprozeß verbindet die Nymphen und Schäfer mit dem Dichter der realen Lebenswelt.

Beginnt man nun auf der Ebene der arkadischen Welt, so zeigen die Kunstwerke der Nymphen und Schäfer gewisse Gemeinsamkeiten, die sie als typische Produkte der Renaissancekunst ausweisen. Zum einen sind sie, mit Ausnahme des vierten Bildes, deutlich als Imitatio antiker Modelle zu erkennen: Vergils 7. Ekloge dient den Hirten als wichtigste Vorlage, die ersten drei Nymphen orientieren sich an den Metamorphosen von Ovid. Lediglich Nise imitiert im vierten Bild eine zeitgenössische Vorlage, ein Verfahren, auf das explizit hingewiesen wird: „no quiso entretejer antigua historia;" (v. 196). Zum anderen ist die inhaltliche Übereinstimmung auffällig. Bilder wie Hirtendichtung befassen sich mit dem Thema der Liebe. In der Gestaltung ihres Gegenstandes unterscheiden sie sich jedoch grundlegend.

Die Bilder der Nymphen stellen jeweils den Verlust eines geliebten Menschen und damit das tragische Ende einer Entwicklung dar. Leben hat sich zu Tod, Liebe zu Trauer gewandelt. Im Moment der höchsten Verzweiflung ist die Dynamik der vorausgegangenen Liebesgeschichte aber immer noch erkennbar: Filódoces Bild zeigt die tote Eurydike (Str. 17), außerdem Orpheus' Gang in die Unterwelt, den zweiten Verlust der Geliebten und seine anschließenden Klagen (Str. 18). Dinámenes Bild stellt Apoll dar, wie er, von Cupidos Pfeil getroffen, in Liebe entbrennt (Str. 19), Daphnes Flucht (Str. 20) und ihre Verwandlung (Str. 21). Climene zeigt Adonis bei der Jagd (Str. 22), seinen Tod (Str. 23) und die Trauer der Venus (Str. 24). Die allgemeine Trauer um die Nymphe Elisa ist schließlich das Thema, das Nise im vierten Bild bearbeitet.

Anders die Hirtendichtung: der Wechselgesang, bei dem traditionsgemäß der zweite Hirte möglichst geistreich auf die jeweils vorausgehende

Strophe des ersten antworten muß, begünstigt eine eher statische Darstellung der Liebe. Hoffnung und Verzweiflung der Hirten bilden nicht den emotionalen Höhepunkt einer Entwicklung, sie sind vielmehr, wie schon bei Vergil und Sannazaro, thematischer Ausgangspunkt für ein kombinatorisches künstlerisches Spiel, in dem jeder Teilnehmer vor allem seine Kunstfertigkeit unter Beweis stellt. Wenn nun die Liebe in der darstellenden Kunst als dynamische Entwicklung, in der Dichtung als statischer Zustand dargestellt wird, so wird hier der Blick auf die darstellerischen Bedingungen und Möglichkeiten der beiden Künste gelenkt.

Seit der Antike ist diese Frage nach den Ähnlichkeiten und Unterschieden von Malerei und Dichtung immer wieder Gegenstand theoretischer Überlegungen gewesen. Besonders in der Renaissance mit ihrer intensiven Antikerezeption sind die Darstellungsmodalitäten der beiden Künste erneut ins Zentrum des Interesses gerückt. Die Kunstwerke der Nymphen und Hirten, aber auch die Dichtung des Sprechers, die hierzu den Rahmen bildet und die Bilder poetisch vermittelt, dürfen nicht losgelöst von diesem kunst- und dichtungstheoretischen Hintergrund betrachtet werden.

7.2 Zum Verhältnis von Malerei und Dichtung in der Renaissance

Seit der Antike ist die Nähe, Ähnlichkeit oder Verwandtschaft von Malerei und Dichtung ein ständig wiederkehrender Topos. Mittelalterliche wie neuzeitliche Schriftsteller greifen für ihre dichtungs- und kunsttheoretischen Überlegungen immer wieder auf bestimmte Gedanken antiker Autoren zurück.[6]

Was die Nähe und Ähnlichkeit der beiden Künste anbelangt, so wird neben den diversen Vergleichen von Dichtung und Malerei bei Platon und Aristoteles in der Renaissance besonders häufig der bei Plutarch überlieferte Satz des Simonides zitiert, Malerei sei stumme Dichtung, Dichtung ein sprechendes Gemälde, eine Äußerung, die schon früh die Darstellungsmodalitäten der beiden Künste in den Blick nimmt.

Zu den Unterschieden zwischen Malerei und Dichtung findet sich Grundlegendes im Werk des griechischen Philosophen Dion Chrysostomos (1. Jh. n. Chr.): Dichtung folgt einem zeitlichen Ablauf, sie wird über das Gehör wahrgenommen und sie besitzt große Freiheit, da sie alle vorstellba-

---

6   Aus der Geschichte der Dichtungs- und Kunsttheorie können hier nur einige wenige Äußerungen antiker Autoren aufgeführt werden, auf die in den theoretischen Schriften der Renaissance besonders häufig Bezug genommen wird. Ich folge hierbei zunächst H. Markiewicz: „Ut Pictura Poesis ... A History of the Topos and the Problem", in: *New Literary History* 18 (1987), S. 535-559, hier vor allem S. 535-538, außerdem R. W. Lee: ‚*Ut pictura poesis': The Humanistic Theory of Painting*, New York 1967, hier vor allem dem Einleitungskapitel (S. 3-9).

ren Gegenstände und Gedanken darzustellen vermag und die Vorstellungskraft des Hörers anregt. Die Malerei hingegen ist an keinen zeitlichen Ablauf gebunden, sie wird über das Auge wahrgenommen und dient der Abbildung der konkreten menschlichen Natur.[7]

Die meistzitierte und meist fehlgedeutete Äußerung zum Thema ist das „Ut pictura poesis" aus der Poetik von Horaz (v. 361). Was ursprünglich nur ein Vergleich sein sollte – Gedichte sind wie Bilder: manche gefallen bei flüchtiger, manche bei genauerer Betrachtung, manche nur einmal, andere immer wieder – erhielt, losgelöst vom ursprünglichen Kontext, im Laufe der Renaissance allmählich normativen Charakter. Die antike Vorstellung vom Dichter als Maler[8] wird im 16. Jahrhundert zum Ideal erhoben.[9] Farbigkeit und Lebendigkeit der vom Dichter geschaffenen inneren Bilder, *enargeia*, wird zum Qualitätsmerkmal der Dichtung.[10] Im 16. Jahrhundert macht sich die Dichtung somit stärker als je zuvor Prinzipien der Malerei zu eigen.

Umgekehrt war jedoch die Malerei der Renaissance seit dem 15. Jahrhundert in höchstem Maße bestrebt, ihre Gleichrangigkeit mit der Dichtkunst zu beweisen.[11] Die mittelalterliche Einschätzung, daß Schrift schwer, Bilder hingegen leicht verständlich seien und daß sie deshalb ein unterschiedliches Publikum, die Gebildeten beziehungsweise das gemeine Volk ansprächen,[12] führte dazu, daß die darstellenden Künste im 13. Jahrhun-

---

[7] Hier werden spätere Unterscheidungen, bis hin zu Lessings Einteilung in Zeitkünste und Raumkünste schon im Ansatz erkennbar.

[8] Lee nennt als Quellen vor allem Plutarch und Lucian. Vgl. *Ut pictura poesis*, S. 3-4, Anm. 6.

[9] Lee verweist auf eine Schrift von Ludovico Dolce (1557), in der nach antikem Vorbild alle Schriftsteller zu Malern, alle schriftlichen Werke, ob Dichtung, historische oder andere gelehrte Schriften zu Malerei erklärt werden. Vgl. *Ut pictura poesis*, S. 3.

[10] Vgl. M. Krieger: „Das Problem der *Ekphrasis*: Wort und Bild, Raum und Zeit - und das literarische Werk", in: *Beschreibungskunst - Kunstbeschreibung: Ekphrasis von der Antike bis zur Gegenwart*, hg. von G. Boehm und H. Pfotenhauer, München 1995, S. 41-57, hier S. 46. Nach Krieger kommt im rhetorischen Mittel der *enargeia* das „ekphrastische Streben" der Dichtung zum Ausdruck, d.h. das Bestreben der Dichtung, die Opposition zwischen den natürlichen, sinnlich wahrnehmbaren Zeichen und den arbiträren, nur geistig faßbaren Zeichen zu überbrücken: „Das Hervorbringen von *enargeia*, d.h. die Verwendung von Wörtern in einer Weise, daß durch die Lebendigkeit der Beschreibung das dargestellte Objekt sozusagen buchstäblich vor dem inneren Auge des Lesers (Hörers) erscheint, ist das Höchste, was der Wortkünstler sich erhoffen kann: eine Darstellung, die fast so gut ist wie ein Bild, das seinerseits fast so gut ist wie das Objekt selbst." (Ebda.).

[11] Einen kurzen Überblick über die Emanzipationsbestrebungen der bildenden Künste findet man in H. Holländer: „Literatur, Malerei und Graphik. Wechselwirkungen, Funktionen und Konkurrenzen", in: *Literatur intermedial: Musik - Malerei - Photographie - Film*, hg. von P. V. Zima, Darmstadt 1995, S. 129-179, hier vor allem S. 137-138.

[12] Vgl. J. Kliemann: „ Programme, Inschriften und Texte zu Bildern. Einige Bemerkungen zur Praxis in der profanen Wandmalerei des Cinquecento", in: *Text und Bild, Bild*

dert als Handwerk den *artes mechanicae* zugeordnet wurden. Im 15. Jahrhundert trat die Malerei jedoch zunehmend in Konkurrenz mit den *artes liberales*, zunächst durch die Aneignung mathematischer Verfahren bei der Entwicklung der Zentralperspektive, sehr bald durch die Übernahme weiterer Elemente aus den Bereichen der Literatur und der Wissenschaften.[13] Da kunsttheoretische Schriften aus der Antike kaum überliefert waren, suchte man, ermutigt durch die immer behauptete Nähe zwischen den Künsten, Orientierung vor allem in den antiken Poetiken. Besonders die Poetik des Horaz, schon früher bekannt als die des Aristoteles, wurde für das sich wandelnde Kunstverständnis in den Dienst genommen. Nach damaliger Auffassung war das *Ut pictura poesis* zugleich als ein *Ut poesis pictura* zu lesen.

Die Übertragungen von der Dichtung auf die Malerei betrafen zum einen den darzustellenden Gegenstand. Die Ansicht, daß Malerei Geschichten erzählen müsse, war allgemein verbreitet.[14] Der Maler sollte, wie Horaz es in seiner Poetik dem Dichter empfiehlt, bevorzugt Themen wählen, die dem Betrachter bereits bekannt seien. Der Maler mußte folglich nicht nur mit der Bibel, sondern vor allem mit der antiken Literatur bestens vertraut sein.[15] Nicht die Darstellung neuer oder unbekannter Geschichten war seine Aufgabe, sondern die ästhetische Gestaltung, die Darstellung von Affekten und Emotionen in allseits bekannten Geschichten.[16]

Hier gerät der zweite und sicher umfangreichste Teilbereich der Übernahmen in den Blick. Ein Großteil der Übertragungen aus der Dichtungstheorie geschah mit Blick auf die beabsichtigte Wirkung der Kunst auf den Betrachter. Wie für die Dichtung, so wurde nun auch für die Malerei in Anlehnung an das „si vis me flere, dolendum est primum ipsi tibi" des Horaz[17] die Authentizität und Überzeugungskraft der dargestellten Gefühle wichtig. Vom Maler verlangt dies einerseits ein hohes Einfühlungsvermögen in die Figuren, die er darzustellen wünscht, andererseits die Anwendung aller notwendigen ‚Überzeugungstechniken', um beim Betrachter die erwünschten Gefühle auszulösen. Zu diesem Zwecke machen sich die Renaissancemaler seit Alberti in breitem Umfang Elemente der antiken Rhetorik zu eigen.[18] Dies geschieht oftmals wenig systematisch,

---

und *Text, DFG-Symposion 1988*, hg. von W. Harms, Stuttgart 1990, S. 79-95, hier S. 84 und 86.

[13] Vgl. Holländer: *Literatur, Malerei und Graphik*, S. 137-138.

[14] Lee verweist auf Äußerungen von Leon Battista Alberti. Vgl. *Ut pictura poesis*, S. 7.

[15] Vgl. Lee: *Ut pictura poesis*, S. 17-18.

[16] Vgl. Kliemann: *Programme*, S. 80-83.

[17] *Ars poetica*, v. 102-103, S. 636.

[18] Vgl. Lee: *Ut pictura poesis*, S. 23-25. Generell bietet Lee mit den Kapiteln *Imitation, Invention, Expression, Instruction and Delight, Decorum* einen ausführlichen Überblick über jene dichtungsrelevanten Prinzipien, die aus der Poetik des Horaz auf die Kunst

berührt aber, wie Knape für den Bereich der Pragmatik zeigt, so zahlreiche rhetorische Kategorien wie *decorum, aptum,* die „rhetorischen persuasiven Modi des *docere, movere* und *delectare"* und den gesamten Bereich der Affektenlehre.[19]

Stand die Malerei im Mittelalter, vor allem bei der Darstellung religiöser und historischer Gegenstände, noch weitgehend im Dienst des Wortes, so scheinen ihre Bemühungen um Gleichwertigkeit in der Renaissance nunmehr von einem Bewußtsein getragen zu sein, daß die Malerei von sich aus Gleiches zu leisten vermag wie die Dichtung. So gebraucht die Malerei wie die Dichtung das Prinzip der Imitatio zu ihrer Rechtfertigung und zur Formulierung ihrer ästhetischen Ideale. Imitatio wird jedoch zunächst nicht als Nachahmung großer antiker Modelle verstanden, sondern als Nachahmung der sichtbaren, insbesondere der menschlichen Natur.[20] Im 14. und 15. Jahrhundert, als die Malerei noch stark mit der Entwicklung grundlegender Techniken wie Perspektive, Proportion, anatomischer Genauigkeit, Licht und Schatten, befaßt war, wurde Imitatio zunächst fast ausschließlich als exakte Nachahmung der Natur definiert.[21] Erst im 16. Jahrhundert, vor allem durch den Einfluß der aristotelischen Poetik und neoplatonischer Vorstellungen von idealer Schönheit, setzt sich nach und nach das Prinzip einer idealisierenden Nachahmung durch, die sich neben der Natur auch antike Kunstwerke zum Vorbild nimmt.

Am Übergang vom 15. zum 16. Jahrhundert, als die Malerei mit Leonardo da Vinci in technischer Hinsicht größte Vollkommenheit erreichte, leitete sie aus eben jenem Prinzip der exakten Naturnachahmung sogar ihre Überlegenheit gegenüber der Dichtung ab. In seinem *Trattato della pittura*[22] geht es Leonardo zunächst darum, den Status der Malerei als Wis-

---

übertragen wurden. Es handelt sich dabei durchgehend um zentrale Elemente der antiken Rhetorik.

[19] Vgl. J. Knape: „Rhetorizität und Semiotik. Kategorientransfer zwischen Rhetorik und Kunsttheorie in der Frühen Neuzeit", in: *Intertextualität in der Frühen Neuzeit, Studien zu ihren theoretischen und praktischen Perspektiven,* Frankfurt/M. u.a. 1994, S. 507-532, Zitat S. 522. Schon bei Lee wird immer wieder auf die Übertragung rhetorischer Kategorien hingewiesen. Knape sieht nun, ausgehend von Ecos Überlegungen zur Semiotik, die Möglichkeit einer solchen Übertragung darin begründet, daß in den Regeln der Rhetorik ein allgemeines semiotisches Wissen bereitgestellt wird, das für alle, verbale wie non-verbale Zeichensysteme Gültigkeit besitzt. Der Kategorientransfer ist demnach nur möglich, weil Gemälden wie literarischen Texten der Status von Zeichensystemen zukommt.

[20] Ich folge hier im Wesentlichen dem Imitatiokapitel bei Lee: *Ut pictura poesis,* S. 9-16.

[21] Lee verweist auf Äußerungen von Boccaccio und Alberti. Vgl. *Ut pictura poesis,* S. 9-10, Anm. 33 und 34.

[22] Ich verwende folgende zweisprachige Ausgabe: Lionardo da Vinci: *Das Buch von der Malerei,* nach dem Codex Vaticanus (Urbinas) 1270, herausgegeben, übersetzt und erläutert von H. Ludwig in 3 Bd., Wien 1882.

senschaft zu begründen.[23] Anschließend beschreibt er eingehend das Verhältnis von Malerei und Dichtung (I, 2-28) mit dem Ziel, den Vorrang der Dichtung zu widerlegen. Sein wichtigstes Argument, auf dem seine gesamte Beweisführung beruht, ist der Vorrang des Gesichtssinnes gegenüber den übrigen Sinnen.[24] Das Auge als „finestra dell' anima" ist für Leonardo „più degno senso" (I, 19, S. 31), es ist weniger für Täuschungen anfällig als andere Sinne (I, 11), es bedarf keiner Dolmetscher- oder Lesekunst, um den gemalten Gegenstand zu erkennen (I, 6). All dies berechtigt ihn dazu, das bekannte Simonideszitat, in dem die Malerei als stumme Dichtung, und damit als defizitär beschrieben wird, während die Dichtung als sprechende Malerei mehr als vollkommen erscheint, in seinem Sinne umzudeuten: „se tu dimanderai la pittura mutta poesia, anchora 'l pittore potrà dire la poesia orba pittura." (I, 19, S. 31). Mit nicht von der Hand zu weisender Logik überträgt er den Mangel hier auch auf die Dichtung, um danach mit der rhetorischen Frage „Or guarda, qual è più dannoso mostro, o 'l cieco, o' il muto?" (ebda.) die Überlegenheit der Malerei festzustellen.

Vor allem ist es aber die Imitatio der Natur, die der Malerei den höchsten Rang zukommen läßt, da sie mit der Natur das wahre Abbild des Göttlichen nachahmt anstelle der vom Menschen geschaffenen Worte:

> e sono molto più degne l'opere di natura chelle parole, che sono l'opere dell'homo, perchè tal proportione è dalle opere de li homini à quelle della natura, qual è quella, ch'è de l'homo à Dio. Adonque è più degna cosa l'imitar le cose di natura, che sono le vere similitudini in fatto, che con parole imitare li fatti e parole de li homini. (I, 14, S. 18-20)

Doch auch in ästhetischer Hinsicht, so Leonardo, übertrifft die Malerei die Dichtung, da sie mit größerer Wahrhaftigkeit („con più verità", I, 14, S. 18) ihre Gegenstände darzustellen vermag und so auch deren Harmonie („l'armonica proportionalità", I, 23, S. 40) erreicht, die in der Dichtung wegen ihrer „Langsamkeit" („tardità", ebda.) verlorengeht.

Leonardo hält die Dichtung also gleich in mehrfacher Hinsicht für minderwertig. Zum einen spricht sie das Gehör an, das dem Auge untergeordnet ist. Zum anderen imitiert sie Sprache und damit Menschenwerk. Und schließlich kann sie aufgrund ihrer Zeitlichkeit nie die nur in der Gleichzeitigkeit vorhandene göttliche Harmonie und Schönheit erreichen:

---

[23] Er beschreibt sie als mathematische Wissenschaft (I, 1), als der Astronomie verwandt (I, 6) und als Philosophie (I, 9).

[24] Vgl. Kriegers Ausführungen zu einer auf Plato zurückgehenden „visuellen Epistemologie", die dem natürlichen Zeichen den Vorrang vor dem arbiträren sprachlichen Zeichen einräumt. Hierin liegt, nach Krieger, der Grund für das ekphrastische Streben der Dichtung, das mit Epigramm, Ekphrasis und Emblem in Renaissance und Barock seinen besonderen Ausdruck findet. Vgl. Krieger: *Das Problem der Ekphrasis*, S. 45-47.

il tempo le divide l'una [= parola] dall'altra, u'inframette l'obliuione e diuide le proportioni, le quali senza gran prolissità non può nominare; e non potendole nominare, esso non puo comporne l'armonica proportionalità, la quale è composta di diuine proportioni. (I, 23, S. 42)

Leonardo beansprucht also für die Malerei das, was in der Dichtung über Jahrhunderte hinweg als höchstes Ideal galt: ihre metaphysische Verankerung und Motiviertheit. Da er zugleich der Dichtung kategorisch die Möglichkeit absprach, dieses Ideal zu erreichen, geriet die Dichtung zu Beginn des 16. Jahrhunderts unter eine neue Art von Rechtfertigungsdruck. Waren es bisher, seit dem ausgehenden Mittelalter, eher inhaltliche Aspekte wie die zunehmende Fiktionalität und Subjektivität der Dichtung, die gegen ethische Zweifel verteidigt werden mußten,[25] so war nunmehr der gesamte dichterische Schaffensprozeß, unabhängig von den dargestellten Inhalten, in Frage gestellt.

Allerdings stellt sich das Verhältnis zwischen den beiden Künsten zu Garcilasos Zeit keineswegs so eindeutig dar, wie es aus Leonardos Traktat scheinbar hervorgeht. Leonardos Schrift, die den Primat der Malerei behauptet, lag im 16. Jahrhundert noch nicht in gedruckter Form vor.[26] Seine Präsenz an den Fürstenhöfen Italiens und sein Umgang mit den Intellektuellen seiner Zeit läßt zwar annehmen, daß seine Ideen in der Gesprächskultur der Renaissance nicht unbeachtet blieben. Andererseits gab es aber noch in der Mitte des 16. Jahrhunderts Äußerungen, die nach wie vor der Sprache den Vorrang vor der Malerei einräumten.[27] Schließlich setzte sich im Laufe des 16. Jahrhunderts vereinzelt auch ein Gefühl für die Arbitrarität aller Zeichen durch, ein Bewußtsein dafür, daß sowohl die Dichtung als auch die Malerei nur scheinbar Wirklichkeit abbilden, daß sie vielmehr selbst ihren Gegenstand erst erschaffen. Die ironische Distanz, die durch ein solches Bewußtsein erst möglich wird, taucht nicht nur in der Dichtung des 16. Jahrhunderts erstmals auf, sie läßt sich in der gleichen Zeit auch für die Malerei nachweisen.[28]

---

[25] Vgl. L. Costa Lima: „Die Kontrolle des Imaginären", in: ders.: *Die Kontrolle des Imaginären: Vernunft und Imagination in der Moderne*, übs. von A. Biermann, Frankfurt/M. 1990, Kap. 1, S. 15-94. Costa Lima schildert den Rechtfertigungsdruck, dem sich die Renaissancepoetologen ausgesetzt sahen, sowie ihre Versöhnungsstrategien angesichts eines übermächtigen ethischen Rationalismus, der die Vernunft zum Maßstab aller Dichtung machte und damit die Möglichkeiten der Imagination erheblich einschränkte.

[26] Vgl. Markiewicz: *Ut pictura poesis*, S. 538.

[27] Vgl. etwa die Äußerungen von Paolo Giovio (1540) bei Kliemann: *Programme*, S. 83-86.

[28] Vgl. hierzu Kliemann: *Programme*, S. 87-91. Kliemann beschreibt am Beispiel der Cataio-Fresken (1571-73) in Padua, wie Bilder, Inschriften und begleitendes Textbuch im Miteinander den fiktiven Charakter ihres Gegenstandes – ein Lobpreis der Familie Obizi – durch Ironisierung sichtbar werden lassen. Vgl. auch T. Fusening: *Liebe, Laster und Gelächter: komödienhafte Bilder in der italienischen Malerei im ersten Drittel des 16.*

Für Garcilasos *Egloga III* gilt, daß sie in einer Zeit entstand, in der das Verhältnis zwischen der Kunst und der Malerei in Bewegung geraten war und Dichter wie Maler eine Vielzahl von möglichen Positionen vorfanden. Garcilasos Text scheint in dieser Umbruchsituation, ausnahmsweise ohne ironische Distanz, kunst- und dichtungstheoretisch Stellung zu beziehen.

7.3   Geschichten und ihre Übertragbarkeit: Die Bilder der Nymphen

Glaubt man den Beteuerungen des Betrachters, so handelt es sich bei den Kunstwerken der Nymphen, gemessen an den Maßstäben ihrer Zeit, um wahre Meisterwerke von höchster technischer Vollendung. Sie werden aus kostbarem, sorgfältig aufbereitetem Material gefertigt (Str. 14-15), sie bestechen durch ihre nuancierte Farbigkeit (v. 114-115, 170, 267), erzielen durch die Technik des *chiaroscuro* (v. 268) die Illusion von Räumlichkeit (v. 269-272) und kommen somit dem Ideal der exakten Naturnachahmung sehr nahe. Selbst den Vergleich mit den größten Malern der Antike müssen sie nicht scheuen (v. 117-120).

Wesentlich mehr als über die kunstvolle Ausführung erfährt man über die Bildinhalte, und auch hier erfüllen die Nymphenbilder, mit der Darstellung einer *istoria*, eines der wichtigsten Kriterien für große Kunst. Die ersten drei Nymphen halten sich zudem noch an die Vorgabe, bekannte Themen zu wählen. Dem Betrachter wie dem Leser der Bildbeschreibungen sind die literarischen Quellen natürlich bekannt, gehören sie doch zu den damals meistgelesenen Werken der antiken Literatur. Die Bekanntheit der literarischen Vorlage bewirkt nun, daß weniger die Geschichte selbst von Interesse ist, als vielmehr die Art ihrer Darstellung. Es versteht sich von selbst, daß die Umsetzung eines literarischen Stoffes in ein visuelles Medium nicht vollkommen detailgetreu möglich ist. Durch Selektion des bedeutungsvollsten Moments, räumliche Anordnung, perspektivische Gestaltung und andere Techniken der Blicklenkung überträgt der Künstler den Stoff nicht nur, sondern er verändert und deutet ihn. Ähnliches geschieht jedoch ein zweites Mal bei der Bildbeschreibung. Der Betrachter deutet seinerseits das Bild, indem er seinen Blick mal verweilen, mal über das Bild schweifen läßt, Einzelheiten mehr oder weniger Aufmerksamkeit schenkt, vor allem

---

Jahrhunderts, Bonn 1997. Fusening zeigt, daß die komödienhafte Malerei dort, wo sie nicht offen komisch ist, über ironische Verweistechniken verfügt, mit denen auf einen verborgenen Sinn hingewiesen wird. So ist beispielsweise die erotische Doppeldeutigkeit mancher Bilder dem heutigen Betrachter nicht mehr ohne weiteres erkennbar, weil ihm die sexuellen Konnotationen alltäglicher Gegenstände (Früchte, Tiere, Werkzeuge) nicht mehr geläufig sind.

aber, indem er das Bild wieder zu einer Geschichte werden läßt.[29] Ausgehend von seiner Kenntnis des literarischen Textes erweitert der Betrachter sogar den Bildinhalt, wie sich zeigen wird, durch eigene Ergänzungen.

Es liegt also in der Natur der Ekphrasis, und der Leser muß sich dessen bei der Lektüre der *Egloga III* bewußt sein, daß sie einen doppelten Rezeptions- und Repräsentationsvorgang abbildet. Die Darstellung von Texten in Bildern und von Bildern in Texten ist immer eine verändernde, perspektivierte, deutende Darstellung.[30] Für die Interpretation bedeutet dies, daß man sich nicht allein auf die Bildvorstellung konzentriert, die die Ekphrasis in der Imagination des Lesers entstehen läßt. Vielmehr müssen die mehrfachen Umsetzungsprozesse berücksichtigt werden, die dieser Bildvorstellung vorausgehen. Sie sind der eigentliche Schlüssel zum Kunst- und Literaturverständnis, das der *Egloga III* zugrundeliegt.

Was die Darstellung des Orpheusmythos im ersten Bild angeht, so hat Barnard bereits die wesentlichen Abweichungen von den verschiedenen literarischen Modellen detailliert beschrieben,[31] wobei sie jedoch nicht zwischen Bildvorstellung und Beschreibung, zwischen den Leistungen der Nymphe und denen des Betrachters differenziert. Folgende Elemente des

---

[29] Heffernan beschreibt als ein grundlegendes Merkmal von Ekphrasis ihren „storytelling impulse": „ekphrasis is dynamic and obstetric; it typically delivers *from* the pregnant moment of visual art its embryonically narrative impulse, and thus makes explicit the story that visual art tells only by implication." (*Museum of Words*, S. 5, Kursivdruck von Heffernan).

[30] Vgl. Heffernan: „Ekphrasis and Representation", in: *New Literary History* 22 (1991), S. 297-316. Heffernans Definition von Ekphrasis als einem zweimaligen Repräsentationsvorgang führt ihn zu der Feststellung dessen „what all ekphrasis implicitly reveals: the inseparability of representation and misrepresentation." Bei den Bildbeschreibungen in der *Egloga III* halte ich es für wesentlich, den Begriff der *misrepresentation* um den Aspekt einer jeweils willentlich vorgenommenen Deutung zu erweitern. Vgl. hierzu auch D. P. Fowler: „Narrate and Describe: the Problem of Ekphrasis", in: *Journal of Roman Studies* 81 (1991), S. 25-35. Fowler zeigt, daß sowohl der Dichter, der Gleichzeitiges in eine zeitliche Abfolge bringen muß, wie der Maler, der Ungleichzeitiges im Moment festhalten muß, das Problem durch Perspektivierung („point of view", S. 29 u.a.) lösen. Die Betrachtung eines verbalen oder ikonischen Kunstwerkes muß grundsätzlich das Vorhandensein eines solchen *point of view* in Rechnung stellen. Für die Bildbeschreibungen in der *Egloga III* gilt folglich, daß der Leser zwei *points of view*, den der webenden Nymphen und den des erzählenden Bildbetrachters, in Rechnung stellen muß.

[31] M. E. Barnard: „Garcilaso's Poetics of Subversion and the Orpheus Tapestry", in: *PMLA* 102 (1987), S. 316-325, hier v.a. S. 321. Sie stellt fest, daß der abgebildete Orpheus im Vergleich zu seinen literarischen Modellen eine auffällig schwache Figur darstellt, da sein Gesang ergebnis- und wirkungslos bleibt. Die orphische Macht findet sich hingegen, so Barnard, beim Sprecher des Prologs. Barnard deutet dies als poetischen „act of self-creation" (S. 323) des Dichters durch subversive Verwendung der literarischen Vorbilder.

Orpheusmythos finden sich auf Filódoces Bild:[32] die Landschaft um den Fluß Estrimón (Str. 16), die an einem Schlangenbiß gestorbene Eurydike (Str. 17), schließlich der Gang in die Unterwelt, die Rückkehr, der neuerliche Verlust und die einsamen Klagen des Orpheus (Str. 18).

Bei der ersten Annäherung an das Bild nimmt der Betrachter zunächst die Landschaft wahr, die eindeutig, aufgrund ihrer geringen farblichen Intensität,[33] den Bildhintergrund abgibt. Seine größte Aussagekraft scheint das Bild in der Figur der toten Eurydike zu entwickeln, da diese in der 17. Strophe sehr ausführlich beschrieben wird. Ihr Tod ist für den Sprecher der bedeutungsvolle Moment,[34] von dem er sich in besonderem Maße angesprochen fühlt. Dafür spricht die längere Verweildauer des Betrachters, seine Aufmerksamkeit für Details wie den Schlangenbiß, die kleine, im Gras versteckte Schlange (v. 130-132) oder die brechenden Augen der Eurydike (v. 135), sowie die auffällige Anschaulichkeit und Farbigkeit der Beschreibung. Zwischen der Fülle von visuell vorstellbaren Details verbergen sich jedoch auch andere, die keine Entsprechung im Bild haben können, oder wo eine visuelle Entsprechung nur schwer vorstellbar ist. So ist der Vergleich der Toten mit einer vorzeitig gepflückten Rose (v. 133-134) eindeutig dem Sprecher zuzuschreiben. Außerdem ist die Verabschiedung der Seele vom Körper (v. 135-136) vermutlich metaphorisch zu verstehen. Zumindest erscheint die konkret bildliche Darstellung der Seele in einem nicht religiösen Bild ungewöhnlich. Beide Kommentare des Betrachters lassen sich dafür eindeutig auf literarische Texte zurückführen.[35] Es hat den Anschein, als würde die Betrachtung der Szene beim Sprecher eine Reihe von literarischen Reminiszenzen auslösen.

Jenseits dieses bedeutungsvollen Moments, in Strophe 18, verändert sich das Verhältnis von Bild und deutender Beschreibung. Obwohl das Bild hier sehr viel zeigt, nämlich den weiteren Verlauf der Orpheusgeschichte, läßt der Betrachter den Blick nun schneller über das Bild wandern, Detailgenauigkeit und Intensität der Farben[36] sind vergleichsweise gering. In Strophe 18 wird außerdem erkennbar, wie die Nymphe das Problem löst, die zeitliche Abfolge der Geschichte im Bild einzufangen. Orpheus ist wohl mindestens drei Mal an drei verschiedenen Stellen im Bild abgebildet: beim Gang in die Unterwelt (v. 138-140), auf dem Rückweg, als er Eurydike erneut verliert (v. 141-142) und in den einsamen Bergen am Fluß Estrimón

---

32 Zumindest wird ihre konkrete Abbildung mehrfach betont: „tenía figurada" (v. 123), „Estaba figurada" (v. 129), „Figurado se vía" (v. 137).

33 Einziger Farbhinweis ist hier „el verde llano" (v. 124).

34 Ich übernehme hier Heffernans Begriff vom „pregnant moment", vgl. oben, Anm. 29 in diesem Kapitel.

35 Der Blumenvergleich auf Petrarca und Ariost, die sich verabschiedende Seele auf Sannazaro, vgl. die Anmerkungen zu den Versen 130 und 133-134.

36 Einziger Farbhinweis ist in Strophe 18 „la escura gente" (v. 139).

(v. 144). Auch Eurydike ist mehrfach abgebildet: in der Bildmitte bei ihrem Tod (Str. 17) und als Wesen der Unterwelt (v. 140 und v. 142-143).

Die mehrfache Abbildung einer Figur in einem Bild war in der Renaissance durchaus üblich. In den Kirchen diente sie beispielsweise der anschaulichen Darstellung von Heiligenleben. Besonders häufig, ja gattungstypisch, war diese Art der narrativen bildlichen Darstellung aber in den Wandgemälden, mit denen reiche toskanische Familien im ausgehenden 15. und im 16. Jahrhundert die Räume ihrer Paläste ausschmücken ließen:

> Curiously innovative and conservative at once, each *spalliera* painting is composed of struggling medieval and Renaissance conventions. Its continuous narrative descends from ancient and medieval scrolls, codices, and relief sculpture; its spatial composition is born of Ghiberti's and Donatello's narrative reliefs in which multiple episodes are scattered at various points within a unified visual field.[37]

Der Betrachter scheint sich an der Vervielfältigung der Figuren keineswegs zu stören. Seine Textkenntnis, eventuell auch seine Erfahrung als Betrachter derartiger Kunstwerke hilft ihm, das räumliche Nebeneinander in ein zeitliches Nacheinander („despúes desto", v. 141) umzudeuten. Auffällig ist in den Strophen 16 und 18, also gerade dort, wo das Bild ihn weniger zu fesseln scheint, der sehr hohe Anteil an Kommentaren, die über die bildliche Darstellung hinausgehen. Nur der literarisch vorgebildete Betrachter kann Figuren- und Ortsnamen[38] nennen, die Beziehungen zwischen den Figuren („marido", v. 138) richtig einschätzen und die Kausalzusammenhänge zwischen den einzelnen Episoden erklären. Zwar mag der „osado marido" (v. 138) an einer entschlossenen Körperhaltung noch erkennbar sein, doch dem „triste reino de la escura gente" (v. 139) entspricht im Bild wohl eher ein in dunklen Farben dargestelltes Schattenreich mit traurigen Bewohnern.[39] Orpheus Blick zurück erfährt schließlich durch das „impaciente / por mirarla" (v. 141-142) eine psychologische Deutung, und sein einsamer Gesang, im Bild vermutlich am Gebrauch einer Leier erkennbar, wird vom Betrachter mit Inhalt gefüllt: „del tirano / se queja (v. 143-144).[40]

So wird in diesem ersten Bild der Filódoce das Verhältnis zwischen den Künsten eindeutig als Abhängigkeitsverhältnis erkennbar. Daß es sich

---

[37] Anne B. Barriault: *Spalliera Paintings of Renaissance Tuscany, Fables of Poets for Patrician Homes*, University Park, Pennsylvania 1994, S. 62. Vgl. auch die Darstellung des Orpheusmythos von Jacopo del Sellaio in einer Sequenz von drei Wandgemälden. Auf jeder dieser Tafeln sind mehrere Episoden des Orpheusmythos enthalten. (*Spalliera Paintings*, Checklist Illustrations no. 8.1 - 8.3, S. 174).

[38] „Estrimón" (v.124) und „del de Tracia" (v. 128).

[39] Barnard (*Poetics of Subversion*, S. 320) deutet die „escura gente" als sprachlichen Vorverweis auf die Unerreichbarkeit der Eurydike, was der Perspektive des Bildbetrachters, d.h. seinen literarischen Vorkenntnissen, durchaus entspricht.

[40] Die beiden letzten Kommentare dürften ebenfalls literarisch motiviert sein, eine ähnliche Darstellung findet sich bei Vergil: *Georgica* IV, 488-493.

dabei um eine sehr einseitige Abhängigkeit der Malerei von der Dichtung handelt, erscheint evident. Zum einen ist das Bild der Filódoce auf literarische Vorlagen angewiesen, die ihr den Stoff liefern. Zum anderen ist es, wenn es vollständig und richtig verstanden werden will, auf die Textkenntnis des Betrachters angewiesen. Zwar leistet das Bild seinerseits eine gewisse Deutung des literarischen Stoffes, indem es Schlüsselszenen auswählt und beispielsweise den Tod der Eurydike als bedeutungsvollsten Moment an prominenter Stelle abbildet.[41] Der gesamte Rest der Geschichte ist jedoch in dem einen Moment nicht automatisch mitenthalten. Er muß entweder entfallen, was die Glaubwürdigkeit des Kunstwerkes als Abbildung von Realität steigern, die richtige literarische Zuordnung und Deutung jedoch erschweren würde. Oder er muß, auf Kosten der Illusionsbildung, in mehreren Einzelszenen weitererzählt werden. Eben diese Spannung zwischen visueller Illusionsbildung und narrativer Vollständigkeit scheint für die Gattung der *spalliera*-Malerei typisch zu sein:

> Engaging their patrons in a new, more personal way by enveloping them with stories that were to be read directly at eye level, *spalliera* painters limited the potential for illusion by placing narratives within their newly adapted perspectives. The artists were certainly aware of the tension created when the two systems converged. A reevaluation of how to portray a narrative seems to lie at the very heart of the painted fables.[42]

Daß die Nymphe nicht auf die Aussagekraft eines bedeutungsvollen Moments vertraut, daß sie ihn nicht allein für den gesamten Mythos stehen läßt, läßt sich also am ehesten mit Gattungskonventionen begründen. Um möglichst viel von der Geschichte zu erzählen, nimmt sie die Vervielfältigung der Figuren in Kauf. Das Ergebnis ist eine geringere Realitätsnähe des Bildes und zudem ein wenig überzeugender, schwacher Orpheus.[43] Um die bezwingende dichterische Macht des berühmten Sängers darzustellen, bedürfte es eindeutig einer anderen Gewichtung, eines anderen *point of view*, durch den der klagende Orpheus ins Zentrum der Darstellung rückt. Die Frage stellt sich, ob hier in der *Egloga III* nicht generell die Eignung eines nonverbalen Mediums zur Darstellung von dichterischem Können in Zweifel gezogen wird.

---

[41] Denkbar ist eine Darstellung im Bildvordergrund, während sich die übrigen Szenen im Hintergrund befinden. In den *spalliera* Gemälden war aber auch eine Reihe gleich großer Abbildungen von links nach rechts durchaus üblich. (Die in Anm. 37 erwähnte Darstellung von Jacopo del Sellaio wäre hierfür ein Beispiel). Der Tod der Eurydike müßte dann im linken Bildbereich an erster Stelle stehen. Die geringere Genauigkeit und Farbigkeit der Beschreibung wäre somit nicht auf eine Hintergrunddarstellung, sondern eher auf ein allmählich nachlassendes Interesse des Betrachters zurückzuführen.

[42] Barriault: *Spalliera Paintings*, S. 62.

[43] Vgl. die Beobachtungen von Barnard, *Poetics of Subversion*, S. 320-321.

Die Bilder der zweiten und dritten Nymphe, sowie deren Beschreibungen weisen große Ähnlichkeiten mit dem Orpheusbild auf. Auch Dinámene stellt die Geschichte von Daphne und Apoll in mehreren Einzelszenen dar. Der Sprecher erwähnt Apoll bei der Jagd, Apoll von Cupidos Pfeil getroffen, Daphnes Flucht vor Apoll und Daphnes Verwandlung vor den Augen Apolls. Dabei scheinen die ersten beiden Apollszenen eher marginal zu sein. Flucht (Str. 20) und Verwandlung (Str. 21) hingegen scheinen zentral zu sein, sie fesseln etwa gleich lang den Blick des Betrachters. In seiner farblichen Gestaltung erscheint das Bild weniger intensiv als das vorige. Dafür scheint die Stärke des zweiten Bildes eher darin zu liegen, die Emotionen der Figuren im äußeren Erscheinungsbild und ihrer Körperhaltung sichtbar zu machen. Apolls ursprüngliche Zufriedenheit zeigt sich darin, daß er in die Jagd vertieft ist („embebecido", v. 148), sein Liebesleid wird durch Cupido, dessen vergoldeten Pfeil und die Tränen (v. 150-152) sichtbar gemacht, Daphnes Eile wird an ihren flatternden Haaren (v. 153), eventuell auch an ihren geschundenen Füßen (v. 154) deutlich. Anscheinend ist jedoch der Grund ihrer Flucht, Cupidos bleierner Pfeil,[44] nicht abgebildet, weshalb der Betrachter eine ergänzende Erklärung für notwendig hält: „ella huye *como* / *quien* siente al pecho el odïoso plomo." (v. 159-160, Hervorhebung von mir). Besondere Mühe scheint Dinámene auf die Darstellung des Verfolgers und dessen widersprüchliche Gefühle verwendet zu haben. Zumindest behauptet der Sprecher, daß Ovids inhaltliche Vorgaben – Apoll bittet Daphne, wegen des rauhen Weges langsamer zu laufen, er selbst werde ihr auch langsamer folgen – im Bild tatsächlich erkennbar werden:

que Apolo en la pintura *parecía*
que, porque'lla templase el movimiento,
con menos ligereza la seguía; (Egl. III, v. 156-158, Hervorhebung von mir)

Bei Daphnes Verwandlung (Str. 21) – das Nebeneinander der Szenen wird hier wieder in eine zeitliche Abfolge umgedeutet („a la fin", v. 161) – bleiben psychologische Aspekte, etwa ihr verzweifelter Wunsch nach Erlösung,[45] völlig ausgespart. Die Beschreibung konzentriert sich allein auf die Wiedergabe visueller Details. Die noch erkennbare Schönheit der Haare und Füße, die schon erkennbaren grotesk verzerrten Formen des Lorbeers scheinen den Betrachter vollkommen gefangenzunehmen. Apoll jedoch, der in Ovids Metamorphosen den Baum lediglich umarmt, küßt und zu seinem Wahrzeichen erklärt,[46] wird in Dinámenes Bild zu einem weinenden Apoll: „llora el amante" (v. 167). Diese renaissancetypische Umdeutung von Seiten der Künstlerin veranlaßt den Betrachter seinerseits zu

---

44 Vgl. *Met.* I, 472.
45 Vgl. *Met.* I, 546-547.
46 Vgl. *Met.* I, 553-565.

einer weiteren psychologisierenden Ergänzung: „y busca el ser primero"
(v. 167). Es scheint, daß die nicht ganz textgetreue, dafür aber eindringliche
visuelle Darstellung von Verlust und Schmerz in besonderem Maße an das
subjektive Einfühlungsvermögen des Betrachters appelliert. Anders als im
vorigen Bild, wo der Tod der Eurydike nur literarische Reminiszenzen
hervorrief, bewegt den Betrachter die Trauer des weinenden Apoll zu einer
eigenen, ebenfalls literaturunabhängigen Reaktion. Beim zweiten Bild wird
der Malerei somit die Fähigkeit zugestanden, menschliche Affekte in indi-
vidueller Weise darzustellen und dadurch beim Betrachter auszulösen.

Die Arbeit der dritten Nymphe Climene bringt mit dem Adonismythos
ebenfalls einen sehr beliebten und häufig bearbeiteten Stoff zur Darstellung, und ähnlich wie in den vorigen Bildern wird auch hier die Geschichte
in drei Einzelszenen aufgelöst: Adonis bei der Jagd (Str. 22), der getötete
Adonis in seinem Blut (Str. 23) und die trauernde Venus, die sich über den
Toten beugt (Str. 24). Aufgrund der Farbigkeit und der Verweildauer des
Blickes, aber auch aufgrund der logischen Abfolge der Szenen läßt sich
annehmen, daß der getötete Adonis hier die Bildmitte, eventuell den Bildvordergrund einnehmen muß. Allerdings scheint dem Betrachter die Ent-
schlüsselung des Bildes und die literarische Zuordnung nicht sofort zu
gelingen. Zumindest beschränkt er sich in den ersten beiden Strophen auf
eine detaillierte Schilderung ausschließlich visueller Details. Er sieht zunächst nur ein ungewöhnlich starkes Wildschwein und einen Jüngling mit
Speer (v. 173-176), danach ein verletztes Wildschwein und einen toten
Jüngling mit aufgeschlitztem Bauch, dessen Blut die weißen Rosen rot färbt
(v. 177-184). Dabei ist die zeitliche Abfolge der Szenen evident, und der
Sprecher wagt eine vorsichtige Bewertung des Geschehens dahingehend,
daß der Jüngling wohl zu mutig (v. 178) und das Wildschwein besonders
wütend („rabioso", v. 180) gewesen sei. Sehr spät jedoch, als sein Blick auf
die trauernde Venus fällt, kann er mit Gewißheit sagen, um welche Geschichte es sich handelt:

> Adonis éste se mostraba que'ra,
> según se muestra Venus dolorida, (*Egl. III*, v. 185-186)

Dieses verspätete Erkennen bestätigt die Annahme, daß der getötete Adonis allein die Bildmitte einnimmt, während der trauernden Venus mit dem
Toten eine eher marginale Position zukommt. Dafür sprechen auch, wie im
Orpheusbild, die verminderte Farbigkeit der Beschreibung sowie die auffällige Zunahme literarischer Assoziationen. Die Information, daß Venus
den letzten Atem des Geliebten einfängt (v. 189-190), dürfte weniger dem
Bild selbst entnommen sein als vielmehr der Erinnerung an ähnliche Szenen in literarischen Texten.[47] Auch die Größe des Verlusts wird für den

---

[47] Als Referenzstellen kommen hier die Trauer der Anna um ihre Schwester Dido (*Äneis*
IV, 684-685) oder die Trauer der Isabella um Zerbin im *Orlando furioso* (XXIV, 82) in

Betrachter erst durch einen Rückgriff auf die literarische Vorgeschichte voll begreifbar:

al cuerpo por quien ella en este suelo
aborrecido tuvo al alto cielo. (*Egl. III*, v. 191-192)

Der vorangegangene Verzicht der Göttin auf den Himmel zugunsten einer Liebe auf Erden ist ein literarisches Detail,[48] das im Bild mit Sicherheit keine visuelle Entsprechung hat. Mitgefühl und Betroffenheit des Betrachters werden in diesem Fall, wie im Orpheusbild, nicht unmittelbar durch die visuelle Wahrnehmung ausgelöst. Vielmehr weckt die bildliche Darstellung Erinnerungen an literarische Darstellungen, das emotionale Erleben beim Betrachten des Bildes ist in erster Linie literarisch vermittelt.

Im Grunde kämpfen alle drei Nymphen mit dem gleichen Problem: der Übertragbarkeit bzw. Nichtübertragbarkeit literarischer Stoffe in ein visuelles Medium. Die zentrale Frage im künstlerischen Schaffensprozeß der Nymphen ist, ganz ähnlich wie in der Dichtung, die der Abhängigkeit oder Unabhängigkeit von der literarischen Vorlage. Im Bestreben um eine möglichst weitreichende Vollständigkeit und Genauigkeit der Wiedergabe versuchen die Nymphen alles, sogar das nicht Darstellbare, den zeitlichen Verlauf, in ihre Bilder zu übertragen. Eine so stark textabhängige Darstellungsweise geht, wie sich gezeigt hat, auf Kosten einer realistischen und überzeugenden Darstellung menschlicher Affekte. Sie führt den Betrachter zu einer ebenfalls stark textorientierten Rezeptionshaltung. Somit steht ein Ideal der Renaissancemalerei, die Darstellung einer *istoria*, einem anderen, nämlich dem der Affektdarstellung und -auslösung, im Wege. Erst dort, wo die Malerei eigene Wege zu gehen wagt, indem sie die Affektdarstellung über die Texttreue stellt – Dinámene erlaubt sich dies beispielsweise bei den Tränen des Apoll – spricht sie die Gefühle des Betrachters unmittelbar an.

Möglicherweise sind Illusionsbildung und Affektdarstellung aber für die drei Nymphen gar nicht oberstes Gebot. Die deutliche Narrativität der Bilder läßt sich ja schon als ein Hinweis lesen, daß es sich bei den Nymphenbildern eventuell um *spalliera*-Malerei handeln könnte. Weitere Indizien weisen in die gleiche Richtung. *Spalliera*-Malerei dient der Ausgestaltung der Patrizierhäuser. Dabei handelt es sich gelegentlich um Einzelgemälde, üblicherweise aber um Bildensembles bzw. Sequenzen entlang der Wände eines Raumes. In einem solchen Ensemble kann ein Thema, eine *istoria*, auf mehrere Bilder verteilt sein, oder die einzelnen Bilder des Ensembles stellen jeweils eigene Themen dar, die jedoch dann

---

Frage. Für weitere mögliche Referenztexte vgl. die *Notas complementarias* zu v. 189-190.

[48] Vgl. *Met.* X, 532.

untereinander in einem thematischen Zusammenhang stehen müssen.[49] Letzteres wäre bei den drei Nymphenbildern der Fall, die ja unterschiedliche Geschichten der antiken Mythologie zur Darstellung bringen, thematisch aber alle den schmerzlichen Verlust eines geliebten Menschen behandeln. Schließlich käme die kunstvolle Ausführung und literaturnahe Narrativität der Nymphenbilder den Interessen der vornehmen Patrizierfamilien entgegen, denn die *spalliera*-Malerei fungierte anscheinend als eine Art Statussymbol für guten Geschmack und Bildung.[50] Das heißt, je mehr Gelegenheit ein solches Bild dem Betrachter gab, seine literarische Bildung daran zu beweisen, desto besser. Die ‚Literarizität' der Nymphenbilder wäre somit ein Qualitätsmerkmal. Daß die webenden Nymphen möglicherweise als Künstlerwerkstatt,[51] ihre Bilder als Auftragsarbeit betrachtet werden könnten, ergibt sich schließlich aus den Unterschieden zwischen den ersten drei Nymphen und der vierten Nymphe Nise:

> La blanca Nise no tomó a destajo
> de los pasados casos la memoria,
> y en la labor de su sotil trabajo
> no quiso entretejer antigua historia; (*Egl. III*, v. 193-196)

Hier wird der freie Wille („no quiso", v. 196) der vierten Nymphe betont, während ihre Schwestern „a destajo" (v. 193) die immer gleichen alten Geschichten aufgreifen. Die Deutung von „a destajo" hat den Kritikern einige Schwierigkeiten bereitet. Herrera kritisiert es ohne Angabe von Gründen als „indigno".[52] Ansonsten finden sich, je nach Textausgabe, unterschiedlichste Verständnishilfen, die oft wenig zur Klärung der Stelle beitragen. Am ehesten plausibel erscheint der Hinweis, daß Webarbeiten damals häufig *a destajo*, d.h. nach Stückzahl bezahlt wurden.[53] Die Arbeit der Schwestern wäre demnach eindeutig als Auftragsarbeit gekennzeichnet. Indem Nise sich davon distanziert, entzieht sie sich den weitreichenden Zwängen, die mit solcher Auftragsarbeit verbunden waren. Neben den thematischen Vorgaben – mythologische Themen, eingebettet in arkadische Landschaften, waren besonders beliebt – beeinflußten vor allem die architektonischen Gegebenheiten, Bildungsniveau, Geschmack und Geldbeutel der Auftraggeber die künstlerische Gestaltung.

---

49 Vgl. Barriault: *Spalliera Paintings*, S. 62-64.
50 Barriault bezeichnet diese Kunstwerke als „emblems of refinement, education, and taste." (*Spalliera Paintings*, S. 5).
51 Mit der Ausgestaltung eines *palazzo* wurde üblicherweise eine Künstlerwerkstatt beauftragt. Namhafte Künstlerwerkstätten wie die von Botticelli, Ghirlandaio oder Piero di Cosimo beschäftigten zur Durchführung dieser Aufgaben unbekanntere Künstler, die ihrerseits auch eigene Aufträge annehmen konnten. Vgl. Barriault: *Spalliera Paintings*, S. 2.
52 H-807, S. 567.
53 Vgl. die Anmerkung zu Vers 193.

Noch bevor man sich dem Bild der Nise zuwendet, erfährt der Leser also, daß es sich bei ihr um eine unabhängige, selbstbestimmt handelnde Künstlerpersönlichkeit handeln muß, die hinsichtlich der Themenwahl und der landschaftlichen Gestaltung nicht den Konventionen einer etablierten Kunstgattung folgt. Statt dessen wählt sie eine zeitgenössische Geschichte, die sie statt in den üblichen arkadischen Landschaften in ihrer eigenen Heimat („su claro Tajo", v. 197) abbildet.

In den Strophen 26 und 27 beschreibt der Betrachter die Abbildung des Flusses und der Landschaft um Toledo, wobei er sich nicht auf die Wiedergabe der zahlreichen visuellen Details („el caudaloso rio", v. 201, „estrecheza", v. 202, „monte", v. 203, etc.) beschränkt. Vielmehr scheint sich die Bildbeschreibung nach und nach zu verselbständigen. Das Rauschen des Flusses (v. 204) ist nicht dem Bild, sondern der Erinnerung bzw. der Imagination des Sprechers zuzuschreiben. Die Personifikation des Flusses, seine Darstellung als stürmischer Liebhaber (v. 205-208) ist eine rein verbale Leistung des Sprechers, denn es ist anzunehmen, daß im Bild die Stadt Toledo nicht als das Ergebnis eines fluvialen Zeugungsaktes (v. 210-211) dargestellt ist. Doch scheint der Nymphe die Abbildung der eigenen Heimat so gut gelungen zu sein, daß der Betrachter des Bildes in seiner Begeisterung weniger dem, was er sieht, als vielmehr seinen eigenen heimatlichen Gefühlen Ausdruck verleiht. Der affektive Bezug der Nymphe zu ihrem dargestellten Gegenstand ermöglicht anscheinend eine ebenso affektive Reaktion beim Betrachter.

Ab der 28. Strophe folgt nun die eigentliche *istoria* des Bildes. Eine Schar Waldgöttinnen tritt aus dem Wald heraus an das Flußufer. Sie beweinen eine tote Nymphe, der man ansieht, daß sie sehr jung gestorben ist. Der Sprecher beschränkt sich dabei streng auf die Wiedergabe visueller Details. Er beschreibt Farben und Szenerie, Haltung und Aussehen der Trauernden und der Toten, bis die Betrachtung der toten Nymphe ihn, möglicherweise im Moment höchster Ergriffenheit, an einen sterbenden Schwan denken läßt:

> cerca del agua, en un lugar florido,
> estaba entre las hierbas igualada [oder: degollada[54]]
> cual queda el blanco cisne cuando pierde
> la dulce vida entre la hierba verde. (*Egl. III*, v. 229-232)

Dabei bleibt die Geschichte der toten Nymphe zunächst völlig rätselhaft. Der Betrachter leistet keine Deutung, geschweige denn eine literarische Zuordnung. Seine Zurückhaltung angesichts einer Szene, die das Grauen-

---

[54] Vgl. die Anmerkung zu v. 230, wo die Version der Erstausgabe („degollada") neben der früheren handschriftlichen Version („igualada") ernsthaft in Betracht gezogen wird.

volle eines blutigen Todes[55] und die Trauer der Waldgöttinnen mit dem ästhetischen Reiz des Schönen verbindet, löst hingegen beim Leser einen lebhaften Prozeß der Hypothesenbildung aus. Seit jeher hat die tote Nymphe die Gemüter der Leser und Kommentatoren erregt, die Textstelle dürfte zu den meistdiskutierten in Garcilasos Werk gehören. Sie hat eine Fülle von Erklärungsversuchen hervorgerufen, von denen hier nur einige wichtige Erwähnung finden sollen.[56] Die frühen Kommentatoren erkennen in der toten Nymphe in seltener Übereinstimmung Isabel Freyre, die angebliche Geliebte Garcilasos.[57] Der biographische Bezug – die Dame starb im Kindbett – erlaubt es ihnen, *degollada* als ‚verblutet' zu verstehen.[58] Versteht man *degollada* als ‚geköpft', so kann die tote Nymphe noch mit zahlreichen anderen Figuren assoziiert werden, beispielsweise mit der kurz zuvor hingerichteten Inés de Castro, mit der rätselhaften toten Nymphe in Piero di Cosimos Bild ‚Tod der Pocris', die eine Bißwunde am Hals aufweist, mit einer Maurin, die der Legende zufolge im *Valle de la degollada* nahe bei Toledo ums Leben kam, oder mit Isabella, die im *Orlando furioso* ihre Keuschheit bewahrt, indem sie sich freiwillig enthaupten läßt.[59] Weitere Assoziationsmöglichkeiten bestehen zum Tod des Orpheus, dessen abgetrennter Kopf bekanntlich von den Wellen des Hebrus davongetragen wird,[60] aber auch zum Opfertod der Iphigenie, die der Diana, und damit der dreigestaltigen Göttin Diana/Lucina/Luna geopfert wird.[61] Verbunden mit dem Namen der Göttin taucht hier wieder, wie bei den Kommentatoren, das

---

55 Ich lese *degollada*, da ich die blutige Version aufgrund ihrer intertextuellen Verknüpfung mit der *Egloga I* für die wahrscheinlichere halte. Plausible Argumente für die Lesart *degollada* liefert vor allem Ted E. McVay, Jr.: „The Goddess Diana and the ‚ninfa degollada' in Garcilaso's *Egloga III*", in: *Hispanofila* 109 (1993), S. 19-31.

56 Vgl. die Anmerkung 230 (S. 235) und die *Notas complementarias* (S. 522-524) zu dieser Stelle. Auch das frühe handschriftliche *igualada* halte ich für einen solchen Erklärungs- bzw. Deutungsversuch. Möglicherweise manifestiert sich darin das Bedürfnis des Abschreibenden, das beunruhigende, ja schockierende *degollada* für fehlerhaft zu halten und durch eine harmlosere, aber doch insgesamt plausible Lesart ‚richtigzustellen'.

57 Vgl. B-244, S. 275; H-809, S. 567; T-161, S. 638f.; A-129, S. 662.

58 El Brocense zieht, trotz der biographischen Zuordnung, die Lesart *igualada* im Sinne von ‚aufgebahrt' vor. Herrera liest *degollada* als ‚verblutet' mit Hinweis auf ein volkstümliches Sprichwort zur Praxis des Schröpfens. Tamayo führt zahlreiche Textbelege an, um die Bedeutung ‚verbluten' zu untermauern. Azara schließt sich dem an.

59 Vgl. die Anmerkungen und *Notas complementarias* zu v. 230.

60 Vergil: *Georgica* IV, 523-527.

61 Vgl. McVay: *The Goddess Diana*, S. 26-28. McVay weist auf die Allgegenwart der dreigestaltigen Göttin Diana/Luna/Lucina in der *Egloga III* hin. Im vierten Nymphenbild entdeckt er deutliche intertextuelle Bezüge zur *Iphigenie in Aulis* des Euripides. Hierin sieht er einen Hinweis, daß man sich Nises Nymphe tatsächlich geköpft vorzustellen hat. Der Opfertod für die dreigestaltige Göttin Diana läßt sich außerdem problemlos auf den Tod der Elisa in der *Egloga I* beziehen, auf die ja im weiteren Verlauf der *Egloga III* noch verwiesen wird.

Motiv des Verblutens bei der Geburt eines Kindes auf.[62] Doch bleibt diese Assoziation, wie alle anderen, ungewiß. Dem Leser kann, wie dem Betrachter selbst, eine literarische Zuordnung an dieser Stelle noch nicht gelingen. Auch in der folgenden Strophe (Str. 30) wird er weiter im Ungewissen gehalten. Der Sprecher beschreibt, wie eine der Waldgöttinnen abseits von den anderen ein Epitaph für die tote Nymphe auf Birkenrinde niederschreibt. In der folgenden Strophe (Str. 31) wird diese Inschrift selbst in den Blick genommen, was in jeder Hinsicht ungewöhnlich und bedeutungsvoll erscheint. Zum einen dürfte mancher Leser sich gezwungen sehen, seine Größenvorstellung des Bildes nach oben zu korrigieren, da sonst die materielle Beschaffenheit des Kunstwerkes in Konflikt gerät mit dem dargestellten Inhalt. In einem gewebten Bildteppich ist die Lesbarkeit eines 8-zeiligen Textes nur dann gewährleistet, wenn die Abbildungen annähernd lebensgroß sind. Zum anderen verleiht das Epitaph der toten Nymphe eine Stimme („Elisa soy", v. 241), so daß die Behauptung des Simonides, Malerei sei stumme Dichtung, hier nicht zuzutreffen scheint. Darüber hinaus bietet das Epitaph den Schlüssel zur literarischen Zuordnung und Deutung des Kunstwerkes, indem nicht nur der Name der toten Nymphe (v. 241 und 245), sondern auch der des nicht abgebildeten Nemoroso (v. 244) genannt wird. Betrachter und Leser werden damit eindeutig auf die ‚richtige'

---

[62] Die explizite Zuordnung der toten Nymphe zur *Egloga I* erfolgt erst später in der 31. Strophe. Wie in der ersten Ekloge bei der toten Elisa, so rückt auch hier mit der geköpften Nymphe ein problematisches Geschlechterverhältnis in den Blick. Vgl. Ted E. McVay, Jr.: „Beheaded Women: Masculice/Feminine Dualities in Garcilaso's *Égloga III*", in: *Romanic Review* 83 (1992), S. 227-244. McVay übernimmt Cixous These von einer männlichen Ordnung des Symbolischen, die danach strebt, weibliche ‚Unordnung' („disorderliness", McVay, S. 228, auch im Sinne von Unbotmäßigkeit) zum Schweigen zu bringen und damit die eigene Dominanz zu sichern. McVay liest die *Egloga III* als einen Text, in dem neben der männlichen Ökonomie der dichterischen Sprache auch eine weibliche Ökonomie zumindest ansatzweise zum Ausdruck kommt, erkennbar an der zeitweiligen Aufhebung von Zeit und Raum und an der Aufhebung männlich-weiblicher Oppositionen (neben der geköpften Nymphe, Zeichen für die Dominanz der männlichen Ordnung, steht der zerstückelte Orpheus, Zeichen für die dionysische Unordnung der Mänaden). Der Text versuche, so McVay, die üblichen männlich-weiblichen Oppositionen zu unterlaufen. In eine ähnliche Richtung deutet auch Heffernans Kapitel „Weaving Rape" (*Museum of Words*, S. 46-90). Am Beispiel des Philomelamythos zeigt er, wie seit der Antike in der Ekphrasisliteratur oftmals einer männlichen Macht des Wortes, d.h. der Verkörperung des männlichen Blickes, auf der anderen Seite eine weibliche Stimme in der Form des sprechenden Bildes gegenübersteht: „the story it tells or foretells – often both – is precisely the story of how beauty is violated, coerced, or painfully initiated into sexual experience." (*Museum of Words*, S. 90). Beide Thesen führen letztendlich zu einem ähnlichen Ergebnis wie bei der Interpretation der *Egloga I* in Kap. 5: daß auch der *Egloga III* ein problematisches Geschlechterverhältnis zugrundeliegt, in dem der Mann für die Frau, zugleich aber auch die Frau für den Mann eine Bedrohung darstellt. Da in diesem Kapitel ein kunst- und literaturtheoretischer Schwerpunkt gesetzt wird, soll auf das Geschlechterverhältnis hier nicht erneut eingegangen werden.

literarische Quelle verwiesen, das Rätsel um Vorgeschichte und Todesursache ist gelöst. Im Unterschied zu den ersten drei Nymphenbildern wird in Nises Kunstwerk die gesamte *istoria* gleichsam eingeblendet, obwohl in der dargestellten Szene – Tajo und Toledo, Trauerzug der Waldgöttinnen, tote Nymphe und Epitaph – die strenge Gleichzeitigkeit gewahrt bleibt. Die unrealistische Vervielfältigung der Figuren zur Darstellung eines zeitlich aufeinanderfolgenden Geschehens wird in Nises Bildteppich vermieden. So liest sich auch die abschließende Bemerkung des Betrachters nicht so sehr als Hinweis auf weitere Einzelszenen im Bildhintergrund:

> En fin, en esta tela artificiosa
> *toda la historia estaba figurada,*
> que en aquella ribera deleitosa
> de Nemoroso fue tan celebrada; (*Egl. III*, v. 249-252, Hervorhebung von mir)

Es handelt sich hier vielmehr um ein Fazit, das sich aus der Zusammenschau von Szene und Epitaph ergibt. Die nun folgenden Bemerkungen des Betrachters kommentieren weniger das Bild selbst, als dessen Entstehungsgeschichte:

> porque de todo aquesto y cada cosa
> estaba Nise ya tan informada,
> que, llorando el pastor, mil veces ella
> se enterneció escuchando su querella; (*Egl. III*, v. 453-456)

Zur Trauer der Waldgöttinnen (Str. 28), der Natur (Str. 31) und des Liebenden (Str. 31 und 32) kommt hier die Rührung der darstellenden Künstlerin Nise. Ganz im Sinne von Horaz' *Si vis me flere* empfindet sie selbst zunächst die Trauer, die sie dann in ihrem Bild zur Darstellung bringt.

Abbildung einer realen Landschaft, strenge Gleichzeitigkeit durch Auswahl eines bedeutungsvollen Moments, lebensnahe Größe der Szene und mitfühlende Affektdarstellung, dies alles deutet darauf hin, daß in Nises Bild die Nachahmung der Natur zum obersten Gebot gemacht wurde. Damit fällt ihr Bild aus den Gattungskonventionen einer rein nacherzählenden Malerei heraus. Nach den im 16. Jahrhundert sich durchsetzenden Maßstäben Leonardos kann das Bild der Nise als modern, bewegend, wahrscheinlich als ein großes Kunstwerk angesehen werden. Dafür spricht im übrigen auch die Verweildauer des Betrachters, der dem vierten Bild so viel Aufmerksamkeit schenkt wie den anderen drei Bildern zusammen.

Was das Verhältnis von Malerei und Dichtung anbelangt, so sind die Beziehungen bei diesem vierten Bild komplexer als zuvor. Die vorausgegangenen Kunstwerke dienten in erster Linie einer möglichst getreuen Nacherzählung antiker Texte, und auch ihre Betrachtung geschah im Wesentlichen auf der Basis einer umfassenden Textkenntnis. Nises Bild braucht ebenfalls eine *istoria*, sie ist auf Dichtung, in diesem Fall die Klagen des Nemoroso, angewiesen. Insofern läßt sich auch hier eine Abhängigkeit

der Malerei von der Dichtung konstatieren. Neuheit und geringe Bekanntheit des Stoffes geben Nise jedoch größeren Spielraum zur eigenen Gestaltung. Der Zug der Waldgöttinnen, die geköpfte bzw. verblutete Nymphe,
das Epitaph auf Birkenrinde entstammen als visuelle Details nicht der
Egloga I, sondern der Imagination der Künstlerin. Nises Abhängigkeit von
der Dichtung besteht allein darin, daß die Dichtung sie berührt („mil veces
ella / se enterneció escuchando su querella;" v. 255-256) und einen künstlerischen Schaffensprozeß auslöst, der sich danach weitgehend verselbstän-
digt. Die künstlerische Unabhängigkeit kostet jedoch ihren Preis, das Bild
bedarf seinerseits der Dichtung, um verständlich zu sein. Ohne das Epitaph bliebe das Bild uneindeutig, wie die zahlreichen oben genannten Assoziationsmöglichkeiten gezeigt haben. Eine solche Beliebigkeit der Deutungen ist einer überzeugenden Affektdarstellung nicht gerade zuträglich.
Nur wenn die Trauer eindeutig mit einem tragischen Geschehen verknüpft
ist, wird sie für den Betrachter auch eindeutig nachvollziehbar. Der neue,
wenig bekannte Stoff hat somit einerseits den Vorteil der Gestaltungsfreiheit, andererseits aber den Nachteil, daß der Betrachter ihn nicht zur Deutung heranziehen kann, weil er ihn nicht kennt, oder weil er ihn nicht, wie
die antiken Stoffe, automatisch in Betracht zieht. Hier werden die Grenzen
der künstlerischen Gestaltungsfreiheit sichtbar. Die Möglichkeit, daß Malerei eine vollkommen von der Dichtung unabhängige *istoria* darstellen
könnte, wird hier negiert.

Auf der anderen Seite zeigt sich aber bei Nises Bild auch eine gewisse
Abhängigkeit der Dichtung von der Malerei. Gleich zweimal wird im Zusammenhang mit ihrem Bild der Gedanke der Überlieferung von Dichtung
angesprochen. Zum einen verkündet das Epitaph, daß der Name der toten
Nymphe vom Tajo weitergetragen werde:

> responde el Tajo, y lleva presuroso
> al mar de Lusitania el nombre mío,
> donde será escuchado, yo lo fío». (*Egl. III*, v. 246-248)

Zum anderen schildert der Sprecher wenig später die Beweggründe, weshalb Nise ihrem Bild ein solches Epitaph beigegeben habe:

> y porque aqueste lamentable cuento
> no sólo entre las selvas se contase,
> [...]
> quiso que de su tela el argumento
> la bella ninfa muerta señalase
> y ansí se publicase de uno en uno
> por el húmido reino de Neptuno. (*Egl. III*, v. 257-264)

Die Geschichte von Elisa und Nemoroso, „aqueste lamentable cuento" (v.
257), soll berühmt werden. Zu diesem Zweck scheinen die Klagen des einsamen Schäfers Nemoroso nicht auszureichen. Vielmehr bedarf die Geschichte der mehrfachen Bearbeitung durch unterschiedliche Medien – der

Malerei und, wie das Epitaph im Bild gezeigt hat, der dichterischen Weiterbearbeitung – um auch überregional bekannt zu werden. Eine Überlieferungstradition, wie sie für die antiken Mythen seit langem existiert, muß für die moderne Geschichte von Elisa und Nemoroso erst geschaffen werden. Hierbei scheint der Malerei eine wichtige Rolle zuzukommen.

7.4 Die Hirtengesänge: Sprechende Malerei?

Nachdem über der Betrachtung der Nymphenbilder der Abend gekommen ist (Str. 35) und die Nymphen sich gerade ins Wasser zurückbegeben wollen (Str. 36), vernehmen sie in der Nähe die Musik zweier Hirten. Diese befinden sich mit ihren Tieren auf dem Heimweg, wobei sie sich mit Gesängen die Zeit vertreiben (Str. 36-37). Ähnlich wie zuvor stellt der Sprecher die Künstler zunächst vor, bevor er ihre Kunst selbst ins Zentrum des Interesses rückt. Tirreno und Alcino sind junge Männer gleichen Alters (v. 301), deren Bildung („enseñados", v. 300) ihnen soziales Ansehen verleiht („estimados", v. 298) und deren Kunst als süß und lieblich beschrieben wird (v. 285 und 295). Auch das Kompositionsprinzip, nach dem die Hirten ihren Gesang organisieren, gibt der Sprecher bekannt: „cantando el uno y el otro respondiendo" (v. 304). Mit diesen einführenden Bemerkungen ordnet der Sprecher die Gesänge der literarischen Tradition der Hirtendichtung zu, der Leser wird gleich mehrfach auf Vergils Eklogen bzw. deren Nachahmung in Sannazaros *Arcadia* verwiesen.[63] Das Thema der Hirtengesänge ist, wie in den Nymphenbildern, die Liebe. Allerdings erzählen Tirreno und Alcino keine Geschichte, vielmehr beschreiben sie ihre Liebe zu Flérida und Filis als einen Zustand. Dieser Eindruck entsteht in erster Linie durch die strenge Ordnung des Wechselgesangs. Auf Tirrenos thematische Vorgaben – er beschreibt seine Liebe eher als freudig und hoffnungsvoll (Str. 39, 41, 43, 45) – antwortet Alcino mit einer Beschreibung seiner hoffnungslosen Liebe (Str. 40, 42, 44, 46). Dabei achtet er sorgfältig darauf, möglichst viele von Tirrenos Motiven in ihr Gegenteil zu verkehren und selbst die vorgegebenen Satzstrukturen wie Bedingungssatz oder Vergleich in den Antwortstrophen wieder aufzugreifen. Die Süße („dulce y sabrosa", v. 305) und Farbigkeit („blanca", v. 307, „flores", v. 308) von Tirrenos Liebe (Str. 39) wird mit Bitterkeit und Sehnsucht nach Dunkelheit beantwortet (Str. 40). Fléridas Zuneigung wird mit sanften Frühlingswinden verglichen (Str. 41), Filis' Wut daraufhin mit zerstörerischen Stürmen

---

[63] Vgl. die Anmerkungen und *Notas complementarias* zu den Strophen 35-38. Herrera bemerkt, daß erst mit Vers 288 die eigentliche Ekloge beginne: „Desde aqui adelante es esta egloga de pastores; porque la pintura no lo era," (H-818, S. 569-570). Gleich mehrfach erkennt er in den einführenden Bemerkungen des Sprechers Anspielungen auf die Eklogen von Vergil (H- 819, 823, 824).

(Str. 42). Fruchtbare Natur wird unfruchtbar, wenn Flérida sich abwendet (Str. 43), unfruchtbares Land wird fruchtbar, wenn Filis zurückkehrt (Str. 44). Der Lieblingsbaum Fléridas sticht alle Lieblingsbäume der Götter, Pappel, Lorbeer und Myrte, aus (Str. 45). Die Schönheit der Filis sticht die Schönheit der Esche und der Buche aus (Str. 46). Die Gefühlsäußerungen der Hirten sind, bedingt durch den Wechselgesang, Momentaufnahmen, die im Takt der Strophen abgebrochen werden und sich deshalb nicht entwickeln können oder sollen. Durch die fast ausschließliche Verwendung von Präsens- und Futurformen entsteht dabei der Eindruck von zeitloser Gültigkeit.[64] Hinzu kommt gelegentlich die Vorstellung einer räumlichen Unbegrenztheit („doquiera" in v. 359, „dondequiera" in v. 366). Auffällig ist zudem der hoch imitative Charakter des Wechselgesanges. Als wichtigsten Modelltext imitieren die Hirten die 7. Ekloge von Vergil. Auch dort treten zwei junge Arkadier (7. Ekl., v. 4), Corydon und Thyrsis, zu einem Wettgesang an, bei dem sie nach Musenanruf und Opfer an ländliche Gottheiten verschiedene Liebesmotive im Wechselgesang durchspielen. Süße wird dabei mit Bitterkeit, Sommer mit Winter, Fruchtbarkeit mit Unfruchtbarkeit beantwortet, Bäume mit anderen Bäumen. Ein genauer Vergleich ergibt, daß Tirreno und Alcino Vergils 7. Ekloge in erheblichem Umfang kopieren. Abweichungen von diesem Modelltext kommen vor, jedoch handelt es sich dabei um kürzere Nachahmungen anderer Modelltexte von Vergil, Ovid oder Sannazaro.[65] Das einzige Zugeständnis an neuzeitliche Liebesdarstellungen besteht darin, daß bei Tirreno und Alcino das Objekt des Begehrens nicht, wie in der Antike, austauschbar ist. Während Vergils Schäfer in der 7. Ekloge mehrere hetero- wie homoerotische Liebschaften besingen, setzt sich bei Tirreno und Alcino die höfisch-petrarkistische Konvention der einen und einzigen Geliebten durch. Jedoch geht es den beiden Hirten nicht um Authentizität und Glaubwürdigkeit einer individuell erlebten Liebe, sondern um die Erprobung ihrer Kunstfertigkeit in einem kombinatorischen, künstlerischen Spiel. Das Ergebnis ihrer Bemühungen, hochimitativ, formal, inhaltlich und stilistisch auf der Höhe des Modelltextes, kann zumindest in handwerklicher Hinsicht als meisterhaft bezeichnet werden. Dennoch fehlt dem Gesang der Hirten Entscheidendes. So wenig die beiden Hirten selbst ihre Liebe fühlen – sie singen nur zum Zeitvertreib (v. 294-296) und es fließt in der gesamten Hirtenszene nicht eine Träne – so wenig kann ihre Dichtung den Zuhörer oder Leser

---

[64] Die Bedingungssätze unterstreichen das zeitlos Gültige, z.B. „siempre yo te sea / amargo [...] si más que yo el murciélago desea / la escuridad" (v. 313-318), „mas todo [= die fruchtbare Natur] se convertirá en abrojos / si dello aparta Flérida sus ojos." (v. 343-344), ebenso wie die Vergleiche, z.B. „Cual suele [...] aparecer la dulce primavera, [...] en tal manera [...] reverdece mi alegria." (v. 321-328), „Pequeña es esta furia [= des Sturmwindes] comparada / a la de Filis con Alcino airada." (v. 335-336).

[65] Für eine genaue Auflistung der imitierten Textstellen vgl. die Anmerkungen und *Notas complementarias* zu den Strophen 39 bis 46.

bewegen. Horaz' *Si vis me flere* stellt für Tirreno und Alcino anscheinend kein ernstzunehmendes Ideal dar. Ihre Dichtung erhebt in keiner Weise den Anspruch, Wirklichkeit darzustellen, die Verwendung der *verba* geschieht nur mit Bezug auf vorangegangene *verba*, auf der Ebene der *res* fehlt jegliche Entsprechung. Die unverhohlene Künstlichkeit dieser Dichtung geht auf Kosten der *enargeia*. Der Leser, der den Inhalt einer Strophe vor seinem inneren Auge entstehen läßt, wird sogleich mit dem gegenteiligen Bild konfrontiert und danach in raschem Wechsel zu wieder anderen, immer gegensätzlichen Bildvorstellungen gezwungen. Die Farbigkeit und Lebendigkeit der inneren Vorstellung leidet darunter, die Bilder bleiben fragmentarisch und sind beliebig austauschbar. Trotz aller Kunstfertigkeit können die Gesänge von Tirreno und Alcino somit nicht als große Dichtkunst bezeichnet werden. Sie sind kunstvolle Gelegenheitsdichtung, spielerisches Produkt eines Augenblicks, mehr nicht. Sie sind vergnüglich zu hören („alegrando / las verdes selvas", v. 294-295), fallen aber, sobald sie verklungen sind, dem Vergessen anheim. Die Nymphen, die dem Gesang der Hirten gelauscht haben, tauchen am Ende (Str. 47) ins Wasser ein. Selbst Nise, die sich von Nemorosos Klagen bewegen und inspirieren ließ, findet hier nichts, was sich für eine bildliche Darstellung eignen würde. Der Satz des Simonides, Dichtung sei ein sprechendes Gemälde, trifft auf den Gesang von Tirreno und Alcino eindeutig nicht zu.

7.5   *Enargeia* und göttliche Proportionen: Zur Gleichwertigkeit von Malerei und Dichtung im Kreislauf der künstlerischen Überlieferung

Zwar geht es den beiden Hirten der arkadischen Welt nicht darum, sprechende Gemälde im Sinne des Simonideszitats zu erdichten. Der Sprecher der *Egloga III* jedoch, der die arkadische Welt mit ihren Nymphen und Hirten geschaffen hat, scheint eben diese Fähigkeit in besonderem Maße zu besitzen. Schon allein die umfangreiche Ekphrasis, die den Schwerpunkt seiner ‚bescheidenen Dichtung' ausmacht, erfüllt per se die Bedingung, sprechende Malerei zu sein. Die Tatsache, daß die Nymphen und ihre Bilder vom Dichter erfunden sind, verweist jedoch darauf, daß es in der Dichtung nicht um die naive Nachahmung einer realen Existenz geht, sondern darum, eine „Illusion von *Ekphrasis*" zu schaffen „in dem Bestreben, die illusionsschaffenden Kräfte der Sprache ungehinderter auszuloten".[66] Das Hervorrufen starker innerer Bilder, *Enargeia*, ist mit dem Mittel der Bildbeschreibung am leichtesten zu erreichen.[67] Im Folgenden soll jedoch gezeigt

---

[66]   Krieger: *Das Problem der Ekphrasis*, S. 49.

[67]   Wohl aus diesem Grunde wählt der weise Erzieher Severo in der *Egloga II* das Mittel der Ekphrasis für seinen Lobpreis der Fürsten von Alba. Er setzt neben der ästheti-

werden, daß der Anspruch, mit der Dichtung sprechende Gemälde zu schaffen, nicht nur auf die Bildbeschreibungen, sondern in mehrfacher Hinsicht auf die gesamte *Egloga III* zutrifft.

Innere Bilder von besonderer Lebendigkeit entstehen vor allem dort, wo der Dichter sein ‚bescheidenes' Projekt, die arkadische Welt, entwirft. Was sich zunächst einsam, schattig, grün, mit dem Murmeln eines Baches als gewöhnlicher *locus amoenus* präsentiert (Str. 8), und in ähnlicher Form unzählige literarische Vorläufer hat,[68] wird schon bald als ein Ort am Ufer des Tajo identifiziert (Str. 9, v. 66). Der Dichter imitiert also in diesen Strophen literarische Modelle und reale Natur zugleich, und es scheint gerade diese Kombination zu sein, die die arkadische Welt besonders lebendig und reizvoll erscheinen läßt.

In Nachahmung der Natur schildert der Dichter die arkadische Landschaft als einen sinnlich erfahrbaren Ort. Das üppige Grün, das die Sonne fernhält (Str. 8), das kristallklare Wasser (v. 65), dessen langsame Bewegung mit dem Auge kaum mehr wahrnehmbar scheint (v. 67-68), die Farben der Blumen (v. 72, 74) lassen den Ort vor dem inneren Auge sichtbar werden. Das Murmeln des Baches (v. 63-64), die Vögel in den Bäumen (v. 75), die Stille und das Summen der Bienen (v. 79-80) lassen ihn in akustischer Hinsicht lebendig werden. Die Kühle des Schattens (v. 72, 73, 75, 82, 86) und der sanfte Wind (v. 73) scheinen den Tastsinn, der Duft der Blumen (v. 74) den Geruchssinn anzusprechen. In Nachahmung literarischer Modelle bevölkert der Dichter diesen lieblichen Ort mit Nymphen,[69] deren Schönheit und erotische Ausstrahlung – ihr Schwimmen gleicht einem „lascivo juego" (v. 93), die weißen Füße (v. 95) und die langen Haare (v. 98) auf den schönen Rücken (v. 100) sind noch feucht vom Wasser – ebenfalls stark sinnlich wirken.

Die Schilderung der arkadischen Welt gelingt dem Dichter so, daß alle Sinne an der inneren Vorstellung beteiligt werden. Gerade diese umfassende Sinnlichkeit ist es, die die Lebendigkeit der Szene ausmacht. Vergleicht man nun die graphische Darstellung des Tajo in Nises Bild (Str. 26-27) mit der vom Dichter geschaffenen Flußdarstellung (Str. 8-13), so fällt auf, daß auch die Bildbetrachtung über ein rein visuelles Erfassen hinausgeht. Neben der akustischen Vorstellung des Flußrauschens ist es vor allem

---

schen Wirkung des Dichterwortes auf das illusionsschaffende Potential der Gattung Ekphrasis, damit seine ratsuchenden jungen Zuhörer mittels starker innerer Bilder die Verhaltensideale der Tugend und der Mäßigung verinnerlichen.

[68] Vgl. die Anmerkungen und *Notas complementarias* zu dieser und den folgenden Strophen.

[69] Zu den wichtigsten Modellen zählen Texte von Vergil und Ovid, vor allem aber das dritte Buch von Sannazaro: *De partu virginis*, wo die Flußnymphen des Jordan mit offenem Haar, losen Gewändern und halb entblößten Brüsten ihre weiblichen Reize zeigen (Bd. III, v. 281-297). Vgl. für eine genaue Aufführung der verschiedenen Modelltexte die Anmerkungen und *Notas complementarias*.

die Personifikation des Tajo, also ein Abstraktionsvorgang, der den gemalten Fluß lebendig erscheinen läßt. Das gemalte Bild wird, in gewissem Sinne, dem geschriebenen oder gesprochenen Dichterwort in seiner Wirkung gleichgestellt. Beide, Dichtung und Malerei, ahmen Natur nach, beide lösen beim jeweiligen Rezipienten lebendige Vorstellungen aus. Die Ansicht Leonardos, daß die Malerei die Sinne leichter errege als die Dichtung,[70] findet sich in der *Egloga III* nicht bestätigt.

Das zentrale Argument, mit dem Leonardo die Überlegenheit der Malerei begründet, ist aber ihre Fähigkeit, durch Naturnachahmung wahre göttliche Schönheit und Harmonie zur Darstellung zu bringen. Als Medium der Gleichzeitigkeit gelingt es der Malerei, so Leonardo, Werke zu schaffen, in denen sich die göttlichen Proportionen wiederfinden. Sie ermöglicht so die Schau der „divina belleza".[71]

Garcilasos *Egloga III* muß auch in dieser Hinsicht den Vergleich mit der Malerei nicht scheuen. Betrachtet man ihren Bau im Überblick, so fällt auf, daß sie in ihren Proportionen, wie die großen Meisterwerke der Kunst, die größtmögliche Harmonie aufweist.[72] Zum einen ist sie, wenn man die Ekphrasis als zentrale Einheit betrachtet, symmetrisch gebaut, da die 21 Strophen der Bildbeschreibung jeweils von 13 Strophen eines anderen Inhalts eingerahmt werden. Zum anderen scheint die Ekloge bewußt, auch wenn sich letzteres nicht mit vollkommener Sicherheit beweisen läßt, nach dem Prinzip des Goldenen Schnitts angelegt zu sein.[73] Dieses mathematische Prinzip, das seit der Antike bekannt ist, hat seit jeher die Mathematiker, aber auch Baumeister und Architekten, Komponisten und Maler fasziniert. Dabei handelt es sich um ein Ordnungsprinzip, das sich in der Natur in vielfältiger Weise, etwa in den Proportionen des menschlichen Körpers, aber auch in der Tier- und Pflanzenwelt[74] wiederfindet. Besonders in der Renaissance erfreute sich der Goldene Schnitt, die sogenannte *divina proportione*, großer Beliebtheit. Der Begriff der *divina proportione* geht seinerseits zurück auf den Mathematiker Luca Pacioli, an dessen gleichnahmigem Werk (1509) Leonardo da Vinci mit zahlreichen Konstruktionszeichnungen beteiligt war. Pacioli rechtfertigt die Bezeichnung *divina* mit dem Hinweis auf die Ähnlichkeiten („conuenientie"[75]) jenes mathematischen Prinzips zu

---

[70] Vgl. *Trattato della pittura* I, 26, S. 50.

[71] *Trattato della pittura* I, 23, S. 42.

[72] Vgl. hierzu den Bauplan der *Egloga III* am Ende des Kapitels, S. 223.

[73] Bei den allgemeinen Ausführungen zum Goldenen Schnitt folge ich A. Beutelspacher / B. Petri: *Der Goldene Schnitt*, Mannheim, Wien, Zürich 1988.

[74] Beutelspacher/Petri führen diverse Blüten- und Blattformen (S. 123-129) oder das spiralförmige Gehäuse der Nautilusmuschel (Abb. S. 65) als Beispiele an.

[75] Fra Luca Pacioli: *Divina Proportione. Die Lehre vom Goldenen Schnitt*, nach der venezianischen Ausgabe vom Jahre 1509 hg., übs. und erl. von C. Winterberg, Wien 1889, S. 43.

den Eigenschaften Gottes und des Universums.[76] Für Architekten und darstellende Künstler der Renaissance stellt der Goldene Schnitt somit nicht nur ein Mittel zur ästhetischen Gestaltung ihrer Werke dar,[77] sondern zugleich eine Gewähr, daß das von ihnen geschaffene Bau- oder Kunstwerk sich über das Prinzip der Ähnlichkeiten harmonisch in das System des Mikro- wie des Makrokosmos einfügt. Letztendlich bedeutet die Anwendung des Goldenen Schnitts eine metaphysische Verankerung des Kunstwerkes, ein Anspruch, der in Leonardos Schriften mehrfach Bestätigung findet.[78]

Nach der einfachsten Definition, die auf den griechischen Mathematiker Euklid (4. Jh. v. Chr.) zurückgeht, und die für die Analyse der *Egloga III* Anwendung finden soll, ist eine Strecke im Goldenen Schnitt geteilt, wenn „sich die größere Teilstrecke zur kleineren so verhält wie die Gesamtstrecke zum größeren Teil."[79] Überträgt man dieses Prinzip auf den Eklogentext, so teilt er sich nach dem Goldenen Schnitt bei einer Gesamtlänge von 47 Strophen in die Teile 1 bis 29 und 30 bis 47.[80] Das Motiv der toten Nymphe, Garcilasos Elisa, nimmt also innerhalb des Gesamttextes jene bevorzugte Position ein, die sonst in der Renaissancemalerei dem zentralen Bildmotiv zukommt.[81] Darüber hinaus scheint der Bau der Ekloge auch noch nach einem weiteren mathematischen Schema angelegt zu sein, das

---

[76] Pacioli: *Divina Proportione*, Teil 1, Cap. V (Del condecente titulo del presente tractato), S. 43-44: Pacioli argumentiert, daß die göttliche Proportion einzig und damit der göttlichen Einheit ähnlich sei, daß die göttliche Proportion immer von drei Parametern abhängig sei und darin der Dreifaltigkeit gleiche, daß sie nicht durch eine natürliche Zahl ausgedrückt werden könne ebenso wie Gott nicht durch Worte, daß sie in jeder kontinuierlichen Größe sich wiederfinde, ebenso wie Gott Alles in Allem sei, daß sie ihr formales Dasein auf das Universum, den Himmel und die vier Elemente, danach auf alle abhängigen, unregelmäßigen Formen übertrage, ähnlich wie die göttliche Tugend über die vier Elemente auf alle Teile der Natur.

[77] Beutelspacher/Petri führen einige Bauwerke und Kunstwerke der Renaissance auf, bei denen man annimmt, daß sie nach der Regel des Goldenen Schnitts gestaltet sind. Vgl. *Der Goldene Schnitt*, S. 138-141 und 147-155.

[78] Vgl. die zusammenfassende Darstellung in Kap. 7.2 dieser Arbeit, sowie weitere Äußerungen Leonardos, wo er dem Maler gottgleiche Schöpferkraft zuschreibt: „Adonque rettamente la [= die Malerei] chiameremo nipote d'essa natura et *parente d'Iddio*." (I, 12, S. 18, Hervorhebung von mir) „Se'l pittore vol vedere bellezze, che lo innamorino, egli n'è signore di generarle, et se vol vedere cose mostruose [...] *ei n'è signore e Dio* [...] et in effetto, ciò, ch'è nell uniuerso per essentia, presentia o'immaginatione, esso lo ha prima nella mente, e poi nelle mani; e quelle sono di tanta eccellentia, che in pari tempi *generano una proportionata armonia* in un' solo sguardo, *qual' fanno le cose*." (I, 13, S. 18, Hervorhebungen von mir).

[79] Beutelspacher/Petri: *Der Goldene Schnitt*, S. 15.

[80] Das Verhältnis zwischen Gesamtlänge und größerem Teil (47:29) entspricht dem Verhältnis zwischen größerem und kleinerem Teil (29:18), es beträgt jeweils 1,6.

[81] Vgl. die Abbildungen einiger Renaissancekunstwerke in Beutelspacher/Petri: *Der Goldene Schnitt*, S. 148-154, an denen das Ordnungsprinzip des Goldenen Schnitts durch Hilfslinien sichtbar gemacht wird.

mit dem Goldenen Schnitt im Zusammenhang steht: dem der sogenannten Fibonaccizahlen. Es handelt sich dabei um die Zahlenfolge 1-1-2-3-5-8-13-21 etc., die der Mathematiker Leonardo von Pisa, Sohn des Bonacci (= Fibonacci) 1202 erstmals bekannt gemacht hatte, und mit der die Renaissancekünstler bei ihrer Beschäftigung mit dem Goldenen Schnitt natürlich vertraut waren. In der *Egloga III* finden sich die Fibonaccizahlen im Verhältnis zwischen Kunstwerk und Entstehungsrahmen wieder. Die 21 Strophen der Bildbeschreibung stehen zu den 13 Strophen der Einleitung im gleichen Verhältnis wie die 8 Strophen der Hirtengesänge zu den 5 Strophen (Str. 35-38 und 47) der arkadischen Welt, in der sie entstehen.[82]

Die *Egloga III*, zugleich symmetrisch und nach den Regeln des Goldenen Schnitts angelegt, weist also nach damaligen Vorstellungen eine unübertreffliche Harmonie auf, wie sie den berühmtesten Meisterwerken der Malerei zu eigen war.[83] Leonardos Anspruch, daß nur die Malerei, nicht aber die Dichtung in der Lage sei, solches zu leisten, ist damit widerlegt. Natürlich bleibt der Nachweis dieser *proportionalità* im Text ein reines Zahlenspiel. Es handelt sich um ein kompositorisches Prinzip, das zu erkennen unter „normalen" Rezeptionsbedingungen nicht möglich ist, da dies einen Überblick über die Gesamtanlage des Textes, und damit strenge Gleichzeitigkeit der Betrachtung erfordert. So entsteht für den Hörer bzw. Leser bei einer ersten Lektüre allenfalls der vage Eindruck einer ausgewogenen Gesamtkomposition, die nicht nur wegen ihres Inhalts, sondern auch in ästhetischer Hinsicht harmonisch wirkt. Gleiches läßt sich jedoch auch von der Malerei behaupten. Der normale Betrachter wird nicht als erstes das mathematische Verhältnis der Einzelteile zum Ganzen berechnen, selbst wenn ihm zur damaligen Zeit das Prinzip des Goldenen Schnitts vertraut gewesen sein mag. Vielmehr läßt er den Blick über das Bild wandern – die Beschreibungen der Nymphenbilder machen den Verlauf und damit die Zeitlichkeit des jeweiligen Betrachtungsvorganges ausreichend deutlich – und er empfindet ein Gemälde dann als schön, wenn das Bild ihn inhaltlich anspricht und insgesamt harmonisch auf ihn wirkt. Folglich ist ein Gedicht auch hinsichtlich seiner *proportionalità* einem Gemälde nicht unähnlich.

Auf den ersten Blick scheint der *divina proportione* in der *Egloga III* hauptsächlich ästhetische Funktion zuzukommen. Daneben kann ihr, ähnlich wie in der Malerei, auch deutende Funktion zugeschrieben werden. So wie oftmals in Gemälden durch die Verwendung des Goldenen Schnitts ein bedeutungsvolles Bildmotiv und damit der intendierte Sinn des Werkes

---

[82] Bildbeschreibung zu Einleitung stehen im Verhältnis 21:13, Hirtendichtung zu Hirtenwelt im Verhältnis 8:5, das Verhältnis beträgt also ebenfalls wieder 1,6.

[83] Als Beispiele lassen sich Raffaels „Galatea" oder seine „Sixtinische Madonna", Leonardos „Mona Lisa" und Dürers „Münchner Selbstbildnis" anführen, die alle symmetrisch und nach den Regeln des Goldenen Schnitts angelegt sind. Vgl. Beutelspacher/Petri: *Der Goldene Schnitt*, Abb. 10.16 - 10.19, S. 150-154.

hervorgehoben wird,[84] so wird auch in der Ekloge zum einen der Tod der Nymphe, zum anderen das Verhältnis von Kunstwerk und Entstehungsrahmen dem Leser besonders nahegebracht. Schwieriger wird es, wenn mit der Proportionalität der Anspruch einhergeht, daß das Kunstwerk in einer Ähnlichkeitsrelation mit dem Kosmos verbunden und mit dem Göttlichen verwandt sei. Was Leonardo dem Maler explizit zuschreibt, eine gottähnliche Schöpferkraft, müßte auf den Dichter übertragen konsequenterweise so aussehen, daß der Dichter Schöpfer imaginärer Welten sei, die in einer Ähnlichkeitsrelation zum Kosmos stünden. Letztendlich müßte dann die Vorstellung der schönen inneren Bilder zu einer Vorstellung der *divina belleza* führen. Ein solcher Anspruch findet sich in der *Egloga III* an keiner Stelle. Im Laufe seiner Bescheidenheitsbekundungen (Str. 5-7) schreibt der Dichter seine einfache Dichtung zwar seiner Erfindergabe zu ("puro ingenio", v. 46). Er beansprucht dabei jedoch weder gottähnliche Schöpferkraft für sich, noch eine Ähnlichkeitsbeziehung zum Kosmos für die von ihm erdichtete Welt. Sein Anspruch reicht lediglich so weit, daß die von ihm geschaffene Dichtung es wert sei, von der Angesprochenen, der "ilustre y hermosísima María" (v. 2) gehört zu werden. Dichtung präsentiert sich folglich als ein intersubjektiver Vorgang von Kreation und Rezeption, ein Kommunikationsprozeß ohne weitergehenden metaphysischen Anspruch. Gleiches läßt sich auch von Nises Bild behaupten, wo dem Aspekt der Kreation und Rezeption zwei ganze Strophen (Str. 32-33) gewidmet sind, ohne daß dabei eine göttliche Dimension des Kunstschaffens erkennbar würde.

7.6 *Imitatio naturae* und die Entstehung von Kunst

Zusammenfassend läßt sich sagen, daß in der *Egloga III* die Entstehungs- und Rezeptionsbedingungen von Dichtung und Kunst reflektiert werden und daß dabei die beiden Künste als weitgehend vergleichbar angesehen werden.

Im Entstehungsprozeß kommt der Imitatio die entscheidende Rolle zu, wobei grundsätzlich zwischen zwei Imitatioverfahren unterschieden werden muß. Imitatio als Nachahmung von Dichtung hat die Funktion, beiden Künsten interessante Stoffe zu liefern. Im Fall der Dichtung, dies haben die Schäfergesänge in der *Egloga III* gezeigt, kommt den imitierten Texten auch noch eine ästhetische Vorbildfunktion zu.

Insgesamt scheint jedoch, zumindest bei der Entstehung großer Kunstwerke, der Nachahmung von Natur ein wesentlich größeres Gewicht zu-

---

[84] Beutelspacher/Petri weisen z.B. auf den Apfel in der Hand von Adam (*Der Goldenen Schnitt*, Abb. 10.15, S. 149), die Stirnlocke der Göttin (Abb. 10.16, S. 150), die Trennlinie zwischen Unter- und Oberkörper der Madonna (Abb. 10.17, S. 151) hin.

zukommen. Diese versteht sich in Anlehnung an die aristotelische Mimesis in erster Linie als Nachahmung menschlichen Handelns. Ihre Funktion ist die Gestaltung der literarischen Stoffe nach den Regeln der Wahrscheinlichkeit. Darüber hinaus kann Naturnachahmung auch bedeuten, daß man der Darstellung einer realen Landschaft den Vorzug gibt vor den literarisch tradierten mythischen oder arkadischen Landschaften. In der *Egloga III* geschieht dies bei der dichterischen und bildlichen Darstellung des Tajo. Schließlich erstreckt sich der Begriff der Naturnachahmung auch noch auf den gesamten Bereich der ästhetischen Gestaltung insofern, als das Dargestellte möglichst harmonisch erscheinen soll. Hier spielt die Gesamtkonzeption des Kunstwerkes in Anlehnung an natürliche („göttliche") Proportionen eine wesentliche Rolle. Um die größtmögliche Natürlichkeit des Kunstwerkes zu erzielen, kommen außerdem illusionsschaffende Verfahren zum Einsatz, *enargeia* in der Dichtung, *chiaroscuro* und Perspektive in der Malerei, die das Dargestellte lebendig, beinahe real erscheinen lassen. Schließlich verbietet das Ideal der Natürlichkeit eine allzu enge Literaturnachahmung, wie das Beispiel der Hirtengesänge und der ersten drei Nymphenbilder gezeigt hat. Im Verhältnis zwischen den beiden Imitatiokonzeptionen scheint der Vorrang eher der *imitatio naturae* zuzukommen.

Künstlerisches Schaffen wird aber in der *Egloga III* nicht mehr als reiner Nachahmungsprozeß verstanden. Vielmehr ist der Text geprägt von dem Bewußtsein, daß künstlerische Nachahmung immer zugleich einen Deutungsprozeß darstellt. Da vollkommen detailgetreue Abbildungen nicht möglich sind, stehen Maler wie Dichter bei der Kreation eines Kunstwerks grundsätzlich vor der Notwendigkeit, auszuwählen. Selektion wird zum Schlüsselbegriff des künstlerischen Schaffens. Aus natürlich gegebenen wie aus literarisch tradierten Sinnsystemen, seien dies Landschaften oder menschliche Schicksale, wird jeweils das herausgegriffen, was bedeutungsvoll erscheint. Durch Neuanordnung, Gewichtung und ästhetische Gestaltung läßt der Kunstschaffende seine persönliche Deutung des Vorgefundenen Gestalt annehmen. Ein weiteres Element, das bei dieser deutenden Nachahmung eine wesentliche Rolle spielt, ist der enge affektive Bezug zum dargestellten Gegenstand. Die emotionale Betroffenheit, ob Heimatliebe oder mitfühlende Trauer, des Künstlers, seine Fähigkeit, sich in die von ihm gestaltete Szene hineinzuversetzen und sie zu erleben, ist eine Grundvoraussetzung, wenn das Kunstwerk gelingen soll.

Größtmögliche Natürlichkeit, subjektive Betroffenheit und ein selbstbewußtes, deutendes Verfügen über das in der Natur und in der Literatur Vorgefundene sind somit in der *Egloga III* die Voraussetzungen für das Entstehen großer Kunst, und man kann bei aller Vorsicht annehmen, daß Garcilaso seine eigene späte Lyrik an diesen Maßstäben mißt.

Ein Meisterwerk, das unter diesen Voraussetzungen entsteht, wird auf der anderen Seite auch den Rezipienten mehr als nur einen Augenblick fesseln, und dem Aspekt der Kunst- und Literaturbetrachtung kommt in der *Egloga III* ebensoviel Bedeutung zu wie dem künstlerischen Schaffensprozeß selbst. Kunstbetrachtung wird dabei als ein mehr oder weniger komplexer, aktiver Rezeptionsvorgang gesehen. Grundsätzlich greift der Rezipient, wie zuvor der Künstler, auf vorhandene Sinnsysteme zurück, um ein Kunstwerk zu verstehen und einzuordnen. Die ersten drei Nymphenbilder und die Hirtengesänge, die großes handwerkliches Können bei der Nachahmung literarischer Modelle verraten, die aber gegen das Natürlichkeitsideal verstoßen und ohne emotionale Beteiligung des Künstlers entstehen, sind deshalb nicht nur ästhetisch reizvoll. Sie lösen außerdem beim Rezipienten eine Flut literarischer Assoziationen aus. Allerdings vermögen sie den Rezipienten nur kurz zu interessieren.

Je nach Art des Kunstwerks stellt sich der Rezeptionsvorgang in der *Egloga III* aber auch als ein kreativer Prozeß dar. Über das Erkennen und Einordnen hinaus leistet der Rezipient in seiner Vorstellung eine individuelle Erweiterung und Verlebendigung des Dargestellten. Dies scheint vor allem dort zu gelingen, wo der affektiven Betroffenheit des Künstlers eine ebensolche innere Bewegung des Rezipienten entspricht, wo beispielsweise der Bildbetrachter Tajo und Toledo als seine vertraute Heimat wiedererkennt oder die lauschende Nymphe sich von Nemorosos tragischer Liebesgeschichte zu Tränen rühren läßt. Jener kreative Prozeß der Verlebendigung scheint wiederum die beste Voraussetzung für das Entstehen neuer großer Kunstwerke zu sein, denn sowohl der Bildbetrachter als auch die lauschende Nymphe setzen das Kunsterlebnis ihrerseits wieder in Kunst um.

Kunstrezeption und künstlerisches Schaffen wären demnach nur zwei Manifestationsformen eines Prozesses. Jeder Künstler, ob Dichter oder Maler, wäre zunächst Kunstbetrachter, jeder Kunst- oder Textbetrachter wäre dank seiner Vorstellungskraft mehr oder weniger stark ein Künstler. Kunst und Dichtung in der Renaissance sind somit in einen endlosen Kreislauf aus Rezeption und deutender Neuschöpfung eingebunden.

Einzig der Klage des Nemoroso scheint in diesem Kreislauf der Kunst eine Sonderstellung zuzukommen. Ihr Inhalt, die Geschichte einer Liebe, die tragisch endet, weil die Geliebte bei der Geburt ihres Kindes stirbt, ist nicht literarisch vorgegeben, sondern dem persönlichen Erfahrungsbereich des Klagenden entnommen.

Der Eklogentext scheint hier die Frage nach dem Beginn des künstlerischen Kreislaufs, nach dem Ursprung aller Kunst zu stellen, und er liefert zugleich eine Antwort: Es ist die Natur, es ist menschliches Handeln, das den Ausgangspunkt bildet und der Kunst vorausgeht. Das persönliche Erleben, Liebe und Verlust der Geliebten, muß von Nemoroso aber zunächst verbalisiert werden, bevor es in den Kreislauf der künstlerischen Überlieferungen eintreten kann. Erst dort erweisen sich Dichtung und

Malerei dann als gleichwertig, beide schaffen mit ihren Mitteln große Kunstwerke. Auf Leonardos Behauptung von der grundsätzlichen Überlegenheit der Malerei scheint die *Egloga III*, jedoch ohne daß daraus ein metaphysischer Anspruch ableitbar wäre, in Anlehnung an die Bibel antworten zu wollen: Im Anfang aller Kunst war das Wort.

Bau der Egloga III:

1	
2	
3 Alltagswelt, Ankündigung zweier Dichtungsprojekte	
4	
5	
6	
7 Übergang: das bescheidene arkadische Projekt	**13**
8	
9	
10	
11 Fiktionale Welt der Nymphen	
12	
13	

14 Beginn der Ekphrasis: die Nymphenbilder	
15	
16 Orpheus und Eurydike	
17	
<u>18</u>	
19 Apoll und Daphne	
20	
<u>21</u>	
22 Venus und Adonis	
23	
<u>24</u>	**21**
25 Elisa und Nemoroso	
26	
27	
28	
29	
30	
31	
32	
<u>33</u>	
34 Ende der Ekphrasis	

35	
36 Fiktionale Welt: Auftreten der Hirten	
37	
38	
39	
40	
41	**13**
42 Wechselgesang der Hirten	
43	
44	
45	
46	
47 Fiktionale Welt: Abtauchen der Nymphen	

8 Nachwort

Im Rückblick kann das Vorhaben, den imitativen Praktiken in Garcilasos Werk nachzuspüren, als sehr lohnend bezeichnet werden. Dank der umfangreichen Quellenforschung, die seit den frühen Kommentatoren mit Engagement und detektivischem Spürsinn betrieben wurde, ist man heute in der Lage, das komplexe Wechselspiel der Renaissancediskurse in Garcilasos Werk sehr genau nachzuvollziehen und zu analysieren. Zusammenfassend lassen sich im Verlauf der Untersuchung zwei zentrale Tendenzen beschreiben.

In den früheren, meist kürzeren Dichtungen Garcilasos geht es wesentlich um die Darstellung von Liebe und Liebesleid. Das Werk Garcilasos hat jedoch, anders als das Petrarcas, nicht Zykluscharakter. Das heißt, den Gedichten liegt kein kohärentes narratives Substrat, keine zusammenhängende Liebes- oder Lebensgeschichte zugrunde. Der Eindruck von erlebter Innerlichkeit, der sich in den Darstellungen heftiger, qualvoller Liebe eigentlich automatisch einstellt, bleibt daher punktuell, auf das einzelne Gedicht und die dort geschilderte Liebessituation beschränkt. Mehr noch, hinter dem Ausdruck von Liebe und Leid verbirgt sich in den meisten Fällen eine distanziert kritische, oft ironische Grundhaltung. Fehlende Kohärenz und kritische Distanz, diese Eigenschaften der garcilasianischen Lyrik, werden jedoch erst durch die genaue Betrachtung der imitativen Bezüge in ihrer ganzen Breite erkennbar. Meist geht die Nachahmung einer literarischen Quelle bei Garcilaso mit einer Modifikation des ursprünglichen Sinnzusammenhangs einher. Dieser wird mal unterboten, mal übertroffen, mal konsequent durchgespielt bis zur Lächerlichkeit. Meistens wird sogar innerhalb weniger Verse auf mehrere Texte verschiedener Autoren angespielt. Auf den ersten Blick fügen sich diese Nachahmungen zwar zu eindringlichen Schilderungen von Liebe und Leid zusammen. Berücksichtigt man aber die Herkunft der zitierten Textstellen, die Sinnzusammenhänge, in denen sie ursprünglich standen, so stellt man häufig fest, daß der erste Leseeindruck nicht mehr haltbar ist. Wenn beispielsweise die grausame Verweigerung der Dame, je nachdem, ob man dem petrarkistischen oder dem antiken Quellentext folgen möchte, durch ihre Tugend oder durch ihre Untreue motiviert ist, oder wenn als Grund für die Gewissensqualen des Mannes sein allzu heftiges Begehren, vielleicht aber auch ein tatsächlich vollzogener Liebesakt in Frage kommt, so wird an Stelle des Liebesleids vor allem eines sichtbar: die Verfügbarkeit unterschiedlicher Rollenmodelle und, im Nebeneinander, deren Konventionalität. Was bleibt, wenn man die Annahme erlebter Innerlichkeit grundsätzlich mit einem Fragezeichen versehen muß, ist ein komplexes intertextuelles Spiel,

in dem Sprechweisen, rhetorische Verfahren, unterschiedliche Liebesvorstellungen, Liebesgeschichten, Wertungen und Attitüden übernommen,
durchgespielt, gegeneinander ausgespielt und modifiziert werden können.
Zwar bleiben im dichterischen Spiel zwei Parameter konstant, die aus der
antiken wie aus der höfisch-petrarkistischen Dichtung überliefert sind: die
Identität des lyrischen Ich als Liebender und als Dichter. Dessen Verhältnis
zur Frau, zum dichterischen Sprechen, zur Welt ist aber offensichtlich so in
Bewegung geraten, daß weder ein einzelnes Rollenmodell noch die Gesamtheit der zur Verfügung stehenden Muster zu einer kohärenten Identitätskonstitution geeignet erscheinen. Ich möchte diese Texte deshalb in
erster Linie als spielerisch-experimentelle Texte charakterisieren.

Etwas anders liegt der Fall in den späteren Dichtungen wie der *Ode ad
florem Gnidi* und vor allem den Eklogen, die häufig auch als die vollkom-
mensten Dichtungen Garcilasos bezeichnet werden. Zwar haben die oben
geschilderten Beobachtungen auch in diesen hoch imitativen Texten weiterhin Gültigkeit. Auch hier werden ständig literarische Modelle zusam-
mengebracht, die sich gegenseitig unterlaufen, relativieren, ironisieren,
modifizieren. Als Beispiele mögen der klagende Schäfer Salicio, petrarkistischer Liebender und Polyphem (*Egl. I*), sowie die keusche Camila, Nymphe der Diana und blutrünstige Amazone (*Egl. II*), genügen. Darüber hinaus scheinen die antiken Gattungen, vor allem die Ekloge, dem Dichter
jedoch einen geeigneten Rahmen zur Darstellung realer affektiver und
gesellschaftlicher Erfahrungen zu bieten. Begünstigt wird dies einerseits
durch den traditionellen Verweischarakter der Ekloge, andererseits formal
durch die schon in der Antike vorgegebene Vervielfältigung der Sprecherrollen. Beides findet sich bei Garcilaso wieder, denn Hinweise auf die le-
benweltliche Realität des Autors sind in der Ode wie in den Eklogen enthalten, und auch die Rollenstruktur ist im Spätwerk Garcilasos deutlich
komplexer als in den früheren Werken. In der Ode ist das Dichter-Ich nicht
mehr zugleich liebendes Ich, in den Eklogen vervielfältigt sich schließlich
die Zahl der von der Liebe Betroffenen, letztendlich sogar der Dichtenden.
Was aber in den frühen spielerisch-experimentellen Dichtungen Garcilasos
nicht gelingt, die Konstitution einer kohärenten Identität als Liebender und
Dichter, das läßt sich meines Erachtens im Spätwerk gerade aus der Vielzahl und Komplexität der Sprecherrollen und Handlungsmuster und gerade bei fehlendem Ich-Bezug zumindest andeutungsweise erschließen.
    So ergibt sich aus der Gesamtheit der im Spätwerk geschilderten Lie-
besschicksale ein Bild von der Liebe, das sich mit keiner der imitierten
Liebesdarstellungen ganz verrechnen läßt. Natürlich bedeutet Liebe für
den Mann in erster Linie ganz traditionell frustriertes Begehren und Leid,
wie dies etwa der Freund des Dichters, Mario Galeota in der Ode, Salicio in
der *Egloga I* sowie Albanio in der *Egloga II* demonstrieren. Zugleich, und

dies ist ebenfalls nichts Neues, ist die Liebeserfahrung eng verknüpft mit dem Problem der Selbstbeherrschung, der Triebunterdrückung, der Beachtung gesellschaftlicher Normen und Verhaltensideale. Einigen Figuren in den Eklogen, etwa den Hirten Salicio und Nemoroso oder dem jungen Fürsten Don Fernando (*Egl. II*) scheint dieses Ringen um Selbstkontrolle zumindest einigermaßen zu gelingen. Daneben gibt es aber auch Fälle des Scheiterns, und hier kommt eine verborgene Seite des Liebenden zum Vorschein, die sich hinter der zivilisierten Oberfläche verbirgt. Der Kontrollverlust des Liebenden kann sich als Verlust männlicher Tugenden (*Ode*), ja als vollständiger und zugleich lächerlicher Identitäts- und Orientierungsverlust (*Egl. II*) äußern, er kann schließlich sogar in brutale Aggressivität und Rachsucht (*Egl. I*) umschlagen. Jedenfalls scheint im Spätwerk Garcilasos das Ringen um Selbstbeherrschung, vor allem aber das Wissen um die dunklen, unterdrückten Seiten der männlichen Natur ein wesentliches Element der männlichen Identität darzustellen.

Darüber hinaus kann Liebe für den Mann nach dem Muster der antiken Literatur auch erfüllte Liebe sein. Doch diese Liebe wird im Spätwerk Garcilasos als überaus problematisch erfahren, da sie, wie das Beispiel der Elisa (*Egl. I* und *III*) zeigt, tragische Konsequenzen haben kann. Hier – und dies betrachte ich als eine grundsätzlich neue Facette der männlichen Identität – gerät die Verantwortung des Liebenden nicht nur für sich selbst, sondern zugleich für die geliebte Frau, in den Blick.

Doch damit ist die Komplexität des sich neu abzeichnenden Geschlechterverhältnisses noch nicht ausreichend beschrieben, denn in der *Egloga I* deutet sich an, daß auch der Frau in zunehmendem Maße die Rolle eines verantwortlich handelnden Subjekts zugewiesen wird. In der *Egloga II* wird der Dianajüngerin Camila sogar klar eine eigene Perspektive als Grundlage für ihr Handeln zugestanden, wenn sie sich Ovids Nymphe Callisto zum Vorbild wählt. Grundsätzlich scheinen der Frau, ähnlich wie dem Mann, unterschiedliche Rollenmuster für die Gestaltung des eigenen Lebens und der Partnerbeziehung zur Verfügung zu stehen, deren Tauglichkeit jedoch oftmals ähnlich fragwürdig wie die der männlichen Rollenmuster erscheint. Die Tatsache aber, daß die Frau überhaupt für ihr Leben und die Partnerbeziehung Verantwortung übernimmt (*Egl. II, Ode*), zeigt, daß sie in der Ordnung der Welt allmählich ihren Platz an der Seite des Mannes einzunehmen beginnt. Diese sich abzeichnende selbstbestimmte Rolle der Frau ist ein sehr modernes Element im Spätwerk Garcilasos, das beweist, daß bei Garcilaso männliche Identität neu und unkonventionell gedacht wird.

Schließlich erlaubt das Spätwerk Garcilasos aber auch Einblicke in das Selbstverständnis des Dichters und in sein Verhältnis zur Welt. Pluralität bestimmt auch hier den ersten Leseeindruck, denn in der Ode und den Eklogen sind beinahe alle Sprechenden zugleich Dichter. Als Schäfer (*Egl. I,*

II, III) besingen sie, mehr oder weniger kunstvoll imitierend, ihr Liebesschicksal. Andere (*Egl. II*) berichten von überwundenen Liebesqualen und ihrem Weg zur inneren Stabilität. Im lebensweltlichen Kontext ist es Aufgabe des Dichters, den Ruhm herausragender Persönlichkeiten zu mehren (*Egl. II, III*) sowie Muße und Zerstreuung der Adelsgesellschaft zu gewährleisten (*Egl. I*). Des weiteren ist der Dichter in der Lage, durch sein dichterisches Wort das Handeln derjenigen, die es vernehmen, zu beeinflussen. Dies zeigt sich explizit in der *Ode ad florem Gnidi*, wo die Angebetete eines Freundes zu einer Verhaltensänderung bewegt werden soll. Ein sehr differenziertes Bild von der Rolle des Dichters zeichnet sich in der *Egloga II* mit der Rolle des Severo ab. Abhängig von der weltlichen Macht übt der Dichter zugleich selbst als Erzieher und Berater Macht aus, wobei sein Erfolg vor allem davon abzuhängen scheint, daß er für den gewünschten Zweck die jeweils geeigneten Mittel einsetzt. Als wesentliches Merkmal der dichterischen Identität ist deshalb im Spätwerk Garcilasos die überlegene kommunikative Kompetenz des Dichters anzusehen. Schließlich kommt in der *Egloga III* dem Dichter im Bereich der Künste eine Schlüsselrolle zu, denn er allein kann menschliche Erfahrung verbalisieren und sie als etwas Neues in den ewig imitierenden Kreislauf der Künste einfügen. In Garcilasos Spätwerk wird dem Dichter, der sich in der Renaissance sonst meist als nachahmender, allenfalls als überbietender Dichter versteht, ein zentraler Wesenszug zugeschrieben. Er ist Schöpfer und steht mit seinem Schaffen am Ursprung aller Kunst.

Literaturverzeichnis

Textausgabe

GARCILASO DE LA VEGA: *Obra poética y textos en prosa*, edición, prólogo y notas de Bienvenido Morros, con un estudio preliminar de Rafael Lapesa, Barcelona 1995 (Crítica).

Sekundärliteratur

ALEMANY Y SELFA, Bernardo: *Vocabulario de las obras de Don Luis de Góngora y Argote*, Madrid 1930.

ALONSO, Martín: *Enciclopedia del idioma. Diccionario histórico y moderno de la lengua española (siglos XII al XX) etimológico, tecnológico, regional e hispanoamericano*, Madrid 1968.

ALPERS, Paul: *What is Pastoral?*, Chicago und London 1996.

ARIOSTO, Ludovico: *Orlando furioso*, 2 vol., introduzione, note e commenti di M. Turchi, con un saggio di E. Sanguineti, Milano ¹⁴1994 (Garzanti Editore).

AZAR, Inés: *Discurso retórico y mundo pastoral en la „Égloga Segunda" de Garcilaso*, Amsterdam 1981.

BARNARD, Mary E.: „The Grotesque and the Courtly in Garcilaso's Apollo and Daphne", in: *Romanic Review* 72 (1981), S. 253-273.

----- : „Garcilaso's Poetics of Subversion and the Orpheus Tapestry", in: *PMLA* 102 (1987), S. 316-325.

BARRIAULT, Anne B.: *Spalliera Paintings of Renaissance Tuscany, Fables of Poets for Patrician Homes*, University Park, Pennsylvania 1994.

BEUTELSPACHER, A. und PETRI, B.: *Der Goldene Schnitt*, Mannheim, Wien und Zürich 1988.

BOASE, Roger: „*Rabia de amor*: Garcilaso's Critique of the Late-Fifteenth-Century Cult of Amorous Despair", in: *Golden Age Spanish Literature, Studies in Honour of John Varey by his Colleagues and Pupils*, hg. von Ch. Davis and A. Deyermond, London 1991, S. 49-62.

BOSCÀN, Juan: *Obras poéticas de Juan Boscán*, hg. von M. de Riquer, A. Comas und J. Molas, Barcelona 1957 (Biblioteca de Autores Barceloneses).

BURCKHARDT, Jakob: *Die Kultur der Renaissance in Italien. Ein Versuch.* Neudruck der Urausgabe, hg. von K. Hoffmann, Stuttgart 1985.

CASTIGLIONE, Baldassar: *El Cortesano*, traducción de Juan Boscán, hg. von M. Menendez y Pelayo, Madrid 1942.

COSTA LIMA, Luiz: „Die Kontrolle des Imaginären", in: ders.: *Die Kontrolle des Imaginären: Vernunft und Imagination in der Moderne*, Übs. von A. Biermann, Frankfurt/M. 1990, S. 15-94.

CRUZ, Anne J.: *Imitación y transformación: El petrarquismo en la poesía de Boscán y Garcilaso de la Vega*, Amsterdam u. a. 1988.

----- : „Self-fashioning in Spain: Garcilaso de la Vega", in: *Romanic Review* 83, 4 (1992), S. 517-538.

CUERVO, Rufino (Hg.): *Diccionario de construcción y régimen de la lengua castellana*, Santafé de Bogotá 1953.

DUBY, Georges: „Das höfische Modell", in: *Geschichte der Frauen*, hg. von G. Duby und M. Perrot, Frankfurt/M. 1993, Bd. II, S. 265-282.

FERNANDEZ-MORERA, Dario: *The Lyre and the Oaten Flute: Garcilaso and the Pastoral*, London 1982.

FOWLER, D. P.: „Narrate and Describe: the Problem of Ekphrasis", in: *Journal of Roman Studies* 81 (1991), S. 25-35.

FREUD, Sigmund: *Der Witz*, Frankfurt/M. und Hamburg 1958.

FRIEDRICH, Hugo: *Epochen der italienischen Lyrik*, Frankfurt/M. 1964.

FUSENING, Thomas: *Liebe, Laster und Gelächter: komödienhafte Bilder in der italienischen Malerei im ersten Drittel des 16. Jahrhunderts*, Bonn 1997.

GEORGEN, Helga T.: „Die Kopfjägerin Judith - Männerphantasie oder Emanzipationsmodell?", in: *FrauenKunstGeschichte. Zur Korrektur des herrschenden Blicks*, hg. von C. Bischoff u.a., Giessen 1984, S. 111-124.

GONZALEZ MIGUEL, J.-Graciliano: *Presencia napolitana en el siglo de oro español, Luigi Tansillo (1510-1568)*, Salamanca 1979.

GRAF, E. C.: „Forcing the Poetic Voice: Garcilaso de la Vega's Sonnet XXIX as a Deconstruction of the Idea of Harmony", in: *MLN* 109 (1994), S. 163-185.

GREENBLATT, Stephen: *Renaissance Self-Fashioning. From More to Shakespeare*, Chicago und London 1980.

GREENE, Thomas M.: *The Light in Troy: Imitation and Discovery in Renaissance Poetry*, New Haven and London 1982.

GUMBRECHT, Hans U.: *Eine Geschichte der spanischen Literatur*, Frankfurt/M. 1990.

HEFFERNAN, James A. W.: „Ekphrasis and Representation", in: *New Literary History* 22 (1991), S. 297-316.

----- : *Museum of words: the poetics of ekphrasis from Homer to Ashbery*, Chicago und London 1993.

HEIPLE, Daniel L.: *Garcilaso de la Vega and the Italian Renaissance*, University Park, Pennsylvania 1994.

HELD, Jutta: „Die ‚Weibermacht' in Bildern der Kunst von der frühen Neuzeit bis zum Beginn des 20. Jahrhunderts", in: *tendenzen* 152 (1985), S. 45-56.

HEMPFER, Klaus W.: „Die Pluralität des erotischen Diskurses in der europäischen Lyrik des 16. und 17. Jahrhunderts (Ariost, Ronsard, Shakespeare, Opitz)", in: *GRM* 69 (1988), S. 251-264.

----- : „Intertextualität, Systemreferenz und Strukturwandel: die Pluralisierung des erotischen Diskurses in der italienischen und französischen Renaissancelyrik (Ariost, Bembo, Du Bellay, Ronsard)", in: *Modelle des literarischen Strukturwandels*, hg. von M. Titzmann, Tübingen 1991, S. 7-43.

----- : „Probleme traditioneller Bestimmungen des Renaissancebegriffs und die epistemologische ‚Wende'", in: ders. (Hg.): *Renaissance: Diskursstrukturen und epistemologische Voraussetzungen*, Stuttgart 1993, S. 9-45.

HISTORIA DE ESPANA, dir. por Ramón Menendez Pidal, tomo XVII: *La España de los reyes católicos (1474-1516)*, vol. II, Madrid 1969.

HOLLÄNDER, Hans: „Literatur, Malerei und Graphik. Wechselwirkungen, Funktionen und Konkurrenzen", in: *Literatur intermedial: Musik - Malerei - Photographie - Film*, hg. von P. V. Zima, Darmstadt 1995, S. 129-179.

HORATIUS FLACCUS QUINTUS: *Sämtliche Gedichte*, Lateinisch/Deutsch, hg. von B. Kytzler, Stuttgart 1992 (Reclam).

HUCHET, Jean-Charles: *L'Amour discourtois. La „Fin' Amors" chez les premiers trouba-dours*, Toulouse 1987.

ISER, Wolfgang: „Renaissancebukolik als Paradigma literarischer Fiktionalität", in: ders.: *Das Fiktive und das Imaginäre: Perspektiven literarischer Anthropologie*, Frankfurt/M. 1993, S. 60-157.

JAUSS, Hans R.: „Form und Auffassung der Allegorie in der Tradition der *Psychomachia* (von Prudentius bis zum ersten *Romanz de la Rose*)", in: *Medium aevum vivum. Festschrift W. Bulst*, hg. von H. R. Jauß und D. Schaller, Heidelberg 1960, S. 179-206.

JOHNSON, Carroll B.: „Personal Involvement and Poetic Tradition in the Spanish Renaissance: Some Thoughts on Reading Garcilaso", in: *Romanic Review* 80 (1989), S. 288-304.

KABLITZ, Andreas: „Intertextualität und die Nachahmungslehre der italienischen Renaissance. Überlegungen zu einem aktuellen Begriff aus historischer Sicht (II)", in: *Italienische Studien* 9 (1986), S. 19-36.

KLIEMANN, Julian: „Programme, Inschriften und Texte zu Bildern. Einige Bemerkungen zur Praxis in der profanen Wandmalerei des Cinquecento", in: *Text und Bild, Bild und Text, DFG-Symposion 1988*, hg. von W. Harms, Stuttgart 1990, S. 79-95.

KNAPE, Joachim: „Rhetorizität und Semiotik. Kategorientransfer zwischen Rhetorik und Kunsttheorie in der Frühen Neuzeit", in: *Intertextualität in der Frühen Neuzeit, Studien zu ihren theoretischen und praktischen Perspektiven*, hg. von W. Kühlmann und W. Neuber, Frankfurt/M. u. a. 1994, S. 507-532.

KOMANECKY, Peter M.: „Epic and Pastoral in Garcilaso's Eclogues", in: *Modern Language Notes* 86 (1971), S. 154-166.

KREMERS, Dieter: *Der ‚Rasende Roland' des Ludovico Ariosto*, Stuttgart u. a. 1973.

KRIEGER, Murray: „Das Problem der *Ekphrasis*: Wort und Bild, Raum und Zeit - und das literarische Werk", in: *Beschreibungskunst - Kunstbeschreibung: Ekphrasis von der Antike bis zur Gegenwart*, hg. von G. Boehm und H. Pfotenhauer, München 1995, S. 41-57.

KRISTELLER, Paul O.: „The Dignity of Man", in: ders.: *Renaissance Concepts of Man and other Essays*, New York u. a. 1972, S. 1-21.

KÜPPER, Joachim: *Diskurs-Renovatio bei Lope de Vega und Calderón. Untersuchungen zum spanischen Barockdrama. Mit einer Skizze zur Evolution der Diskurse in Mittelalter, Renaissance und Manierismus*, Tübingen 1990.

LAPESA, Rafael: *La trayectoria poética de Garcilaso*, Madrid ²1948.

LAUSBERG, Heinrich: *Handbuch der literarischen Rhetorik. Eine Grundlegung der Literaturwissenschaft*, Stuttgart ³1990.

LEE, Rensselaer W.: *Ut pictura poesis: The Humanistic Theory of Painting*, New York 1967.

LIONARDO DA VINCI: *Das Buch von der Malerei*, nach dem Codex Vaticanus (Urbinas) 1270, herausgegeben, übersetzt und erläutert von H. Ludwig, 3 Bd., Wien 1882.

LOVEJOY, Arthur O.: *Die große Kette der Wesen. Geschichte eines Gedankens*, übers. von D. Turck, Frankfurt/M. 1985.

MACPHERSON, Ian: „Secret Language in the *Cancioneros*: Some Courtly Codes", in: *Bulletin of Hispanic studies* 62 (1985), S. 51-63.

MARCH, Ausias: *Obra poética completa*, hg. von R. Ferreres, 2 Bde., Madrid 1979 (Castalia).

MARKIEWICZ, Henryk: „Ut Pictura Poesis ... A History of the Topos and the Problem", in: *New Literary History* 18 (1987), S. 535-559.

MATZAT, Wolfgang: „Zum Umgang mit dem Anderen in der spanischen Renaissance: Kommunikation und Gewalt in Garcilaso de la Vegas *Ode ad florem Gnidi*", in: *Sehnsuchtsorte. Festschrift zum 60. Geburtstag von Titus Heydenreich*, hg. von T. Bremer und J. Heymann, Tübingen 1999, S. 21-32.

MC VAY, Jr., Ted E.: „Beheaded Women: Masculine/Feminine Dualities in Garcilaso's *Égloga III*", in: *Romanic Review* 83 (1992), S. 227-244.

----- : „The Goddess Diana and the ‚ninfa degollada' in Garcilaso's *Egloga III*", in: *Hispanofila* 109 (1993), S. 19-31.

MENA, Juan de: *Obras completas*, hg. von M. A. Pérez Priego, Barcelona 1989 (Planeta).

MORELL, Antonio G. (Hg.): *Garcilaso de la Vega y sus comentaristas, Obras completas del poeta acompañadas de los textos íntegros de los comentarios de El Brocense, Fernando de Herrera, Tamayo de Vargas y Azara*, Granada 1966.

PACIOLI, Fra Luca: *Divina Proportione. Die Lehre vom Goldenen Schnitt*, nach der venezianischen Ausgabe vom Jahre 1509, hg., übs. und erl. von C. Winterberg, Wien 1889.

PANOFSKY, Erwin: „Der blinde Amor", in: *Studien zur Ikonologie: humanistische Themen in der Kunst der Renaissance*, Köln 1980, S. 153-202.

PATERSON, Alan K. G.: „Ecphrasis in Garcilaso's ‚Egloga Tercera'", in: *MLR* 72 (1977), S. 73-92.

PETRARCA, Francesco: *Canzoniere*, Zweisprachige Gesamtausgabe, hg. von G. Gabor und E.-J. Dreyer, München ²1993 (dtv).

PRILL, Ulrich: „'Wolle die Wandlung!' Variationen über den Daphne-Mythos bei Garcilaso und Quevedo", in: *Theatrum mundi, Figuren der Barockästhetik in Spanien und Hispano-Amerika*, hg. von M. Bosse und A. Stoll, Bielefeld 1997, S. 75-90.

PUBLIUS OVIDIUS NASO: *Metamorphosen*, Lateinisch/Deutsch, in dt. Hexameter übertragen von E. Rösch, hg. von N. Holzberg, Zürich und Düsseldorf ¹⁴1996.

QUINN, David: „Garcilaso's *Egloga Primera*: Autobiography or Art?", in: *Symposium* 37 (Summer 1983), S. 147-164.

REAL ACADEMIA ESPANOLA: *Diccionario de autoridades*, edición facsímil, Madrid 1990.

REGN, Gerhard: „Typische Merkmale des petrarkistischen Systems im Cinquecento", in: ders.: *Torquato Tassos zyklische Liebeslyrik und die petrarkistische Tradition*, Tübingen 1987, S. 21-70.

RIVERS, Elias L.: „Nymphs, Shepherds, and Heroes: Garcilaso's Second Eclogue", in: *Philological Quarterly* 51 (1972), S. 123-134.

SANNAZARO, Iacopo: *Arcadia*, hg. von F. Erspamer, Milano 1990 (Mursia).

SCHNELL, Rüdiger: *Causa amoris, Liebeskonzeption und Liebesdarstellung in der mittelalterlichen Literatur*, Bern und München 1985.

SENECA: *Tragedies*, with an English Translation by F. J. Miller, vol. I, London and Cambridge/Mass. 1960.

SMITH, Paul J.: „Homographesis in Salicio's Song", in: *Cultural Authority in Golden Age Spain*, hg. von M. S. Brownlee und H. U. Gumbrecht, Baltimore und London 1995, S. 131-142.

THEOKRIT: *Gedichte*, Griechisch/Deutsch, hg. von F. P. Fritz, Tübingen 1970.

TORRES NAHARRO, Bartolomé de: *Propalladia and other works of Bartolomé de Torres Naharro*, hg. von J. E. Gillet, Pennsylvania 1943.

VANCE, Eugene: „The Châtelain de Coucy: Enunciation and Story in *Trouvère* Lyric", in: ders.: *Mervelous Signals, Poetics and Sign Theory in the Middle Ages*, London 1986, S. 86-110.

WARNING, Rainer: „Imitatio und Intertextualität. Zur Geschichte lyrischer Dekonstruktion der Amortheologie: Dante, Petrarca, Baudelaire", in: *Interpretation - Festschrift A. Noyer-Weidner*, hg. von K. Hempfer und G. Regn, Wiesbaden 1983, S. 288-317.

----- : „Petrarkistische Dialogizität am Beispiel Ronsards", in: *Die Pluralität der Welten. Aspekte der Renaissance in der Romania*, hg. von W.-D. Stempel und K. Stierle, München 1987, S. 327-358.

WASER, Georges: „Krieg der Geschlechter. ‚Weibermacht' und Meistergraphik im British Museum", in: *NZZ* Nr. 198 vom 28. August 1998, S. 33.

WEHLE, Winfried: „Arkadien. Eine Kunstwelt", in: *Die Pluralität der Welten. Aspekte der Renaissance in der Romania*, hg. von W.-D. Stempel und K.-H. Stierle, München 1987, S. 137-165.

WEICH, Horst: „La polifonía del discurso amoroso en Juan Boscán (La Canción LII: „Gentil señora mía"), Vortrag beim *V. Congreso de la Asociación Internacional Siglo de Oro*, Münster, 20. - 24. 7. 1999.

Romanistik

Marianne Ernst

Getreu bis in den Tod

Die Figur des Dichters Macías el Enamorado in spanischen und galicischen Texten aus sieben Jahrhunderten

2002, 147 Seiten, € 29,–/SFr 48,80
ISBN 3-8233-5878-2

Im Spätmittelalter entsteht in Spanien die Legende des Troubadours und treuen Liebhabers Macías el Enamorado. Seine edle Gestalt, eine eigentliche Gegenfigur zu Don Juan, erscheint bis in die Gegenwart immer wieder in zahlreichen Werken verschiedenster Gattung. Insbesondere im Barock und in der Romantik erfährt die Legende in den Dichtungen Lope de Vegas und Larras ihre entscheidende stoffliche Ausgestaltung und Dramatisierung. Der später vor allem von galicischen Autoren propagierte Mythos um Macías wird im 19. und 20. Jahrhundert zum Träger regionalpolitischer Ideen. In dieser ersten Gesamtdarstellung der Motivgeschichte wird die Figur des Macías in ihrer Konstanz und ihren Veränderungen aufgezeigt.

 Gunter Narr Verlag Tübingen
Postfach 2567 · D-72015 Tübingen · Fax (07071) 75288
Internet: http://www.narr.de · E-Mail: info@narr.de

narr studienbücher

Klaus-Dieter Ertler

Kleine Geschichte des lateinamerikanischen Romans

Strömungen – Autoren – Werke

narr studienbücher, 2002,
363 Seiten, € 19,90/SFr 33,50
ISBN 3-8233-4991-0

Die lateinamerikanische Literatur hat seit dem Boom der 60er und 70er Jahre nicht an Attraktivität verloren und lotet im Kontext postmoderner Befindlichkeit ihre neuen Möglichkeiten aus. Das Buch zeichnet die Entwicklung dieser Kommunikationsereignisse eindrucksvoll nach und zeigt auf, wie sich das Erzählen und Schreiben seit den präkolumbischen Erzählungen sukzessive verändert hat. Die Annäherung an die überaus komplexe Thematik erfolgt über mikro- und makrostrukturelle Wege zugleich. Einerseits werden die literarischen Strömungen, Werke und Autoren Lateinamerikas vor dem Hintergrund der historischen Gegebenheiten eingehend beleuchtet, andererseits wird anhand von konkreten Interpretationen der Zugang zu exemplarischen Texten ermöglicht. Der Anhang enthält nicht nur eine Übersetzung der behandelten Textstellen, sondern auch eine aktuelle Auswahlbibliographie sowie ein Autoren- und Werkregister.

 Gunter Narr Verlag Tübingen

Postfach 2567 · D-72015 Tübingen · Fax (07071) 75288
Internet: http://www.narr.de · E-Mail: info@narr.de